琵琶湖をめぐる古墳と古墳群

用田政晴

目　次

序章　石棒研究をめぐる諸課題 ………………………………………………… 5

第一章　石棒研究における視点 ………………………………………………… 33
　第一節　石棒研究の基礎と方法 ……………………………………………… 34
　第二節　石棒の原体・素材 …………………………………………………… 54
　第三節　石棒類研究の十種器種 ……………………………………………… 68

第二章　石棒のあり方とその変遷 ……………………………………………… 85
　第一節　石棒出土状況の検討 ………………………………………………… 86
　第二節　縄文石器間のつながりと変遷 …………………………………… 108

第三章　石棒の生産・流通と廃棄 …………………………………………… 129

序章

古墳を通して見る琵琶湖水系論

一　はじめに

「古代がわれわれに遺した物を手がかりにして、古代の実体にせまろうとするのが、考古学であるが、遺された物をとおして、そこにいかなる古代があったかということを、的確に解きあかすことは、必ずしも容易な仕事ではない。古代の研究には、物の研究とはちがった、あたらしい方法が必要になるからである」[1]。

これは、戦後の日本考古学における古墳研究を大きく切り開いた小林行雄の論文集の一部である。考古学の対象は「古代」だけではなく、濱田耕作にならい「過去人類」と呼び換えた方が適当ではあるが[2]、ここでいう「あたらしい方法」とは、小林による伝世鏡論や同笵鏡論などのそれであり、意図したものは文献史学・民俗学の知識との総合であって[3]、必ずしも考古学の方法論を離れたものを指すのではない。小林はむしろ放射性炭素年代の扱いなどについては慎重論者でもあった[4]。

「もちろん実証的な研究は必要であり、それが考古学の基盤でもあるが、真の考古学は実証の上に立つ推理の学であるべきである。そう考えて、著者は実証的な研究とともに、それらの上に立つ推論の発表にも心がけてきた。考古学が歴史学であるためには、また考古学者が歴史学者であるためには、それが当然の任務であると信じるからである」と続けた。小林の理論は、今日でもそれに依らずして列島における古墳の出現は語れないものであり、それほどまでに実証的であった。小林のいう「推理」「推論」とは、新しい視座や概念による考古資料の解釈であり、従来の単なる遺物論や認識の枠組みにとらわれない発想であると考えられる。

この研究発表後、高度経済成長と大規模開発の時代を迎えた日本における考古学研究は、膨大な調査量と資料の蓄積を生み、個人では掌握しきれない考古資料を、報告書や遺物コンテナで積み上げてきた。こうした中で研究の方向は二極化してきた。

一つは、限られた特定の遺物や遺構の集成に徹底して努める方向で、もう一方は文献史料を用いたり、他分野の概念の援用、あるいは自然科学などの成果や方法を駆使して、新しい歴史像を作り上げる方向である。考古資料を扱う場合も、古典学説の安易な引用や、実証よりも構想あるいは想像的な歴史表現が目につくようになり、小林の提起した後半部分だけが、一部では先行する傾向にもあった。

こうして増え続けた考古資料の中で、考古学的方法論による実証的研究とその上に立つ「推論」を実践した研究の一つの到達点が、近藤義郎による前方後円墳時代の研究である。(5)

すべての考古資料を確実に踏まえて新しい歴史の枠組みを構築するのは理想であるが、「資料の累積も、いまや個人の統御能力をはるかに越えたものとなっている」なか、「これをどう識別し、大局的な正しさの中にどう位置づけるかははなはだ難しい」と考えた近藤は、「私自身で発掘したもの、あるいは踏査・実見したものを中核にすえ」ることによって克服しようとした。そして、「自らを歴史学と任じて久しい考古学が、その独自の資料のみを使ってはたして歴史を復元・再構成しうるものかどうかを、私自身検証するためでもあった」研究をまとめた。近藤は、「地域的にも全土的にも、問題意識と適切な方法に導かれて資料検証とその総括を進めていけば、考古資料に立脚した本格的な歴史がやがて書けるにちがいない」と考えたのであった。(6)

近藤の試みの中で最も重要なことは、資料のすべてを網羅するのではなく、確実な資料だけを扱いながら、大局的に正しいか否かを発掘や踏査の中で考え抜いたことであり、その思考や理論形成の過程は、最近の著述でつぶさにたどることができる[7]。

こうした戦後の日本考古学の先達に導かれ、本書では主として古墳と古墳群を通じて、考古資料による地域論研究を実践しようとするものであり、いわゆる古墳そのものの分析・研究を行おうとする古墳論ではない。ここでは、琵琶湖水系が歴史に果たした機能を基軸に据えつつ、地域を確実な考古資料で見直し、後の近江国にほぼ匹敵する琵琶湖集水域の歴史的特質を明らかにしようとしている。

筆者は、かつて琵琶湖の湖上交通を中心にして歴史的評価を行い、その画期を求めたことがあった[8]。そこでは湖の利用の歴史を、人の移動、物の輸送、軍事利用、祭祀、観光、管理・支配に分けて概観した中で、その第一の画期が、湖辺における前方後円墳の出現期にあると位置づけた。それまで生活・生業の場でしかなかった琵琶湖が集団領域の対象となり、丸木舟に波切板や舷側板を立てるという舟の技術革新による輸送力の増強と、湖辺・湖上祭祀が新たな側面として加わったこのころは、後の近江国の母胎ができあがった時代として評価したのである。

二　琵琶湖と古墳研究史

(1)　京都帝国大学による調査

近江における古墳の近代的な調査研究は、濱田耕作・梅原末治を中心とする京都帝国大学文学部考古学教室によるものではじまる。

一九二三年（大正一二年）四月、濱田と梅原は、高島市高島町鴨に所在する稲荷山古墳の発掘調査を行い、同年中に報告書を刊行した[9]。そこでは家形石棺に豊富な副葬品を収めた古墳の築造年代について、古墳の外形から個々の副葬品まで一〇項目にわたって総合的に検討し、西暦の入った表を作成して六世紀前半と推論した。この年代決定にかかる経過は、第一章第一節で触れるが、継体天皇に関する伝説が鴨稲荷山古墳の年代を左右したともいわれている[10]。

この報告書には「日本発見金製耳飾、刀剣環頭及刀剣鹿角装具聚成図録」として一覧表と図面が掲載された。これは濱田耕作がイギリス留学中に指導を受けた近代考古学の創始者の一人、F・ペトリーの影響によるものである。濱田は考古学研究に集成図は必要であると常々強調していたという[11]。

また安土町にある安土瓢箪山古墳は、一九三五年（昭和一〇年）の土取中に発見され、梅原末治は小林行雄らを指揮しながら後円部の竪穴式石槨を調査した[12]。このころは宮内省やその他の制約により、古墳の計画的な発掘調査はほとんど行われなかったが、こうした不時発見による重要な資料が蓄積されていった時期でもあり、前期前方後円墳の典型的な一資料となった。この調査の知見に基づき、小林行雄は竪穴式石槨が木棺の保護設備であり、副葬品の配置にも棺内と棺外の区別があることを指摘したが、[13]この点に関しては本書第二章第二節で詳細に検討する。また、粘土槨を古く、竪穴式石槨を新しく位置づける進化論的解釈にも疑問を提出した。[14]

上記の二つの調査は、古墳時代前期と後期の代表的な古墳の資料を考古学界に提供したが、ともに被葬者の性格や社会的背景を考察するほどの段階には至っておらず、また琵琶湖との関係においてもその距離に触れるだけであった。

そんな時代背景の中で、島田貞彦は「琵琶湖を基準として見たる四囲」と称して、琵琶湖を地理的中心として、近江の主要な遺跡を時代別や遺跡立地の標高などをもとにして理解しようとした。[15]島田は、湖辺出土の遺物は河川堆積物と捉え、琵琶湖の水位は時代とともに低下してきたと考えたが、これは今日、湖底遺跡の成因を考える上で必要な視点であったといえる。

(2) 行政発掘調査のはじまりと大規模開発

一九六〇年代にはじまる大規模開発に伴う遺跡の事前発掘調査は、当初、国・県・大学などの研究者へ個別に依頼され、西田弘などが加わって栗東市安養寺古墳群などの調査が行われた。[16]

一九六二年、滋賀県教育委員会に文化財専門職員として着任した水野正好は、東海道新幹線建設工事に伴う安土町竜石山古墳群の調査で、横口式石室墳を検出したことにより渡来人の墓に関心を抱き、[17]大津市坂本から錦織に分布する後期古墳群が、特異な横穴式石室構造や副葬品から漢人系の渡来氏族の墓であると考えた。[18]また、群集墳の築造原理の理論化や群集墳中の墓道の推定を近江の群集墳から導き出し[19]、列島の群集墳研究に新しい知見をもたらした。

　その後も続く大規模開発に備えて、水野に加えて丸山竜平らが広範な遺跡所在分布調査を精力的に行った。その結果、国鉄湖西線（一九六八年）、国道八号線長浜市・近江町バイパス、第一次宅地造成等規制地域、北陸縦貫道（一九六九年）、第二次宅地造成等規制地域（一九七〇年）、国道一六一号線・高島バイパス（一九七一年）、湖西道路（一九七五年）などの開発に備えた遺跡分布調査報告書が刊行された。湖西や湖北地域を中心とするこれらの調査成果をもとに、丸山は大津市石山国分大塚古墳から西浅井町塩津丸山古墳までを含んだ盟主権の持ち回りを論じ、さらに長浜型古墳群や古保利古墳群などのあり方の類型も提唱した[20]。

　この中で、地理的にまとまりを欠く南北七〇㎞にも及ぶ湖西型古墳群の成立要因は、「湖上交通路として古代国家成立史上重要な役割を果たした琵琶湖」による「地理的環境とそれにともなう歴史性がこのような古墳分布の現象をもたらすことになった」と述べ、古墳研究の上で初めて琵琶湖の意義に言及した[21]。丸山は、近年になって再び近江の古墳論を展開したが、琵琶湖の歴史的位置づけに触れることはなかった[22]。

　一九七〇年代後半から、北陸自動車道建設予定地内の調査に長年あたった田中勝弘は、湖北の余呉町上ノ山古墳群・鉛練《えんれん》古墳、木之本町黒田長野古墳群、高月町瓢塚古墳・涌出山《ゆるぎやま》古墳、湖北町四郷崎《しごうざき》古墳、長浜市諸頭山《もろとうやま》古墳群・中山古墳、米原市黄牛塚《おぎゅうづか》古墳など多くの古墳を調査し、湖北地域における首長墓や群集墳の分析を行った[23]。ねばり強い発掘調査や測量などによる基礎資料の集積の結果、湖北地方の古墳や古墳群は畿内政権などによる東国経営や北陸進出の軌跡という結論を、文献史料も援用して導き出している。

⑶　前方後円墳と「前方後方墳」の調査

一九八四年から前方後円墳の現地調査マニュアル作成を目指して研究会活動を行ってきた前方後円墳研究会は、それによる調査結果を『前方後円墳集成』（全五巻、山川出版社、一九九一～四年）として刊行し、これが古墳研究史の一つの区切りとなった。近江でも現地踏査をもとにして基礎資料の一覧表を作成し、構想から八年後に地域ごとの首長墓の展開を報告した[24]。これは、近江東部（湖東・湖北）と近江西部（湖南・湖西）に分け、筆者が東部を担当したが、主要河川の右岸・左岸あるいは水系による単位で地域設定を行い、その概要と特質について考察した。近江西部では主な平野部ごとの地域設定を行ったが、野洲川の左岸と右岸は区別して考察している。

一九八九年に、雪野山山頂の展望施設建設に伴う事前調査で発見された東近江市雪野山古墳は、安土瓢箪山古墳とともに前期の前方後円墳の一例となり、詳細な発掘調査報告と共に考察編もまとめられた[25]。近江の中での位置づけは、安土瓢箪山古墳との違いを明らかにすることに力点が置かれたが、二つの古墳の共通項から近江の首長墓の特質を探ろうとする視座も必要だったと考える。

その後、琵琶湖の周囲では「前方後方墳」[26]が丘陵上や平地で相次いで発掘され、高月町小松古墳、東近江市神郷《じんごう》亀塚、高島市熊野本六号墳などの調査報告書が刊行された[27]。筆者はかつて、近江の前方後方墳について「時期的にも構造的にも前方後円墳と同列で扱うことは困難である」と評していたが[28]、年代的にも前方後円墳に先行することが明確になった。それぞれの報告書では、いずれの墳墓も畿内と東海・北陸とを結ぶ交通の要衝として捉えられており、神郷亀塚は木槨を内部主体施設として採用していたことから、調査者の一人、植田文雄による日本海を通じた外交ルートも想定された。亀塚の母胎である東近江市斗西《とのにし》遺跡が、大河川下流域の中核的集落として、運河やクリークを通じて琵琶湖につながっていたことをさらに重視し、この遺跡を地域の歴史の中でまずは評価すべきである。(29)

(4) 安土城考古博物館などの活動

一九九二年に開館した滋賀県立安土城考古博物館は、弥生集落と古墳、それに城郭を主なテーマにした博物館であり、ここで開催される特別展は近江の歴史研究に刺激を与え続けている。特に、毎年春には、弥生時代や古墳時代の墓・政治・祭り・戦争・生産・運搬・渡来人・東アジア史などを取り上げて展示や講座を行い、図録を刊行してきた。本書の立場から見ると、こうした活動の中で古墳時代首長と琵琶湖水運を扱った展示が特筆すべきものであった。(30) また、琵琶湖が歴史に果たした役割を追究したのは、中世の水運と流通および湖の管理をテーマにした特別展である。(31) 文献史料だけではなく考古資料などの「物」を扱い、湖上水運が豊臣秀吉による統一的な支配に至る過程をたどった意欲的な展示と図録であった。

上記の古墳時代首長と水運を扱った特別展示の図録には、古墳時代後期における琵琶湖水運論が寄せられた。(32) 後期の前方後円墳と周囲の中核的集落を結びつけ、古代豪族の名前を挙げながら六世紀の湖上交通を説く「推論」ではあったが、こうした次世代の意欲的な琵琶湖と関わりをもつ歴史的研究もはじまった。(33) この博物館での企画展開催をきっかけにしながら、大橋信弥は古墳時代首長墓の動向をふまえ、文献史料による古代豪族の姿をおよそ郡ごとに、順次、明らかにしていった[34]。さらに、林博通を中心とする「琵琶湖がつくる近江の歴史」研究会による活動は、中世から近世を取り扱ったものであったが、琵琶湖に視点を据えた研究であった[35]。

(5) 琵琶湖と古墳の諸関係

琵琶湖と古墳の研究史を振り返ってみると、近江の考古学研究の草分けといってもよい島田貞彦が琵琶湖と周辺遺跡の位置づけを行って以降、一九九〇年代まで考古学の一つのテーマとして、湖底遺跡以外には琵琶湖や琵琶湖水系が正面から取り上げられたことはなかった。

雪野山古墳と安土瓢箪山古墳の比較の中で、雪野山古墳が大和と東山道地域をつなぐ交通の要衝に立地しているのに対して、安土瓢箪山古墳は湖東平野と琵琶湖の湖上交通を掌握するのにふさわしい地に築造されていると評価されたこともあったが[36]、湖に前方部を向けるとか、湖からの側面観を重視したという議論が限界であった[37]。

そうした中で、弥生時代の野洲川下流域を中心とする大規模環濠集落の調査、前方後方形周溝墓や「前方後方墳」の発見などにより、濠から水路、河川から琵琶湖、海から半島や大陸を望めるようになって、琵琶湖を違った側面から歴史的に検討できる素材が揃ってきた。

三　琵琶湖の歴史的理解

(1)　湖上交通と生活者の視点

考古学の成果も踏まえた琵琶湖の湖上利用の歴史と評価は、[38]その一部を本書第四章第一節や第二節で述べている。古くから賑わった湖上も、江戸時代半ばの西廻り航路開設に伴い衰退の一途をたどったといわれる。近代以降の湖上交通を振り返ってみても、一八六九年（明治二年）、蒸気船一番丸が琵琶湖に就航し、いくつかの蒸気船が一八八九年（明治二二年）の東海道線全線開通まで大量輸送の主役を担った。その後、大正年間に遊覧船が就航したが、輸送量のピークは一九二六年（大正一五年）であり、一九三一年（昭和六年）には江若鉄道が今津まで開通したことなどから、輸送のための船の比重は大きく低下してしまっていた。「中世から近世にかけては交通路としての意味が大きくなり、昭和になってからは一転して、京阪神の水がめと考えられるようなった」という総括もある。[39]

しかし一方で、琵琶湖博物館で得た生活者からの多くの情報を整理すると、地域という身近なところでの、生活・生業を通して、琵琶湖水系の船や湖上利用についての二つの側面が見えてきた。[40]

一九六〇年代半ばまでは、琵琶湖をとりまく地域や人びとにとって、湖は田や畑、山と川などと同様、村の領域であった。また、湖は単なる水がめや漁場ではなく、道であり生業の場であった。船は日常の生活や生業と深く結びついたものであり、そこでは百石積み程度の丸子船から田舟までの小型の船が、生活の足として、また農業のみならず鉱工業などの産業にも、重量物・大型物の輸送面で貢献していたことがわかる。丸子船のような運搬船は、帆を用いた方が安定し、しかも荷がたくさん積めたという。こういったエンジンなしで用が足りる規模での船の機能が、近代以降の琵琶湖周辺地域における湖上交通では求められていたといえる。

このように湖をとりまく地域においては、湖は道であり生業の場、船は依然として日常の生活や生業と深く結びついて最近まで機能していた。こうした見方は、地域における生活・生業から見た琵琶湖の歴史の特質ということができるし、列島単位で、あるいは政権中央から眺めたのでは捉えきれない姿である。

(2) いくつかの琵琶湖論

これまでも、湖から近江の歴史を見つめ直そうという試みがいくつかあった[41]。これらは、琵琶湖をキーワードにした論文集であったり、自然科学も取り込んだ琵琶湖の事典的な機能を持ったものであるが、概観すると琵琶湖の位置づけは三つに分けられる。

一つは、琵琶湖は水がめであり、列島の主要な交通路であったという理解。二つ目は、琵琶湖は周辺の環境を映す鏡であり、環境学習の素材でもあるといった捉え方。三つ目は、琵琶湖は人と自然、文化の総体で、そこには多様な価値が内包されているというような立場である。近年も、琵琶湖を街道と捉えて通史構築を試みた提案があったが[42]、「縄文貝塚」の次に「国造」、「継体天皇」を扱うなど、特に古い時代はその項目が通史としては不均衡なものであった。

こうした中、実際に琵琶湖から周辺の地域を眺めつつ、議論を重ねた「琵琶湖がつくる近江の歴史」

研究会の活動の成果があった[43]。これは、琵琶湖を直接の媒体として展開した近江の歴史と文化についての討論や湖上からの観察を行った結果、中世末から近世初頭が最も活気を持って琵琶湖が利用されていた時代と結論づけ、その活気ある時代の研究成果をまとめたものである。また、河川を利用した内陸部との往来や河川の水利用形態についても研究対象として考慮すべきであると位置づけて、琵琶湖水系から中世や近世の地域史を描きながら資料編も組むなど、近江の歴史研究に斬新な取り組みを提示したものであった。

四　本書の方法と課題

ここでは、確かな考古資料を用いた考古学的方法論による考察を行い、踏査と実見を第一とした実証的研究を目指したい。想像や観念的な叙述に向かわず、また一方で性急な理論化や古典学説への転化も控えたい。今、近江においては地域に根ざして、集団の軌跡を可能な限り生活者の視座からたどり、列島史や政権中央からの史観と比較しながら歴史的評価を行っていく基礎的作業が求められている。最終的には、確実な資料に基づく基礎的な資料の操作、歴史的な解釈、理論的な位置づけを行うべきであるが[44]、当面ここでは、湖をはじめ川や水路を含めた琵琶湖水系を基軸にした中で、「古墳と古墳群」を主な素材に、琵琶湖水系地域での古代国家成立前史における在地首長層の姿を追う。そして、湖上交通史を主な背景にした琵琶湖の歴史的な意味や機能、近江という地域の歴史的特質を明らかにしていこうとしている。
具体的には、最初に日本考古学の近年の主要なテーマである年代論や農耕論、弥生時代後期の土器の資料操作と地域性に関わる課題について、琵琶湖水系の資料を通して整理しておく。

そして、列島における前方後円墳の成立過程と古墳の本質的なあり方を古墳研究の前提として提示する。ここでは、資料の豊富な吉備地方を例に、内部主体の規模の意味と列島の古墳の副葬品配置から、古墳とは何かを考察する。

それらをふまえて、近江における弥生時代墳丘墓や古墳に表れた近江の独自性を明らかにしたい。また、近江で最古・最大の前方後円墳といわれる安土瓢箪山古墳の土器類などから、近江の前方後円墳の成立状況と歴史的背景を検討し、琵琶湖を中心とした三基の大形前方後円墳および三基の中形前方後円墳などの配置の意味を考える。さらには、その後の前方後円墳をはじめとする首長墓の分布と展開から見た地域性を探り、古墳時代の最後まで近江の独自性を貫いた地域とその意義を明らかにしようとしている。

最後に、湖や川をめぐる首長墓や群集墳、古墳と古墳群の分析から、古墳時代の在地首長による湖上交通の管理、物資の輸送、河川流域の開発、塩の流通や鉄の生産のあり方を考古学的に明らかにする。

なお付け加えるなら、「古墳と古墳群」とは、古墳時代を前期と後期の二期に大別し、前期を首長墓に、後期は時として その中に首長墓を含みながら、群集墳にそれぞれの時代を代表させようとした筆者の恩師近藤義郎による古墳研究の考え方とそのフィールドワークにならったものである。本書では、古墳時代を前期・中期・後期の三時期に区分するが、瀬戸内海の小さな湾に面して位置していた古墳を倭政権による朝鮮半島進出のための内海航路拠点として評価した五〇年も前の卓見と方法論が[45]、この研究の一つの指針となっている。

五　本書記述の前提

(1)　水系と地域

本書において「琵琶湖水系」という場合、琵琶湖とそこに流れ込む河川、および琵琶湖から流れ出る瀬田川そのものを指す場合がほとんどであり、琵琶湖には流れないが琵琶湖の水とともに県外へ流れ出る大戸川や信楽川も含めている。ただし、琵琶湖水系に付随する平野部を中心とした地域も含めている場合があり、厳密には区別していない。また、「集水域」は山脈の分水嶺まで含めた範囲を指すためほとんど使用していないが、先の大戸川なども含めると滋賀県域の九八%が琵琶湖集水域であり、県の領域が一つの水系の集水域にほぼ一致するのは極めて珍しい例である。

「近江」は、基本的には律令体制以降の場合に限って使いたいが、それ以前の事象を述べる場合にも、便宜上、旧国全体を指すという意味で使用することがしばしばある。

郡名は『和名類聚抄』の一二郡に従い、伊香・浅井・坂田郡を湖北、犬上・愛知・神崎・蒲生を湖東、野洲・甲賀・栗太郡を湖南、滋賀・高島郡を湖西と、現在の区分にほぼ相当させている。ただし、現在の瀬田川以西の大津市域は湖南に含めている場合もあるし、高島郡を湖西北部といった場合、滋賀郡は湖西南部になる。なお、「浅井」は浅井、「愛智」は愛知、「神埼」は神崎という現在の標記にならっている。こうした旧の国名や郡名を用いずに地域を描くことは、現状ではほとんど不可能であり[46]、むしろ後の郡単位が古墳時代社会の基礎的な単位あるいは地域であることが判ってきたため、積極的に使用していく。

本書のために新たに作成・使用した地図資料は、一八九二・九三年（明治二五・二六年）（一部、一九〇九年（明治四二年））測図の大日本帝国陸地測量部による『二万分一地形図』を基本にしたが、河川や郡境などは一八八六年（明治一九年）～一八八八年（明治二一年）製版の参謀本部陸軍部測量局による『輯製二十万分一図』を参考にし、一部、一八五六年（安政三年）刊行の『近江國大絵図』で補った。

(2) 型式学と時期区分

考古学が歴史科学である所以は型式学的操作法にあり、「型式」と「形式」はいくつかの解釈や規定もあるが、ここでは「無原則的に混用される」[47]ことは避けておく。「形式」は機能・役割・用途等によって分類された概念であり、考古資料の、特に時代区分の概念として使われる「型式」と明瞭に区分し、課題とする事象を整理しなければならない。また、型式と形式に限らず、「様式」・「組合せ」・「複合」・「相」なども考え合わせると、どうしても慣用上、利にかなわない用法の問題も生じ、本書でいう「型式」は、弥生時代研究者がしばしば用いる「様式」

に近いが、小林行雄のいうように、「要はこういう操作によって、研究上に効果のある結論が出せればよいのであって、ある程度の便宜的な処置をすることはやむをえない」[48]。

本書では、こうした考古学的方法論の基本的な概念である「型式」と「形式」を区別するために、「大形」前方後円墳、などと称している。日本語の用法としては、「大型」が一般的であるが、前記理由によりあえてこうした。同様に、土器を中心とする型式名としての「式」との区分を明確にするため、「弥生式土器」ではなく「弥生土器」と呼称し、「古式古墳」「古式土師器」などは使用しなかった。したがって、「帆立貝式」ではなく「帆立貝形」古墳と呼ぶ。

また、「一括遺物こそが型式学的方法における操作の拠り所」[49]であると狐塚省蔵は明言する。モンテリウスの理論についての田中琢の理解を借りると、[50]「それらが確実に同時代の製品とみなしうるのは、一括遺物において三〇回以上の組合せになって発見されることが必要」というが、高橋護のいう、確率論的に安定度が増す三回を一つの基準として資料の編年にあたる。

普通名詞としての「初期」、「出現期」、「成立期」などの用語は、弥生時代や古墳時代の「前期」や「中期」などの時代を区分する考古学の用語との違いを明らかにするため原則として用いなかった。

本書は、基本的には考古学的方法論に基づくものであるため、暦年代や絶対年代は極力用いないようにし、[51]文献史料など文字資料の取り扱いも最低限とした。ただ年代については、説明上「五世紀」とか「六世紀」と表記せざるをえない場合が多かった。つまり、古墳時代を前期、中期、後期の三期に区分した場合と、前期と後期の二時期区分にした場合とでは、「前期」の時間幅が変わって説明が煩雑になることも理由の一つであったし、考古学界自身もこのころは世紀表記が中心である。しかし、

「三世紀」とか「四世紀」になると、最近の年代観の揺れ動き方に対して、定見がないため使用しなかったし、特に「西暦二五〇年の土器」というような言説については全く取り上げなかった。

なお、基本的には古墳時代を前・中・後期に区分し、一一の小様式に細分する和田晴吾の考え方を参考にしながら、[52]前方後円墳研究会による『前方後円墳集成』の編年を念頭に置いた。[53]その区分で近江の首長墓を概観した場合、おおむね五期から古墳時代中期、八期から後期と呼んでおくが（第三章第三節）、吉備における三時期区分との対照において、乗岡実や葛原克人の理解と少し異なる。[54]また、西暦と元号表記の順序は、原則として明治以前は元号表記を先にするが、それも必要に応じて使い分けている。

(3) 土器研究の前提

今では、「畿内第五様式」・「第五様式」・「V様式」あるいは「近畿第五様式」などいろいろな「唐古遺跡第五様式」が使われている。

『大和唐古弥生式遺跡の研究』では「唐古遺跡第五様式」であり、[55]『弥生式土器聚成図録　正編』では「畿内第五様式」である。[56]また、かつて田辺昭三・佐原真は近江を含めた「近畿」の説明のなか、「畿内の弥生土器は第一様式から第五様式までの五つの様式に区分される」といい、単純に「第五様式」という用語を用いている。[57]

『弥生式土器集成　本編』では、近江の土器について「琵琶湖地方第V様式」と称した説明もあるが、[58]特別な但し書きを行わない限り、「第五様式」・「第V様式」あるいはそれに類する呼び方に、弥生時代前期末から特徴的な土器の展開をみる近江を含めるのは自重している。

また、小形の甕は、しばしば「扁平壺」あるいは「鉢」と呼ばれる（例、図1―5の20・21・74など）。口縁部の形態、刺突文、波状文等の構成とその方法、場合によっては胴部下半の突帯など典型的な受口状口縁甕が扁平化・小形化したものであり、手焙形土器との関連や近江系器台や高坏とセットをなすと考えられるものの、小形甕と称していく。

弥生時代後期を中心に、土器に表れた地域性を示す用法で、「近江系」以外に「近江型」あるいは「近江形」という表現も時として用いられる。

近江全域に普遍的な受口状口縁というものは存在しない中、「近江系」と称した場合、曖昧だがいろいろな意味に解釈でき、その影響を受けたものまで含めることができる。ここでは当面、近江としての特徴をよく備えたいくつかの形式に限りながら、必要に応じて藤田憲司にならって「系」[59]を用いておくが、このことは型式論・編年論とともに考古資料の空間的関係を厳密に捉えようとする小野昭などの分布論の立場からは[60]、はなはだ不十分な便法であることは承知している。

(4) 古墳時代の諸概念

かつての「大和政権」や「大和王権」、「倭王権」など、厳密な規定を必要とする用語、あるいは使用時期が古墳時代半ばからと考えられる「大王」「氏族」など古代史学から提起された概念は、必要な定見を持っていないので、学史にかかる部分を除いて極力用いず、「畿内中枢」、「畿内中枢勢力」などと称した。この場合の「畿内」は、『日本書紀』大化二年（六四六年）正月朔条に掲げる「改新の詔」第二条以降、令制による範囲を示す常識的な、あるいは習慣的な表現として用いている。

また古墳時代とは、古墳の典型であり代表でもある定型化した前方後円墳の成立をもってはじまるものとし、「古墳」と「墳丘墓」は区別する。「墳丘墓」は近藤義郎が提唱した概念であるが[61]、都出比呂志や春成秀爾は、定型化した前方後円墳成立以前の墳丘を備えた墓を「墳丘墓」と捉え[62]、これには「台状墓」も含めた[63]。したがって古墳時代の「首長墓」は、正確には「首長墳」と呼ばなくてはならないが、「古墳」と「墳丘墓」の区別とは次元が異なると考え、ここでは普通名詞のように「首長墓」と呼んでいる。このように但し書きするのは、呼称をめぐる混乱があるからで、「古墳」という用語の成立が、学史的に古く弥生時代に墳丘墓が知られないころの産物であり、「古墳」の概念に「政治的墳墓」の意味を与えようとする意図が含まれるからである[64]。

なお、古墳以前の墳丘墓でありながら、通例として○○古墳と呼ばれている場合は、可能な限り「古墳」をつけなかったり古墳を「」書きしたが、その区別が煩雑になる場合は通称に従った場合もある。

従来の「竪穴式石室」は「竪穴式石槨」と呼ぶ[65]。これは部屋ではなく、弥生時代墳丘墓の木槨木棺墓が転換したものという考えに従うからである[66]。また、かつて古墳時代前期の前方後円墳の典型は、内部主体に割竹形木棺を使用していたと理解されていたが、最近では雪野山古墳に代表されるように舟形木棺と確認できる類例も多くなってきたし、実際に丸木舟を祖形としたものとして舟形木棺を積極的に評価しようとする見方もある[67]。ただ本書では、古墳の一般論として内部主体について述べる場合、「割竹形木棺」に代表させておく。

また、「土壙」と「土坑」は原則的に表記を区別せず、墓穴に限らず基本的には「土壙」と称した。したがって、「土壙墓」という用語も矛盾を承知の上で用いている。その他、本書の趣旨に反して使用した考古学や歴史上の用語・用法については、その都度、本文中や注において説明や断りを入れるようにした。

注

（1）小林行雄「序」『古墳時代の研究』、青木書店、一九六一年。
（2）濱田耕作『通論考古学』、大鐙閣、一九二二年。
（3）春成秀爾「考古学と記紀の相克―小林行雄の伝世鏡論―」『国立歴史民俗博物館研究報告』第七〇集、国立歴史民俗博物館、一九九七年（「記紀と考古学の相克―小林行雄」として『考古学者はどう生きたか―考古学と社会―』、学生社、二〇〇三年所収）。
（4）小林行雄『女王国の出現』（『国民の歴史』一）、文英堂、一九六七年、および本書第一章第一節。
（5）近藤義郎『前方後円墳の時代』、岩波書店、一九八三年。
（6）近藤義郎「はしがき」注（5）。
（7）近藤義郎『発掘五〇年』、河出書房新社、二〇〇六年。
（8）a. 用田政晴『信長　船づくりの誤算―湖上交通史の再検討―』、サンライズ出版、一九九九年。
b. 用田政晴「湖上交通史の画期と特質および丸子船の意義」『研究紀要』第三三号、滋賀大学経済学部附属史料館、二〇〇〇年。
（9）濱田耕作・梅原末治『近江国高島郡水尾村の古墳』（『京都帝国大学文学部考古学研究報告』第八冊）、京都帝国大学、一九二三年。

(10) 小林行雄「日本」『世界考古学大系』第一六巻、研究法・索引、平凡社、一九六二年。
(11) 斎藤　忠「大正時代の考古学」『日本考古学史』、吉川弘文館、一九七四年。
(12) a. 梅原末治「安土瓢箪山古墳の調査」『考古学雑誌』第二六巻第一〇号、一九三六年。
b. 小林行雄「近江安土小山古墳の調査」『考古学』第七巻第七号、一九三六年。
c. 梅原末治「近江安土瓢箪山古墳」『日本古文化研究所報告』第四（『近畿地方古墳墓の調査』二）、日本古文化研究所、一九三七年。
d. 梅原末治「安土瓢箪山古墳」『滋賀県史蹟調査報告』第七冊、滋賀県、一九三八年。
(13) 小林行雄「竪穴式石室構造考」『紀元二千六百年記念史学論文集』、京都帝国大学文学部、一九四一年（『古墳文化論考』、平凡社、一九七六年所収）。
(14) 注（13）に同じ。
(15) 島田貞彦『有史以前の近江』（『滋賀県史蹟調査報告』第一冊）、滋賀県、一九二八年。
(16) 鈴木博司・近江昌司・西田　弘「栗東町安養寺古墳群発掘調査報告」『滋賀県史跡調査報告』第一二冊、滋賀県教育委員会、一九六一年。
(17) 水野正好「竜石山古墳群」『東海道新幹線増設に伴う埋蔵文化財発掘調査報告書』、文化財保護委員会・日本国有鉄道、一九六五年。
(18) a. 水野正好「帰化人の墳墓—滋賀郡における漢人系帰化氏族をめぐって」『月刊文化財』一〇月号、一九六九年。
b. 水野正好「滋賀郡所在の漢人系帰化氏族とその墓制」『滋賀県文化財調査報告—大津北郊における古墳群の調査（一）—』第四冊、滋賀県教育委員会、一九七〇年。
(19) a. 水野正好『蒲生郡日野町小御門古墳群調査概要』、滋賀県教育委員会、一九六六年。
b. 水野正好『甲賀郡甲西町狐栗古墳群調査概要』（『滋賀県文化財調査概要』第六集）、滋賀県教育委員会、一九六八年。
c. 水野正好「滋賀県蒲生郡蒲生町・飯道塚古墳群発掘調査概要」『滋賀文化財研究所月報』一、一九六八年。
(20) a. 丸山竜平「近江和邇氏の考古学的研究―堅田真野春日山古墳群の歴史的背景をめぐって―」『日本史論叢』第四輯、一九七四年。
b. 丸山竜平「古墳と古墳群（上）―近江におけるその類型的把握をめぐって―」『日本史論叢』第六輯、一九七六年。
(21) 注(20) bに同じ。
(22) 丸山竜平『巨大古墳と古代国家』、吉川弘文館、二〇〇四年。
(23) a. 田中勝弘「湖北地方における後期群集墳の発生とその形成の初段階」『北陸自動車道関連遺跡発掘調査報告書』Ⅳ、滋賀県教育委員会・財団法人滋賀県文化財保護協会、一九七八年。
b. 田中勝弘「湖北地方の前方後円墳」『北陸自動車道関連遺跡発掘調査報告書』Ⅶ、滋賀県教育委員会・財団法人滋賀県文化財保護協会、一九八二年、など。
(24) a. 用田政晴「近江東部」『前方後円墳集成』近畿編、山川出版社、一九九二年。
b. 細川修平「近江西部」同書。
(25) 都出比呂志ほか『雪野山古墳の研究』、八日市市教育委員会、一九九六年。
(26) 「」の意味については、本章第五項および第三章第一節で詳しく述べる。
(27) a. 黒坂秀樹ほか『古保利古墳群第一次確認調査報告書』、高月町教育委員会、二〇〇一年。
b. 植田文雄ほか『神郷亀塚古墳』（『能登川町埋蔵文化財調査報告書』第五五集）、能登川町教育委員会・能登川町埋蔵文化財センター、二〇〇四年。
c. 宮崎雅充『熊野本古墳群Ⅰ―分布測量・六号墳・一二号墳範囲確認調査報告書―』（『新旭町文化財調査

報告書』第三集）、新旭町教育委員会、二〇〇三年。
(28) 注（24）aに同じ。
(29) 用田政晴「神郷亀塚古墳発掘調査事業とその意義―書評『神郷亀塚古墳』―」『日本考古学』第一八号、二〇〇四年。
(30) 田中勝弘ほか『平成九年度春期特別展　開館五周年記念　物と人―古墳時代の生産と運搬』、滋賀県立安土城考古博物館、一九九七年。
(31) 高木叙子『平成一〇年度秋季特別展　琵琶湖と中世の人々―信長以前・信長以後―』、滋賀県立安土城考古博物館、一九九八年。
(32) 細川修平「古墳時代後期における琵琶湖の水運―琵琶湖周辺の古墳の動向からのアプローチ―」注（30）文献に同じ。
(33) a．畑中英二「古代における琵琶湖の湖上交通についての予察」『紀要』第九号、財団法人滋賀県文化財保護協会、一九九六年。
b．細川修平「古墳時代における琵琶湖およびその周辺地域」『紀要』第一一号、財団法人滋賀県文化財保護協会、一九九八年、など。
(34) a．大橋信弥『日本古代の王権と氏族』、吉川弘文館、一九九六年。
b．大橋信弥『古代豪族と渡来人』、吉川弘文館、二〇〇四年、などに所収の諸論文。
(35) 「琵琶湖がつくる近江の歴史」研究会（代表　林博通）編『城と湖と近江』、サンライズ出版、二〇〇二年。
(36) 小笠原好彦「古代豪族と蒲生」『蒲生町史』第一巻、古代・中世、蒲生町、一九九五年。
(37) 注（20）aなど。
(38) 注（8）に同じ。
(39) 高谷好一「琵琶湖とのかかわり―その歴史と現状―」『日本文化のかなめ　つがやま市民教養文化講座二十

年の記録』、サンライズ出版、二〇〇一年。
(40) 用田政晴「「丸子船交流デスク」の情報」注(8)a文献に同じ。
(41) a．藤岡謙二郎編『びわ湖周遊』、ナカニシヤ出版、一九八〇年。
b．滋賀大学湖沼実習施設（代表　山崎古都子）編『びわ湖を考える』、新草出版、一九九二年。

c．立命館大学人文科学研究所地域研究室（代表　杉野圀明）編『琵琶湖地域の総合的研究』、文理閣、一九九四年。

d．滋賀大学教育学部附属環境教育湖沼実習センター（代表　堀越昌子）『びわ湖から学ぶ　人々のくらしと環境』、大学教育出版、一九九九年。

e．琵琶湖百科編集委員会（嘉田由紀子ほか）編『知ってますかこの湖を　びわ湖を語る五〇章』、サンライズ出版、二〇〇一年。

f．西川幸治・村井康彦編『環琵琶湖地域論』、思文閣出版、二〇〇三年。
(42) 藤井譲治編『街道の日本史三一　近江・若狭と湖の道』、吉川弘文館、二〇〇三年。
(43) 注(35)に同じ。
(44) 高橋　護「三世紀における共同体の変容―中山遺跡土壙墓群の再検討から―」『岡山県史研究』第五号、一九八三年などは、それを実践した当該期の成果の一つである。
(45) 近藤義郎「牛窓湾をめぐる古墳と古墳群」『私たちの考古学』一〇号、考古学研究会、一九五六年。後に近藤は、この地域の前方後円墳は製塩・漁撈諸集団の首長墓であり、大和連合勢力のもとで製塩・漁撈・航海の体制を安定させたと評価した（注(5)）。
(46) 新納　泉「空間分析からみた古墳時代社会の地域構造」『考古学研究』第四八巻第三号、二〇〇一年。
(47) 菊池徹夫「けいいしき　型式・形式」『世界考古学事典』、平凡社、一九七九年。
(48) 小林行雄「けいしき　型式・形式」『図解考古学事典』、東京堂出版、一九五九年。

(49) 狐塚省蔵「歴史を「書くこと」と「造ること」」『見晴台のおっちゃん奮闘記』、岡本俊朗遺稿追悼集刊行会、一九八五年。
(50) 田中　琢「型式学の問題」『日本考古学を学ぶ』(一)、有斐閣、一九七八年。
(51) 近藤義郎「あとがき」『前方後円墳と吉備・大和』、吉備人出版、二〇〇一年。
(52) 和田晴吾「古墳時代の時期区分をめぐって」『考古学研究』第三四巻第二号、一九八七年。
(53) 広瀬和雄「前方後円墳の畿内編年」『前方後円墳集成』中国・四国編、山川出版社、一九九一年。
(54) 乗岡　実・葛原克人「古墳の年代について」『吉備の古墳（上）備前・美作』（『吉備考古ライブラリィ』四）、吉備人出版、二〇〇〇年。
(55) 小林行雄「土器類」『大和唐古弥生式遺跡の研究』（『京都帝国大学文学部考古学研究報告』第一六冊、京都帝国大学、一九四三年。
(56) 小林行雄「畿内地方」『弥生式土器聚成図録　正編』（『東京考古学会学報』第一冊）、一九三九年。
(57) 田辺昭三・佐原　真「近畿」『日本の考古学』Ⅲ弥生時代、河出書房、一九六六年。
(58) 佐原　真「琵琶湖地方」『弥生式土器集成　本編』二、東京堂出版、一九六八年。
(59) 藤田憲司「中部瀬戸内地方の非在地形土器」『埋蔵文化財研究会第一五回研究集会発表要旨』、埋蔵文化財研究会、一九八四年。
(60) 小野　昭「分布論」『日本考古学を学ぶ』(一)、有斐閣、一九七八年。
(61) 近藤義郎「古墳以前の墳丘墓―楯築遺跡をめぐって―」『岡山大学法文学部学術紀要』第三七号（史学篇）、一九七七年。
(62) a．都出比呂志「前方後円墳出現期の社会」『考古学研究』第二六巻第三号、一九七九年。
b．春成秀爾「弥生時代畿内の親族構成」『国立歴史民俗博物館研究報告』第五集、国立歴史民俗博物館、一九八五年。

(63) 近藤義郎によると、「基本的には同じで、用語があらわれた時点での強調の仕方によった」という(注(5))。
(64) 都出比呂志「総論―弥生から古墳へ―」『古代国家はこうして生まれた』、角川書店、一九九八年。
(65) 広瀬和雄「丹後における古式古墳の編年試論」『同志社考古』(一〇号記念特集『丹後地域の古式古墳』)第一〇号、一九七三年。
(66) こうした用法が一般化したのは、『前方後円墳集成』作成に伴う、前方後円墳研究会「古墳カード作成マニュアル」(一九八六年一一月二二日付け)が初現である。ほぼ同じころ、近藤義郎は、弥生墳丘墓の「石槨」、古墳の「石室」と呼び分けようとしていた(一九八六年一一月八日学習院大学「一粒の籾定期講演会」。記録は、「前方後円墳の成立」『前方後円墳と弥生墳丘墓』、青木書店、一九九五年)。
(67) a. 岡本東三「舟葬説再論―「死者の舟」の表象―」『大塚初重先生頌寿記念考古学論集』、東京堂出版、二〇〇〇年。
b. 北條芳隆「墳墓研究の現在―戦後とどう向き合うか―」『文化の多様性と比較考古学』(考古学研究会五〇周年記念論文集)、考古学研究会、二〇〇四年、など。

第一章

近江における古墳時代研究に向けて

第一節　弥生・古墳時代年代論の学史

一　年輪年代測定結果の発表

一九九六年四月二七日付け朝刊各紙は、大阪府池上曽根遺跡で検出された弥生時代中期後半の巨大な棟持柱建物の柱の一つが、年輪年代測定によって紀元前五二年に伐採されたものであることを一斉に報じた。以来、考古学によって築き上げてきた弥生時代中期の年代観が一〇〇年遡ったと、マスコミや一般向け書籍などでキャンペーンがはられ、「考古学者達の研究史軽視と変わり身の早さ」(1)も目立つようになった。先達考古学研究者が検討してきた年代観を捨て、多くの考古学研究者が一人の自然科学研究者の成果に無批判に乗り換えてきた。このことが、古墳時代のはじまり、あるいは前方後円墳の出現時期に関する論究にまで影響を及ぼしているし、弥生時代年代論研究史の整理が不十分な論調、あるいは明らかな誤りもいくつか目につくようになってきた。

こうした傾向に対する憂いと年輪年代測定結果に対する個別の検討や批判も寺沢薫らから出され、(2)近年のＡＭＳ（加速器質量分析）法を用いた炭素一四年代測定法の開発と研究は、(3)日本の考古学界へさらに動揺を与えている。

本節では、今日の弥生時代や古墳の年代論の検討を行うものではなく、戦後の考古学をひとまず総括した『日本の考古学』Ⅲ弥生時代（河出書房、一九六六年）から戦前に遡って、弥生時代を軸にして古墳の年代論にも触れながら、先学の枠組みを整理しようとするものである。

なお、畿内を中心として弥生時代の年代論が再検討され始めた一九八〇年代中頃は、弥生時代「暦年代」と称されることが多かったが、九〇年代に入ると「実年代」という言葉が使われはじめ[4]、一九九六年に至って「実年代」が定着したかにみえる研究集会での報告がなされた[5]。それ以降、「実年代」という用語使用例が多くを占めるようになった。中には、「暦年代」と「実年代」を区別して用いている森岡秀人などの慎重な例もあったが[6]、「実年代」はそれがまぎれもない真実、本当の年代であるかのような印象を与える。あくまでその多くは年輪年代測定法や新しい炭素一四年代測定法に基づく年代である。考古資料の型式学的組列に基づく相対年代に対し、絶対年代という用語も考えられるが、あまり使用例を見ない。かといって小林行雄のいうように、「暦のない時代」[7]に対して「暦年代」という言葉を使う論理もないため、考古資料による時代区分の絶対年代を考える枠組みという意味で、単に年代論と称していく。

二　問題の提起

池上曽根遺跡の年輪年代結果の発表以降、その成果をふまえた多くの論文や書物がある。その中で、例えば、「年輪年代の測定結果が出る直前までは、確かに世間では「四期≒後一世紀」が常識だった。じつは、それ以前には、別の年代観が存在していた。畿内における五期区分に対して、暦年代が明示されたのは、一九五五年（田辺・佐原一九五五）のことだ。このときは、「四期≒後二世紀」だった。つまり、一九五五年ごろの「四期≒後二世紀」（A説）から一九九〇年ごろの「四期≒後一世紀」（B説）、一九九六年の「四期≒前一世紀」（C説）へという変遷である。不思議なことに、弥生時代の年代観はしだいに「一世紀」ずつ古い時代へ移動中だ」[8]（傍点は筆者）という普及書の記述がある。これは、田辺昭三・佐原真による「弥生文化の発展と地域性　三近畿」（『日本の考古学』Ⅲ弥生時代）を指しており、一九六六年の刊行である。

筆者の学生時代に、考古学演習の素材にもなったこの論文は、銅鐸の製作・土器の製作技法、土器の地域色、高地性集落と石製武器の発達などを中国文献と符合させ、「AD一〇〇前後を中期中葉とし、女王卑弥呼を誕生させた倭国の大乱（AD一八〇前後）を第四様式末」とするなど、その年代論は魅力的なもので、九年後に著者の一人、佐原真がその方法論を自ら否定するまで[9]論旨は生きていた。佐原は晩年、資料と考えは佐原で、実際に文章を書いたのは田辺昭三であり、考えの違う部分もあったが、最終的な原稿のチェックを佐原は行なわなかったと述べている[10]。

しかし、この説がそもそも弥生時代年代論のはじまりではなかったし、一方で私達がかつて機械的に覚えていた弥生時代の年代、つまり弥生時代は紀元前三〇〇年から紀元後三〇〇年までのおよそ六〇〇年間で、前期・中期・後期へ機械的に二〇〇年ずつ与えるという年代観はそれ以前のもののはずである。しかもそれは、かつての概説書[11]や年代論を再検討した契機となる論文[12]などにみられるように、一九六〇年・六一年の杉原荘介の成果[13]でもないようである。

三　戦後の主張

(1) 田辺・佐原への批判

先に触れた一九六六年の田辺昭三・佐原真の論文が発表された翌年、小林行雄は、「弥生時代の中期後半」を「おそらく二世紀の後半ごろ」としながらも中国史書の内容と大形石鏃や高地性集落を結びつけることを批判した。[14]しかし巻末の年表では、紀元前三〇〇年ごろを弥生時代のはじまりとし、中期が紀元前一〇〇年ごろ、後期が紀元後一〇〇年ごろにはじまり、弥生時代の最終記事を紀元二四八年ごろの卑弥呼の死と台与が女王になったことと位置づけている（表1—1）。そして同書中で、古墳の出現の時期を「かりに四世紀のはじめごろ」としている。

(2) 杉原荘介

前著の小林による巻末年表の年代観は、中期と後期の境界が変わるだけで杉原荘介による一九六〇年の枠組みと同じである。杉原荘介は、すでに一九五五年に「弥生文化の起源は西暦前三百年前後」で、中期の「開始が西暦前一〇〇年までは遡ることが確実」であるとし、「中期の終末を西暦一〇〇年から西暦二〇〇年としておこう」と述べている。[15]これは、弥生時代の終末を「少なくとも中央にお

表1―1　小林行雄による年代入り年表

紀元前	時代	主要事項	主要遺跡	中国
三〇万年	先土器時代	明石原人がいたか？	西八木海岸（兵庫）	旧石器時代
	前期	石英製石器を作った人がいたか？	早水台遺跡（大分）	
		握斧形石器を使いはじめる	不二山遺跡（群馬）　権現山遺跡（群馬）	
三万年	中期	刃器文化が発達する	岩宿遺跡（群馬）　茂呂遺跡（東京）	
		三ヶ日人・浜北人があらわれる	三ヶ日遺跡（静岡）	
	後期	石槍の使用がはじまる	武井遺跡（群馬）	
		細石器文化がはじまる　石でかこんだ炉を使用する	矢出川遺跡（長野）　休場遺跡（静岡）	
	原土器時代	洞穴に住み、細石器・隆線文土器を使用する	福井洞穴（長崎）	中石器時代
一万年		有舌尖頭器・隆線文土器を使用し、女神石偶を作る	上黒岩遺跡（愛媛）	
		犬を家畜として狩猟に用いる	上黒岩遺跡（愛媛）	
八千年	縄文時代 早期	石鏃をつけた弓矢の使用が発達し矢柄研磨器が出現する	夏島貝塚（神奈川）　酒呑遺跡（愛知）	
		漁撈がさかんになり骨角製漁具や貝塚遺跡が出現する	夏島貝塚（神奈川）	
		縄文および撚糸文土器を使用する	夏島貝塚（神奈川）	
		押型文土器が流行する	三戸遺跡（神奈川）	
		竪穴住居に住み小型の女神土偶を作る	花輪台遺跡（茨城）　黄島貝塚（岡山）	
五千年	前期	土器は平底になり尖底がなくなる	諸磯貝塚（神奈川）	
		磨製石斧が発達し、丸木舟を作る	加茂遺跡（千葉）	
		玦状耳飾りが発達する	国府遺跡（大阪）	
三千年	中期	土器の装飾が立体的になり顔面・蛇形装飾があらわれる	藤内遺跡（長野）　中原遺跡（東京）	（仰韶時代）
		釣手土器や太鼓形土器を作る	御殿場遺跡（長野）　藤内遺跡（長野）	
		大型石棒があらわれる	向遺跡（山梨）　見高遺跡（静岡）	
		硬玉を採集して大珠や勾玉を作る	下室田遺跡（群馬）　長者ヶ原遺跡（新潟）	
		土製耳栓の使用がはじまる	栃倉遺跡（新潟）	
二千年	後期	土器の器形の種類が多くなり注口土器が発達する	貝塚村貝塚（千葉）　堀ノ内貝塚（千葉）	（竜山時代）
		女神土偶が発達し立像のほかに坐像もあらわれる	郷原遺跡（群馬）　上岡遺跡（福島）	
		骨角器の使用がさかんになり離頭銛が普及する	称名寺貝塚（神奈川）　獺沢貝塚（岩手）	
		抜歯の風習が一般化する	津雲貝塚（岡山）	―殷―
千年	晩期	東北地方で亀ヶ岡式土器と中空土偶が発達する	亀ヶ岡遺跡（青森）　恵比寿田囲遺跡（宮城）	
		漆器の製作が発達する	亀ヶ岡遺跡（青森）　是川遺跡（青森）	
		石棒が小型になり石刀があらわれる	亀ヶ岡遺跡（青森）　宇鉄遺跡（青森）	――周――
		叉状研歯の風習があらわれる	伊川津貝塚（愛知）　吉胡貝塚（愛知）	

年代	時代	事項	遺跡	中国
三〇〇年	弥生時代 前期	稲作農業がはじまる　織物を作りはじめる	唐古遺跡（奈良）　西志賀貝塚（愛知）	
		多鈕細文鏡・銅利器を朝鮮から輸入する	大県遺跡（大阪）　梶栗浜遺跡（山口）	秦
		甕棺墓や支石墓を作りはじめる	支登遺跡（福岡）	
		一〇八　前漢の武帝が楽浪四郡を設置する		
		前漢鏡やガラス製装身具を楽浪郡から輸入する	須玖遺跡（福岡）　立岩遺跡（福岡）	前漢
一〇〇年	中期	銅鐸の鋳造が盛行し、国産銅利器の製作がはじまる	田能遺跡（兵庫）	
紀元後		一四　前漢を滅ぼした新の王莽が貨泉を作る	函石遺跡（京都）	新
		五七　奴国王が後漢に朝貢して光武帝から金印をうける	志賀島遺跡（福岡）	
		後漢鏡を輸入し、畿内では伝世をはじめる	桜馬場遺跡（佐賀）	
		稲作農業が東北地方までひろまる	桝形囲遺跡（宮崎）	
一〇〇年	後期	一〇七　倭国王師升が後漢に朝貢する		
		水田および灌漑水路の構築が発達する	登呂遺跡（静岡）	後漢
		石器の使用をやめ鉄器が普及する	弥生町遺跡（東京）	
		国産銅利器の鋳造が盛行する	須玖遺跡（福岡）　三雲遺跡（福岡）	
		ムラの合併によりクニが生まれ銅鐸を埋蔵する	桜ヶ丘遺跡（兵庫）　小篠原遺跡（滋賀）	
二〇〇年		このころ卑弥呼が邪馬台国の女王となる		
		二三八（景初二）　魏が公孫淵を滅ぼし帯方郡を手に入れる		
		二三九（景初三）　卑弥呼が魏に朝貢し銅鏡などをもらう		
		二四三（正始四）　卑弥呼が魏に第二回の朝貢をする		蜀・魏・呉
		二四六（正始七）　帯方郡太守弓遵が韓人と戦って死ぬ		
		二四八（正始九）ごろ　卑弥呼が死に、台与を女王とする		

いて、西暦三〇〇年までには終了し」、「地方差があってもそれより一〇〇年は下らないであろう」と考えたことで持たせた幅なのだろう。ここでは、「畿内Ⅲ式土器と同Ⅳ式土器は小林氏も両者の分離が必ずしも明確でないといっておられる」ため、「両者を一つとして」「新沢式土器と呼んで」後期に区分している。

(3) 小林行雄

戦後まもなくの一九四七年、小林行雄は考古学者による「架空の対話」形式をとる概説書を刊行した。[16] ここでは、「弥生時代のはじまりは、いつごろと思うか、と聞かれれば、二千三百年ぐらい前だというかも知れない。また、古墳時代のはじめは、と聞かれれば、千七百年ぐらい前だとなら、こたえもしよう」といっている。一九四七年から逆算すると、およそ紀元前三五〇年から紀元二五〇年ごろまでが弥生時代と、小林は考えていたことになる。

具体的には、福岡県松原の貨泉をもとにして弥生時代中期が「西暦一世紀の前半頃にその実年代をおいている」こと。九州の甕棺に副葬された前漢や漢中期の鏡は、楽浪郡の存在と関係し、「前漢の武帝の元封三年、西暦紀元前一〇八年という年代が、中期弥生文化の年代に一つの制限を加える」という。そして「楽浪郡以前の朝鮮文化に属する銅剣銅矛は、西暦紀元前二、三世紀として、弥生文化のはじめが、二千三百年前という、数字が出てきた」とし、「弥生文化全体を、西暦紀元後に三世紀、紀元前に二世紀か三世紀として、その五、六百年を、前・中・後の三期にわりあてれば」、「大体の見当はつけることができようかと思っている」と述べている。

一九五一年の小林による『日本考古学概説』の中でも、理由は前述のものと変わらない。[17] 弥生時代の実年代は、「紀元前二、三世紀より紀元後二、三世紀にわたる存続」とし、古墳時代「前期の始まりは三世紀の中頃よりはなはだしく降ることはない」という。弥生時代のはじまりは、「西暦紀元前後の一、二世紀にわたる中期の年代決定によって、その前後にほぼ同様な期間を加算」したことによると説明する。

(4) 山内清男

一九二五年に「石器時代にも稲あり」と主張し[18]、森本六爾に先だって一九三二年には弥生式文化における農業の重要性を強調していた山内清男[19]は、奇しくも小林行雄の前著が出た同じ一九四七年、弥生時代の年代について言及している。

「弥生式文化」には、「西紀前二三世紀から後二世紀頃に亘る朝鮮又は支那の文物が盛んに伝来」し、古墳時代の「年代は西紀三世紀から七世紀位」という[20]。ただ、その根拠については述べられていない。

四 戦前の年代論

(1) 小林行雄

先に触れた小林行雄の弥生時代年代観は、実は戦前からみられる。一九三九年に刊行された『弥生式土器聚成図録 正編』の「序説」では、「弥生式土器」は「西暦紀元前後二三世紀の間にある」と述べるが[21]、その根拠は明らかでなく、その前年に刊行された弥生時代の概説書を見ると、弥生文化の年代観は示されていないが、「弥生式文化を前中後の三期に分」け、九州の「北半に濃密な分布を見る新式銅利器の分布圏は中期弥生式文化として顕著な須玖式土器の広がりと相照応する」という[22]。小林が戦後まで引き継ぐ弥生時代年代観は、この段階で固まりつつあった。

(2) 森本六爾

弥生土器を前・中・後の三時期に分けたのは、それより早い森本六爾の成果であった。[23] 森本は、「須玖《すぐ》の甕棺」をもとに、「弥生式土器は、秦漢式土器の影響をその発現の最初に持つ」ことを説き、[24] 翌年、「銅鉾銅剣の最も古い型式」について、「北九州の須玖や三雲」の「鏡は全部前漢スタイル」で「北九州の海岸の一遺跡から王莽《おうもう》の貨泉を出していることから、紀元を中心とした前後の、一世紀」の所産であったという。そして、「青銅器の文化の後に起った純然たる初期鉄器時代の墳墓が、三世紀の後半ないし四世紀の前半」には東海地方にも及んで、「すでに青銅文化と交替していた」とする。[25]

(3) 山内清男

上記、森本六爾の作業と同じ頃、山内清男は、「鏡は、時に弥生式遺跡から発見される貨泉、金印等と共に支那の歴史年代との対比の好い条件」であり、「畿内及び以西の弥生式の細別が進み年代順が決定されるならば、銅剣、銅鉾、鏡、銅鐸などの年代観との連絡が明になるであろう。そして土器型式による年代決定が最も実用的であり、広汎な文化現象を総合するに役立つことを示す」と、弥生時代の年代決定に向けての指針を説いたが、[26] 森本らの東京考古学会による「弥生式土器」の細別および年代順決定の操作は、自分の研究成果であると後に言及しつつ、[27] 具体的な弥生時代の年代については、戦後まで触れることはなかった。

⑷ それ以前の成果

富岡謙蔵は、福岡県三雲、須玖両遺跡出土の鏡を前漢のものであるとし、これと「同出の弥生式土器が他方に於いて石器と共存せる点（中略）、我が上代に於ける文化発達の年代、経路を考える上に重要なる準拠を与ふる」としたことは[28]、弥生土器と石器が銅剣・銅鉾・鏡などと伴出することを立証した中山平次郎の業績[29]を受けたものであった。

この発想は、その直前、濱田耕作による、「古墳様式の順序」を明確にした上で「歴史的年代の比較的確実なる支那及朝鮮に之が比較を求め支那考古学の造詣によりて我古墳発見の古鏡其の他遺物の年代を明にし其の『シンクロマズム』によるに非らずんば到底確実なる結果を得ること難き」[30]という理論に依ったものとも考えられる。一方、濱田はその後、古墳の年代を西暦の世紀で表すことも日本に移し入れ、「肥後装飾古墳仮定年代表」も作成して西暦で古墳を位置づけた[31]（表1―2）。これは濱田がイギリスに留学したことと西洋史を専攻した事に起因するといわれている[32]。

さらにその後の濱田は、前方後円墳の形式変遷論を呈示し、その最盛期の代表例とした応神・仁徳天皇陵営造の時期を西暦四〇〇年前後と位置づけた[33]。

それ以前の古墳の年代観は、「古墳時代」という用語をはじめて使用した八木奘三郎[34]が、その年代に書紀紀年を用いたものからほとんど抜け出せていなかった。

濱田の影響を受けたと考えられるのは、梅原末治もその一人で、富岡や中山の業績をふまえた上で、中国鏡の年代観を援用する事によって日本の古墳の年代を明確にしうると考え、佐味田新山古墳の報告書では、西暦年を入れた鏡の帰属年代一覧を作成して[35]、副葬された鏡の下限を古墳の年代にあてた（表

表1—2　肥後装飾古墳仮定年代表

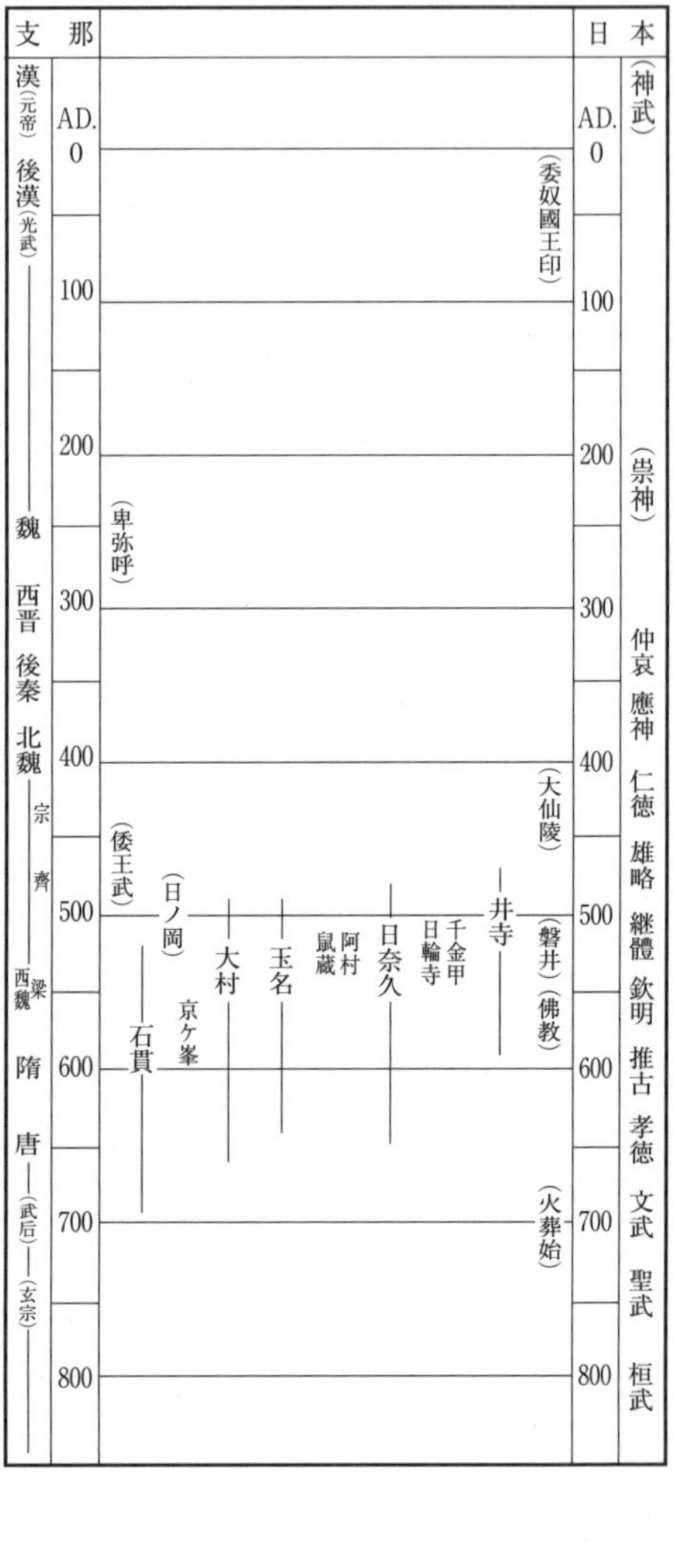

表1—3　新山古墳出土古鏡年代推定表

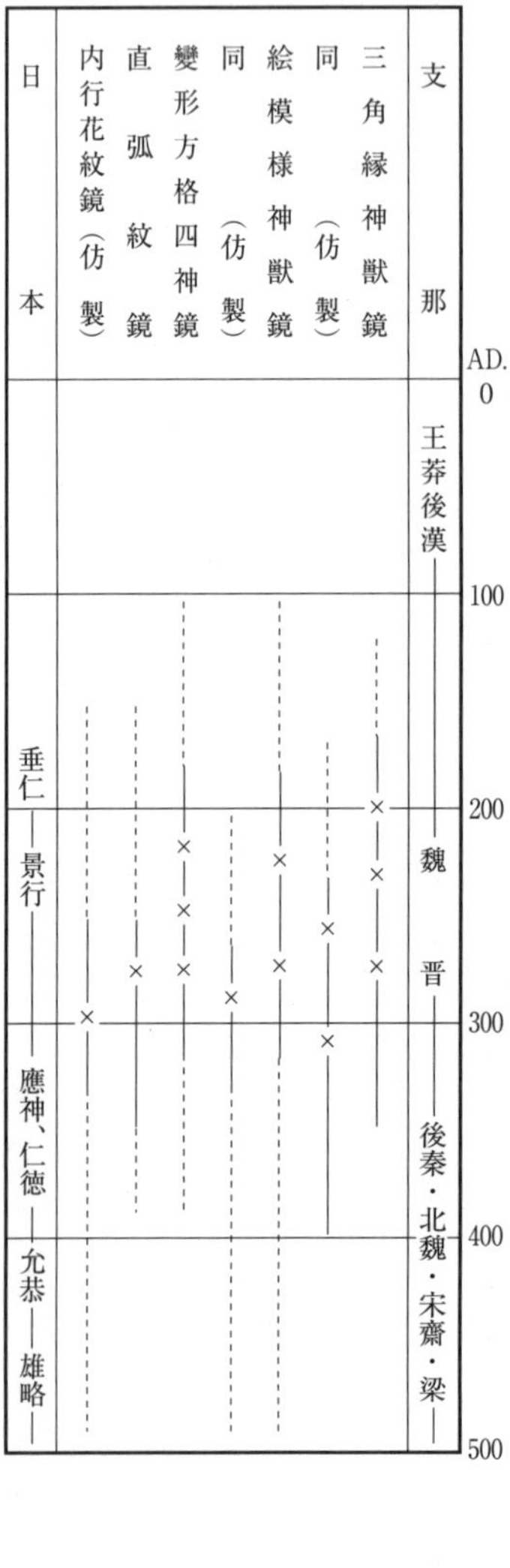

1—3)。しかし、その後、その下限の年代は古墳の年代の上限に置くなど[36]、考えも揺れ動いていた。ここでは、戦前の古墳年代考察の一例として、近江の安土瓢箪山古墳[37]と鴨稲荷山古墳[38]を取り上げてみる。

五　戦前の古墳年代考察例

梅原は、安土瓢箪山古墳の「遺跡の年代は（中略）支那鏡の存する点から、考定に一の標準を得る」が、「それに依って明になし得る点は、遺跡が鏡の示す年代よりも遡り得ないと云ふ事、即ち遺跡の上限を画するに役立つ範囲を出ない」と前提を述べている。そして、一つの鏡が後漢を下らず、別の鏡は魏晋代を遡らないから、「主室の営造が西紀三世紀を下ると云う漠然たるものにとどまる」という。さらに下限は、「古式古墳の近畿地方に於ける営造は用明・推古両天皇代即ち西暦六世紀の後半にあ」るので「第四世紀から第六世紀の上半に亘る間の営造とする年代観の帰結が得られる」とした。最後に、「本墳の示す処が年代の明な応神・仁徳両天皇陵に於て拝せられる整美さに様式先立つものである」と結論づけている。

それに先立つこと一五年前に、鴨稲荷山古墳の報告書では、さらに精緻に考古学的方法を用いて古墳の年代が考察されていた。ともに梅原末治が関わっていたとは思えないほどの違いである。

その報告書では、「日本の古墳の築造年代を考定することは非常に困難なこと」としながら、「精細に分析的に遺物の各方面から其の年代を考察し、最後に如何なる総合的結果が得られるかを調べて見た

表1—4 鴨稲荷山古墳の年代検討表

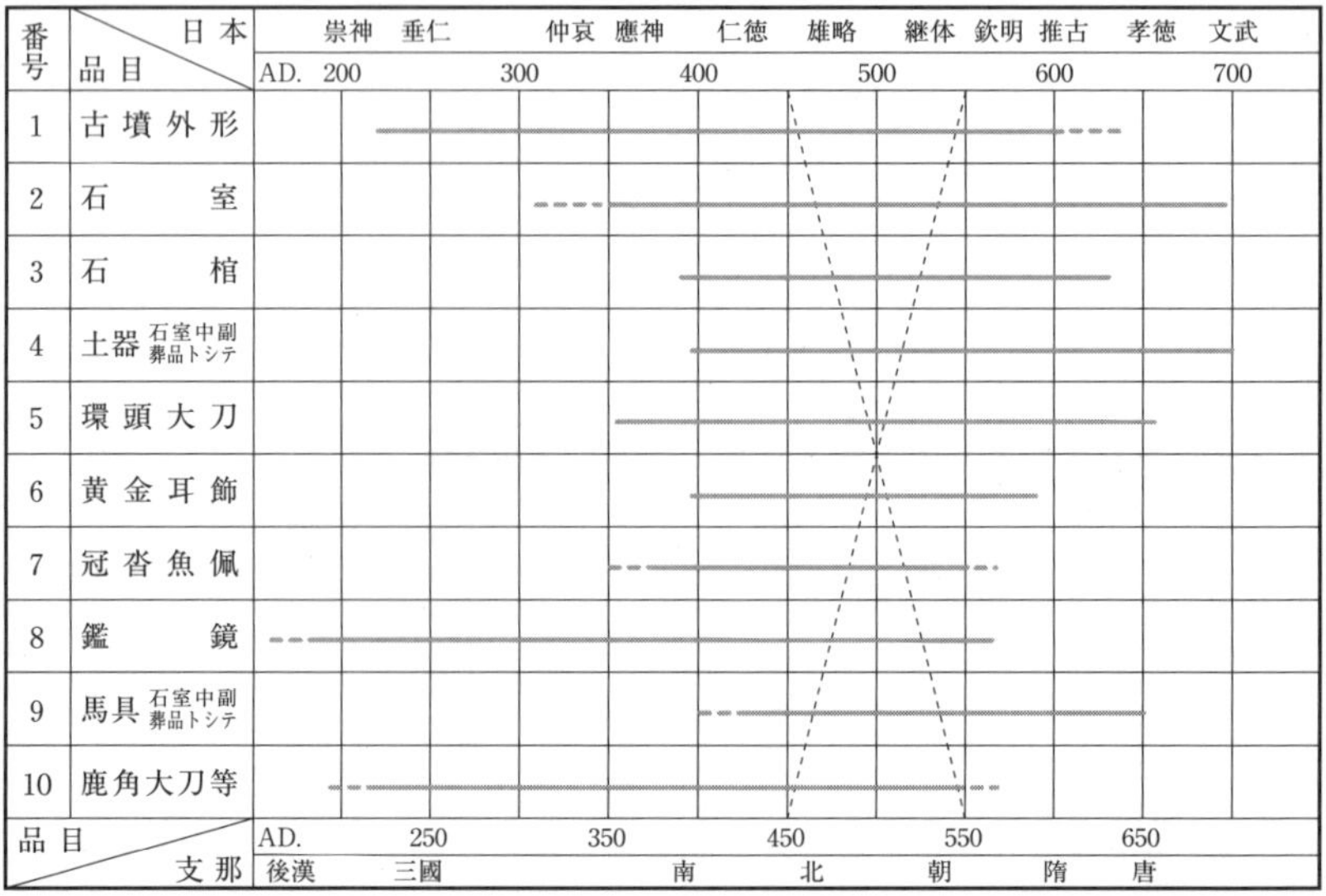

い」として、古墳の外形、石室構造、石棺、土器、環頭太刀、耳飾、冠沓魚佩、鏡、馬具、鹿角太刀の一〇項目にわたり検討した。これらの年代観を一覧表とし、天皇名、西暦、中国王朝名を入れて表現した(表1—4)。そして総合的に一〇項目の帰属年代が最も重複する五世紀と六世紀の境にこの古墳の年代があたると考えたが、応神・仁徳天皇の時代を考慮に入れると、六世紀の継体天皇の時代に近いとして、その築造年代を位置づけている。

ただ、小林行雄によると、筑紫国造磐井の墓を福岡県石人山古墳とする誤解によって熊本県江田船山古墳の年代を求め、鴨稲荷山古墳に残る継体天皇に関連する伝説によって年代を決めたという。(39) 一方で、福岡県岩戸山古墳を国造磐井の墓と決めてかかることにも注意が喚起されている。(40) 筆者らもかつて岩戸山古墳の内部主体の検討を行った際、「被葬者と築造年代が想定できるわが国では数少ない古墳」と述べたが、(41) 自戒が必要である。

六　学史上の画期

弥生時代や古墳の年代を考える上での主な先学の成果について、古い時代へと早足で辿ってみた。日本考古学の一つのテーマに対する業績というものは、ある特定の研究者によるものと断言できることは極めて希であり、紆余曲折を経て研究者間で互いに影響を与えながら、前に向かって進んできた。こうした中で、比較的、年代のはっきりしていると見られる中国の鏡などを用いて、日本の考古資料の相対年代や序列を追究した上で、それらの年代を考えるという方法論的起源は濱田耕作に至った。しかもそれは、梅原末治らが古墳の年代や序列を考える以前に、弥生時代の事物や文化の年代を考える中山平次郎に影響を与えた。

また、具体的に弥生時代へ西暦年代を与えたのは森本六爾であり、土器の型式論をさらに追究した小林行雄が、すでに戦前の段階で森本の年代論をより正確なものにした。ただ、この過程で少なからず山内清男らの刺激があったことは否めない。

戦後、特に一九六〇年代以降の森貞次郎・岡崎敬らをはじめとする学史は、資料の増加に伴う土器と鏡をはじめとする青銅製品の型式の細分化の過程での議論であり、特に鏡の製作から副葬あるいは廃棄までにどれだけの時間を見込むか、および北部九州と近畿との間の時間差をどれだけと考えるかという程度の差であった。これは、古墳出土の鏡の細分と伝世の時間をどれだけに見積もるかという議論によって、前方後円墳の出現の時期が全体的には早められていることに似る。

こうした中で、年輪年代測定結果は、弥生時代の年代観や古墳の出現に少なからず影響を与えたが、今、私たちは考古学的方法論を用いて当該資料を検討する時間的な、あるいは気持ちの上でも余裕が欲しい。

そうした考古学的研究を実践している一人が、池上曽根遺跡の調査担当者でもあった秋山浩三である。調査時からの柱穴埋土の慎重な発掘や土器の破片をも見逃さない詳細な観察と分類、柱そのもののあり方など、年代論発表後の周辺からのあらゆる疑問に対し、一つずつ真摯に検証過程を説明した。(42) 最も評価すべきは、考古学的に確実なこと、可能性のあること、可能性が少ないことなどをそれぞれの事象で区別していたことである。

七　考古学的方法論との諸関係

かつての放射性炭素による年代測定について、小林行雄はこのように述べている。(43)

「暦のない時代に発生した現象を、あるものは古く、あるものは新しいと見きわめるには、それぞれが、いまから何年まえであるかというように、数値をもって比較することもできないわけである。そのために考古学者は、地質学が開拓した地層の上下による年代の新古の判別法などを極力利用して、個々の現象の相対的な前後関係を知ることに努力をつづけているのである。

考古学がそういう状態にあるときに、放射性炭素を使用すれば、相対的な新古の関係をとびこえて、ただちに絶対的な数値をもって過去の年代がわかるという画期的な新説がでた。人びとが、やや無批判に、その新しい方法にとびついていったのは無理もないことであった。しかし、この方法にも、なお疑問点が残っているのであるから、暦のない時代の歴史の研究は、まだ完全に物理学的な方法のみを用いて構成できるところまで、客観的に一貫したものにはできないのである。すなわち、そこには、あるていどの仮説と推理とを積み重ねて、将来の検討をまつ必要を認めておかなければならないのである」。

小林は、古墳の年代決定にも、「あらゆる遺物のすべての型式を利用すべき」で、「型式学的研究法の錬磨につとめることがのぞましい」とした[44]。

このような慎重論もかつては見られたが、最近ではAMS法を用いた炭素一四年代測定法の開発と年輪年代などを用いた暦年較正により、考古学は加速度的に「暦」年代論へ向っている。筆者は、その新しい方法による資料採取作業を見学して話を伺ったり、研究会に参加したりしながら成行きに注目しているところである。こうした中、近藤義郎は近年の著書の中でこう記す[45]。

「僕は、古事記・日本書紀・魏志倭人伝などの文献史料やその文献研究の成果を使うことを極力避けてきた。(中略)文献学的研究の成果と考古学的成果との凭れあい的使用は極力避けることに努めた。弥生時代と前方後円墳時代にほぼ限ってのことだが(中略)現状ではなお問題も弊害もまた少なくない。その最たるものに、昔は「高天が原」や「神武天皇」、今や「邪馬台国」や「卑弥呼」の論議がある。そういうものは本来、考古学には出てこない筈である。」

また年代論についても、かつて「六世紀」という用語や「日本書記六六八年の天武天皇葬送儀礼」

について触れたことを自戒しながら、「考古学にも「弥生時代」とか「前方後円墳時代」とかがあるではないか。前期・中期・後期、あるいは一期・二期・三期……一〇期という時期区分も、さらに細かい区分もあるではないか。またそれとは別に放射性炭素年代法や木材年輪年代法の結果を使ったらよいではないか、という意見があることも知っている。しかし考古学の側としては、それらを含め、これは絶対だといって「自然」や文献に任せてしまうわけにはいかない」。

ＡＭＳ法による炭素一四年代測定を積極的に進める春成秀爾も、「従来の考古学的な手法による絶対年代の推定作業は当然つづけるべき」といい(46)、同じ研究グループによる中国遼寧省発見の朝鮮式銅戈の祖型研究も成果を上げているが(47)、「今の時点で暦年較正年代を考古学的所見にあわせて急いで修正することは避けたほうがよい」(48)という。互いの依って立つ立場は貫くことが必要かもしれない。

考古学研究者は、鴨稲荷山古墳の報告書に見るように、一〇項目もの考古学的事象を総合してその帰属年代を考えていこうとする近江での事例に学ぶべきであり、少なくとも何のためらいもなく「三世紀の邪馬台国」や「狗奴国の王墓」などと言うことは避けたいものである。

注

(1) 寺沢　薫「紀元前五二年の土器はなにか—古年輪年代の解釈をめぐる功罪—」『考古学に学ぶ—遺構と遺物—』(『同志社大学考古学シリーズⅦ』)、同志社大学考古学シリーズ刊行会、一九九九年。

(2) 注(1)に同じ。

(3) 春成秀爾・藤尾慎一郎・今村峯雄・坂本　稔「弥生時代の開始年代—^{14}C年代の測定結果について—」『日本考古学協会第六九回総会　研究発表要旨』、日本考古学協会、二〇〇三年など。

（4）「特集・弥生時代実年代論」『考古学ジャーナル』第三二五号、一九九〇年。
（5）埋蔵文化財研究会『考古学と実年代』（『第四〇回埋蔵文化財研究集会』）、埋蔵文化財研究会、一九九六年。
（6）森岡秀人「弥生時代暦年代論をめぐる近畿第Ⅴ様式の時間幅」『信濃』第三七巻四号、一九八五年。
（7）小林行雄『女王国の出現』（『国民の歴史』一）、文英堂、一九六七年。
（8）酒井龍一『弥生の世界』（『歴史発掘』六）、講談社、一九九七年。
（9）佐原　真「農業の開始と階級社会の形成」『岩波講座日本歴史』一、原始および古代一、岩波書店、一九七五年。
（10）二〇〇〇年一一月二五日のシンポジウムでの佐原真の発言（守山市教育委員会編「第三部　シンポジウム」『弥生のなりわいと琵琶湖―近江の稲作漁労民―』、サンライズ出版、二〇〇三年）。
（11）大場磐雄「弥生式土器とその文化」『新版考古学講座』四、原始文化・上、雄山閣、一九六九年。
（12）注（6）に同じ。
（13）a．杉原荘介「農業の発生と文化の変革」『世界考古学大系』第二巻、日本Ⅱ弥生時代、平凡社、一九六〇年。
b．杉原荘介「日本農耕文化の生成」『日本農耕文化の生成』、東京堂出版、一九六一年。
（14）注（7）に同じ。
（15）杉原荘介「弥生文化」『日本考古学講座』四、河出書房、一九五五年。
（16）小林行雄『日本古代文化の諸問題』、高桐書院、一九四七年（小林行雄『民族の起源』、塙書房、一九七二年所収）。
（17）小林行雄『日本考古学概説』、東京創元社、一九五一年。
（18）山内清男「石器時代にも稲あり」『人類学雑誌』第四〇巻第五号、一九二五年。
（19）山内清男「日本遠古之文化　Ⅱ縄文土器の起源」『ドルメン』第一巻第五号、一九三二年。
（20）山内清男「米作と日本の祖先たち」『新農芸』第二巻第六号、一九四七年。
（21）小林行雄『弥生式土器聚成図録』正編、東京考古学会、一九三九年。

(22) 小林行雄「弥生式文化」『日本文化史大系』一、誠文堂新光社、一九三八年。

(23) 森本六爾「日本古代生活」『歴史教育講座』考古学、四海書房、一九三五年(『日本農耕文化の起源―考古学上より見たる日本原始農業の研究―』、小宮山出版、一九四一年所収)。

(24) 森本六爾「北九州弥生式土器編年」『考古学』第一巻附録、一九三〇年。

(25) 森本六爾「日本に於ける青銅器文化の伝播」『考古学』第二巻第五号・六号、一九三一年。

(26) 山内清男「日本遠古之文化 Ⅳ縄文式以後」『ドルメン』第一巻第八号および第一巻第九号、一九三二年(ともに『山内清男・先史考古学論集』第一冊、先史考古学会、一九六七年所収)。

(27) 山内清男『日本遠古之文化 新版補註』、一九三九年(『山内清男・先史考古学論集』第一冊、先史考古学会、一九六七年所収)。

(28) 富岡謙蔵「九州北部に於ける銅剣銅鉾及び弥生式土器と伴出する古鏡の年代に就いて」『考古学雑誌』第八巻第九号、一九一八年(勅使河原彰『日本考古学の歩み』、名著出版、一九九五年に一部再録)。

(29) 中山平次郎「九州北部に於ける先史原史両時代中間期間の遺物に就て」『考古学雑誌』第七巻第一〇号・一一号、第八巻第一号・三号、一九一七年(『論集日本文化の起源』一、考古学、平凡社、一九七一年に部分再録)。

(30) 濱田耕作「西都原古墳の時代に就て」『宮崎県児湯郡西都原古墳調査報告』、一九一五年(勅使河原彰『日本考古学の歩み』、名著出版、一九九五年に一部再録)。

(31) 濱田耕作「後論」『肥後に於ける装飾ある古墳及横穴』(『京都帝国大学文学部考古学研究報告』第一冊)、京都帝国大学、一九一七年。

(32) 小林行雄「総論・古墳の年代」『考古学ジャーナル』第一六四号、一九七九年。

(33) 濱田耕作「前方後円墳の諸問題」『考古学雑誌』第二六巻第九号、一九三六年。

(34) 八木奘三郎「日本の古墳時代」『史学雑誌』七編一一号、八編一・四号、一八九六・一八九七年。

(35) 梅原末治『佐味田及新山古墳研究』、岩波書店、一九二一年。

(36) 梅原末治『兵庫県下に於ける古式古墳の調査』（『兵庫県史蹟名勝天然紀念物調査報告書』第二輯）、一九二五年。
(37) 梅原末治「安土瓢箪山古墳」『滋賀県史蹟調査報告』第七冊、滋賀県、一九三八年。
(38) 濱田耕作・梅原末治『近江国高島郡水尾村の古墳』（『京都帝国大学文学部考古学研究報告』第八冊）、京都帝国大学、一九二三年。
(39) 小林行雄「日本」『世界考古学大系』第一六巻、研究法・索引、平凡社、一九六二年。
(40) 菅谷文則「古墳の実年代」『季刊考古学』第一〇号、一九八五年。
(41) 用田政晴・小林芳正・岡本敬一「岩戸山古墳の内部主体」『古文化談叢』第四三集、一九九九年。
(42) 秋山浩三「〝B．C．52年の弥生土器〟その後—池上曽根遺跡の年輪年代—」『考古学ジャーナル』第四七二号、二〇〇一年など。
秋山浩三『弥生実年代と都市論のゆくえ　池上曽根遺跡』、新泉社、二〇〇六年にそれらの経過がまとめられている。
(43) 注（7）に同じ。
(44) 注（32）に同じ。
(45) 近藤義郎『前方後円墳と吉備・大和』、吉備人出版、二〇〇一年。
(46) 春成秀爾「日本における土器編年と炭素一四年代」『国立歴史民俗博物館研究報告』第八一集、国立歴史民俗博物館、一九九九年。
(47) 小林青樹・石川岳彦「遼西の銅戈と弥生年代」『弥生農耕の起源と東アジア—炭素年代測定による高精度編年体系の構築—』№５、二〇〇六年。
(48) 春成秀爾「弥生時代の実年代—過去・現在・将来—」『弥生時代の実年代—炭素一四年代をめぐって—』、学生社、二〇〇四年。

第二節　農耕の起源と古墳築造基盤

一　縄文時代前期の米と麦

高橋護らが岡山県朝寝鼻《あさねばな》貝塚において、縄文時代前期に属する羽島下層式と呼ぶ土器が出土した地層から、約五〇個の稲のプラント・オパール（ガラス質の細胞）を検出したという報道は、一九九九年四月二二日付け各朝刊で行なわれ、今から六千年前にさかのぼる日本列島で稲作が行われていたと伝えた。稲はジャポニカという短粒種で、同じ土層からハトムギまたはジュズダマやコムギのプラント・オパールのほか、稲や小麦の籾殻の一部も見つかったようである。

ある新聞には、「定説を千五百年さかのぼる」としていた。これは、同じ岡山県でも中国山地の真ん中にある姫笹原遺跡で発見された縄文時代中期中ごろの土器に含まれていたプラント・オパールのことを「定説」としているのだが、日本ではまだこれも「定説」とはなっていない。新しい考古学上の発見に敏感な最近の小・中学校の教科書でも、米作りは二千数百年前に中国や朝鮮半島から伝えられ、この時代を弥生時代という、といった記述である。

考古学の成果では、古く山内清男の指摘にはじまり[1]、先の縄文時代中期の例を除いても、縄文時代晩期の水田跡はもちろん、後期の土器には稲の籾の圧痕が残り、土器の胎土にはプラント・オパールが含まれている例や青森県などでの炭化した米の発見など、遅くとも縄文時代後期には確実に稲が栽培されていた事例が、複数認められている[2]。

ただこれらについても、水田遺構や道具類の状況が明らかでなく、極めて特異な例であるとする考え方もある。また、水稲耕作・米食を基盤とする生活が開始され、現代にまでつながる文化や社会の基礎と方向を決定した時が弥生時代の始まりであるという考え方も支配的である。ただ、こうした大きな課題解決にあたっては、研究者や発掘担当者によるこれまでの農耕についての理解に対する意識改革が必要であり、農耕とは何かという原則的なことも含めて議論されなくてはならない。こうした中で、農耕のはじまりを、採集・管理段階（植栽）、園耕、灌漑式水田農耕の三段階に分けて理解していこうとする試みもある[3]。

二　琵琶湖岸の水田

かつての定説では、二千数百年前、弥生時代あるいはその直前に、日本列島へ伝わったとされる稲作であるが、最近では前節で触れた弥生時代中期の一点が、従来の年代観よりさかのぼり、さらには近年のＡＭＳ（加速器質量分析）を用いた炭素一四年代測定法の開発で、前期のはじまりが四〇〇年

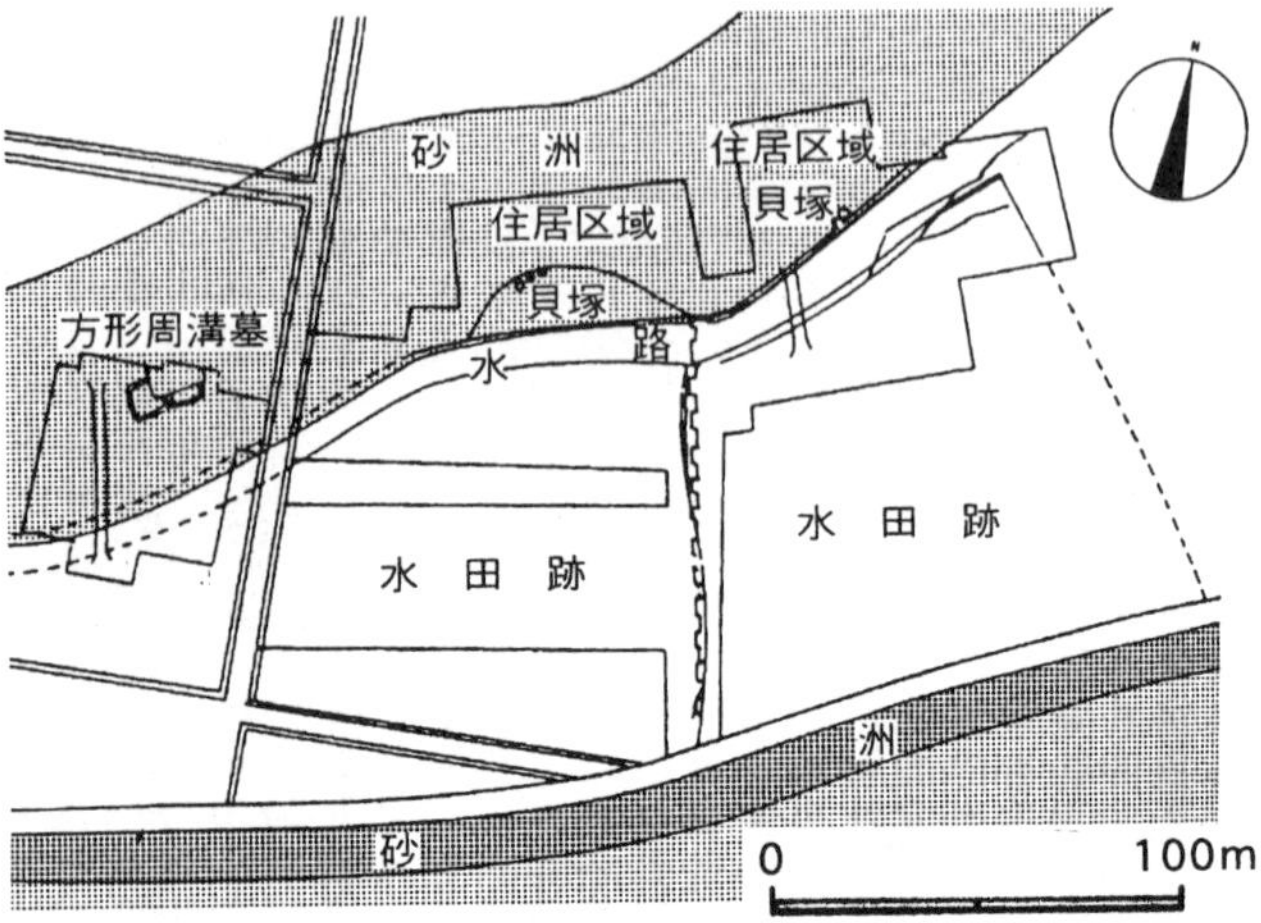

図1—1　大中の湖南遺跡（大区画水田）

ほど古くなることによって、[4]もう一度見直しが必要になってきた。

いずれにしても列島に広がった水田遺構は二種あり、低湿地で矢板や杭を備えた畦をもち、一筆の区画が大きいものと、沖積地の緩傾斜地などに作られる区画が小さいものが、どちらも水田内の湛水のために併存するといわれてきた。そしてこれら二種の代表例が、安土町大中の湖南遺跡と守山市服部遺跡の水田遺構であった（図1—1・図1—2）。

大中の湖南遺跡は、弥生時代前期に営まれ中期まで及んだ集落遺跡で、幅約七mの用排水路をはさんで、住居区域と水田区域が分かれる。第一号水田、第二号水田それぞれ約九、二〇〇㎡、約六、三〇〇㎡あり、砂や砂質土を基盤層とする強湿田であった。[5]

一方、服部遺跡は、大小の畦と水路によって区画された弥生時代前期の水田約二六〇枚が確認され、発掘された水田面積は約一八、七〇〇㎡、調査区内で確認できなかったものを含めると、水田は四〇〇枚にも及ぶ。大きい畦は地形の傾斜が変わるところに設けられ、小さな畦は水の供給と溜めのためのものである。水田一区画で最大のものは二八二㎡、最小は一〇㎡であった。水田の基盤は地下水の多い青灰色粘土であるが、地形環境や耕作土直下の酸化鉄などにより、半乾田または乾田であったと考えられている。(6)

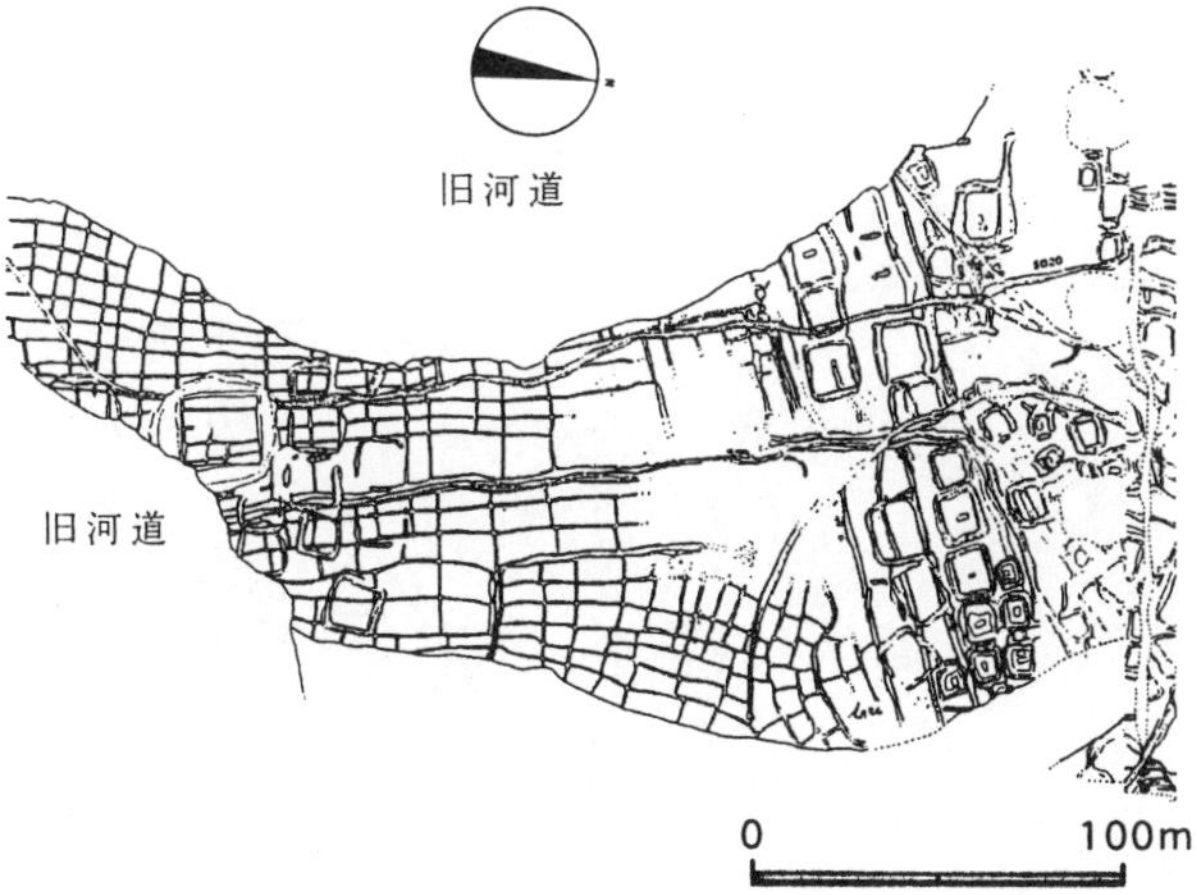

図1―2　服部遺跡（小区画水田）

服部遺跡の水田には稲株の痕跡が見られ、岡山県百間川原尾島《はらおじま》遺跡の同様なものは、七人による田植え作業の跡であると判断されている。田植えをしないと稲が雑草に負けてしまうからだということに加え、直播田に配する用水の絶対的不足によるものといわれる。(7)いずれにしても、弥生時代前期の田植えも今や常識となっている。

こうした二つの水田形式のうち、大区画の全国的な代表例が静岡県登呂遺跡であるが、最近、この遺跡の南端部では小区画水田が発掘されている。大中の湖南遺跡の場合も、水田遺構がほとんど知られていなかった三〇年以上も前に不時発見され、緊急調査が行われた遺跡であるため、小畦まで技術的に検出できなかった可能性もあるし、埋没季節にも左右されたのかもしれない。従来は、水田の立地条件に合わせて、小さな水平面の累積によって水田に湛水する工夫などの水田構築技術が確立してい

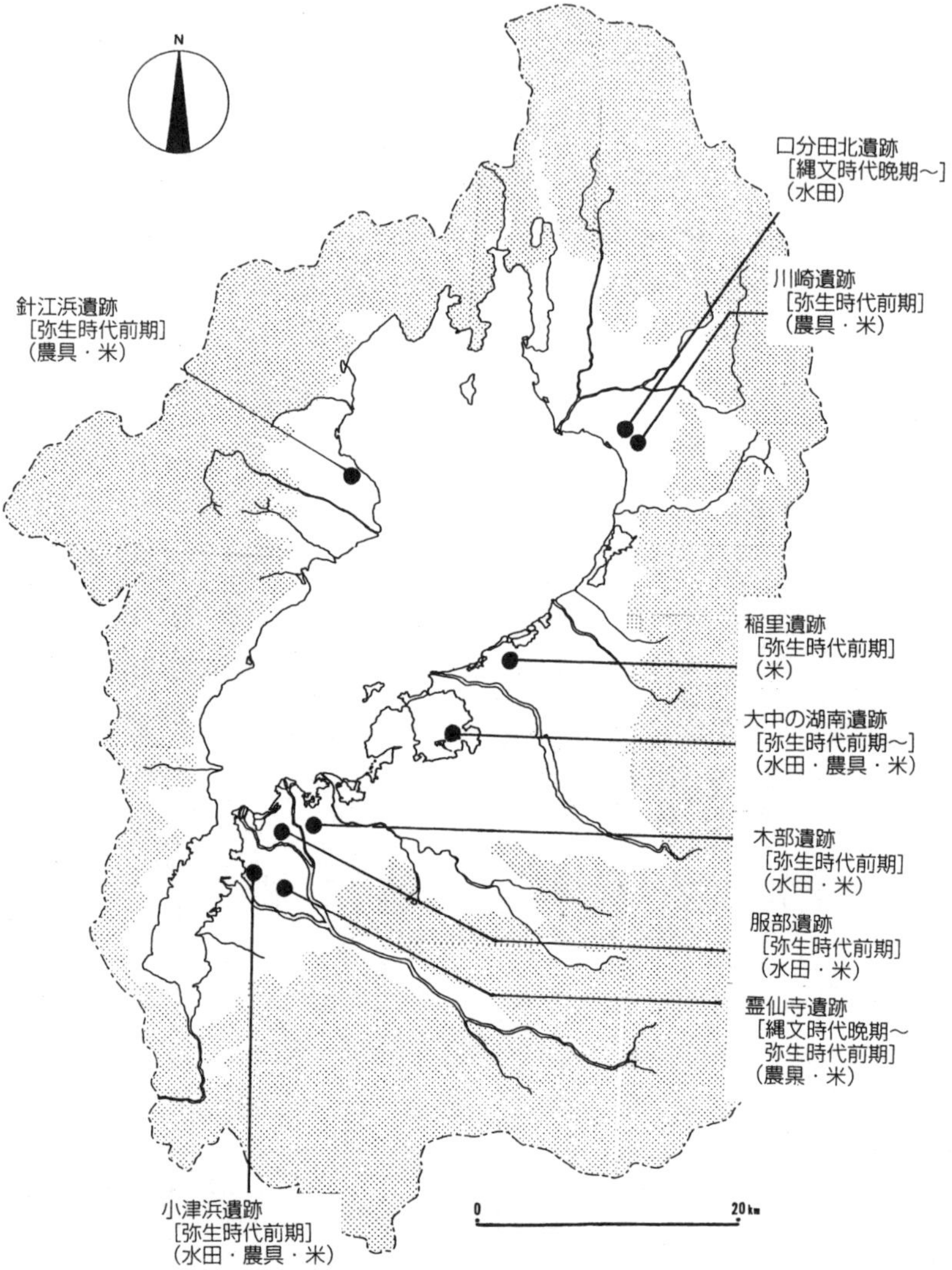

図1—3　近江の主な初期水田遺構等

たといわれていたが、大区画水田においても実際は雑草や土で手畦や小畦を作り小区画にしてあったと考えられる。

近年、弥生時代前期の水田あるいは炭化米や籾圧痕のある土器片、それに稲のプラント・オパールが検出された近江の遺跡は、先の二遺跡に加え、高島市針江浜遺跡、守山市小津浜遺跡、彦根市稲里遺跡などの湖岸の低湿地のみならず、野洲市木部《きべ》遺跡・虫生《むしゅう》遺跡、栗東市霊仙寺遺跡、長浜市川崎遺跡などの、より内陸部に入った扇状地末端や扇状地内旧河道近くなどでも発見されており、低湿地から高燥地への開拓という発展段階論は見直しが必要となっている(8)(図1—3)。平野部にある木部遺跡の水田も、一枚の面積が二〇㎡前後で長方形の区画が広がっている。弥生時代の水田農耕に限っても、琵琶湖周辺の常識は変わりつつある。

三　「新石器革命」

西南アジア、ヨーロッパ、中国など旧大陸の多くの地域は、食糧採集段階から食糧生産段階への転換が、新石器時代に実現している。この新石器時代とは、イギリスの考古学者ジョン・ラボックが、現世動物の存在と磨製石器の出現を指標として、地中海世界を中心に生み出した概念であるが、後に土器、農業・牧畜、織物・編物・篭類、鉱山の起源などいくつかの指標が加えられたものである。オリエントにおいても土器と農業の発生は一致しないなど、いくつかの例外を含みながらも、おおむね先に述べた地域では、土器や磨製石器と農業の出現をもってはじまる新石器時代として、区分可能な時を経ている。

オーストラリア生まれのイギリス人考古学者ゴードン・チャイルドは、特に食糧採集から食糧生産への転換を「新石器革命」と呼んで、人類史上の大きな画期と評価している[9]。これまでの定説によると、日本列島はラボックのいう新石器時代でありながら農業を欠いて、チャイルドのいう新石器革命は、弥生時代の始まりまで一万年近く待たなければならなかったという、特異な地域として自らを評価してきた。

「農業」を日本的に「稲作」と置き換えたとしても、すでに縄文時代前期には高橋護のいう水稲でも陸稲でもない品種の稲が、大がかりな土木工事を伴わない場で栽培されていた地域があったことが明らかになりつつある。日本列島の地域によっては、旧大陸の多くの地域と同様に縄文時代のある段階から、世界史の概念からいうと新石器時代と呼ぶことができ、そのある段階を新石器革命と呼ぶことができるようになってきた。

四　縄文農耕の可能性

いずれ琵琶湖沿岸でも確実な稲の例が見つかるであろうし、湖底遺跡である大津市粟津貝塚では、縄文時代早期初めのヒョウタンやリョクトウが見つかっている[10]。米原市入江内湖遺跡でも生漆が付着

表1—5　粟津貝塚出土の栽培関連植物

（　）は種子の最小個体数

		栽培植物・外来植物		人里植物	イネ科
縄文時代早期初頭	クリ塚	エゴマ（12）	ササゲ属（18）、ヒョウタン仲間（466）、ゴボウ（15）	サナエタデ（1226）、エノキグサ（11）	エノコログサ属（13）、イヌビエ（8）、イネ科（5）
縄文時代中期前葉	第3貝塚	エゴマ（32） アワ—ヒエ近似種（2）	ササゲ属（18）、ヒョウタン仲間（1）	サナエタデ（321）、エノキグサ（40）、ハコベ属（1）	イヌビエ（1）、オヒシバ（1）、イネ科（4）

（イネ科より詳しい分類は困難（筆者注））

した縄文時代前期中葉の土器が出土し、漆製品の製作が想定されている。また、縄文時代中期の粟津貝塚貝層から発見されたエゴマやクリ、あるいは漆製品などは（表1—5）、遅くとも約五千数百年前には栽培農業の基盤ができていたことを示している。しかし一方では、少なくとも道具と場所と生産物が明らかになって初めて縄文時代の農耕が語れるとする意見もある。[11] ただ、原始的な農業が存在していたか否かの判定のために、農具の問題を検討することは適切ではない。[12] 遺物として識別できる農具は、なかなか発見できないのが原始的な農業である。高谷好一の見たインドネシアの民族例では、耕起は行わず長大な「なぎなた」のようなもの一本で灌木をなぎ倒すだけというし、[13] かつて世界最古の水田といわれた中国江蘇省草鞋山遺跡では、足による踏み耕も想定されている。

また、雑穀・栽培・外来植物等が少量すぎて、食料生産という意味での栽培とは認められず、さらには「人—植物関係」という新たな枠組みを提示し、議論していくことが必要だという難問が、粟津貝塚の調査を担当した伊庭功から与えられている。[14]

そうした議論の一方で高橋護らの努力により次々と新資料が明らかになり、岡山県彦崎貝塚の縄文時代前期・彦崎ZI式の貝層からは、大量のイネの機動細胞珪酸体が検出されて天水田の形成も想定され、他にコムギ、オオムギ、キビ、ヒエ、ジュズダマ属など焼畑の成立も確実だという。(15)洪水にも渇水にも対応できるなどリスクを分散する複合的な農業が行われていた。(16)

江戸時代末から明治にかけても、琵琶湖畔にある守山市木浜では、水田が冠水してしまうと大急ぎでヒエを植えたといわれ、大正年間でも作っていたところがある。(17)危機を回避できる複合的な農業が縄文時代のみならず近代以降でも、琵琶湖畔でその痕跡が見られるのである。

最近では栽培植物の圧痕が残る土器の研究も進み、九州では縄文時代中期以降、熊本県大矢遺跡などで安定的に栽培植物の痕跡が残り、イネ、ハトムギ、ヒエ、ゴボウ、マメ類、シソ、エゴマが検出されている。(18)

さてこの琵琶湖の周辺では、縄文時代前期後半になって集落が沖積地に進出し、定住化していくことが、栗東市下鈎《しもまがり》遺跡、(19)安土町上出A遺跡(20)などからわかる。おそらくはこれが、栽培農業に関連する事象であることを岡山県での事例で教えてくれる。

そして縄文時代後期になると、すでに弥生時代以降、稲作を営む集団と同じ自然堤防上で大がかりに集落は展開し、隅丸方形住居・掘立柱建物・石囲炉・埋甕を採用する拠点的な集落を営むようになる。(21)特に、愛知川下流域にそうした集落は顕著で、東近江市今安楽寺遺跡、(22)林・石田遺跡、(23)正楽寺遺跡(24)などが調査されている。背後に森林や里山などの高燥地があるにもかかわらず河川の自然堤防上を指向しており、今安楽寺遺跡では出土石器の六二%が植物性食料加工用具で、石鏃は一点も見つからなかった。琵琶湖水系では、縄文時代中期を境に、それまで一隻しか見つかっていない丸木舟が、それ以降は二八隻以上見つかっていることも、(25)沖積地への集落の進出に関連すると考える。このような稲作の受容を前提とした遺跡立地の捉え方に対して瀬口眞司は注意を喚起するが、(26)こうした集落展開は、山本悦世らによって確実に稲作の証拠を積み上げている岡山平野と同じであり、今後の目的意識を持った精査により、同様に湖東の沖積地でも縄文時代における本格的農業の姿を捉えることができるだろう。(27)また、逆に彦根市稲里遺跡において、弥生時代前期の土坑の炭化米と共に出土したアワ、キビやクルミ、ブドウ、マタタビなどの種子は、(28)弥生時代においてなお、縄文人と同様の複合的な農業と堅果類にも依存する姿を教えてくれる。

五　墳丘墓と古墳造営の基盤

先に述べた今安楽寺遺跡、林・石田遺跡、正楽寺遺跡に加えて善教寺遺跡(29)は、すべて愛知川下流域の沖積地にある縄文時代後期を中心とする集落であり、その立地は弥生時代以降の遺跡と重なり合う。(30)この二km四方ほどの地域の中で、後の弥生時代の宮の前遺跡、安楽寺遺跡、そして環濠集落・石田遺跡が営まれ、後期末には前方後方形墳丘墓である神郷《じんごう》亀塚の母胎となった斗西《とのにし》遺跡が、河川とクリークを利用し、運河と港湾施設を設けた村として展開する（図1―4）。

こうしたことから河川沖積地における弥生時代集落の萌芽は、すでに縄文時代後期にそれぞれ地域で生まれ、食糧資源の中心を堅果類に求めながら生産物は掘立柱建物に保存し、正楽寺遺跡などは、関東の堀之内式や四国西南部の平城式、九州東北部の小池原上層式・鐘崎式土器を持つなど列島内の

図1－4　愛知川下流域の縄文時代集落（斜線）と斗西遺跡・神郷亀塚墳丘墓（明治26年（1893年）測図地図）

広範な物流の拠点集落として機能した。そして、後には大陸と通じる木槨まで備えた弥生時代墳丘墓の母胎となる集落へとその立地条件は共通していく。

一方で、背後の観音寺山の反対側、距離にして五㎞ほど南西にある近江最大の前方後円墳・安土瓢箪山古墳の周辺には、こうした縄文時代や弥生時代集落の痕跡は見あたらない。同様に、北五㎞にあり、近江で二番目の規模を誇る彦根市荒神山古墳の山麓にもない。規模は三番目の大津市膳所茶臼山古墳も同様である。つまり、弥生時代墳丘墓は、その被葬者擁立基盤を想定できるのに対し、古墳時代前期の大形前方後円墳の場合は、近接してそうした背景を持たない。縄文時代後期の村と同じ立地にある弥生時代後期の集落は、弥生時代墳丘墓を築いても、次の段階で古墳時代前期の大形前方後円墳との関係は絶たれているようである。別の視座でその古墳の造営基盤を考えなくてはならないのである。

注

（1）山内清男「石器時代にも稲あり」『人類学雑誌』第四〇巻第五号、一九二五年。

（2）a．高橋　護「記念講演録　縄文農耕と稲作」『市民の古代』第一六集、ビレッジプレス、一九九四年。

b．高橋　護「縄文農耕を考える」『東アジアの古代文化』第八四号、大和書房、一九九五年。

（3）藤尾慎一郎「日本列島における農耕のはじまり」『文化の多様性と二一世紀の考古学』、考古学研究会、二〇〇四年。

（4）春成秀爾・藤尾慎一郎・今村峯雄・坂本　稔「弥生時代の開始年代―^{14}C年代の測定結果について―」『日本考古学協会第六九回総会　研究発表要旨』、日本考古学協会、二〇〇三年。

（5）水野正好『大中の湖南遺跡調査概要』（『滋賀県文化財調査概要』第五集）、滋賀県教育委員会、一九六七年。
（6）大橋信弥ほか『服部遺跡発掘調査概報』、滋賀県教育委員会・守山市教育委員会・財団法人滋賀県文化財保護協会、一九七九年。
（7）近藤義郎『前方後円墳の時代』、岩波書店、一九八三年。
（8）都出比呂志「古代水田の二つの型」『展望・アジアの考古学―樋口隆康教授退官記念論集』、新潮社、一九八三年（「古代水田の二つの型」として『日本農耕社会の成立過程』、岩波書店、一九八九年に補訂所収）。
（9）V. Gordon Childe, Man Makes Himself ; Watts & Co., London, 一九三六年（ヴィア，ゴードン，チャイルド著、ねずまさし訳『文明の起源』（上）・（下）、岩波書店、一九五一年）。
（10）伊庭　功ほか『粟津湖底遺跡第三貝塚（粟津湖底遺跡Ⅰ）』（『琵琶湖開発事業関連埋蔵文化財発掘調査報告書』一）、滋賀県教育委員会・財団法人滋賀県文化財保護協会、一九九七年。
（11）植田文雄『縄文人の淡海学』、サンライズ出版、二〇〇〇年。
（12）注（2）bに同じ。
（13）高谷好一「東アジアの稲作文化と近江」『弥生のなりわいと琵琶湖―近江の稲作漁労民―』、守山市教育委員会編、サンライズ出版、二〇〇三年。
（14）伊庭　功「縄文時代に栽培はあったか―粟津湖底遺跡の分析結果から―」『近江の考古と歴史』（『西田弘先生米寿記念論集』）、真陽社、二〇〇一年。
（15）高橋　護ほか「岡山県灘崎町彦崎貝塚の発掘調査」『考古学ジャーナル』第五二七号、二〇〇五年。
（16）高橋　護「南溝手遺跡における縄文時代後期の農業」『大塚初重先生頌寿記念考古学論集』、東京堂出版、二〇〇〇年。
（17）注（13）に同じ。
（18）山崎純男「西日本縄文農耕論」『韓・日新石器時代の農耕問題』（『第六回韓・日新石器時代共同学術大会発

表資料集』)、財団法人慶南文化財研究院・韓国新石器学会・九州縄文研究会、二〇〇五年。
(19) 近藤　広「下鈎遺跡」『一九九一年度年報Ⅱ―下鈎・狐塚・上鈎遺跡―』、財団法人栗東町文化体育振興事業団、一九九三年。
(20) 鈴木康二『上出A遺跡―長命寺川広域河川改良事業に伴う発掘調査報告書』、滋賀県教育委員会・財団法人滋賀県文化財保護協会、一九九九年。
(21) 植田文雄「低地の縄文遺跡―滋賀県を中心に―」『季刊考古学』第五〇号、一九九五年。
(22) 植田文雄『今安楽寺遺跡』(『能登川町埋蔵文化財調査報告書』第一七集)、能登川町教育委員会、一九九〇年。
(23) 西　邦和『林遺跡』(『能登川町埋蔵文化財調査報告書』第三六集)、能登川町教育委員会、一九九五年。
(24) 植田文雄『正楽寺遺跡』(『能登川町埋蔵文化財調査報告書』第四〇集)、能登川町教育委員会、一九九六年。
(25) 瀬口眞司「暮らしを変えた縄文丸木舟」『丸木舟の時代―びわ湖と古代人―』、財団法人滋賀県文化財保護協会・滋賀県立安土城考古博物館、二〇〇六年。
(26) 瀬口眞司「適応地の拡大過程と地域的差異―琵琶湖東岸における縄文早期～弥生前期の遺跡立地―」『紀要』第一四号、財団法人滋賀県文化財保護協会、二〇〇一年。
(27) 岡山平野では、縄文時代後期中葉から農具の可能性の高い「石鍬」、「石包丁状石器」が出現し、農耕は一般化していた(山本悦世「中・四国における縄文後・晩期の農耕―岡山県における石器の様相から―」『西日本縄文文化の特徴』(『第一回西日本縄文文化研究会発表資料』)、関西縄文文化研究会・中四国縄文研究会・九州縄文研究会、二〇〇五年)。
(28) 北原　治『稲里遺跡』(『県営一般農道整備事業関連遺跡発掘調査報告書』)、滋賀県教育委員会・財団法人滋賀県文化財保護協会、二〇〇〇年。
(29) 山本一博「善教寺遺跡」『能登川町埋蔵文化財調査報告書』第一集、能登川町教育委員会、一九八五年。
(30) 注(24)に同じ。

第三節　古墳出現前後の土器群

一　土器の型式名

かつて近江における弥生土器研究は、個別の土器を他地域の個々の土器と比較する方法で、他地域の編年の中で語ってきた。しかし、型式・形式等の概念の濫用や一括資料のもつ意味の理解不足等から[1]、他地域、特に畿内の土器群との併行関係において誤認もみうけられた。

ここでは、近江の弥生時代後期後葉から古墳時代直前までの土器群を四期に分けて述べ、庄内式併行期土器群の資料操作も行う。こうした中で他地域との併行関係について触れ、土器に表れた近江の中での地域性についての予察を行う。

弥生時代後期後葉という概念は暫定的なものであるが、この時期の土器を取り上げたのは、それ以前の時期に比べて土器の出土量が多いことと、そこで得られた結果が古墳の成立についての理解を助けるであろうという見通しがあったからである。

なお、近江での土器の編年に使う名称は、大きく三つに分けられる。①他地域の型式名等を用いたもの、②近江の遺跡名で代表させたもの、③ある遺跡の層位名で型式を設定したもの、がそれである。

一つの層位や遺構に、全く同時に埋められた土器群があり、それがある型式の中心を構成するものであっても、それが本当に一型式として認定できるのかどうか検討されなければならない。したがって、ある遺構ごとや層位ごとに、純粋に一型式として設定できる一括資料が、整然と時系列で並ぶとは考え難い。したがって、現段階でなしうる最善の型式学的な検討を行った結果であれば、必然的に、機械的な○○一式～五式などにせざるをえないと考える。

二　弥生時代後期後葉の土器群

(1)　時間的位置

弥生時代後期の土器とは、ここでは唐古遺跡第五様式第二亜式までを含めて唐古遺跡第五様式[2]併行期を弥生時代後期とする。また後期後葉とする時期は、ほぼ唐古遺跡第五様式第一亜式併行期からいわゆる庄内式[3]併行期の直前までのことで、土器群の変化を説明するための便宜的なものにすぎない。あえて近江の弥生時代後期の土器群中に画期を求めようとすると、本節でいう一期と二期の間に求められ、それ以降が後期前葉・中葉・後葉と土器型式群をつらぬく諸要素のまとまりによって分ける際の、後期後葉と呼称できるものである。

後期中葉と後葉を分ける要素とは、畿内地方第Ⅴ様式[4]前半を中心とし、代表される口縁が外反していく高坏（高坏形土器Ａ２）[5]が消失しつつあり、東海西部地方を中心とする「欠山式」[6]形高坏が出現してくること、やや小形化していく器台とその口縁の装飾化あるいは垂下、受口状口縁甕端部のつまみ出し傾向の出現等に求められる。

以下、後期後葉を中心とした土器群を一期〜四期と称して略述する（図１―５）。

(2) 一期

これまで受口状口縁甕と称してきた近江系甕形土器[7]については、基本的に口縁端部の外方向へのつまみ出しのないものが中心となり[8]、依然として口縁部外面に刺突文、肩部に沈線・刺突文を備え、胴部やや下位を突帯と櫛描波状文あるいは円弧文でこれを飾るものがある。

高坏は畿内地方と同様の口縁部が強く外反するものが中心となり、このころの高坏の型式変化は比較的緩慢である。

器台は受部が直線的に伸びるものとゆるく外反するものが共存し、体部から裾部にかけてゆるく八字形に広がる。口縁部に装飾等は持たない（13・14）。

(3) 二期

近江系甕の口縁端の外方にややつまみ出す傾向のものと、つまみ出さないものが共存し、このことは「庄内式」併行期の直前まで続く。この期の新相で北陸の「月影式」といわれる甕に特徴的な擬凹線を備えた甕が、小形のもので出現して加わる[9]。これは胴部内面の頸部下端からヘラで削っているが、

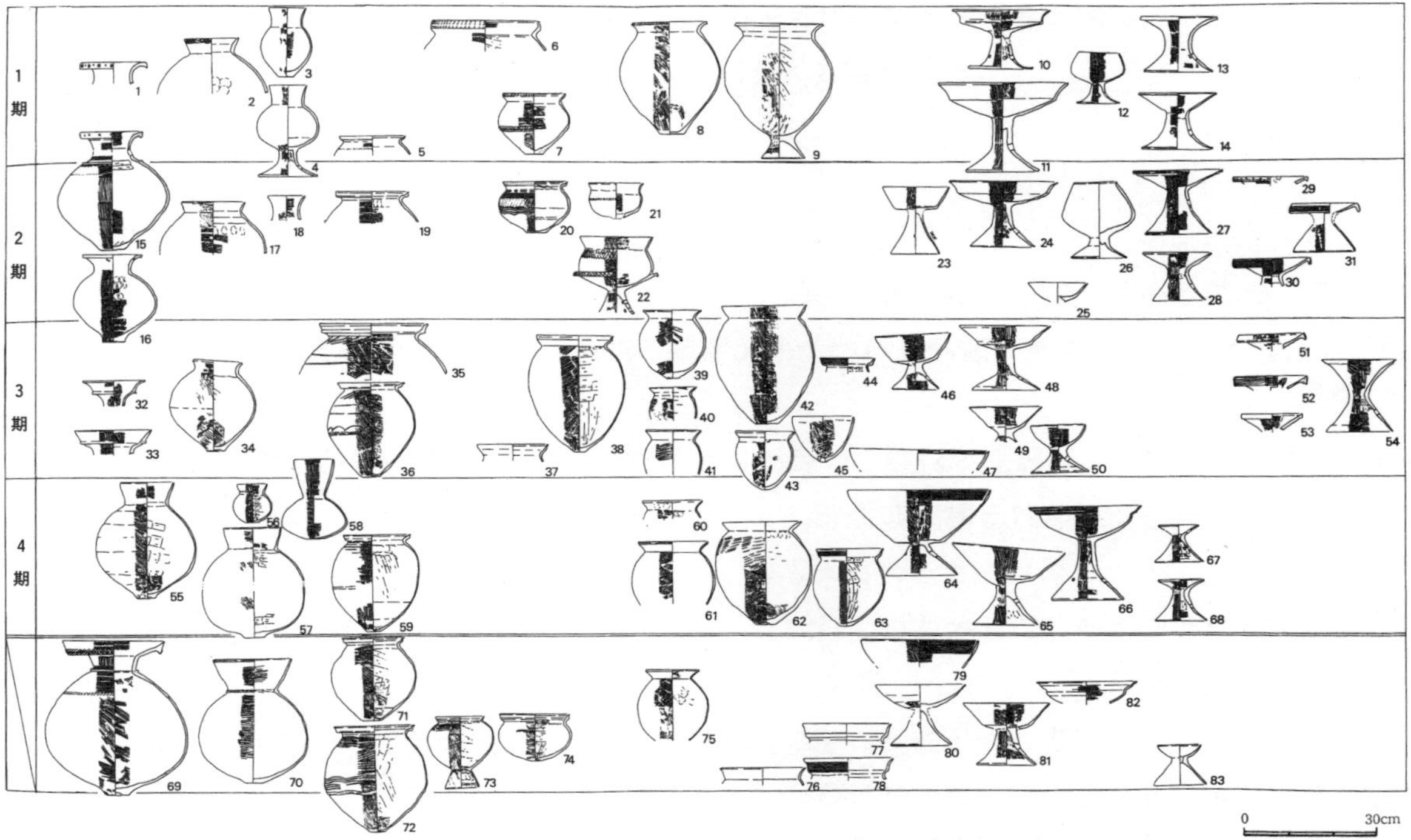

図１—５　弥生時代後期後葉を中心とした土器群

図１—５　資料出土遺跡
1.3.4.5.6.11.13　南市東遺跡　2.8.9.14　大東遺跡　7.15.17.19.20.24.26.28.30　樫木原遺跡　21.23.31.52.57.76.77.78.80　唐川遺跡　16.27　大伴遺跡　18.25.29　横江・大門遺跡　22.32.33.39.41.49.50　五之里遺跡　40.44.51　片岡遺跡　10.34.35.36.38.42.43.45.46.70.72.74.81.82　北大津遺跡　37.47　円通寺遺跡　71.73.79　高田遺跡　55.56.60.67　高木遺跡　58.61.63.64.66　正伝寺南遺跡　53.59.62.65.68　下々塚遺跡　75　滋賀里遺跡　12.83　稲部遺跡

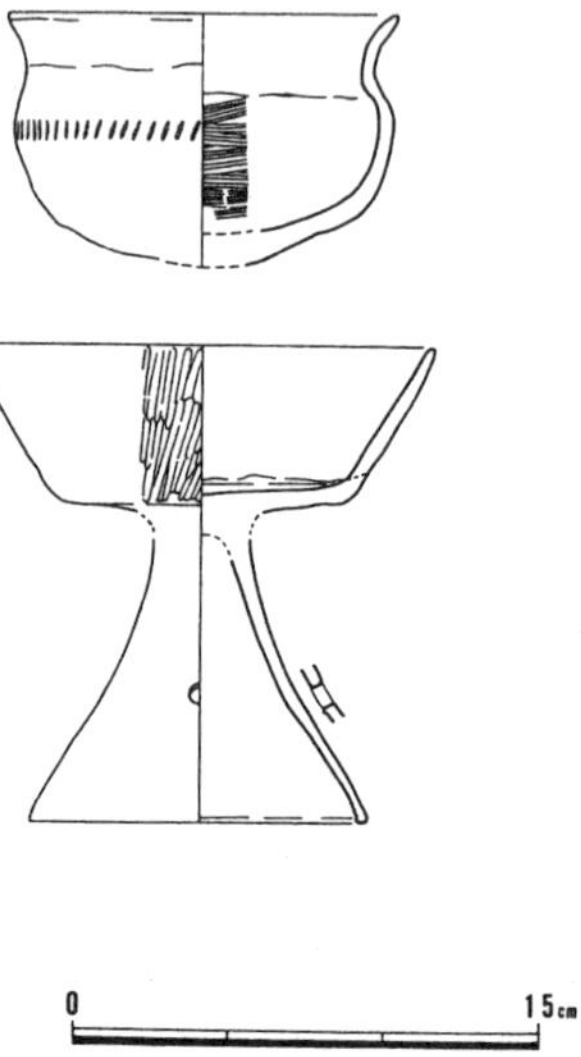

図1―6　器台として用いられた高坏とのせた小形甕

近江の弥生時代後期での内面ヘラ削りは、北陸系以外の甕でも珍しいものではない。

高坏は前の時期と同様に、口縁が外反するものに東海西部地方の「欠山式」に特徴的な高坏の古相のものが加わる。脚部が長く坏部がさほど発達していない浅いものである(23)。これとは別にやや小形の碗状坏部を持つものも加わる(25)。

器台は直線的に伸びた受部から下はすぐに八字形に開くものに変わるが、口縁端を垂下あるいは肥厚し、浮文・刺突文・沈線文等の装飾を加えるものが主流となる。

先述の「欠山式」形の高坏も一部では器台の機能を果たしていた例があり(図1―6)、この時期以降、高坏と器台の機能未分化の傾向がはじまり、「庄内式」併行期まで続く。その結果、畿内と他地域で器種呼称の混乱も呼ぶようになる。

(4)　三期

いわゆる二重口縁壺が出現し、器台が小形のものになる傾向が出る。

浮文や沈線文で飾られた二重口縁の壺に加え、口縁がゆるく外反する甕の端部が上方に尖り気味に処理されるいわゆる庄内式傾向の甕もある。近江系甕の口縁端のつまみ出しは、湖南においては顕著なものもみられるが、湖北地方ではむしろ口縁受部から頸部にかけてのカーブがゆるく、肩の張らない北近江系とでも呼ぶべき甕が主流をなす[10]（37）。この種の甕は、北陸系甕との相互の影響の中で成立してきたものである。[11]

さらに、大津市北大津遺跡でこの時期顕著に現れる「甕B」（38）も、北陸・畿内と近江の相互の影響のもとで出現したもので、湖北南半・湖東では類例が少ない。

湖北では「欠山式」形高坏の盛行期にあたり、坏部は深く発達し、口縁部内面に一条〜数条の沈線文帯を備えたものに変化する。湖南でも「欠山式」形の高坏は盛行するが、加えて畿内の高坏形土器A2の発達した高坏が認められる。

器台の資料は不足するが、小形化傾向が顕著である。

(5) 四期

「庄内式」直前のこの時期は、近江系甕を残して畿内的な様相が顕著になる。近江系甕の口縁端部は二期に外方へのつまみ出し傾向が現れ、この時期までつまみ出さないものと共存し、この間の口縁部の変化も少ない。「欠山式」形高坏の坏部は発達し、脚部は外湾しつつあるものになり、「元屋敷式」形高坏との中間的形態をなす。また近江での小形器台の確実な初現はこの時期である。

この次の段階が「庄内式」並行期の古相にあたり、近江では「元屋敷式」形の高坏と甕、「月影式」形の甕などを伴う。

(6) その後の土器群

「庄内式」は、近江では三型式ほどからなる土器群がこれに併行し、図下段には古相の一群を示した。この時期の近江の土器、特に甕などは、列島のあるところではすでに前方後円墳を作りはじめるころとは思えないほど古い印象を与える。

三 「庄内式」併行の土器群

(1) 前提

長浜市国友遺跡における筆者による一九八九年の発掘調査においては、A区北半からB区南半にかけての遺物包含層中から、およそ唐古遺跡第五様式第一亜式併行期以降の弥生土器と土師器が出土したが、型式学的操作を行なうための資料として、良好なものを提供するには至らなかった。しかし、C区遺物包含層からは土師器だけが出土し、それも庄内式併行期と予想される土器群を検出した。

一方、古墳時代首長墓を中心とした現地踏査と整理・検討作業の中では、もとより調査された古墳や古墳出土の土器の少なさはあったが、平地での墳丘が削平された弥生時代周溝墓あるいは墳丘墓も、近江では二〇例以上数えるようになり、少なからず伴出土器が認められるようになってきた。

これらの土器群を含め当該期前後の土器の相対年代は、近江では全般に時代を下げる傾向にある。代表的な編年案でも、近江ではそれに相当する「様式」が存在するとは述べられてはいるものの詳細には触れられず、近隣地域との対比[12]においては弥生時代終末ごろが空白期扱いとなっている。

(2)「庄内式」の土器

こうしたことから、主に庄内式併行期についても整理をしてみる必要が生じ、国友遺跡での当該期資料の出土もそのきっかけとなった。ただ、近江において当該期の良好な一括資料は意外に少なく、ここではその作業の経過について触れる。

ここでいう庄内式は、かつて弥生土器に連続するとされ、畿内第六様式と呼ばれた奈良県布留遺跡発見の一群の土器群と畿内第五様式との間隙を埋める「様式」で、大阪府小若江北遺跡出土資料の一群と畿内第五様式との間を埋めることができるとして、田中琢があげた畿内の諸資料[13]に併行する土器群である。また、取り扱った資料はさらにそれらと併行すると考えられるものであり、細筋のタタキメを残し、くの字口縁の端部つまみ上げ気味の典型的な甕や飾られた二重口縁壺も含まれ、およそ当該期を中心とした土器群であることが認められる。

(3) 資料操作1

一括に近い資料を、形態を主眼に壺をA1〜L3の二二形態、甕をA1〜I3の一五形態、高坏をA1〜D3の九形態、器台をA1〜A3の三形態、計四九形態に分類し(図1—7)、これを仮に一次的形態分類と呼ぶ。これらはすべての形式やそれの細分したものを網羅したものではなく、特殊な形式・器種を除いて、資料の多いものを選択した。またそれぞれ1〜3は型式学的変化を追えるものを指し、必ずしも型式のちがいとするものでない。

そして、先の分類をもととなる各遺跡の遺構・層位ごとに、その有無を一覧にしたものが表1—6である。

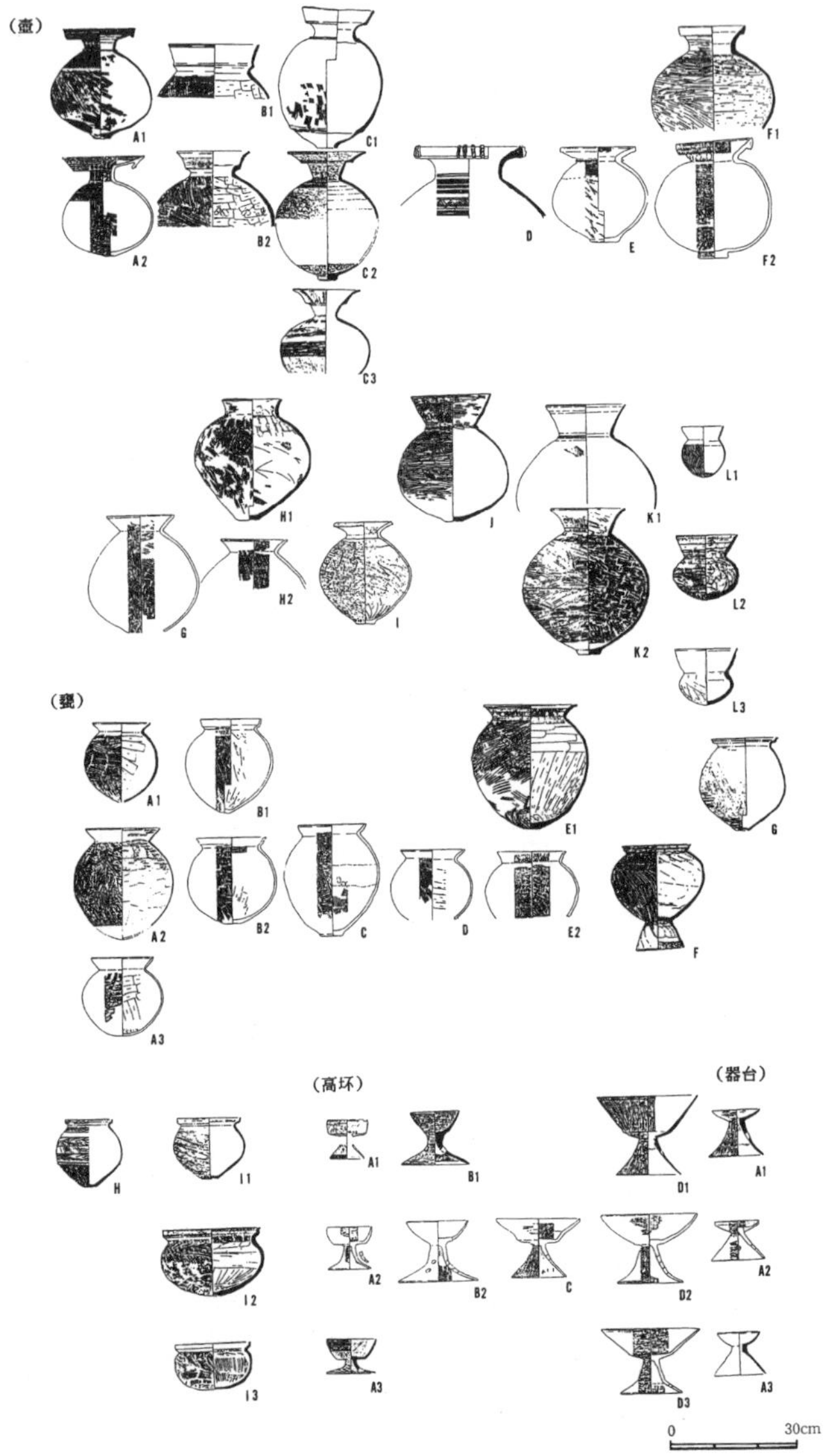

図1—7　庄内式併行土器群の器種別一次的形態分類概略図（S≒1/12）

(4) 資料操作2

弥生時代後期後葉以降、湖南地方の一部を除いてきわめて特徴的に器形変化を遂げていくのは、高坏と器台である。表を見ていくと、器台A1～A3は一六地点のすべてにおいて共存しない。また、高坏D1～D3は、一六地点中一五地点において共存しない。したがって器台A1～A3、高坏D1～D3はそれぞれ別型式であると判断される。

そこで、特に資料数の多い器台A1・A2と高坏D1・D2との相互の共存関係を見ると、A1とD1が五地点、A2とD2が三地点、A1とD2が一地点、A2とD1が0となり、器台A1と高坏D1、器台D2と高坏D2がそれぞれ同一型式である可能性が極めて高い。

国友遺跡C区で出土している高坏D2を基本に、他の器種の諸形態を、母資料の少ない壺は二地点以上、甕などは三地点以上のものをあげて見ていくと、高坏D2をもつ八地点中、甕Dが五地点、甕Hが四地点、高坏A2が三地点、甕Cが三地点、壺L2とIが二地点となる。また、器台A2を基本に六地点を見ると、高坏D2が三地点、甕Hが三地点、壺L2が三地点となる。器台A2と高坏D2が同一型式であることから、これら二つの作業結果を合わせると、これらには甕HとDが五地点、壺L2が四地点、高坏A2と甕Cが三地点、それに壺IとHが二地点で共存することになる。

一方、同様の作業を高坏D1と器台A1についても行うと、高坏D1を基本とするものでは、器台A1が五地点、甕Hが三地点、壺I・H・Gが二地点となり、器台A1を基本とするものでは、高坏D1が五地点、甕H・G・壺Iが三地点、壺H1・G・Eが二地点となる。これらを合成すると、器台A1が八地点、高坏D1が七地点、甕H・壺I・H1が三地点、壺G・Eが二地点となる。

表1—6　遺構別形態分類構成表

器種、一次的形態分類 市町、遺跡、遺構・層位	壺																						甕															高坏									器台		
	A1	A2	A3	B1	B2	C1	C2	C3	D	E	F1	F2	G	H1	H2	I	J	K1	K2	L1	L2	L3	A1	A2	A3	B1	B2	C	D	E1	E2	F	G	H	I1	I2	I3	A1	A2	A3	B1	B2	C	D1	D2	D3	A1	A2	A3
長浜市国友遺跡C区包含層		○								○		○	○		○	○									○	○	○	○	○		○	○							○			○	○		○				
長浜市越前塚遺跡SX55											○		○											△																○				○			○		
長浜市高田遺跡第5層																													○		○	△								○	△								
長浜市高田遺跡第6層																																○	△																
長浜市十里塚遺跡3号方形周溝墓									○					△		○																								○			△								
長浜市森前遺跡E．北部溝							△														○																									○		○	
長浜市国友遺跡G．SK9																													○										△						△				
長浜市国友遺跡G．SK11																												○	△																○				
長浜市国友遺跡H．土器群5																												○						△											○		○		
高島市正伝寺南遺跡SK6									○																																			△					
高島市正伝寺南遺跡SK29														△																				△										○					
高島市吉武城遺跡SD01					○																○	○							○					△									○		○	○		○	
高島市吉武城遺跡SD12				○		○																																										○	
高島市針江川北遺跡SH9																												○		○																			
高島市森浜遺跡土器群6							○						○											○				△	○												○								
高島市森浜遺跡土器群13																																												○			○		
彦根市稲部遺跡3－T、第2層														○				○			○								○					○					○						○				○
東近江市正楽寺遺跡T6			○													○									△		○					△	○	○											△			○	
安土町小中遺跡A1、SD2、3層																			○																										△			○	
近江八幡市観音堂遺跡8トレンチSK02															○										○				○																				○
東近江市杉ノ木遺跡第7トレンチSK1														○															△				△	○										△			○		
野洲市六条遺跡第1トレンチ包含層								○					○			○	○		○				○										○	○								○		○			○		
栗東市辻遺跡辻トレンチ溝2						○				△						○																												△			○		
栗東市高野遺跡SH2														○			○																	○															
栗東市高野遺跡（86）SH2																																	△														○		
大津市北大津遺跡黒褐色土下層E～H区	○													○			○				○			○		○			○				○	○														○	
大津市北大津遺跡SB12							△																○						○	○												△							
大津市北大津遺跡SB20					△		△			○				△		○																															○		
大津市滋賀里遺跡ⅢF区方形周溝墓																		○					○																										
大津市滋賀里遺跡Ⅳ区1号住居址																	○			○									△				○																	

（△は不確定なものを示す）

(5) 「庄内式」併行土器群の細分

これらをまとめると取り扱った資料は三型式に分けられ、それらは器台と高坏の、ある形式がもっとも特徴的なものであり、これらの変化に基づき一期〜三期に分けられる。そして器台A1と高坏D1、器台A2と高坏D2がそれぞれ一期、二期という二型式の一部を構成すると考えられる。加えて一期では、壺GとEが同一型式である可能性があり、二期には高坏A2・甕D・C・壺L2が同一型式であることが確実であるといえる。また、甕H・壺I・H1は、両型式中に存在する形式であることが知れる。

四 近江の土器の地域性

(1) 近江系の甕・器台および高坏

弥生時代前期末から、土器には粗いハケメを持つ近江の独自性が現れ、このことは畿内における河内や摂津という旧国単位の動向と同様であり、中期中葉にはさらに地域性が明瞭になる[14]。そして後期に特徴的な「受口状口縁」甕について、一九七六年までは東海系の「S字状口縁」甕として、あるいはその亜式として研究者は捉えてきた。そして草津市片岡遺跡の報告によって[15]、近江で出土する「S字状口縁」甕は近江独自のものであり、「受口状口縁」甕と称すべきであるとされ、一部での誤解と誤認を含みながら今日に至っている。

しかしすでに一九六〇年、佐原真によりこの弥生時代後期の受口状口縁をもつ甕は近江独自の土器であり、加えて長浜市大辰巳遺跡[16]で大量に出土した器台もこの地方独自の器形であることが明らかにされている。[17]もっともこの近江独自のものとした甕は、後述する典型的な近江系甕とは異なるものであったが、この重要な指摘はその後長く生かされることはなかった。

受口状口縁をもつ甕が、弥生時代後期に近江を中心に分布することは認められるところであるが、このころの山陽東部・山陰・北陸・東海などに特徴的な甕の口縁形態も受口状を呈しているため、本書では近江系甕と称してきた。近江系甕とは、口縁端に面をもつ受口状口縁外面に櫛状工具による刺突列点文を備え、胴部肩に櫛描沈線、櫛状工具による刺突列点文、胴部中ほどから下半にかけて櫛描円弧文と刻目の施された一条の突帯をもつ甕をその典型とし、脚台はもたないものである（5など）。

この弥生時代後期の典型的な近江系甕の分布の中心は、湖南でも栗太郡・野洲郡を中心とする野洲川下流域に求められ、畿内地方、特に山城および大和・摂津などでも検出されている近江系甕は、この典型的な野洲川下流域の近江系甕である。なお湖北・湖西は、近江系亜式甕よりさらにかけ離れたものとなった北近江系とでもいうべき甕の分布地域となって、湖西の一部もそれに含まれる。

佐原の指摘した近江系の器台とは、ほぼ唐古遺跡第五様式第一亜式並行期ごろ、あるいはその直前に現れるものをいい、ゆるく外反するか直線的な受部からゆるく八の字形に広がりながら裾部に至り、口縁に装飾を持たない中形品で、三方に円孔を備えたものである（13・14など）。

またここでいう近江系の高坏とは、畿内地方や東海地方西部において後期中葉以降見られる口縁が外反するもので、畿内で高坏形土器A2と呼ぶものと変わらないが、上記の近江系器台とほぼ同時期に盛行しながらも、その後、湖南の一部を除いて畿内的な変化は示さないものを指し、「欠山式」形高坏にとって変わられつつあるものである(10・11など)。

この近江系器台と近江的な高坏の変化は、湖北や湖西を中心にみられるものである。

(2) 他地域系の土器群

これまで、遺跡ごとの他地域と近江系土器との比率による分析も行なわれてきた[18]。しかし、大津市北大津遺跡での甕Bの評価にみるように、必ずしも○○系といいきれない二地域以上の折衷的な土器もあり、そうした分析が成功しているとはいい難い。

例えば、く字形に外反する口縁をもつ甕は畿内系として扱われる傾向にあるが、高月町唐川遺跡Ⅱ区T6・7包含層出土資料のそれは(図1―8)、すべて北陸系の甕と同じ胎土であり、北近江系甕や東海地方からの搬入品とは明らかに異なるものである。また他地域系の形態を呈しながらも、確実に他地域からの搬入品と思われるものは思いのほか少ないのである。ここでは地域性を示す典型的な形式の分布とその大まかな頻度をもとに概観しておく。

近江系甕の中心は、栗太郡・野洲郡を中心とする野洲川下流域であるにもかかわらず、畿内的な様相も濃い。近江系の器台と高坏の変化は、坂田郡・浅井郡を中心にした地域で如実にみられ、高島郡も含むが、確実な東海地方からの搬入品も米原市以北の坂田郡に多く、逆に東海地方西部に影響を与えた近江とはこの地域であるといえる。

また湖北でも姉川以北の浅井郡や伊香郡は、高島郡の一部を含んで北近江系甕の分布の中心となり、北陸的な様相が顕著である。湖西の高島郡は北陸・畿内および湖北を通じてもたらされた東海の影響、それに近江系の四者が混在する形をとる。

近江の中でも様々な地域の影響が入りこむ特異な様相を呈する地域にある北大津遺跡は、湖西と呼ぶ地域の南端に位置するもので、甕B（38）とされたものは高島郡の状況を如実に示す形式である。こうした折衷的な形式は近江のみならず各地にあり、例えば近江以外で出土した「近江系」あるいは「近江型」・「近江形」と報じられている土器は、近江系とは認められないものをかなり含んでいる。

ここで述べた地域性は、日常あるいは非日常も含めて、人と物の往来の程度あるいは度合いの高まりを示し、水陸交通路の整備とその利用とも関わると考える。ただ、生活・生業と関わりの深い小地域間の灌漑水田の機構上、集団関係のある種のまとまりをも暗示するものであり、後の首長墓をはじ

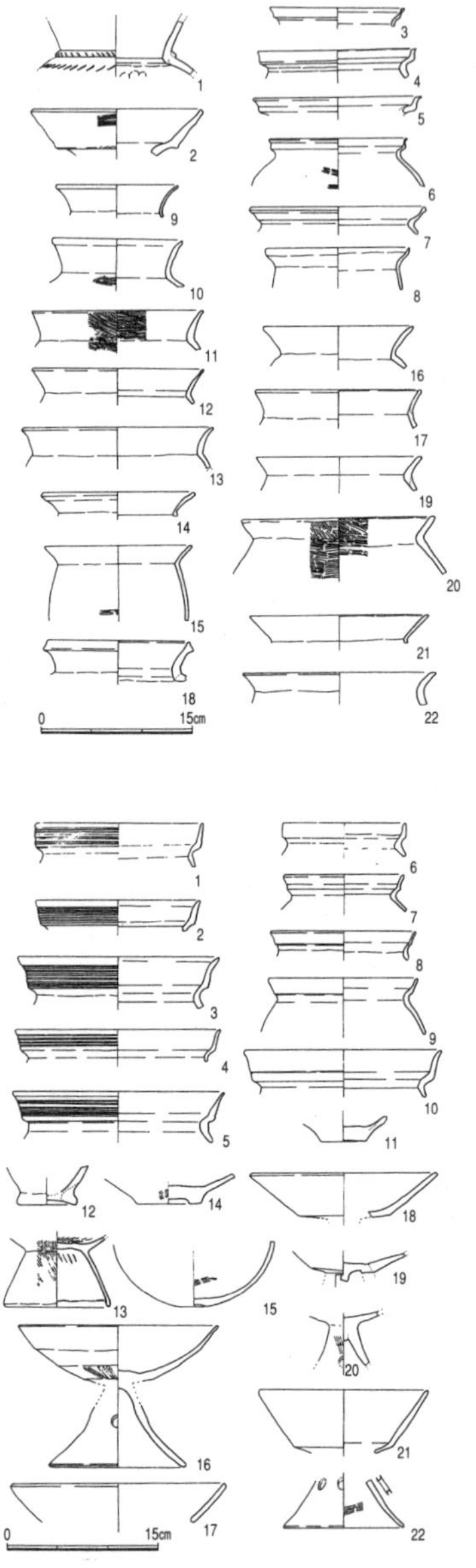

図1―8　唐川遺跡II区T6・T7遺物包含層出土土器

めとする古墳を分析したまとまりと対比することも可能となる。

弥生時代後期における近江は、資料の少ない湖東を留保しても、野洲川下流域の栗太郡・野洲郡を中心とした湖南および湖東の一部、大津北半を含む高島郡・滋賀郡、高時川右岸の伊香郡、姉川左岸の坂田郡の四つの地域性の核が、旧郡規模の単位で認められ、それらはそれぞれ近江以外の地域の影響を受けているが、他地域の土器分布圏に含まれるものとはみなし難く、搬入品の少なさがそれを補強するのである。

注

(1) 田中琢の解説(「型式学の問題」『日本考古学を学ぶ』(一)、有斐閣、一九七八年)がわかりやすく参考になる。

(2) 小林行雄「土器類」『大和唐古弥生式遺跡の研究』(『京都帝国大学文学部考古学研究報告』第一六冊)、京都帝国大学、一九四三年。

(3) 田中　琢「布留式以前」『考古学研究』第一二巻第二号、一九六五年で示された土器群が中心をなす型式群をいう。

(4) 佐原　真「畿内地方」『弥生式土器集成　本編』二、東京堂出版、一九六五年。

(5) 注(4)に同じ。

(6) 以下「」を付けたものは一型式として設定しうるものではなく、いわゆるという意味をこえるものではない。また「形」とは、搬入品に加え近江産のものを含んでの、単に形状を説明するためだけのものである。

(7) 厳密には南近江系と称した方が現実に即している。「系」については、藤田憲司の考えに学んでいる(藤田憲司「中部瀬戸内地方の非在地系土器」『埋蔵文化財研究会第一五回研究集会発表要旨』、埋蔵文化財研究会、一九八四年)。

（8）これ以前でも、小形甕（従来、扁平壺とか鉢の一形式としていたもの）等の口縁では、つまみ出し傾向の見られるものがある。

（9）これ以前でも、後期を通じて北陸系の甕は近江各地で見られ、北陸系土器の初現という意味とは異なる。

（10）この種の甕については、以前にふれたことがある（用田政晴「伊香郡高月町唐川遺跡」『ほ場整備関係遺跡発掘調査報告書』IX―1、滋賀県教育委員会・財団法人滋賀県文化財保護協会、一九八二年）。

（11）北近江系甕の北陸地方での出土例紹介と考察が行なわれたことがある（吉田秀則「結語」『北陸自動車道関連遺跡発掘調査報告書』IX、伊香郡余呉町坂口遺跡、滋賀県教育委員会・財団法人滋賀県文化財保護協会、一九八四年）。

（12）森岡秀人「各地域の併行関係・解説」『弥生土器の様式と編年』近畿編、木耳社、一九九〇年。

（13）注（3）に同じ。

（14）佐原　真「農業の開始と階級社会の形成」『岩波講座日本歴史』一、原始および古代一、岩波書店、一九七五年。

（15）丸山竜平ほか「草津市片岡遺跡」『ほ場整備関係遺跡発掘調査報告書』III―II、滋賀県教育委員会・財団法人滋賀県文化財保護協会、一九七六年。

（16）用田政晴『県営かんがい排水事業関連遺跡発掘調査報告書』II―3、滋賀県教育委員会・財団法人滋賀県文化財保護協会、一九八五年。

（17）佐原　真「先史時代」『彦根市史』第二編上代、彦根市、一九六〇年。

（18）a．中西常雄「大津市北郊地域における画期的状況」『北大津の変貌―弥生時代から古墳時代へ―』、一九七九年。

b．宮成良佐「湖北地方における初期土師器の一様相」『高田遺跡（長浜電報電話局敷地内所在）調査報告書』、長浜市教育委員会、一九八〇年など。

第二章

列島における古墳の成立とその意味

第一節　内部主体に見る前方後円墳の成立

一　古墳の出現研究抄史

古墳とは何かという問いにも一致した答えを用意できない日本考古学にあって、古墳出現に関する理論も容易にまとまりそうにはない。

古墳の発生地は畿内でも特に大和であり、大和政権や朝廷の勢力伸張に伴い各地に伝播したという理解は、高橋健自[1]・梅原末治[2]以来、一九六〇年代初頭までの通説であった。そして前方後円墳に象徴される古墳を大和朝廷の権威の表徴とみる立場から、古墳の発生と発展を国家の成立・発展と対応する問題と考えた[3]。

戦後、小林行雄はそれまでの鏡研究の成果を継承・発展させ、伝世鏡論・同笵鏡論により戦前の梅原らの見通しを裏づけてさらに展開した[4]。そして古墳は、従来の祠祭者的首長の権威が革新され、男系襲王権が確立した結果、成立したとみた。さらに地方における古墳の発生の外的要因を、大和政権による首長権の確認にあると説いた。

一方、西嶋定生は、古墳の発生を日本が中国王朝の冊封体制に入るという国際的一元的契機に求めた。[5] そして古墳の分布拡大の中に、大和政権による身分秩序の拡大過程をとらえようとした。[6] いずれにしても古墳発生の契機は異なっているが、基本的に高橋や梅原らの見通しの延長上にあるといってよい。

ところが一九六〇年代から、弥生墓制の継承発展の上に立って古墳の出現を理解しようとする試みがはじまった。従来、弥生墳墓と古墳との親縁性については、遺物では認められていながら遺構の面では断絶があった。[7] それが各地での調査により、その間を埋める資料が特に畿外において明らかにされていった。こうして、特に吉備など瀬戸内東部地域で明らかになった古墳に先立つ墳墓の資料をもとに、国内的契機を主張する近藤義郎らの発生論が展開された。

積み上げられた資料群からすると、古墳とは「当初から強い画一的あるいは統一性をもち」[8]、「民衆墓と隔絶した位置・規模・内容をそなえた首長墓として発生」したものである。[9] 現象的には「立地・規模・外形・外表施設（埴輪・葺石など）・内部構造（棺や槨など）・被葬者・副葬品・その他、関連設備などの諸要素の全部または一部の有機的結合」[10] として存在する。その画一的な性格は全体として前方後円墳として統一され、それが表現する埋葬祭祀観念の共通性とそれが果したであろう役割の均質性を示すという。[11]

しかし、実際には成立期古墳の諸要素の組合せは複雑なもので、どの古墳がその地域での最古のものかという点についてすら、いまだ不明確な場合が多い。以下、当面、定型化した前方後円墳の出現をもって古墳の成立と位置づけていくことにする。[12]

本節では、ほぼ均質な土壙墓の群集の中から他と隔絶し、方形台状墓あるいは墳丘墓と呼称される弥生時代墳墓へと展開し、また資料が比較的豊富な吉備地方を対象にその諸要素を検討する。それをもとにして、どのような外形や内容を備えた墳墓から古墳と呼び得るのかを考察する。

二　弥生墳墓構成要素の検討

吉備地方の弥生墳墓は、中心埋葬の形成・隔絶化の過程として、すでに先学によって段階的に理解されている[13]。つまり、台状あるいは墳丘によって画された特定墓域をもった集団墓の出現の中で、中心埋葬がしだいに顕著に形成される。そして、一、二の中心埋葬が墳丘をほとんど独占し、他の埋葬は墳外や周辺に排除される。これらは必ずしも年代の新古を表すものではなく段階として理解されるが、巨視的にみると時間的推移は想定できる。

先に概観したところにより段階的に年代を考えていくと、①画された特定墓域はもたないが、土壙の配置とその規模による差がみられるのが、弥生時代中期中葉。②特定墓域が溝、列石等の設備で画されるようになるのが後期前半。③特定墓域の中心となる埋葬の出現、特殊土器類を使用した儀礼開始、前期古墳に通じる割竹形木棺の初現が後期後半。④中心埋葬の隔絶化に併う竪穴式石槨の出現、古墳の副葬品に近い鏡・玉類・武器・工具類の副葬を開始したのが弥生時代末・酒津式期となる。

すべての弥生墳墓系列がこうした段階をたどるわけでもなく、例えば岡山県用木《ようぎ》古墳群[14]（以下、この節中、県名等のないものはすべて岡山県）に示されるように時期的な遅れがみられる。また吉備地方北部の盆地群においても、南部より遅れると西川宏はいう。(15)

ここでは、弥生墳墓の個別の要素について、古墳との比較検討を行う。

(1) 規模・墳形

墓域を削り出して方形に区画することによってはじまる台状墓は、当初からある程度の規模をもつ。弥生時代後期の宮山方形台状墓(16)の占地面積は約二五〇〇㎡、下道山《げどうやま》一号墓(17)は約一〇〇〇㎡、下道山二号墓は約二〇〇㎡である。こうした占地面積による規模は、基本的に後期後半になっても変わらず芋岡山遺跡(18)が約二三〇㎡、立坂《たてざか》遺跡(19)が二三〇㎡を計る。酒津式期になると都月二号墓(20)が約四〇〇㎡、鋳物《いぶ》師谷《しだに》一号墓(21)は約四〇〇㎡、宮山遺跡(22)は約六〇〇㎡と少し巨大化の傾向が出てくる。楯築《たてつき》遺跡(23)の突出部を含めた推定約一六五〇㎡などは、かなり巨大なものであるが（図2—1）、鋳物師谷二号墓(24)も約九〇〇㎡、すでに都月一号墳(25)が約六五〇㎡、備前車塚古墳(26)の約九八〇㎡、用木三号墳(27)は八三〇㎡と差は全くないものにまでなっている。あえてその意味を見出すとすれば、最古の古墳の一群と認められているものは、ある程度の規模をもっているという点である。

墳形は円形と方形が中心であるが、やや方形が多い。横見墳墓群(28)では一二基のうち不明なもの三基を除くとすべて方形である。円形の周溝墓が百間川沢田遺跡や堂面貝塚遺跡でも三基知られており、円形墳墓の系譜も弥生時代中期の吉備にはあったが、弥生時代前期・中期を通して、吉備では方形周溝墓が欠落しており、土壙墓・木棺墓を基本的な墓制とするという地域性があったことを宇垣匡雅は

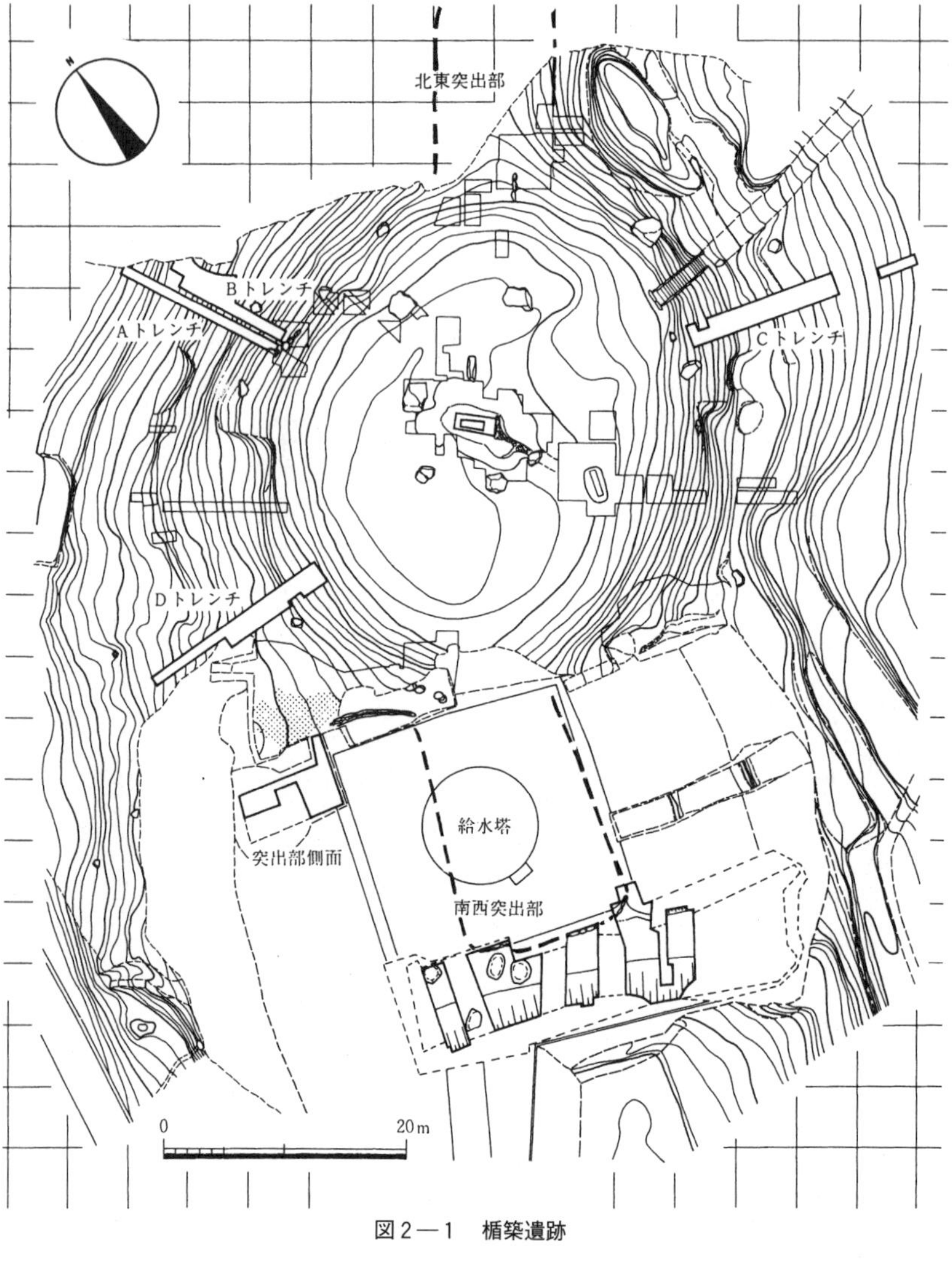

図２—１　楯築遺跡

られる。

指摘する。[29] 前方部に似る突出部が主丘に付設する事象は、後期中葉の楯築遺跡以降において、宮山遺跡や瀬戸内東部の兵庫県西条五二号墓・養久山《やくやま》五号墓などでも知られているが、吉備では円形墓に限られる。

(2) 墳丘施設・墳丘上の土器類

台状墓出現当初にあたる弥生時代中期後葉の幡多廃寺々域内で見つかった円形台状墓[30]では、すでに盛土あるいは河原石による盛円礫が確認されている。

弥生時代後期になると、丘陵上においても盛土と溝の掘削が行なわれ、墓域の明確化が図られるようになる。そして、まだ中心となる主体を備えていないが、初現的な特殊器台・特殊壺をもつ墳墓がある。宮山方形台状墓では中期と同様の高坏・脚台付小形壺、それに甕も供献されている。葺石・列石も後期後半には楯築遺跡でみられ、そして酒津式期になると葺石・列石・溝など何らかの墓域の明確化が顕著になり、さらに特殊土器類と供献土器類の盛行をみる。

ただここで葺石と称しているものは、墳頂部にも敷きつめられたものであり、宮山遺跡の場合は墳端部の平坦面に帯状に敷かれている。古墳の墳丘斜面にみられるようなあり方とは異なるのである。

備前車塚古墳、都月一号墳、用木三号墳等は、すべて葺石あるいは葺石と列石を備えている。ところが、前段階において特殊器台・特殊壺を併った墳墓、特殊壺しか検出していない墳墓、それに特殊土器類は出土していない墳墓があるように、古墳と呼ばれる段階でも特殊器台形埴輪を併う都月一号墳と、埴輪をもたない備前車塚古墳がある。

円筒埴輪は特殊器台の系統的発展であることはすでに説かれ[31]、それらの弥生墳墓と古墳でのあり方の大きな差異も指摘されている[32]。

都月二号墓では木棺の腐朽にともなって落ちこんで形成されたと考えられる浅いくぼみの部分に、一群の特殊土器類を含む高坏・普通器台・壺片の集積が認められている。黒宮大塚後方部[33]においても、竪穴式石槨直上に特殊土器類が存在した。楯築遺跡でも同様の状況で、特殊器台が検出されている。こうしたあり方は、都月一号墳やその他の前期古墳でのそれとは異なるものである。特殊器台から円筒埴輪への型式学的な系統はたどれるが、その果したであろう機能は、単に壺をのせるだけではない。特殊器台を用いた祭祀は、埋葬終了後も行なわれた可能性がある[34]。

(3) 内部主体・副葬品

雄町《おまち》遺跡[35]の土壙墓群においては、土壙の長径の差と分布の差などから、木棺に葬られたものとそうでないものという差が認められる。しかし、その差は歴然としたものではなく、弥生時代後期前半の下道山一号・二号台状墓の土壙墓と墳丘外の他の土壙墓群の小口溝間距離を見ると、平均約一・七一mに対し、一・五九mと目立った差はみられない。

後期後半には、中心埋葬の出現とともにその台状墓・墳丘墓内において他と異なる施設を採用する。女男岩遺跡[36]の割竹形木棺や、立坂遺跡の板石を敷き、礫で木棺をくるんだようにみえる木棺木槨配礫墓などで、規模も中心主体は他より大きくなる傾向がある。

竪穴式石槨の出現も後期末である。規模（内法）は、都月二号墓で二・四×一・〇m、鋳物師谷一

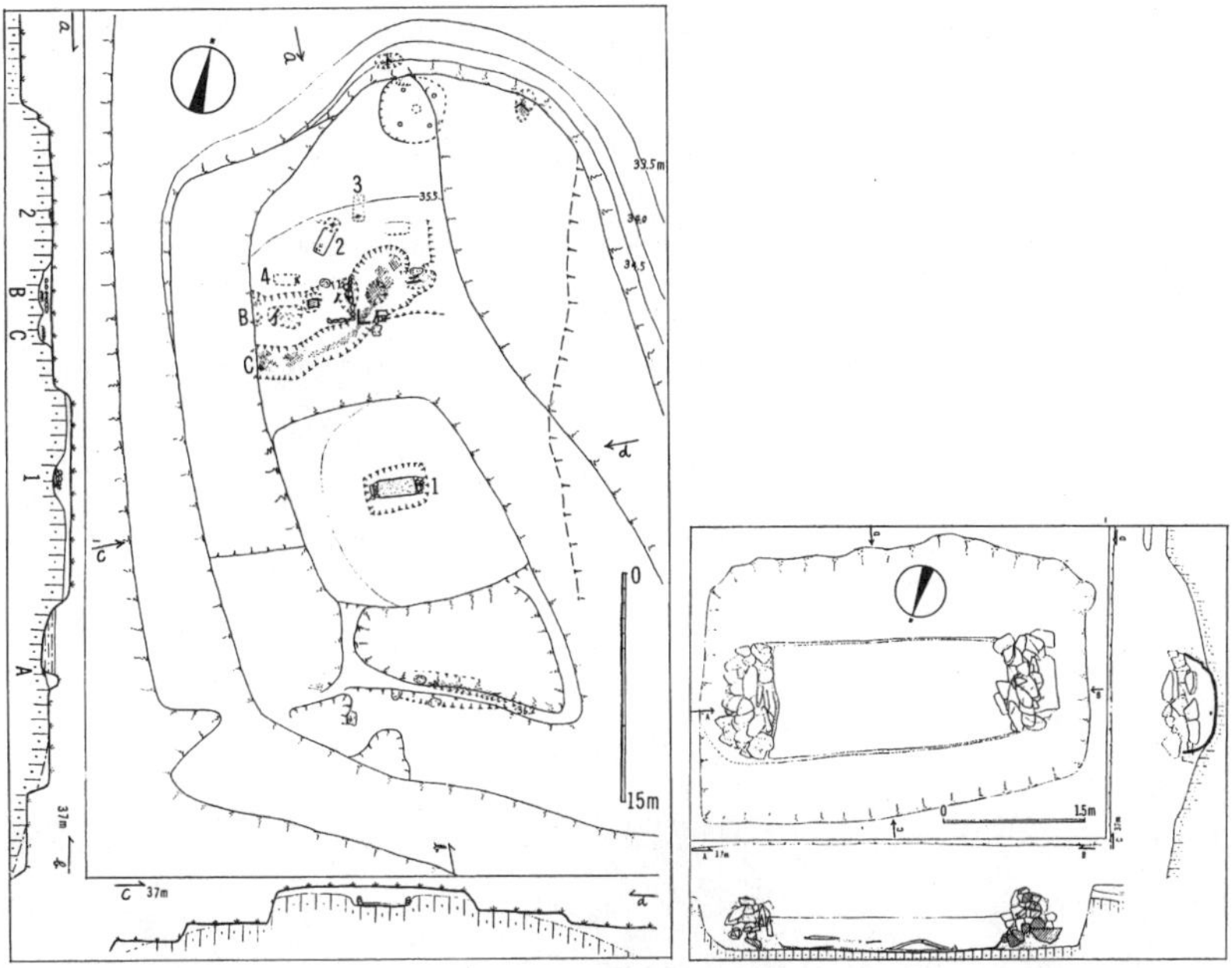

図2―2　女男岩遺跡と中央土壙墓

号墓は二・九×〇・九七m、黒宮大塚後方部で二・二×〇・九m、宮山遺跡は三・五×一・四mどまりで、推定される内部の木棺の規模は土壙中の木棺と大差ない。

ところが都月一号墳、備前車塚古墳になると、その竪穴式石槨の規模は、それぞれ四・〇×〇・八m、五・九×一・三五mと長大なものとなる。[37] こうした差は用木古墳群（図2―2）においてよりわかりやすく指摘できる。[38] 用木一二号墳、用木二号墳、用木四号墳は、内部主体が複数あり、土壙墓の規模は一二号が二・四五×〇・七一m、三・一×一・四m、四号は二・九二×〇・八九m、二・六八×〇・六四mである。これに対し、前方後円墳とみられる用木三号墳（図2―3）、それと同時期と考えられる円墳の

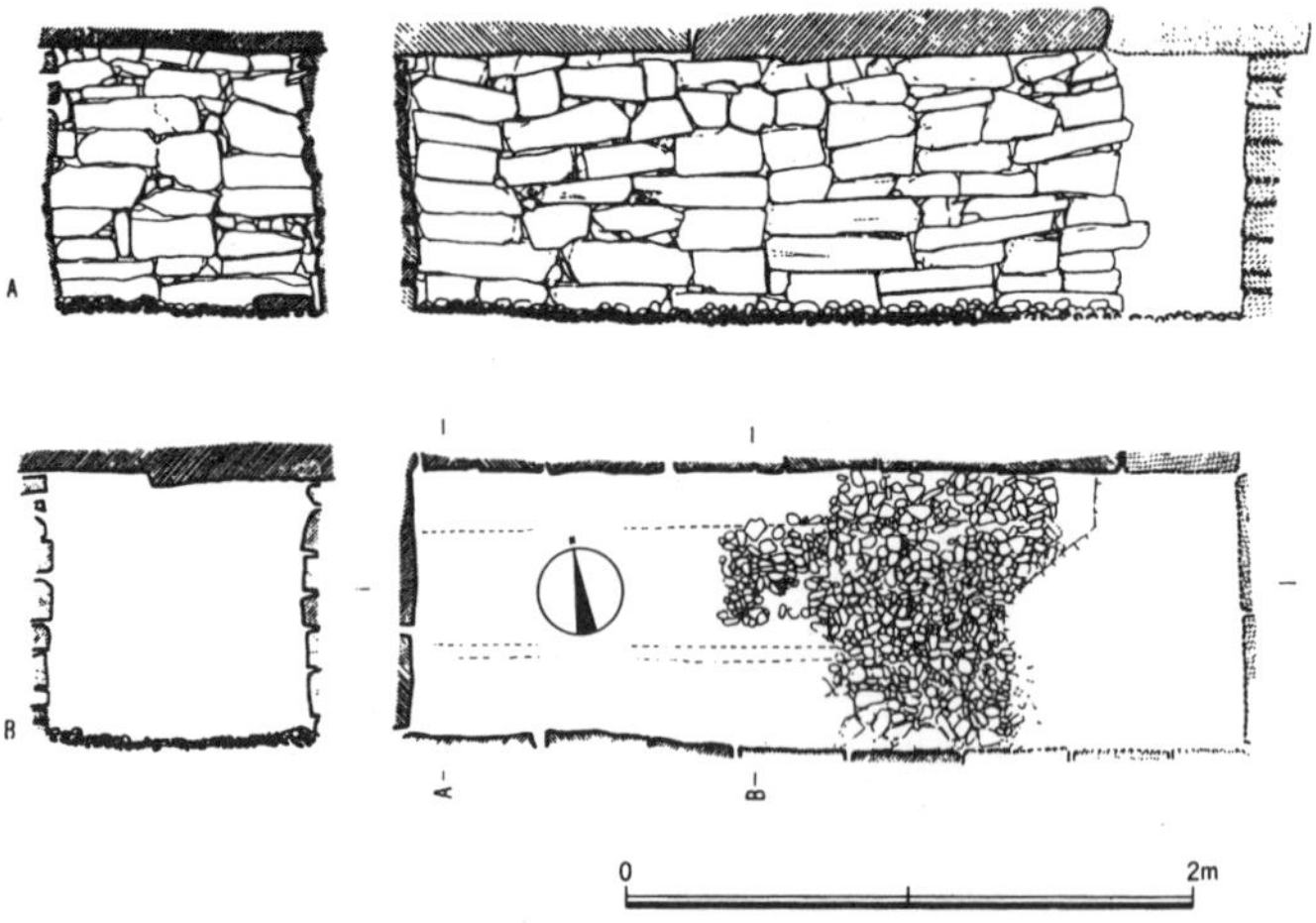

図２―３　鋳物師谷１号墓竪穴式石槨

図２―４　用木古墳群配置

用木一号墳は、それぞれ木棺直葬だが、四・六五×一・四m、四・七×〇・九mである。内部主体の規模が長大化している点に大きな違いが認められる。

これに加えて、前期古墳は石槨内壁面が内傾すること、控え積みがあること、墳丘の盛土上部から墓壙が掘り込まれていること、石槨の木製の蓋がないことなどがその違いとして宇垣匡雅によってあげられている。(39)

土壙墓において、供献用土器以外の副葬品が確実に認められているのは中期後葉以降である。[40]この時期から後期前葉にかけては、副葬品はむしろないのが普通で、まれに存在する場合も玉類・石鏃類・鉄鏃に限られる。また副葬品から見ると、土壙墓群と台状墓等の土壙墓における差は認められない。

副葬品が豊かになるのは酒津式期である。それも内部主体に竪穴式石槨を採用した墳墓において特に認められる。鋳物師谷一号墓では舶載の爬龍鏡《きりゅうきょう》・勾玉・小玉・管玉、鋳物師谷二号墓では玉類と鉄刀・鉄鏃、それに斧を副葬した主体もあった。宮山遺跡では舶載四獣鏡・小玉・刀剣二・鉄鏃三・銅鏃一が検出されている。

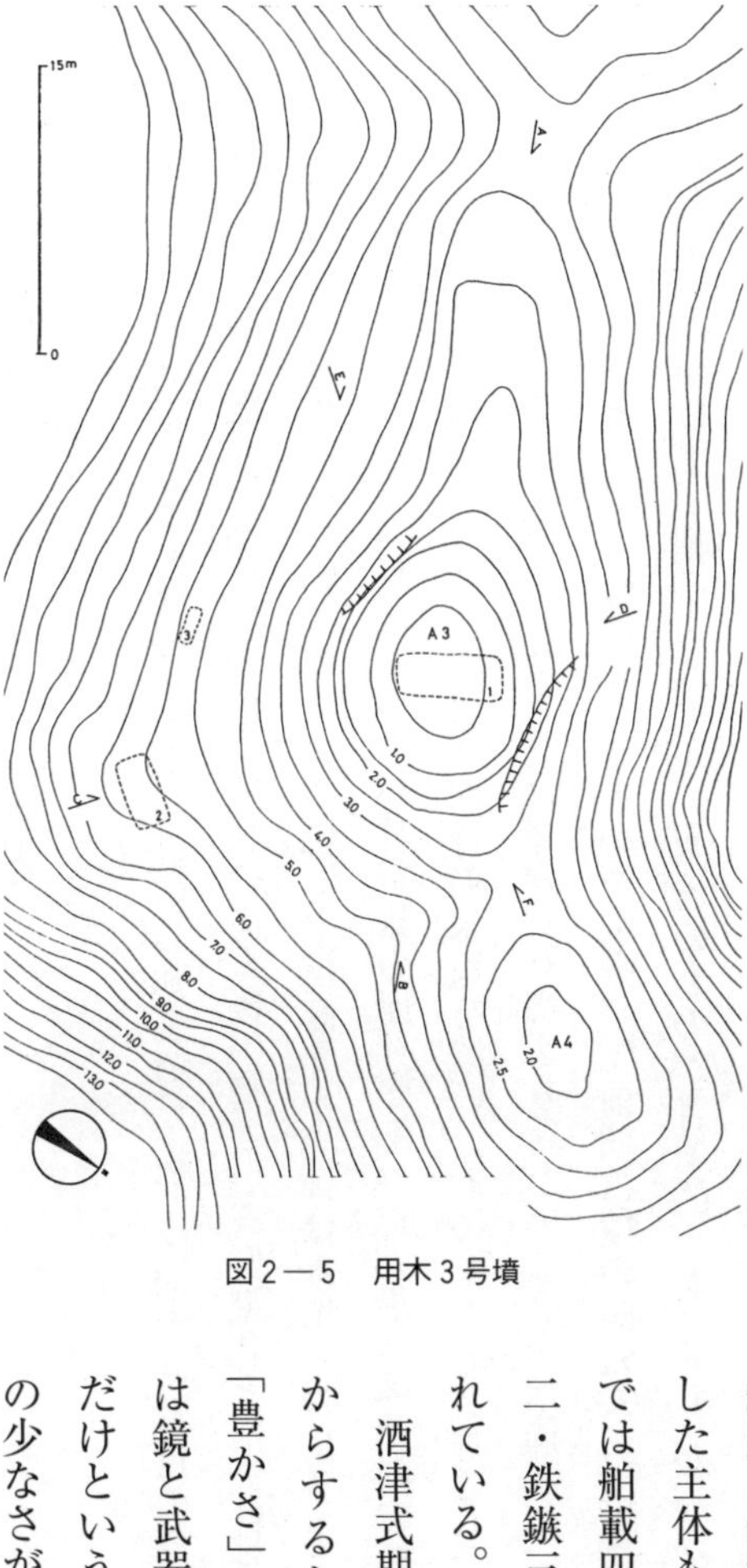

図2―5　用木3号墳

酒津式期の墳墓には、内容からすると古墳と変わらぬ「豊かさ」であるが、組合せは鏡と武器あるいは鏡と玉類だけというように、生産用具の少なさが目につく。

三　弥生墳墓と古墳の差異

近藤義郎は、成立時の前方後円墳をそれ以前の弥生墳丘墓と区別する特色のうち主なものとして、鏡の多量副葬指向、長大な割竹形木棺、墳丘の前方後円形という定型化と巨大性をあげる。[41]

ここでは内部主体の規模、特に竪穴式石槨（木棺直葬の場合は木棺）の長さを主にみたが、前期古墳の竪穴式石槨の規模についてはかつて小林行雄の研究があった。[42] 小林はその中で竪穴式石室（石槨）を三種に分類して、狭長な一群は内部に割竹形木棺を置いたものであると推論し、石槨の幅や高さも木棺によって決定されたと説き、粘土槨は竪穴式石槨より新しいことを指摘した。

また、石棺を有するもの、時期の下るものを消去して前期古墳の竪穴式石槨を再考してみると、その長さにして約四m以上、幅〇・八～一・四mのものが普遍的であることがわかる。粘土槨の場合、竪穴式石槨より長さにして短いものもいくつかある。しかし、従的埋葬とされるものを除くと、その主体規模は同様に、長さ四m以上、幅〇・五～一・三mというものが一般的である。

つまり前期古墳においては、長さ四m以上の内部主体あるいは木棺を必ず必要としたものということができる。それは全長約二五〇mの前方後円墳、奈良県メスリ山古墳も約三二mの福井県安保山一号墳も、主体規模においては基本的に同質であるといえる。

また粘土槨を採用した古墳には、規模のさほど大きくない古墳、特に円墳が多い。長大な木棺は、基本的には割竹形木棺あるいは舟形木棺だが、箱形木棺を収めた長大な竪穴式石槨も存在した。いずれにせよ前期古墳でも出現当初のものは長大な四m以上の割竹形木棺や舟形木棺と前方後円形が不可分に結びついたものということができる。ただし、古墳の規模や墳形と石槨あるいは棺の規模には相関性が認められないし、この内部主体の長大化は吉備地方で起ったものでもない[43]。

吉備地方における弥生墳墓から古墳への過程では、この主体の長大化に加え、円筒埴輪（特殊器台）のあり方、葺石のあり方、副葬品の組合せ関係（主に生産用具の欠如）における差異も指摘できた。

こうして内部主体の突然の長大化をもって、弥生墳墓から前方後円墳成立の境界を探ることも一つの基準になると考えてきたが、あくまで現象論的な見通しで述べるならば、墳丘墓あるいは首長墓の内部主体の全長が四mを測るようになった段階こそ、その地域において畿内中枢の影響あるいは強い力のもとに前方後円墳が出現した時といえるし、定型化した前方後円墳で行われた古墳祭式が、列島の広範囲における首長間で統一的に広がったことになる。

前方後円墳の成立を考えるにあたってもう一つ現象的な差異を求めるなら、都出比呂志の指摘になる内部主体の埋葬頭位である[44]。この点については殿山墳墓群・古墳群が好例で[45]、北條芳隆によると二一基の尾根上に築かれた円形墳・方形墳は、発掘調査された一〇基のうち弥生時代末の六基が東西主軸で、古墳時代の四基が南北主軸になるという[46]（図2―6）。

弥生時代末の吉備、畿内、北部九州などの地域においては、考古資料で見てもそれぞれの地域の特殊性はあるが、内部主体の規模をもって列島での前方後円墳祭式の成立、古墳時代のはじまりを検討することは有効な要素であり、その方位も参考にすべきであると考えるに至った。今後はさらに、その現象が意味する本質を明らかにしていく必要がある。例えば、儀礼と石槨構造の結びつきこそ古墳時代竪穴式石槨の出現の意義であるとする見方がある。[47] つまり、弥生時代の竪穴式石槨に対して古墳時代のそれは、ある程度の高さを確保しており、そのことが副葬品配列行為儀礼に必要だとする意見であるが、この点は次節で触れていく。

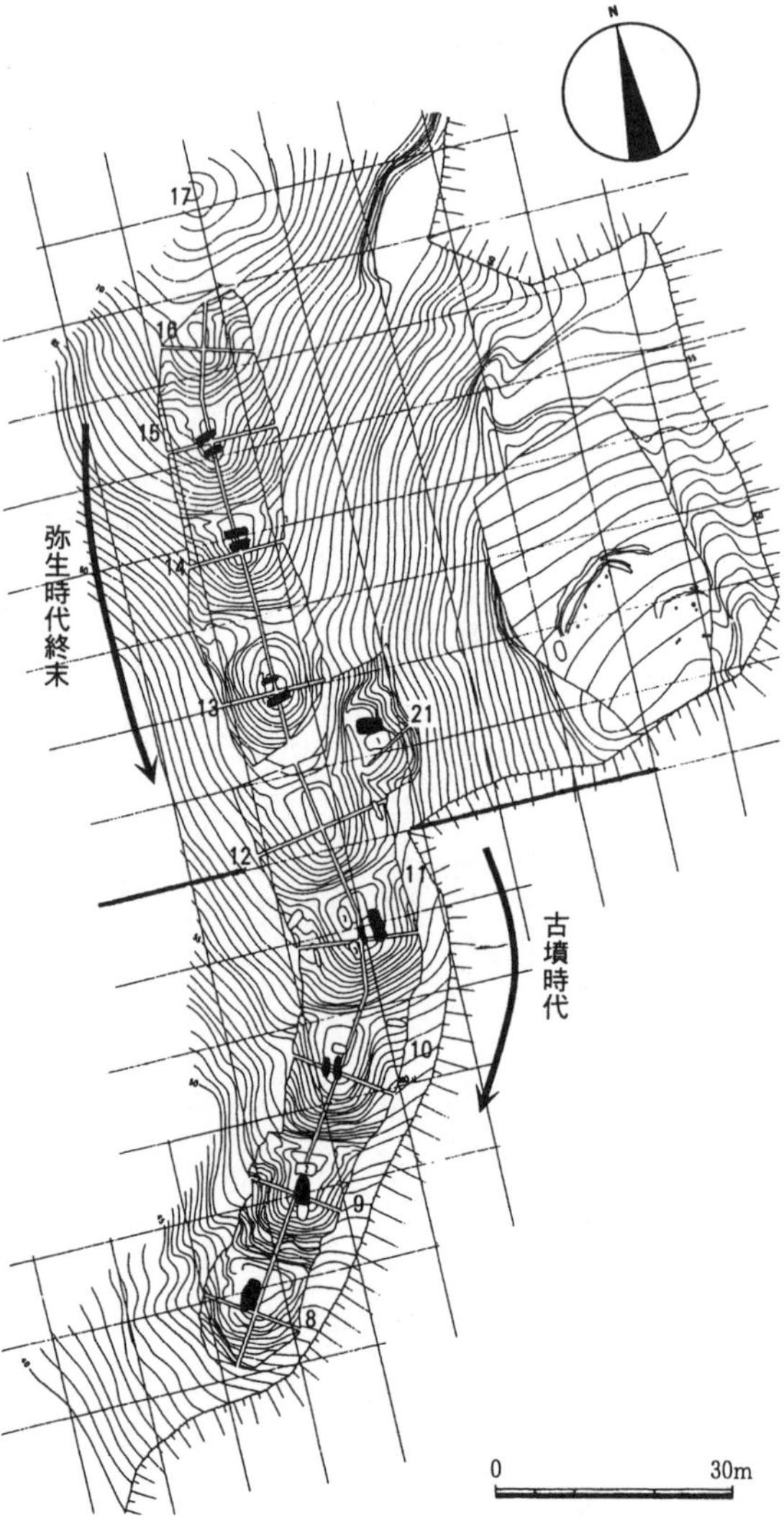

図2—6　殿山墳墓群・古墳群

四　古墳の内部主体

一般に、古墳の主体に採用された木棺の長さがおよそ四m以上という数値を示すことは、人間を二人、縦に収容できる大きさである。首長の墳墓を首長霊ないし首長権の継承の場とする見解には[48]、その後いくつかの批判も提出されているが[49]、皇位継承者が密室で真床覆衾《まどこおぶすま》にくるまることを通じて、天皇霊を継承するとされている大嘗祭《だいじょうさい》の即位儀礼との共通点を見つけようとする見方もある[50]。そこでは、衾のかわりに木棺の中に旧首長と新首長が入り、真夜中の秘儀をとり行ったとされ、そのために長大な木棺が必要であったという[51]。

しかし、畿内中枢での例ではないが、岡山県月の輪古墳南棺の内径は約三〇㎝前後で、通常の成人ならば収容不可能である（表2―1、図2―7）。そしてしばしば被葬者の顔面への施朱が、死後、ある時間の経過後なされたものであることから、死後一定期間後の納置、ひいては殯《もがり》の存在を考えて、その後の納棺が想定されているし[52]、棺が一度埋められて、後に掘り出されて霊継ぎが行われたことも推測されている[53]。また、大阪府黄金塚古墳の東槨・西槨や京都府園部垣内古墳の主体の長大な割竹形木棺では、棺内仕切板の存在が伝えられている[54]。こうしたことから割竹形木棺に新首長と

表2―1　月の輪古墳内部主体計測値

（単位はm）

	棺長	棺直径			
		東	中央	西	平均
中央主体	5.65	0.55	0.50	0.41	0.50
南主体	3.10	0.48	0.40	0.35	0.42

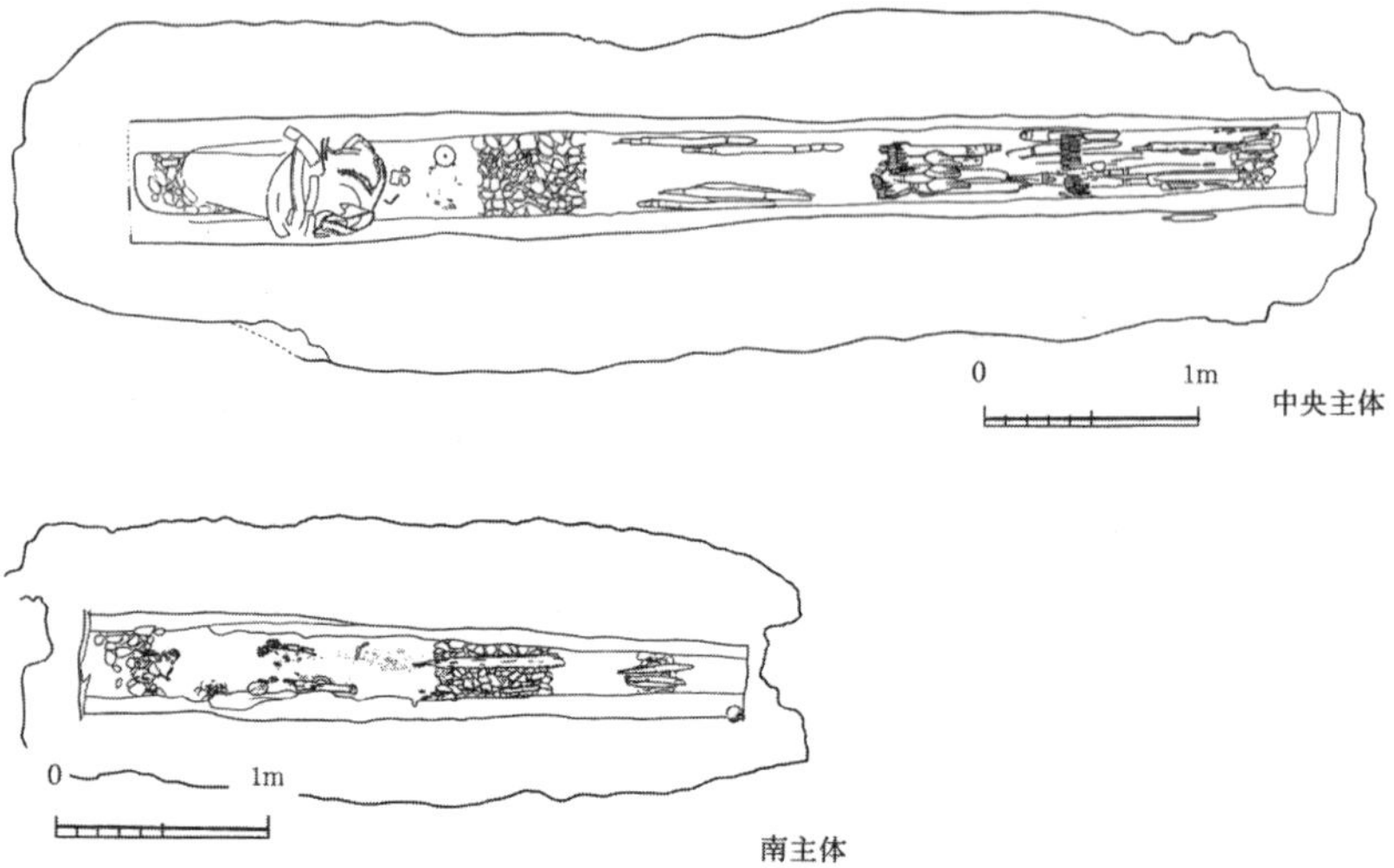

図2―7　月の輪古墳内部主体

旧首長が入ることは無理な想定であった。

弥生時代の木棺はそのほとんどが箱形木棺である。九州と近畿地方を中心に発見されているが、板材のよく残存している近畿の例でいうと、両側板が小口板をはさむ型式が一般的である。それは五世紀に出現する長持形石棺につながるものである[55]。今のところ、前期古墳が出現したころの箱形木棺の系譜が不明であるが[56]、それは先の、死後一定期間納置された殯の際に用いられ、古墳で葬られる際に長大な割竹形木棺に被葬者が移し変えられたのではないかと考える。弥生時代後期、京都府金谷一号墳丘墓での舟形木棺五基・箱形木棺八基が一緒に検出された例などは、そうした過渡期の様相だろう。

また、殯などにおける安置に用いられる棺と墓における棺が同一のものであったかも検討されたことがあり[57]、大阪府津堂城山古墳の長持形石棺内には木棺の一部と見られる木片が残っているなど[58]、古墳時代中ごろの石棺の中に木質遺存例がいくつか知られている。小型の木棺ごと石棺内におさめたとも考えられているが[59]、被葬者搬入用の板材あるいは副葬品をおさめた木箱の類例もあることから、検討が必要である。

このころの箱形木棺には、縄掛突起状のものが見られることもある。そもそも石棺の縄掛突起はこれを使って棺を結縛する必要性もなく、棺材運搬用とも考えられないという[60]。木棺の縄掛突起は、当初、殯屋から古墳まで移送する際の突手としての機能を果たしたのである。

割竹形木棺は、板材を組み合わせる箱形木棺よりも製作が容易である。古墳祭式においては、古墳での埋葬より箱形木棺に納められていた殯、鎮魂の方に重点がおかれたものと考える。

また次節で述べるように、割竹形木棺の長大さは当初、副葬品のためであった。内部の仕切板によっても明らかなように、棺内副葬するためのものに十分な空間を棺内に用意したものである。また副葬品の中にはその性格上、棺内に収められないものもあった。したがって収納空間はありながら棺外に置かれたものも多い。割竹形木棺は、木棺の長大化という要求を満たすため、箱形木棺に代わるものとして用いられたと考えてよい。

五　前方後円墳の成立

画一的といわれる古墳も、個々の要素の組合せに多様性をもつ。したがって、これまで弥生墳墓と古墳との現象面における区別は必ずしも明確ではなかった。しかし、中心主体の規模の長大なものが現象としては最も古墳としての特質を備え、機能を果したとの結論をえた。

何らかの政治的な関係が汎列島的な諸集団間に結ばれた際、首長権の継承と畿内中枢勢力との関係を確認するため、共有する儀礼・祭式を畿内中枢が中心となって作り上げたものである。それは前方後円形をその典型として、殯、鎮魂・葬送という一貫した儀礼の細部にわたるまで規定されており、副葬品をそろえ、おさめる空間まで用意された。それが主体施設の規模に反映し、結果的に規模が長大化したものである。

古墳時代中期のある段階から、古墳での儀礼は形式化・形骸化をたどりはじめ、副葬品は滑石製石製品に表れる量産的傾向をとる。主体の木棺は規模を縮小し石棺に、それも殯の際に用いられていた箱形木棺をそのまま石に移した長持形石棺を大形古墳が採用する、あるいは舟形石棺等を採用し、副葬品には別区画や別の収納施設が用意された。そして儀礼で何らかの機能を果した前方部は、儀礼の形骸化から後円部なみに発達をはじめる。やがて後期古墳の時代を迎えるようになり、もはや主体規模は長大化することなく終り、弥生墳墓の系統をひく墳墓も後期古墳の中に収束・解消されてしまうのである。

このように、古墳の埋葬主体である棺の規模に目を向けることによって、弥生時代墳墓から前方後円墳の成立、そして後期古墳までの歴史の一端を語ることができるのである。

注

（1）高橋健自『古墳と上代文化』、国史講習会、一九二二年（『日本考古学選集一〇　高橋健自』、築地書館、一九七二年所収)。
(2) 梅原末治「前方後円墳に関する一考察」『内藤博士還暦祝賀支那学論叢』、一九二六年(『日本考古学論巧』、弘文堂書房、一九四〇年所収)。
(3) 注(2)に同じ。
(4) a. 小林行雄「古墳発生の歴史的意義」『史林』第三八巻第一号、一九五五年ほか、『古墳時代の研究』、青木書店、一九六一年所収の一連の業績。
一方で、伝世鏡論批判も森浩一、杉本憲司・菅谷文則らから提出され、近年も清水克朗・清水康二・笠野毅・菅谷文則による精緻な観察や寺沢薫の復古鏡論が見られる。
b. 森 浩一「日本の古代文化—古墳文化の成立と発展の諸問題—」『古代史講座』三、古代文明の形成、学生社、一九六二年。
c. 杉本憲司・菅谷文則「中国における鏡の出土状況」『日本古代文化の探求 鏡』、社会思想社、一九七八年。
d. 清水克朗・清水康二・笠野 毅・菅谷文則「伝世鏡の再検討Ⅰ—鶴尾神社四号墳出土方形規矩四神鏡について—」『古代学研究』第一五六号、二〇〇二年。
e. 寺沢 薫「古墳時代開始期の暦年代と伝世鏡論(下)」『古代学研究』第一七〇号、二〇〇五年。
(5) a. 西嶋定生「古墳と大和政権」『岡山史学』第一〇号、一九六一年。
b. 西嶋定生「古墳出現の国際的契機」『日本の考古学』Ⅳ古墳時代(上)、月報、河出書房、一九六六年。
(6) 注(5)aに同じ。
(7) 小林行雄『日本古代文化の諸問題—考古学者の対話—』、高桐書院、一九四七年。
(8) 近藤義郎「前方後円墳の成立」『考古論集』(『慶祝松崎寿和先生六十三歳論文集』)、松崎寿和先生退官記念事業会、一九七七年。

(9)近藤義郎「古墳とは何か」『日本の考古学』Ⅳ古墳時代(上)、河出書房、一九六六年。
(10)注(9)に同じ。
(11)注(8)に同じ。
(12)近藤義郎「古墳以前の墳丘墓―楯築遺跡をめぐって―」『岡山大学法文学部学術紀要』第三七号(史学篇)、一九七七年、および注(8)に同じ。
(13)注(12)など。
(14)神原英朗『用木古墳群』(『岡山県営山陽新住宅市街地開発事業用地内埋蔵文化財発掘調査概報』(一))、山陽団地埋蔵文化財調査事務所、一九七五年。
(15)西川 宏「弥生時代墳墓から古墳の成立へ―山陽地方の現状―」『古文化談叢』第四集、一九七八年。
(16)神原英朗『四辻土壙墓遺跡・四辻古墳群』(『岡山県営山陽新住宅市街地開発事業用地内埋蔵文化財発掘調査概報』(三))、山陽団地埋蔵文化財調査事務所、一九七三年
(17)栗野克己ほか「下道山遺跡緊急発掘調査概報」『岡山県埋蔵文化財発掘調査報告』一七、岡山県教育委員会、一九七七年。
(18)間壁忠彦・間壁葭子「岡山県矢掛町芋岡山遺跡調査報告書」『倉敷考古館研究集報』第三号、一九六七年。
(19)近藤義郎『新本立坂―立坂型特殊器台名祖遺跡の発掘―』、総社市文化振興財団、一九九六年。
(20)近藤義郎・春成秀爾「埴輪の起源」『考古学研究』第一三巻第三号、一九六七年。
(21)春成秀爾ほか「備中清音村鋳物師谷一号墳墓調査報告」『古代吉備』第六集、一九六九年。
(22)a.高橋 護「三輪山墳墓群の調査から」『岡山県総合文化センター館報』第三九号、一九六三年。
b.近藤義郎「岡山県総社市宮山墳墓群の調査」『考古学研究』第一〇巻第二号、一九六三年。
(23)近藤義郎『楯築弥生墳丘墓の研究』、楯築刊行会、一九九二年。
(24)小野一臣ほか「岡山県清音村鋳物師谷二号墳出土の土器」『倉敷考古館研究集報』第一三号、一九七七年。

(25)注(20)に同じ。
(26)近藤義郎・鎌木義昌「備前車塚古墳」『岡山県史』第一八巻、考古資料、一九八六年
(27)注(14)に同じ。
(28)下沢公明ほか「横見墳墓群」『岡山県埋蔵文化財発掘調査報告』一五、岡山県教育委員会、一九七七年。
(29)宇垣匡雅「弥生墳丘墓と前方後円墳」『新版古代の日本』第四巻、中国・四国、角川書店、一九九二年。
(30)出宮徳尚ほか『幡多廃寺発掘調査報告』、岡山市教育委員会、一九七五年。
(31)注(20)に同じ。
(32)春成秀爾「古墳祭式の系譜」『歴史手帖』第四巻第七号、一九七六年。
(33)間壁忠彦ほか「岡山県真備町黒宮大塚古墳」『倉敷考古館研究集報』第一三号、一九七七年。「後方部」は、「前方部」とは別の方形台状墓ともいわれているため「」書きした。
(34)注(32)に同じ。
(35)高橋　護ほか「雄町遺跡」『埋蔵文化財発掘調査報告―山陽新幹線建設に伴う調査―』、岡山県教育委員会、一九七二年。
(36)間壁忠彦・間壁葭子「女男岩遺跡」『倉敷考古館研究集報』第一〇号、一九七四年。
(37)石室の規模は木棺によって決定されたものである(小林行雄「竪穴式石室構造考」『紀元二千六百年記念史学論文集』、京都帝国大学文学部、一九四一年(『古墳文化論考』、平凡社、一九七六年所収))。
(38)注(14)に同じ。
(39)宇垣匡雅「竪穴式石室の研究―使用石材を中心に―(上)」『考古学研究』第三四巻第一号、一九八七年。
(40)出宮徳尚・伊藤　晃「遺構」『南方遺跡発掘調査概報』、岡山市教育委員会、一九七一年。
(41)近藤義郎『前方後円墳の時代』、岩波書店、一九八三年。
(42)注(37)文献に同じ。

（43）今尾文昭「古墳時代竪穴式石槨成立の意義」『季刊考古学』第九〇号、二〇〇五年。
（44）都出比呂志「前方後円墳出現期の社会」『考古学研究』第二六巻第三号、一九七九年。
（45）平井　勝「殿山遺跡・殿山古墳群」『岡山県埋蔵文化財発掘調査報告』四七、岡山県教育委員会、一九八二年。
（46）北條芳隆「前方後円墳と倭王権」『古墳時代像を見なおす―成立過程と社会変革―』、青木書店、二〇〇〇年。
（47）注（43）に同じ。
（48）近藤義郎・岡本明朗「月の輪古墳を通してみた発展的古墳の性格」『月の輪古墳』、月の輪古墳刊行会、一九六〇年など。
（49）a．広瀬和雄「弥生墳墓と政治関係」『季刊考古学』第六七号、雄山閣出版、一九九九年。
b．大久保徹也「四国北東部における政治結合体の形成過程―中部瀬戸内海両岸地帯における首長層の結集と分解―」『三世紀のクニグニ　古代の生産と工房』、考古学研究会、二〇〇二年など。
（50）佐野大和「粘土槨考」『常陸鏡塚』、綜芸社、一九五六年など。
（51）丸山竜平「発生期古墳の諸問題」『滋賀県文化財調査年報昭和四八年度』、滋賀県教育委員会、一九七五年、および注（32）に同じ。
（52）近藤義郎「祭祀」『月の輪古墳』、月の輪古墳刊行会、一九六〇年。
（53）春成秀爾「前方後円墳論」『東アジアにおける日本古代史講座』二、倭国の形成と古墳文化、学生社、一九八四年。
（54）森　浩一「和泉黄金塚古墳についての補遺」『橿原考古学研究所論集創立三五周年記念』、吉川弘文館、一九七五年。
（55）小林行雄「河内松岳山古墳の調査」『大阪府文化財調査報告書』第五輯、大阪府教育委員会、一九五七年。
（56）石野博信は、奈良県桜井茶臼山古墳の木棺例や藤原光輝の論考（藤原光輝「組合式木棺について」『近畿古文化論巧』、奈良県教育委員会・橿原考古学研究所、一九六三年）などから、長持形木棺の存在とそれが古墳時代前期に盛行したと主張する（「古墳時代史　五世紀の地域勢力（二）」『季刊考古学』第五号、一九八三年）。

(57) 都出比呂志「墳墓」『岩波講座日本考古学』四、集落と祭祀、岩波書店、一九八六年。

(58) 和田　萃「殯の基礎的研究」『史林』第五二巻第五号、一九六九年。

(59) 注（53）に同じ。

(60) 注（56）の藤原論文。

第二節　古墳の副葬品配置と意義

一　副葬品論の研究抄史

古墳において、被葬者に副えておさめられた品物をすべて副葬品と呼ぶが、その種類ごとの意味や性格はいくつかの区分が可能である。

日本で初めて古墳の発掘調査を行った坪井正五郎は、古墳の副葬品には二種あり、その第一種は、「魂魄を永住するものと為して死者の用に供せんがために品物を埋納する」もの、第二種は、「死者が生前に用いたるものは見るを好まざるが故に埋納する」とした。さらに第一種には、「固信より為す」ものと「儀式の為に為す」ものがあり、第二種にも「死亡を忌んで為す」ものと、「死者を隣んで為す」ものの二類あるとした[1]。その後の、副葬品の配置には棺内と棺外の区別があるという指摘は[2]、後に副葬品の中でも特に鏡の研究における重要な視点となり、伝世鏡と他の鏡との区別、その特別な取扱いも説かれるようになった[3]（図2―8）。

戦後になっても、前期古墳の副葬品は宗教的な色彩が強く、後期古墳の副葬品は日常実用的な性格をもつとされ(4)、戦前の認識を大きくこえることがなかった。特に、ここで主として取り上げる古墳時代の前半を中心とする古墳の副葬品については、「神秘的」・「呪術的」・「宝器的」などと表現され、その意義は必ずしも明らかではなかった。

副葬品は、すべてを棺内におさめる場合の他に、棺外と棺内とに分けて置く場合（図2―9）と棺外に施設を設けて副葬品のほとんどを収容する場合や、施設外にもその一部を配置する場合などがある。そこで棺内・棺外の副葬品を主体施設との関係において理解し、その納置法も副葬品の価値の軽重などによる取扱いの相違とともに、埋葬の過程における儀礼に従った形式が生

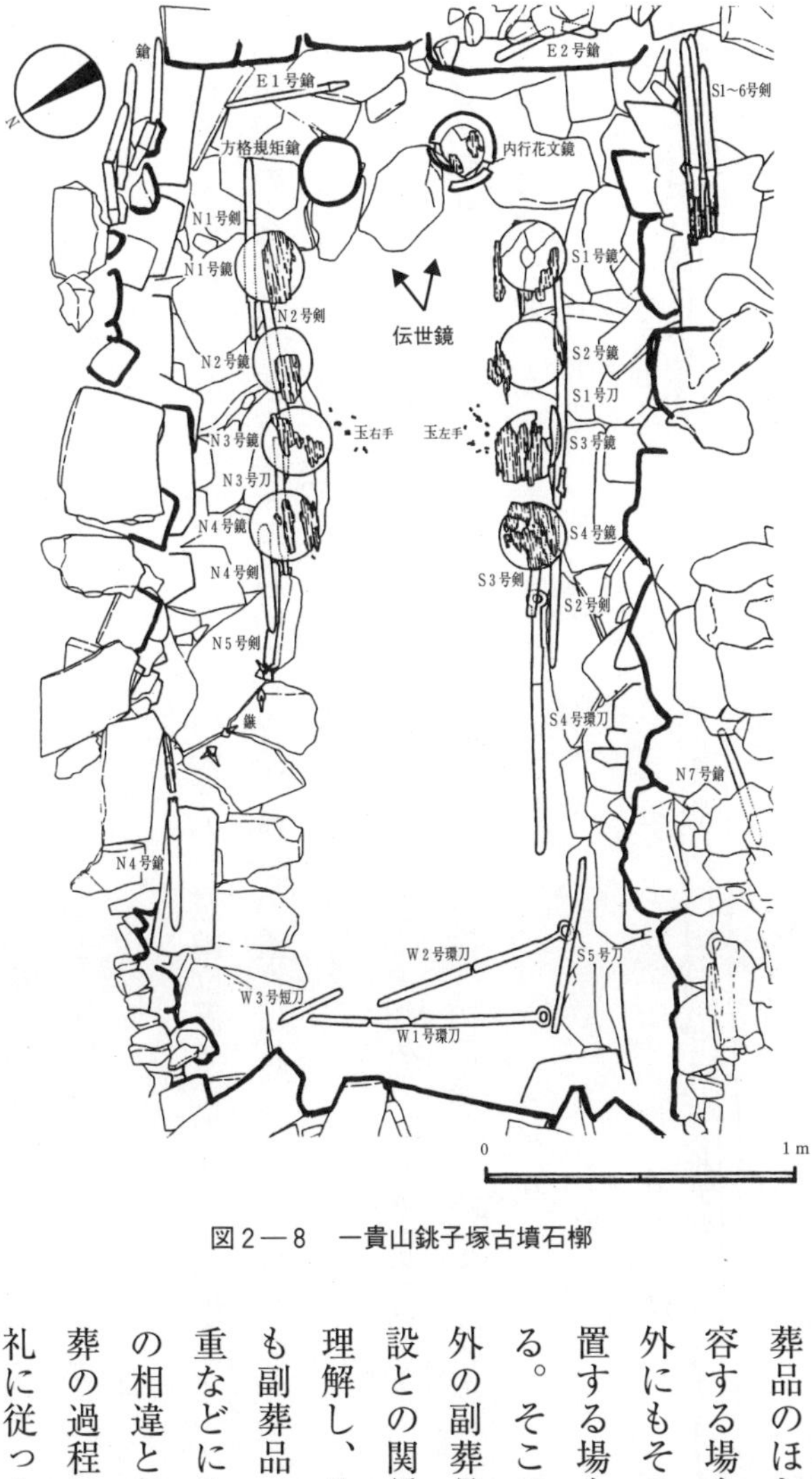

図2―8　一貫山銚子塚古墳石槨

じたと理解されるようになり、また副葬品の納置理由・性格も単一ではなかったと考えられた。(5) つまり儀礼的に奉納された石製模造品に対し、鍬・斧・鉇などは埋納施設の造営に使用されたものといわれた。

その後、古墳の副葬品は棺内・棺外などの大まかな埋納位置とその量的な関係などから、主に被葬者の佩用品《はいようひん》・使用品・所有品・奉献品・下賜品、埋葬の儀礼用具・造営用具などに分類・推定されるようになり、いくつかの副葬品の意義・性格が称えられてきた。

ここでは前期・中期の古墳を中心として、副葬品の棺内・棺外という埋納のあり方のほか、各種の副葬品の埋納位置について整理する。(6) そして内部主体施設との関係を探る中で、古墳におけるその意義を考察する。

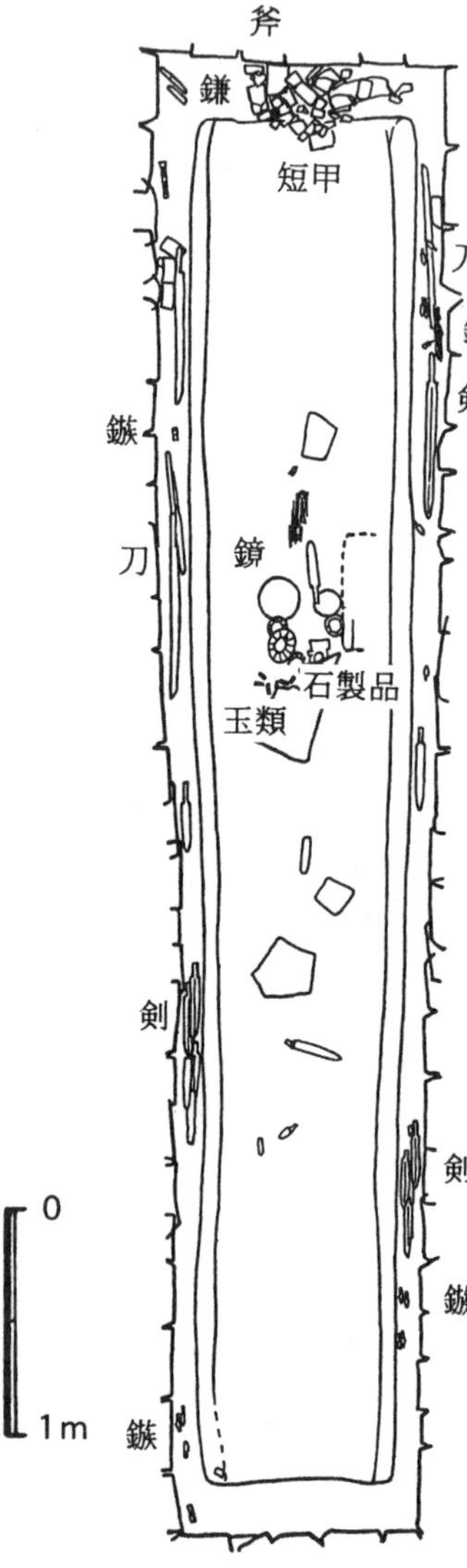

図2—9　安土瓢箪山古墳中央石槨

二　棺内・棺外の区別

副葬品の刀剣類が分納された静岡県松林山《しょうりんざん》古墳[7]と滋賀県安土瓢箪山古墳[8]を例に、その埋納位置を二つに大別し、数量と各資料の長さを示した（表2―2）。ここでは便宜上、左側、棺内・棺外と分納されているものについては棺内、すべて棺内あるいは棺外に置いているものについてはより被葬者に「近い」位置にある刀剣類をA類、右側の棺外、あるいは被葬者からA類より「遠い」位置にあるものをB類と呼ぶ。

安土瓢箪山古墳では、棺内に剣二口、棺外に剣一二口、刀三口が副葬されていた。棺内の剣の長さはそれぞれ二五cm前後であるが、棺外に置かれた剣は七四cm、五四cmから三〇cmのものまである。棺外のものは、その長さがふぞろいであるといえる。

松林山古墳では、棺内の被葬者の頭上と足下に刀剣が分納されている。頭上には刀二口、剣二口、足下には剣が一〇口以上あり、鉾が一二口でそれは六種に分類される。足下に置かれた剣は、頭上のものに比べて長さが不均等である。また頭上に置かれた鉾は、それらとは別に長さのほぼ等しい三口が柄をつけたままで副葬されていた。ここでも明らかに他の一二口の鉾とは区別されている。

これに対し、奈良県池ノ内五号墳[9]の第三棺は、第二棺に伴う副葬品のみを収容した「棺」である。この施設には剣九口、刀一三口がおさめられていたが、第二棺の棺内の剣や棺外の刀に比べ、第三棺の刀剣は全体的に小形品で、その長さには斉一性がある。熊本県向野田古墳[10]は、竪穴式石槨に舟形石棺をおさめた内部主体を持つが、その棺外に剣、刀ともに四口ずつおさめ、他に七九点の刀子を副葬していた。これらの刀子は形も大きさも類似しており、同一工房で作られたものと推定されている。

　このようにB類はA類に比べて小形品が多い。またB類がその中で不均等性を示す例もあるが、その長さにおいて斉一性を備えた古墳もある。先の例でいう安土瓢箪山古墳や松林山古墳は、古墳時代でも古く位置づけられる。こうした古墳のB類では不均等性を示すが、時代がやや降った池ノ内五号墳などにおいては、そのB類の刀剣長において斉一性を示す例もみられる。

表2―2　松林山古墳・安土瓢箪山古墳出土刀剣長

(cm)

	頭上	足下
剣	68	50
	72	38
		28
		32
		他は不明
刀	52	
	39	
鉾	3個体	12個体

	棺内	棺外
剣	24＋α	74
	24.5	54
		34
		30
		30
		31
		34
		36＋α
		24＋α
		21＋α
刀		81
		74
		73

　次に、二つに大別した刀剣類の質的な差が問題となる。ここでは岡山県月の輪古墳の分析[11]による被葬者の使用品と奉献品という概念が想起される。月の輪古墳の報告で近藤義郎は、粘土槨内に被葬者と接して置かれた四口の刀剣と被葬者の足下に一括して収められた刀剣を区別して、前者を被葬者の生前の使用品、後者は首長をとりまく集団の主要成員の奉献品であると考えた（図2—10）。その二群刀剣における特徴として、①四口の刀剣は、被葬者の左右に並列している。②他の刀剣に比べて長大で、その長さがほぼ近似している。③それに対し、他の一二口の刀剣群は大小まちまちである。④

被葬者の傍の刀剣は二対二であるのに対し、足下の刀剣群は一対一と、両群における刀剣の割合の大きな違いを示している。⑤刀剣にまとわれた絹帛の質においても二群の間には差が認められる、ことなどがあげられている。

A類の刀剣は必ずしも被葬者に接して置かれたものに限られないが、B類の置かれた位置に対し、より被葬者に「近い」位置にある。ここでもA類は、時に長大なものを含んでいること、そして適当な数量と被葬者に対する位置から被葬者の使用品と考える。[12]

使用品のみを棺内あるいは棺外に置いた例もみられる。大阪府弁天山C1号墳[13]では、棺外の左右に置かれた一口ずつの刀は使用品と考えられる。

B類では先に述べた事象の他に、池ノ内五号墳の第三「棺」での刀剣類のあり方について、「鉄製

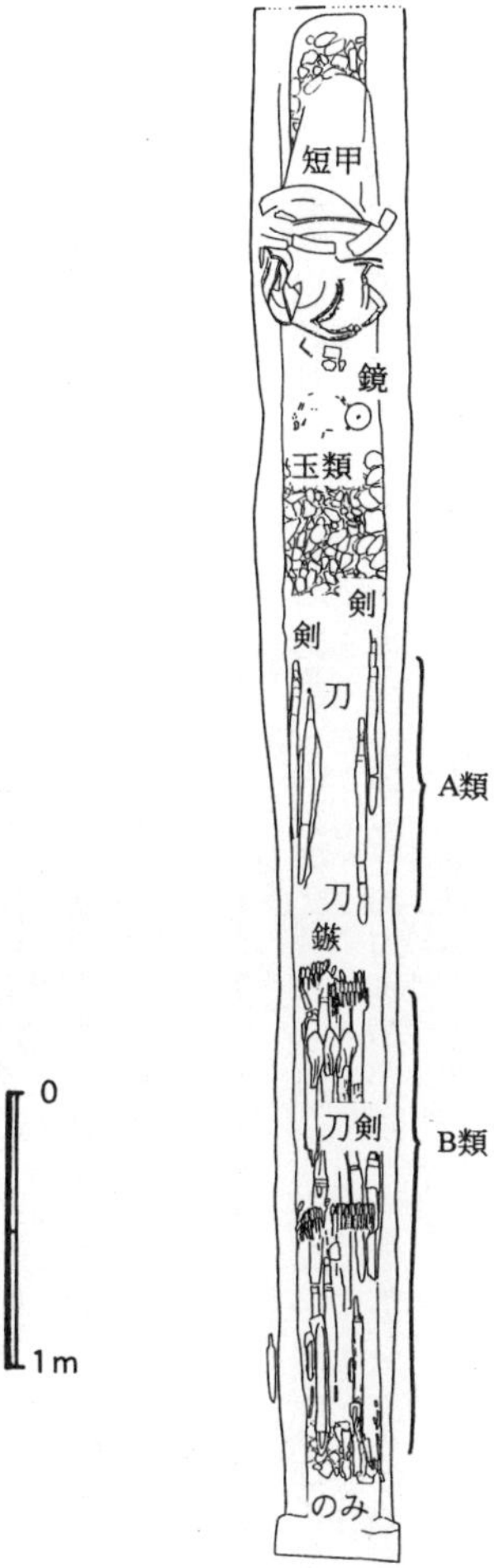

図2—10　月の輪古墳中央主体（粘土槨）

刀剣が当時一般の鉄製武器に比して小型で刃幅が狭く、薄いもので刀子系統に属すもので、これが一括されずに一本ずつ別置され出土した」[14]と報告されている。また、B類の置かれた位置にしばしば鉄鏃あるいは刀子が、古い例では安土瓢箪山古墳のように個々バラバラに、あるいはまた弁天山C1号墳では、三群に分けられた状況で検出されている。こうした刀剣類の小形化・大量埋納は、儀礼的様相を多分に示していると思われ、一点ずつあるいは数群に分置された状況をふまえるならば、それらは個々の使用者の違いを表すものである。また、後にその刀剣類が斉一性を示し、まとめて副葬されるようになる状況は、そうした儀礼的な様相がより一層形式化したことを表している。それらは、性格的にはそれぞれ副葬主体者が一点あるいは群ごとに異なる奉献品[15]であると考えられる。

使用品と奉献品からなる刀剣類を中心に、副葬品を棺内と棺外とに分置すると同時に、棺内に副葬品をすべておさめて、その中で使用品・奉献品を分置した例も多い。月の輪古墳では棺に入りきらない鐙[16]を別にして、すべて棺内に副葬品を収容するが、同じように長大な粘土槨を内部主体として備えた大阪府黄金塚古墳[17]では、棺外副葬もみられた。

一般に、畿内では前方後円墳を中心に径が二〇～三〇m級の円墳、例えば池ノ内一号墳、京都府金比羅山古墳でも、棺内・棺外の明らかな区別が存在するが、ひとたび畿内およびその周辺をはずれると、棺内・棺外を区別して副葬品を納置する古墳はそのほとんどが前方後円墳であるといってよい。言い換えれば、地方においては畿内より古墳祭式が規制されていなかった、あるいは略式化しており、畿内との強い結びつきを思わせる集団のみが伝統的な古墳祭式を遂行したといえる。また畿内でも複数の内部主体を持つ古墳では、中心主体以外は棺内・棺外の区別がそれほど明確ではなかった。

三　長大な木棺の機能

弥生時代後期を中心に、古墳に近い規模や内容をもった墳丘墓がいくつか確認され、古墳とは何かがあらためて問い直されるようになった。定型化した前方後円墳の成立をもって古墳の発生とみると、[18]それ以前の弥生墳墓とのその諸要素における現象的な差も指摘できる。

竪穴式石槨の規模についての見解によると、[19]竪穴式石槨は、その長さ四m以上、幅〇・五〜一・三mのものが一般的である。つまり、長さ四m以上の内部主体と前方後円墳は不可欠に結びついていた。それに対して、筆者が弥生墳墓とみなしている内部主体の長さは、ほぼ三m以内にすべておさまる。例えば、集団墓中に築かれ、前方後円形を呈した墳丘墓、岡山県宮山遺跡[20]の竪穴式石槨全長は二・七mであり、古墳成立による主体規模の長大化現象は、岡山県用木《ようぎ》古墳群において顕著にみられる（本章第一節）。

副葬品の組合せについて見ると、岡山県鋳物師谷《いぶしだに》一号墓[21]では船載の爬龍《きりゅう》鏡、勾玉、小玉、管玉、同二号墓[22]では玉類と鉄刀・鉄鏃、それに斧を副葬した主体もあった。また宮山遺跡も船載四獣鏡・小玉・刀剣二・鉄鏃三・銅鏃一が検出されている。

個々の副葬品の質的な内容は別にして、これらと最古の古墳の一群と思われる岡山県備前車塚古墳などの副葬品との種類における基本的な組合せをみると、むしろ刀剣類および鏃類の増加にこそその基本的な差があるとみてよい。そしてその増加した刀剣あるいは鏃類は、奉献品にほかならない。

ここでは弥生墳墓が古墳に転化した際の、基本的な現象面での差異である木棺の長大化と副葬品における刀剣および鏃類の増加を結びつけて考える。先に述べた奉献品である刀剣あるいは鏃類を、一時的にしろ旧首長である被葬者とともに木棺に収容していたのである。そして古墳に木棺を埋納する葬送儀礼の中で、棺外に取り出すべきものは取り出して棺外副葬したと想定できる。こうした儀礼の一過程のために長大な木棺を必要とし、採用したのである。

なお、副葬品の品目には性差が歴然としてあり、鏃類のみ男性に偏り、それ以外の鏡、玉類、農・工具類には、はなはだしい性差は見受けられないという[23]。

四　副葬品配置の意義

(1)　刀剣

副葬品の選択は、「被葬者自身ではなく、後継者を中心とする支配層の意志と力との反映」[24]である。しばしば奉献品・供献品を問題にする時、集団成員からの奉献品・供献品といった説明がなされるが、小規模な鉄生産による鉄器の僅少性によって、刀剣類の所有権は農・工具類も含めて上位の支配層あるいは所属集団の規制下にあった。

ここで想起されるのは、刀剣類について奉献品を含まず、使用品のみを持つ古墳の被葬者層である。これらの古墳は、前期中ごろ以降の鉄器類の副葬が激増する中にあっても普遍的に存在する。そしてこの古墳の被葬者、あるいはその被葬者の集団こそが、奉献品としての刀剣類を持つ古墳への奉献の主体者である。ここに使用品の刀剣のみを副葬した古墳の首長と、使用品のみならず奉献された刀剣類をも副葬した古墳の地方首長という二つの姿が見出せるのである。時代と共に葬送儀礼が簡素化していく中で、棺外の武器の副葬量は少なくなるが、武器の棺内への副葬は継続して行われていることからも、(25)棺内の武器は被葬者の使用品であることが想定できる。

また、各地に分布する地方首長より、その奉献品の量において差を見せる畿内の中枢勢力とも呼ぶべき畿内の有力地方首長層も存在した。こうした関係は、『月の輪古墳』の考察の中で近藤義郎によって指摘された関係(26)に相当する。月の輪古墳の副葬品の刀剣を奉献した「首長をとりまく集団の主要成員」とは、群小な集団の代表者であり、それが地域集団の首長である月の輪古墳の被葬者に対して奉献したものと理解できる。

刀剣類の副葬を通してみた社会関係を再度明らかにすると、刀剣類を含む鉄器所有の最小の形態でもいうべき集団は、刀剣類の使用品・佩用品のみ副葬された古墳の被葬者によって代表・統括される集団で、その集団群を統合・編成したのは、使用品のみならず奉献品をも副葬された古墳の被葬者である。これらは地方首長と呼びうる。そしてこの両者をあわせて在地首長層と位置づけておく。また畿内の中枢勢力を構成する有力地方首長層は、在地首長層とはその刀剣類等の副葬量においても大きな差異をみせるのである。

(2) 鏃と甲冑

先に、奉献品の刀剣群に似た副葬状況を示すものとして鏃の例をあげた。一般に、その副葬状況は前期の古い段階においては、一本一本バラバラにして石室の壁体と木棺との間に納置しておくことが通例であったが、少し時期が降ると五〇本を一束とするといったまとまった形か、靭に収めて棺内に置くが、必ずしも棺内におさめられたわけではない。

それらは、一般に刀剣の使用品に相当する意味があったと考えられる。前期の古墳副葬の武器は、すべて首長自身の準備という意見もあるが[27]、やはり被葬者の使用品と奉献品の両方を副葬し分納したものであり、そのバラバラにした鏃と前期後半からの束にした鏃との差は、古墳被葬者による鉄器の集中的所有という事象に付随したものであり、質的には古墳における葬送儀礼の形式化によるものである。ただ甲冑類は、基本的に一古墳に一領であることから、地方首長クラスのみの装備であったと思われ、大阪府黒姫山古墳前方部の二四領の短甲は、地方首長層クラスからの奉献品[28]であると考えられる。

そしてやがて武器類は量的に減少して、後期古墳においては特に奉献品である刀剣類が減少傾向を示し、被葬者の使用品がほとんどになっていく。そして、その過程において武器類の奉献といった形で示される葬送に伴う儀礼が、形骸化をたどっていく。

(3) 農・工具

農・工具類は奉献品である刀剣類に似た、あるいは随伴した埋置状況を呈している。これらは棺外に置かれる場合、同一種のものを一～数点まとめたものが棺の周囲に分散して置かれた。また、棺内に副葬された場合は、刀剣類の場合と同様に一括して置かれる場合や二個所以上にまとめて収容される。こうした副葬状況にある古墳においては、被葬者の使用品でないことは明らかで、所有品とも考え難い。

したがって、これら農・工具類も刀剣類の場合と同様の奉献品であり、被葬者は地方首長層で、その奉献の主体者は群小な集団の首長層であると考えられる。そしてまた、農・工具類の副葬が量的に少ない古墳も普遍的に存在する。これらの古墳の被葬者が群小な集団の首長と呼ぶべき層で、副葬されていた農・工具類は自己の所有管理していた、あるいは自己の集団内の規制下にあったものと考えられる。

(4) 鏡

鏡の副葬状況は、一面ないし数面を副葬した古墳と数十面という鏡を棺外に並べて副葬した古墳に大別できる。伝世鏡と他の鏡との区別のみならず、時には舶載鏡と倭鏡[29]も意識され、また棺内に置かれたものは棺外に並べられた鏡より布での梱包など、丁重な取扱いを受けていた。換言すると、二つに大別しえたそれぞれの古墳において、その鏡の取扱いと機能に差があったことを示している。そして棺内に置かれた場合は、被葬者の頭辺あるいは胸辺に置くことを通例としている。つまり、明らかに奉献品とみた刀剣類、農・工具類とは異なる副葬状況である。

そこで一連の同笵鏡論[30]の中での鏡の分賜が想起され、これらの鏡は基本的に地方首長への下賜品であると考えたい。その主体者は畿内の中枢勢力であり、鏡の量的集積が行なわれた特定古墳は鏡の「配布者」[31]あるいは「大和政権の使臣」[32]の墓である。その被葬者は、畿内の中枢勢力の構成員である有力地方首長か、何らかの形で畿内中枢勢力と密接な関係を持っていたものである。

鏡と共に碧玉製腕飾類も同様の性格をもつ。これらは佩用されずに被葬者の頭辺に鏡と共に副葬されるのが通例であり、原型となった貝製のそれがもっていた年齢・性別の区別も存在しないことから、一定の原則のもとで配布された下賜品[33]と考えられている。そしてこれら碧玉製腕飾類の量的副葬がみられる奈良県東大寺山古墳などの被葬者も、その配布・下賜を司るか、あるいは北陸をはじめ関東、山陰で生産された石製品を畿内に集積したことに関係をもっていた畿内中枢勢力の一員と考えられる。

(5) 玉

玉類は、被葬者に着装したまま葬ったと思われる例が多いが、明らかに着装せず鏡とともに置いていたと思われる例がある。前者の例は被葬者の佩用品であったことが想定できるが、多かれ少なかれ石製品に従属ないし準じて玉が分配されているという指摘があることから[34]、後者のような例はその埋置のあり方からも下賜品であったと考えられる。

時代が少し降ると玉類が大量に、そして分散した状態や被葬者に接して数群に分納した例もみられる。これは両足の膝の周りに置かれていたものもあることなどから、使用品か下賜品というより奉献品と考えるのが妥当である。

(6) 石製模造品

石製模造品は、前期中ごろには同種多量の傾向が顕著にみられ、いかにも形式的な量の多さを目的とした鉄製武器、農・工具にとって代わる模造品であるといえる。その埋置状況からも、実際の武器や農・工具にとって代わった、群小な集団の首長クラスからの形式化した奉献品であることが傍証される。それは器物の種類と量をそろえることに重点を置いていく過程において案出され、それを捧げる形式を成立させた[35]。

以上のような、石製模造品に代表される葬送の儀式の形式化から形骸化への過程は、先述の刀剣類、特に奉献品の刀剣類の減少傾向と随伴しており、鏡面の向きに留意しなくなることや内部主体規模の縮小化も、こうした儀礼の形骸化に起因するものと考えられる。そしてその葬送に際しての儀礼の形骸化は、畿内より地方の首長層の中でいち早く進行したのである。

五　副葬形態から見た古墳の展開

古墳は首長霊ないし首長権の継承祭祀の場であり[36]、その諸要素における当初からの画一性は、統一的な新しい形式の祭祀の創出をも意味する[37]。当然、副葬品の組合せや配置にも畿内中枢からの規制が働いていた。

鏡・石製品という畿内中枢からの下賜品は、その首長権継承儀礼の中核をなすもので、棺内の被葬者の頭辺に置かれる。使用品であった刀剣類は被葬者に接して置かれ、玉類など佩用品は着用させる。そして奉献品としての刀剣類、農・工具類は棺外に並べられる。基本的にこうした配置であったが、竪穴式石槨を略式化した粘土槨の採用により、その空間的な制約もあって棺外の奉献品は棺内に入れられるが、決して下賜品や使用品より被葬者に「近い」位置に置かれなかった。粘土槨を採用しながら竪穴式石槨以来の規制を受けつぎ、奉献品を棺外に配置した集団もあった。また使用品を必ずしも棺内にだけ置いたわけでもなく、棺外に並べた例もあるが、その場合も、決して奉献品が棺内に収容されることはなかった。そこに成立当初から儀礼を創出・規定した畿内中枢の強い意志が認められる。

やがて副葬品、特に奉献品の質と量がそろえられるようになる。同時にこれらは整頓して置かれるようになるが、それは副葬品配置における成立当初との性格の差異ではなく、支配層による鉄器の集中的所有に伴う質的差異と、より一層の儀礼の形式化と略式化の表れである。また奉献品の量的増加に伴い、小室・副室などの施設が設けられるが、それは性格的には棺外と同様である。そして次第に主体規模は小さくなる。木棺直葬・石棺直葬においても同様に奉献品を棺外に配置する例と棺内に収容する例が併存する。棺内にすべてを収容する傾向は、地方においてより強かった。言い換えると、畿内とより深くかかわっていた被葬者層こそが、当初以来の規制に強く影響されていたといえる。

また奉献品として石製模造品が現れ、しだいに奉献品としての武器、農・工具類を駆逐していく。ここに儀礼の形骸化が明確になってきた。当初の竪穴式石槨や粘土槨での埋葬の際は、被葬者が棺内におさめられた後に、棺内・棺外への副葬品が置かれたと推定されているが、京都府産土山《うぶすなやま》古墳や和歌山県大谷古墳で石棺への遺骸埋葬以前に、石製模造品の棺外副葬が行われたことが知られている。

大谷古墳の場合は、組合せ式の石棺の周囲を埋める前に、墓壙底近くに置いたものである。[38]こうしたことなどからもその形骸化が語れる。儀礼の中核を担っていたはずの鏡も、祭祀遺跡ではやがて有孔円板に変わるが、古墳でも鏡面が意識されなくなる。そして奉献品の減少という現象とともに横穴式石室の採用へと向かい、その儀礼の様相を一変させるのである。

以上、前期・中期を中心とした古墳での儀礼の展開は、およその確立、形骸化そして衰退という過程を経て、もはやそうした儀礼による規制を必要としなくなった集団関係の中で、その葬送形態の変貌を余儀なくされていく。副葬品の配列行為には三つの段階が存在するという意見もあるが、[39]時間と共に一連の葬送儀礼は簡素化していくという理解は共通するところである。

古墳の副葬品は、その背後に存在した主体者、それは下賜品については畿内中枢の勢力であり、奉献品については配下の首長層あるいは集団であり、使用品・佩用品については被葬者を強く意識したことが知られ、副葬品は基本的にこの三者によって構成される。その配置については下賜品、佩用品・使用品、奉献品という序列は主体施設の制約を受けながらも埋納位置によって明確に区別されていたことが認められ、棺内・棺外の意義もそこにあったと思われる。つまり儀礼をとり行う集団がその三者を意識し、またそれに規制されるように儀礼を規定・創出した畿内中枢の当初の意志がそこに表れているのである。

古墳と呼称されるものはその規模・内容ともに種々のものがあるが、基本的には使用品のみならず奉献品と畿内からの下賜品を持つ地方首長の古墳が前期の古墳であるといえる。したがって最古の一群の古墳は、地方首長の墳墓をもってこれにあてるべきである。

古墳は、弥生時代以来の集団祭祀の中に、集団間関係の維持あるいは発展をはかろうとする畿内の有力な集団の首長か、上位の地方首長が、まさに古墳成立前夜に政治的服属関係を如実に表そうと案出したものである。彼ら地方首長が最も意図したことは、群小な集団が武器類を亡き地方首長に奉献するという行為で、これは一面では軍事的な服属関係を想起させるものである。

弥生墳墓と古墳との差異は、前方後円墳として統一される画一的性格にあるが、その古墳の構成要素における重要な点はまさにこの奉献という行為に付随した木棺長大化の諸現象に集約できる。そして、有力首長と首長との関係を表象する一要素であるその埋納位置の規制は、当初から一貫しており、そうした意味から、古墳時代の前半には大きな画期は認められず、横穴式石室の出現をもって一つの画期とすることができる。ただ儀礼は形骸化をたどるが、その副葬品配置の規制だけは、横穴式石室を採用するようになっても受けつがれたのである。

注

（1）坪井正五郎「足利古墳発掘報告書」『東京人類学会雑誌』第三巻第三〇号、一八八八年（『論集日本文化の起源』一、考古学、平凡社、一九七一年所収）。

（2）小林行雄「竪穴式石室構造考」『紀元二千六百年記念史学論文集』、京都帝国大学文学部、一九四一年（『古墳文化論考』、平凡社、一九七六年所収）。

（3）小林行雄『福岡県糸島郡一貴山村田中銚子塚古墳の研究』、便利堂、一九五二年。
最近では、製作時期の新しい画文帯神獣鏡も同様の取扱いを受けていることから、伝世と結びつけて考えることに疑義が出されている（清水克朗・清水康二・笠野　毅・菅谷文則「伝世鏡の再検討Ⅰ―鶴尾神社　四号墳出土方格規矩四神鏡について―」『古代学研究』第一五六号、二〇〇二年）。

（4）梅原末治『日本の古墳墓』、養徳社、一九四七年など。

（5）小林行雄『古墳の話』、岩波書店、一九五九年など。

（6）前期古墳における副葬品の種類ごとの配置と横穴式石室での在り方は、本節のもとにした拙文の前半部分で詳述した（用田政晴「前期古墳の副葬品配置」『考古学研究』第二七巻第三号、一九八〇年）。

（7）後藤守一・内藤政光・高橋　勇『静岡県磐田郡松林山古墳発掘調査報告』、静岡県磐田郡御厨村郷土教育研究会、一九三九年。

（8）梅原末治「安土瓢箪山古墳」『滋賀県史蹟調査報告』第七冊、滋賀県、一九三八年。

（9）菅谷文則「池ノ内五号墳」『磐余・池ノ内古墳群』（『奈良県史跡名勝天然記念物調査報告』第二八冊）、奈良県教育委員会、一九七三年。

（10）富樫卯三郎『向野田古墳』（『宇土市埋蔵文化財調査報告書』第二集）、宇土市教育委員会、一九七八年。

（11）近藤義郎「副葬品」『月の輪古墳』、月の輪古墳刊行会、一九六〇年。

（12）「使用品」と同様の用語に、特に刀剣の場合「佩用品」と説明される場合があるが、実際に刀剣を佩用する場合、一口と考えられることから「使用品」という用語を用いる。

（13）原口正三・西谷　正「弁天山C1号墳」『弁天山古墳群の調査』（『大阪府文化財調査報告』第一七輯）、大阪府教育委員会、一九六七年。

（14）注（9）に同じ。

（15）「奉献品」と同様の用語に「供献品」と説明される場合があるが、ここでは「奉献品」という用語を使用する。

（16）「鑓」以外の「鎗」・「槍」は新しい用字であり、「鑓」の初出も中世のものであるため、菅谷文則は「ヤリ」と表記するが、ここでは通例にならい「鑓」を使用する（菅谷文則「前期古墳の鉄製ヤリとその社会」『橿原考古学研究所論集』第三、吉川弘文館、一九七六年）。

(17) 末永雅雄・島田　暁・森　浩一『和泉黄金塚古墳』、東京堂出版、一九五四年。
(18) a. 近藤義郎「古墳以前の墳丘墓―楯築遺跡をめぐって―」『岡山大学法文学部学術紀要』第三七号（史学篇）、一九七七年。
b.「前方後円墳の成立」『考古論集』（『慶祝松崎寿和先生六十三歳論文集』）、松崎寿和先生退官記念事業会、一九七七年、など。
(19) 注（2）に同じ。
(20) a. 高橋　護「三輪山墳墓群の調査から」『岡山県総合文化センター館報』第三九号、一九六三年。
b. 近藤義郎「岡山県総社市宮山墳墓群の調査」『考古学研究』第一〇巻第二号、一九六三年。
(21) 春成秀爾・葛原克人・小野一臣・中田啓司「備中清音村鋳物師谷一号墳墓調査報告」『古代吉備』第六集、一九六九年。
(22) 小野一臣・間壁忠彦・間壁葭子「岡山県清音村鋳物師谷二号墳出土の土器」『倉敷考古館研究集報』第一三号、一九七七年。
(23) 川西宏幸・辻村純代「古墳時代の巫女」『博古研究』第二号、一九九一年（川西執筆分は、川西宏幸『古墳時代の比較考古学―日本考古学の未来像を求めて―』、同成社、一九九九年に補訂して所収）。
(24) 注（11）に同じ。
(25) 豊島直博「古墳時代中期の畿内における軍事組織の変革」『考古学雑誌』第八五巻第二号、二〇〇〇年。
(26) 近藤義郎「地域集団としての月の輪地域の成立と発展」『月の輪古墳』、月の輪古墳刊行会、一九六〇年。
(27) 西川　宏「武器」『日本の考古学』Ⅴ古墳時代（下）、河出書房、一九六六年。
(28) 大阪府黒姫山古墳の短甲は「奉献品」であると指摘されたことがある（注（11））。
(29) 一般的には仿製鏡と呼ばれるが、古墳時代の仿製鏡には模倣から独自の図像文様を創出したものがあり、用途も独特のものがあることから「倭鏡」と呼ぶ（田中　琢『日本の原始美術八　古鏡』、講談社、一九七九年）。

なお、近藤義郎は「倭製鏡」と呼んだ（『前方後円墳の時代』、岩波書店、一九八三年）。

(30) 小林行雄による一連の成果（『古墳時代の研究』、青木書店、一九六一年所収の諸論文など）。

(31) 小林行雄「同笵鏡考」『古墳時代の研究』、青木書店、一九六一年。

(32) 小林行雄『古鏡』、学生社、一九六五年。

(33) 小林行雄「初期大和政権の勢力圏」『史林』第四〇巻第四号、一九五七年、（『古墳時代の研究』、青木書店、一九六一年所収）。

(34) 河村好光「古墳社会成立期における玉生産の展開」『考古学研究』第二三巻第三号、一九七六年。

(35) 小林行雄「古墳文化の形成」『岩波講座日本歴史』一、原始および古代一、岩波書店、一九六二年。

(36) 近藤義郎・岡本明郎「月の輪古墳を通してみた発展期古墳の性格」『月の輪古墳』、月の輪古墳刊行会、一九六〇年、など。

(37) 注（36）、注（18）bに同じ。

(38) 樋口隆康・西谷真治・小野山節『大谷古墳　和歌山市大谷』、和歌山市教育委員会、一九五九年。

(39) 今尾文昭「古墳祭祀の画一性と非画一性—前期古墳の副葬品配列から考える—」『橿原考古学研究所論集』第六、吉川弘文館、一九八四年。

第三章

湖をめぐる首長墓の展開と地域性

第一節　弥生墳丘墓と「前方後方墳」の出現

一　「前方後方墳」の発見

近江では、ここ数年の間に、古い「前方後方墳」がいくつか発見、調査されている。二〇〇一年二月二日付の読売新聞朝刊には、「最古級の前方後方墳」「邪馬台国に対抗　狗奴《くな》国の関連墓か」という見出しのもと、東近江市神郷《じんごう》亀塚古墳の調査成果が発表されている。周濠を巡らせた全長約三八mの前方後方墳で、高さ約三・八mの盛土を持ち、「古墳時代最古の土器」が出土していることから「西暦二三〇年前後、三世紀前半の築造」という。そして前方後方墳を築いた邪馬台国に対し、狗奴国は前方後方墳を築いたとし、この古墳の被葬者は「狗奴国グループの首長墓」とされている。

そのちょうど一ヶ月後、亀塚とは琵琶湖の対岸にあたる丘陵上の、高島市熊野本六号墳・一二号墳の調査結果が発表された。三月一日付の京都新聞朝刊によると、「最古級三世紀前半の前方後方墳」（六号墳）と「三世紀中ごろの前方後円墳」（一二号墳）が見つかったという。古墳時代前期に、墳形が前方後方墳から前方後円墳に変化していくことを裏付ける例で、「日本海沿岸との交易ルート拠点」

である「邪馬台国時代のクニの一つ」が湖西にあったという。

これらの二年前にあたる一九九九年四月には、琵琶湖に面した古保利《こほり》丘陵の尾根上にある高月町小松古墳が、「最大、最古の前方後方墳」で、「邪馬台国や狗奴国と交流」した「湖北支配の王墓」であったと報道されている。全長約六〇ｍの小松古墳は、「三世紀中ごろの国内最古クラスで、この時期の前方後方墳としては全国最大である」という内容であった。

これまでも琵琶湖の周辺では、特に湖南を中心に平地で二〇基近くの前方後方形周溝墓が発見されていたが、最近見つかったものは、すべて墳丘を持つことから「前方後方墳」として扱われ、「最古」あるいは「最大」等の言葉が踊ることになった。

ここで簡単に用語を整理しておく。「前方後方墳」は、定型化した前方後円墳の成立後に、その影響のもとで築かれた「古墳」の一形式であり、「前方後方形周溝墓」や「前方後方形墳丘墓」は、前方後円墳成立以前の「弥生墳丘墓」の一形式である。それらのうち、平地に築かれて、墳丘が残らず結果として溝だけで構成されたものを前者、主に丘陵上に築かれて墳丘を残したものを後者とするが、両者を総称して「前方後方形墳丘墓」と呼ぶ場合もある。ただ、傾向として後者は、前者に比べて高い墳丘を備えることが多いため、それぞれ低塚、高塚と呼び分ける場合もある。

これら弥生墳丘墓と古墳は、前方後円墳の成立をもって時代を画する古墳時代への過渡期に築かれることが多いため、区別することが困難な場合が多い。[1] ただ近江では、前方後方形を採用する場合、弥生墳丘墓あるいはその系譜をひくもので、著しく前方部が低くしかも「未発達」な場合が多い。また、その規模に比べて後方部墳頂平坦面が広い。そうした点で、古墳の一形式としての前方後方墳と区別することが大まかには可能となる。

さて、前方後方形周溝墓あるいは前方後方形墳丘墓は、庄内式並行期の最古段階あるいはその直前に現われる。山上では、大津市皇子山一号墳や高月町大森古墳を含めてほぼ確実なものは五基確認でき（図3―1）、この五基とも墳丘構造等から平地のものとほぼ同じ弥生時代末から古墳時代前期の所産と考えられる。ただ、長浜市の横山丘陵上や高月町古保利丘陵上には、さらにいくつかの前方後方墳といわれるものが知られており、同じ高月町の平野部に墳丘を残している姫塚古墳も全長約七二mの前方後方墳という(2)。高月町周辺には前方後方墳が一一基も集中しているといわれ、弥生時代末の伝統的な前方後方形墳丘墓と前方後円墳成立後にその影響を受けた前方後方墳が(3)、この地域では混在する。

一方、平地に築かれた前方後方形周溝墓は、旧栗太郡・野洲郡の野洲川下流域を中心に二〇基近く分布する。想定ではあるが、前方後方形墳丘墓は山上のものが高時川下流域に、平地のものが野洲川下流域にそれぞれの中心を持ち、後者の低塚系のものが先行する。

いずれにしても近江において、基本的にはこうした「前方後方墳」が前方後円墳の出現に先行する。列島では、このように把握できる地域も多いことが大塚初重らによって指摘され、長瀬治義らによってより具体的に地域で検証されているが(4)、ここに近江も含まれることになる。このことは「前方後方墳」と呼ぶことをためらわせ、小松古墳も含めて弥生墳丘墓の一つである前方後方形墳丘墓ととらえておきたい。以下に述べる神郷亀塚も同様である。

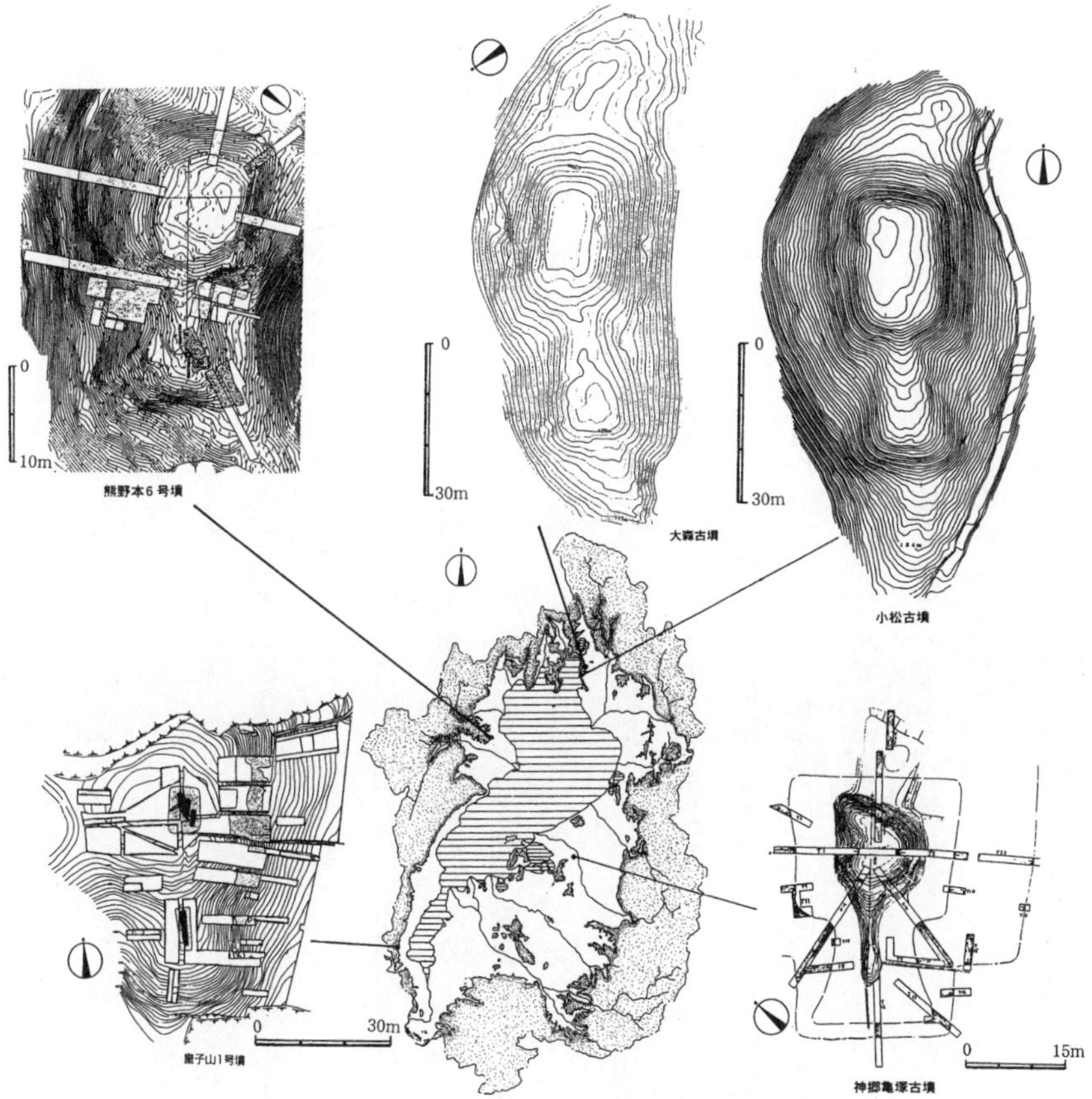

図3―1　近江の前方後方形墳丘墓

二　神郷亀塚の史的意義

神郷亀塚は前方後方形墳丘墓の一つであるが、平野部に高さ三・八ｍもの盛土による墳丘を残す近江唯一のもので、内部主体として発見された二基の木槨などとともに、列島での前方後円墳出現ごろの状況を伝える上で不可欠な遺跡となりつつある。(5)

旧能登川町（現、東近江市）北端を流れる愛知川の自然堤防上に残る遺跡群は、開発にかかるたびに発掘調査され、神郷亀塚周辺数キロ範囲では、遺跡の状況が詳細にわかっている。このことにより神郷亀塚のみならず、縄文時代後期からの集落の展開や墳墓の成立基盤を知り、評価できるまれにみる地域である（第一章第二節）。

この神郷亀塚の被葬者を支えた集落は、その西約二㎞にあった環濠集落・石田遺跡が廃絶した後、亀塚築造直前に亀塚の西約三〇〇ｍに展開するようになった斗西《とのにし》遺跡である。そこは自然河川と運河が巧みにめぐり、港湾施設と倉庫群、川沿いには水辺の祭りを行った祭祀場が広がる（図３―２）。また、生業を物語る灌漑用の堰や簗が備わっていたことも判明している。そして集落の東の空閑地および一本の「結界の溝」と「祭祀の立柱」列をはさんで亀塚がある。このことにより亀塚被葬者のためだけの墓域選定と独立性および卓越性を知ることができる。報告書で述べられる西からの側面観重視による高塚の評価も、これらから生まれてきたものである。

しかし、その位置で最も特筆すべきは神郷亀塚の立地である。琵琶湖とその内湖にそそぐ大河川愛

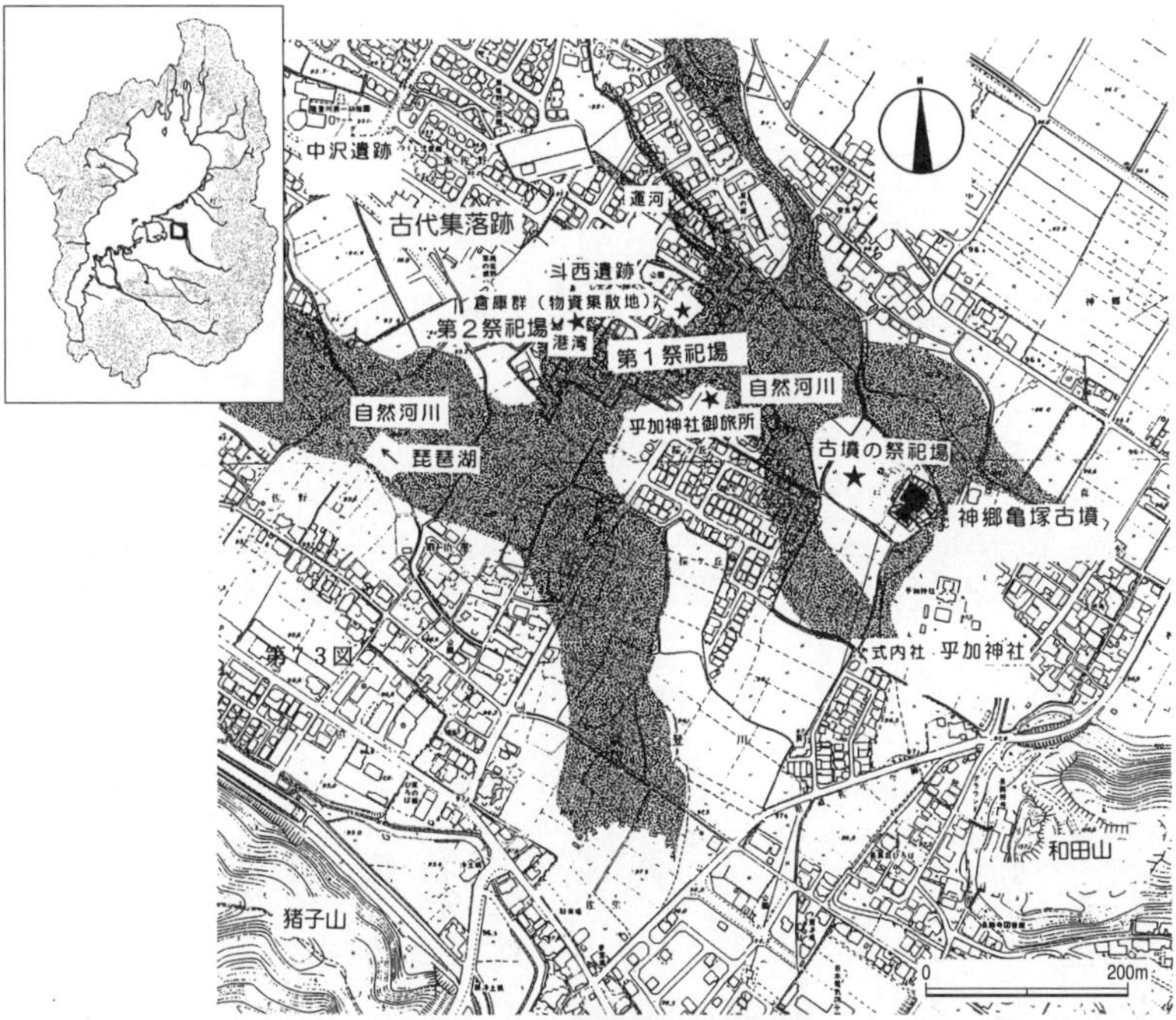

図３―２　神郷亀塚の周辺環境

知川下流域にあって、クリーク地帯のまった中にある。独立丘陵・和田山の山影に隠れて、愛知川の不意の出水を避けながら、琵琶湖水系と愛知川下流域も常に視野におけるその位置を、亀塚の史的意義の前提としておきたい。

　神郷亀塚の周濠埋土の調査は、植田文雄を中心にして慎重に行われ、詳細な分層と遺物出土地点の徹底した記録化が図られた。そして濠の埋没過程が復元され、古墳時代後期になって濠や墳丘の再整備が図られたとされる。濠から検出された完形に近い二重口縁壺は庄内式並行期の中でも新しい型式で、調査時から神郷亀塚存続時期の一点を指し示すものであると注目されたが、この詳細な出土層位と器体の残存状況の記録から、二回目の祭祀の際に当該個所に置かれたものであ

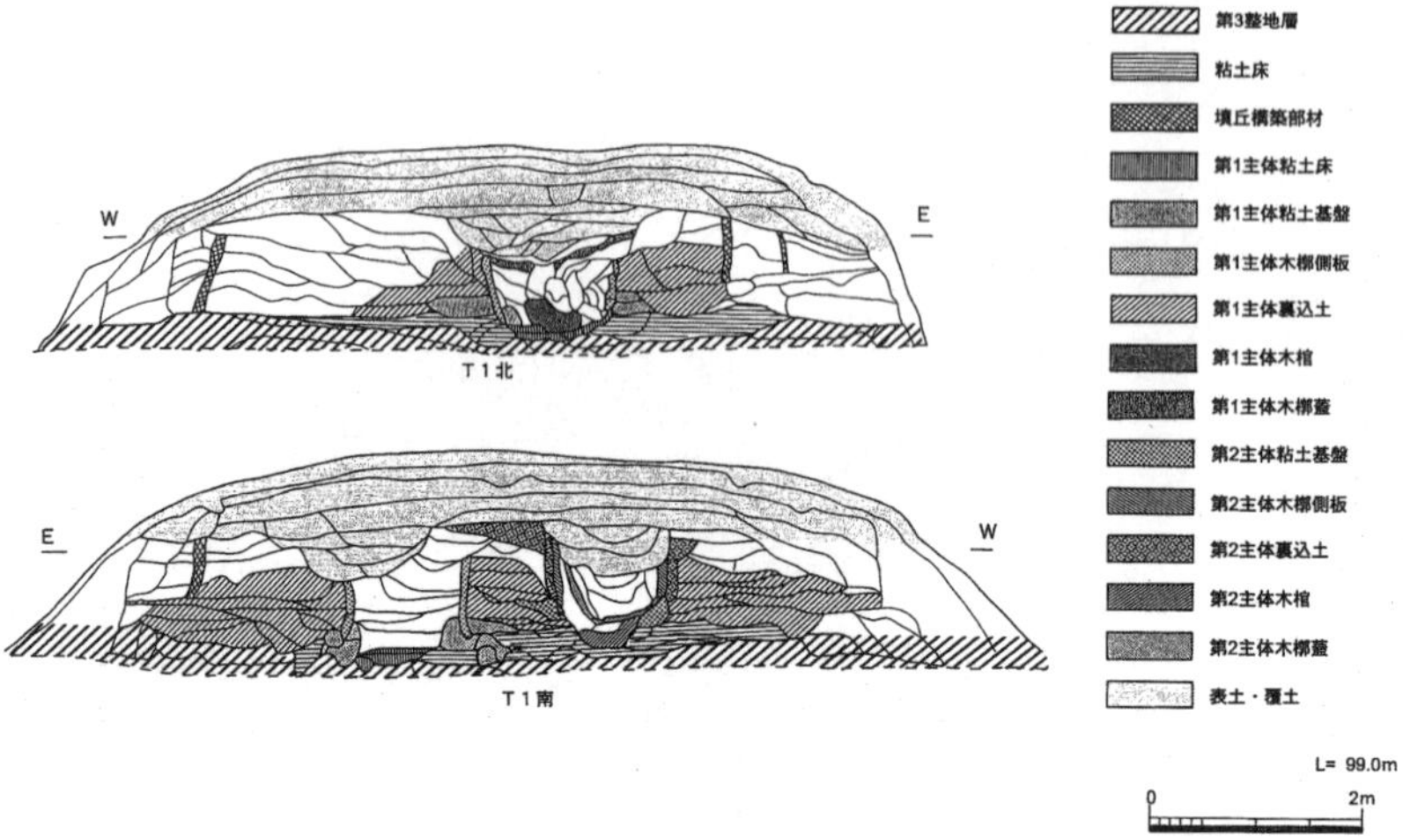

図3—3　神郷亀塚の内部主体断面（木槨）

る。ただ、二つの主体は当初から計画的と思われる位置にあるため、最初の祭祀との間にさほどの時差を設けなくてもよい。

墳丘中央のトレンチで検出された木槨は、筆者も時には加わって慎重に観察したものであり（図3—3）、平面でもコーナーを含む木槨の構造や各部材の規模等が明らかになった。二つの木槨木棺墓は、当初から複数埋葬を意図した位置にあった。つまり、第一主体の方が規模も大きく深さも二〇cmほど深い位置にあるにもかかわらず、後方部の中心からはずれた位置に築かれている。両者の切り合いから、第一主体の先行することが判るが、出土した土器にも型式差がなく大きな時間差はないようである。むしろ、当初から複数埋葬を意図していたことが重要で、集団墓の名残りと見られ、そうした意味では弥生墳墓である。

最近、列島では、弥生時代中期前葉の福岡県比恵遺跡一号墳丘墓[6]やスダレ遺跡D35主体の木槨、中期後半の大阪府加美遺跡一号墳丘墓の二重木棺などが知られるようになったが、埋葬主体の形式として一般化するのは後期中ごろになってからである。そんな中にあって亀塚の木槨は、意識して調査し、発見された近江では唯一の例である。琵琶湖から日本海を通じた大陸との直接的な関係も想像させるが、例えば植田と筆者が実際に踏査した大陸の湖南省馬王堆《まおうたい》漢墓の木槨と比べると、その時期はもとより、規模・構造ともに比較にならないほど貧弱である。吉備地方でも、岡山県楯築《たてつき》遺跡での木槨墓発見以降、従前の調査結果の見直しにより岡山県立坂《たてざか》遺跡などが木槨構造であったことが判明しつつある。楯築遺跡の場合は、朝鮮半島楽浪郡からの直接間接の影響を想定されているが、(7)中国大陸での類例を筆者も文献渉猟したが、楯築遺跡例と同様のものは見つからなかった。今後、近江でも目的意識を持って調査にあたれば類例の増える可能性があるが、木槨という形式は弥生時代中期から列島内に点在し、後期には列島の中で一般化していることから、亀塚の場合はもはや先駆的な例ではなく、大陸や朝鮮半島から日本海・琵琶湖を通じての直接的な影響や交流は想定しない方がよい。

三　法勝寺ＳＤＸ23号墓の特徴

法勝寺《ほうしょうじ》ＳＤＸ23号墓は、一九八七年に調査された米原市高溝の水田中にあった全長約二〇ｍを計る前方後方形周溝墓である。(8)前方部は、後方部長に比べてやや短く、さらに後方部もその幅が二ｍ近く狭い長方形を呈している。これは、高月町古保利古墳群中の小松古墳でも認められ、当該期の前方後方形墳丘墓にしばしば認められる特徴である。もちろん周囲には、幅〇・六mから三・二mの溝がめぐる。

発掘調査報告書では、24号墓と23号墓はその溝を共有していると記されているが、筆者も約一ヶ月間、高居芳美と共に調査を担当した。調査時の正確な事実関係に基づくならば、23号墓の溝は北の24号墓の溝に切られ、さらにそれは32号墓の溝に切られている。また、出土遺物からも時間的前後関係がたどれることから、この墳墓群の中枢の一群は、順次南から北へ築かれていったことは明らかである。

このように前方後方形周溝墓あるいは墳丘墓の中には、神郷亀塚のように単独で在るものと、集団墓の中に築かれているものの二種があり、この法勝寺SDX23号墓は後者の典型で、四〇基の方形周溝墓群の中にある。しかも順次、墓が築かれていく中で、以前の墓を部分的であるにせよ、いとも簡単に削っていることは、当初からさほど墳丘を備えていなかったものと考えられる。後方部中央付近には、南北方向に内部主体の掘り方と思われる長さ三・四mの浅い土壙が遺存している。先の神郷亀塚第一主体の最下部が墳丘頂部から約二mの深さにあることから、仮に木槨木棺墓を想定してみても、残された周溝掘り方傾斜も含めて考えると墳丘の高さはおそらく二m前後と考えられ、先の神郷亀塚とはその外形が異なることになる。

墳形も、前方部とは別に、後方部背後にも幅四・二〜二・三mの平面台形の突出部が取りつき、その上面はゆるく下降しながら周溝に続く。その先端は明確であり、墳形は方形部の両側に前方部と突出部が取りつくといった形態をとる（図3—4）。この事実も報文では記載されていないが、円形墓に二方向の突出部・陸橋部を設けた兵庫県有年原・田中遺跡一号墳丘墓あるいは宮崎県西都原《さいとばる》八一号

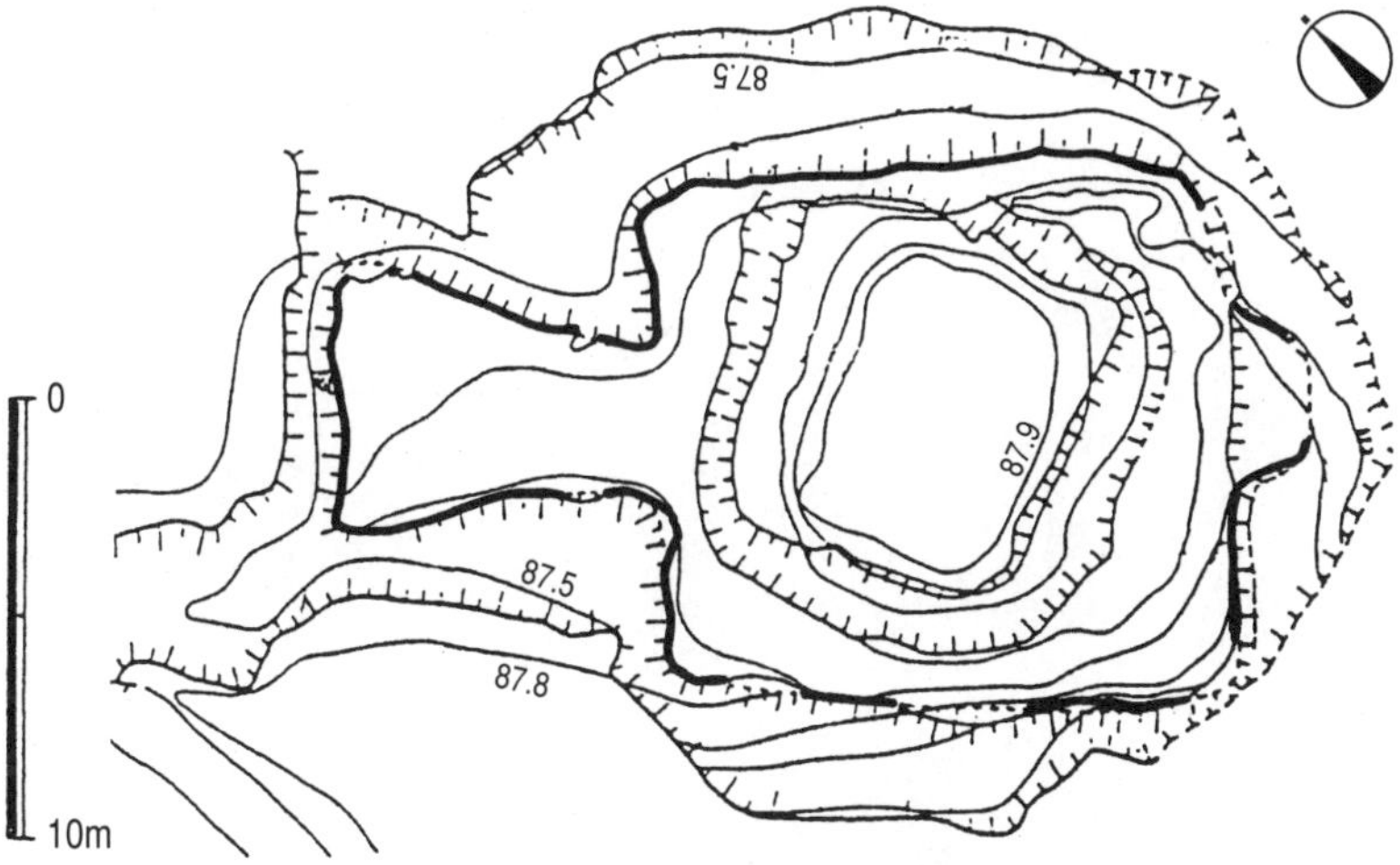

図３—４　法勝寺遺跡SDX23号墓

墳と同種のものを想起させ、前方部の形状は短いながらも撥形に開く西都原八一号墳のそれに似る。

一方、23号墓の遺物は前方部北端周溝と東周溝内からしか出土していないが、ともに墳丘崩壊土上で検出されたもので、壺、高坏、器台及び直口壺の胎土は酷似している（図3—5）。これら三つの理由により、ほぼ同時期にこれらの遺物は埋まったものと推定できる。

この中でいわば受口壺とでも呼ぶべきものは、近江でも地域性が認められるもののかなり類例が知られ、近江以外では主に東の地域を中心に散見され、伊勢湾沿岸から関東まで出土している。

これらの土器は、第一章第三節の年代観によると四期に相当し、いわゆる庄内式並行期直前、唐古遺跡第五様式第二亜式並行期の終わりごろのものである。法勝寺ＳＤＸ23号墓は、前方部長が後方部長の一／二以上の規模を持ち、愛知県廻間遺跡ＳＺ01墓より墳形は「発達」し、むしろ「前方後方墳（Ｃ型）」

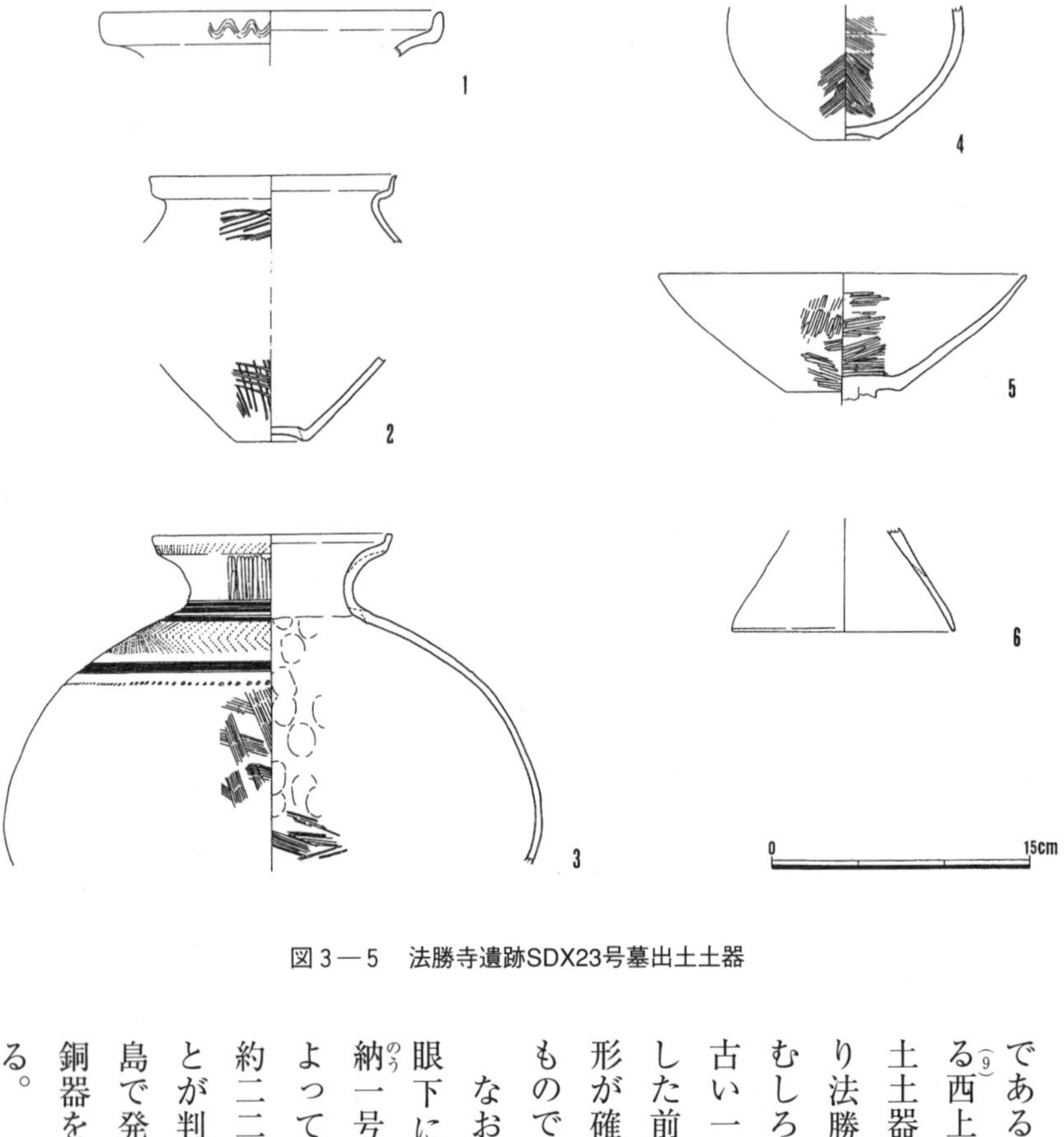

図3—5　法勝寺遺跡SDX23号墓出土土器

である「西上免古墳」と呼ばれる[9]西上免ＳＺ01墓に近いが、出土土器群は、西上免ＳＺ01墓より法勝寺ＳＤＸ23号墓が古く、むしろ時期幅をもつ廻間遺跡の古い一群に近い。列島でもこうした前方後方形として、その墳形が確立した最古の一群に入るものである。

なお、法勝寺ＳＤＸ23号墓を眼下に望む丘陵上の米原市定《じょう》納《のう》一号墳は、宮崎幹也の努力によって短い前方部を備えた全長約二二ｍの前方後方墳であることが判明し、畿内以西や朝鮮半島で発見されることが多い筒形銅器を出土したと伝えられている。

四　「前方後方墳」の諸課題

⑴　墳形と土器型式

「前方後方墳」の墳形の出現については、周溝の陸橋から前方部へと、発展段階的に捉えた田中勝弘らによるいくつかの論考がある。[10] 一方で、弥生時代の方形周溝墓の延長線上で古墳の成立を考えるのは難しいという高橋護の意見もある。[11]

神郷亀塚の調査成果によると、後方部周囲の溝（濠）は一・五mもの深さがありながら、前方部の溝は深さは二〇～三〇㎝と浅く、幅も後方部のそれと比べると極めて狭い。例えば、後世の表土削平がさらに三〇㎝深く及んでおれば、神郷亀塚の墳形は一段階か二段階古い型式と判断されたことになる。したがって、現存している前方後方形周溝墓の溝の形状で類型化して発展段階的にとらえていく墳形確立の理解も今後は注意が必要である。ただ神郷亀塚の場合、そのくびれ部溝底部の形状からすると、前方部とのつながりと開きを意識していたことはまちがいない。

一方、最近の「前方後方墳」の土器資料は、小松古墳前方部の土壙内資料を除けば細片・少量である。特に、近江に特徴的な受口状口縁甕のわずかな形状を年代決定の頼りにしている場合が多いが、こうした形式群は存続時間が長く、変化が緩慢でありながら新しい形式と長く共存する。また葬送儀礼の場からなぜ甕が出土するのか、東近江市雪野山古墳でも出土しているが疑問も残る。それに対し、当該期の高坏と器台の変化は早く、古い形式と共存することがほとんどないが、両者の機能による区分は明確でない場合がある。[12] 内部主体の規模や構造に加えて、溝底も含めた正確な三次元での墳形確認と確実な時期決定資料が望まれる。

これまでのところ、神郷亀塚は庄内式並行期の所産であり、小松古墳の銅鏃の形式や土器群からすると、時期は神郷亀塚が先行する。また神郷亀塚は、群集した墓地群の中に築かれる弥生時代後期最終末の法勝寺SDX23号墓より後出するものである。

平地にあり、周囲の墳丘を取り除かれながらも四mにも及ぶ盛土を残していた神郷亀塚は、これまで発見されている前方後方形周溝墓を低塚と捉えることに若干の躊躇を与えたが、わずかな内部主体の掘り方の痕跡をとどめていた法勝寺SDX23号墓や野洲市冨波遺跡SZ—1墓を考慮するならば、高さ四mと二m程度の高塚と低塚との二種のあり方も想定しておかねばならない。

(2) 埋葬主体

当該期の墳墓において、内部主体の規模や構造の詳細が明らかになっているのは神郷亀塚だけである。

第一主体の木槨は長さ四・七m、幅一・三m、舟形木棺は直径〇・五mで、その長さは二・〇〜二・五mとなる。後に築かれた第二主体の木槨は、長さ二・五〜三・五m、幅一・一m、直径〇・五mの舟形木棺の長さは二・〇mである。副葬品は、詳細に木槨・木棺内の埋土をていねいに水洗したにもかかわらず皆無であった。木槨と木棺の規模の比率は、岡山県楯築遺跡とほとんど変わるところがなく（図3—6）、その点でも弥生墳丘墓の様相であるといえる。

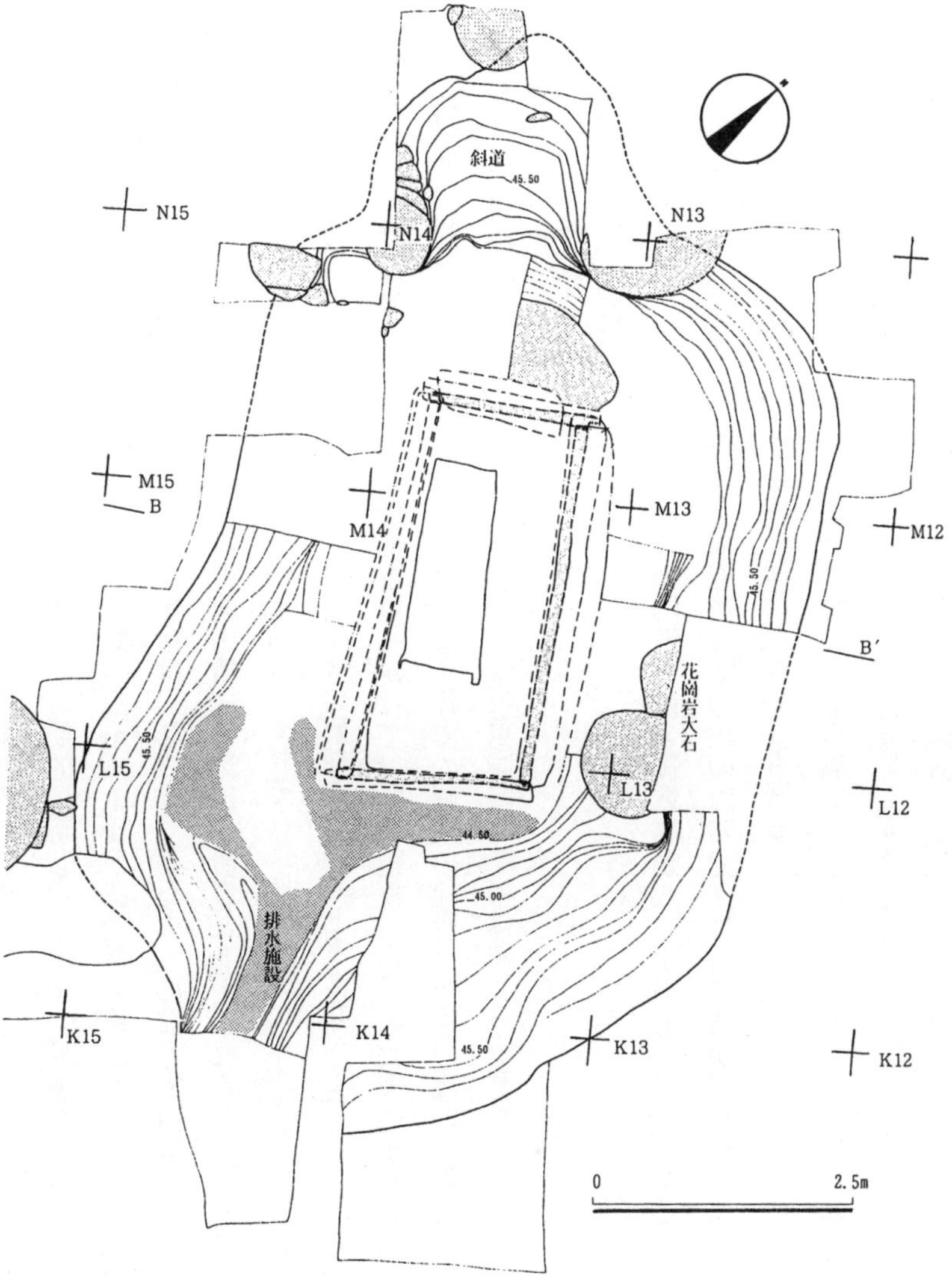

図３−６　楯築遺跡内部主体（木槨墓）

先に触れた法勝寺ＳＤＸ23号墓における内部主体の掘り方の痕跡は、長さ三・四ｍを測り、神郷亀塚程度の規模を想定できるが、出土土器からすると時期的に新しい皇子山一号墳などは、後方部で長さ一〇ｍ、幅七ｍの土壙掘り方および三・五〜四・〇ｍの土壙が三個所で検出され、前方部でも長さ七・七ｍの粘土槨が発見されている。長大な木棺は、第二章で見たように前方後円墳と不可分に結びついたものだとすれば、皇子山一号墳は前方後円墳成立以後の所産と考えられるが、一号墳より古い土器を伴う二号墳において発見された三つの土壙は、それぞれ長さ二・二ｍ、一・二ｍが二基と短く、この二つの墳墓の間には、墳形の違いも含めて時代の画期があったと考えられる。

これら以外に、弥生時代墳丘墓から前期古墳にかけての主体規模、木棺の長大化を検討できる具体的な資料が見あたらないため、近江における内部主体での画期の検討は今後の課題であるが、内部主体の長大化で前方後円墳の成立段階と見なすという現象論的な基準はおそらく有効であろう。

(3) 円形と方形、山と野の原理

小松古墳を含む古保利古墳群には、前方後円墳と前方後方墳が八基ずつあり、セットで築かれている可能性があるという。熊野本古墳群も前方後方墳の次の段階で前方後円墳が築かれている。ただこれは詳細に観察すると、前方後方墳が後に崩れた可能性も残る。

小松古墳、熊野本六号墳は山の上にあり、神郷亀塚は周囲に丘がありながらも平野に築造されているが、前方後円墳も亀塚に隣接して築かれていた可能性がある。現地にはかつて、「上り亀」と「下り亀」という二つの塚があり、神郷亀塚は「上り亀」にあたるという伝承がある。「上り」「下り」が

前方部の方向とすれば、古保利古墳群のように前方後円墳は前方部を北に、前方後方墳はすべて南に向けているということを思い出させて興味深い。

前方後円墳の出現を考えるにあたって、前方後円墳と前方後方形周溝墓ないし前方後方墳は区別して考えるべきではないという説がある。その例として、虎姫町五村遺跡があげられ[13]、方形周溝墓群と円形周溝墓は区画溝で当初から墓域を区別されながら、一つの墓域を形成したという点を評価している[14]。しかし、区画溝の西には円形周溝墓しか築かれず、規模も方形周溝墓をはるかに凌駕するためこれらを同列には扱えず、先の証明にはならない。あくまで方形墓を築いてきた集団が、円形の大きな墓を築く段階を迎えたことを示すにすぎないと考える。

このように、弥生時代の湖北においては方形原理墓が基調であったが、弥生時代末から円形原理墓が加わるようになる。これらは、高時川以南の湖北南半の坂田郡や浅井郡に限られ、北陸の影響を受けて、山上に方形台状墓を多く築く湖北北半の伊香郡には認められない。また、湖北より南の地にも広がらず、少なくとも平地の前方後方形墳丘墓の中心である野洲川下流域とその周辺は避けたようである。吉備を含む瀬戸内中部に出現した円形墓は、播磨、摂津から丹波を介して北部近畿経由で北から近江に入り込んだともいわれるが[15]、北の玄関、伊香郡や高島郡には円形墓が見られない。今のところその系譜は不明であるが、少なくとも平地に方形周溝墓を築く伝統がある地域で、前方後方形墳丘墓の分布中心地をはずれたところに円形墓が出現しているということはできる。

こうした墳形と時期に加えて、立地や内部主体など基本的な事実の積み上げが待たれるが、いずれにしても近江における前方後方形の墳墓は、古墳時代前期のある段階ではすでに築かれなくなってい

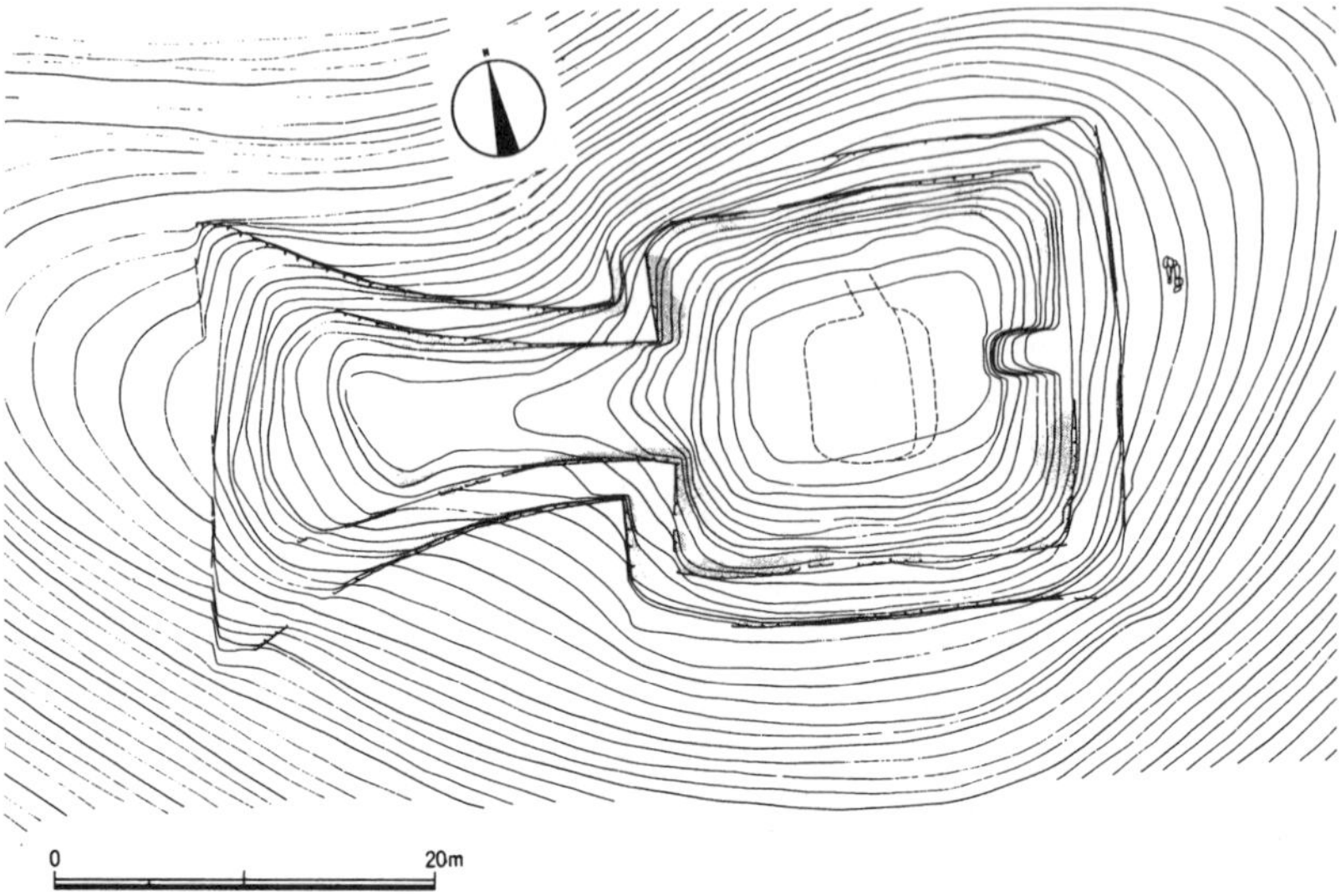

図3—7　備前車塚古墳

ることは間違いない。

神郷亀塚は、東海地方のS字甕拡散に合わせた前方後方墳の展開に疑問を抱かせ、むしろ多様で自立的な列島の各地域の中で、大陸を片睨みしながら木槨を採用し、前方後方形を採ったことは、弥生墳丘墓や古墳研究に新たな視座の必要性を提案した。

今のところ、宇垣匡雅が吉備で説くように、定型化した前方後円墳の成立以前に、ある程度の前方後円形という墳形の確立段階があったと考えざるをえない⑯。小松古墳の急な墳丘斜面や長方形の広い墳頂平坦面、あるいは後方部の高さに対して低く、後方部への通路にもなりえないような前方部との差などは、古墳時代前期の典型的な前方後方墳、岡山県備前車塚古墳の墳丘とは根本的に墳丘の持つ機能が異なるようである（図3—7）。これらは、前方後円墳の成立に先立つ低い突出部を備えた墳丘墓として捉えられ、前方後円墳の成立影響下で展開していった前方後方墳と前方後方形墳丘墓は区別するべきである。つまり、岡山県浦間茶臼山古墳と矢藤治山《やとうじやま》古墳などはそれぞれ前方後円墳と墳丘墓として理解すべきという考えと同様である。なお、こうした墳形の確立段階は、庄内式土器段階以前である可能性が高い。

急な墳丘斜面と広い墳頂平坦面には相関関係があり、墳丘斜面角度は二六～二七度を境にして、弥生墳丘墓はそれより急である（図３―８）。近藤義郎は、二五度を超える斜面を登ることは非常な困難を伴うもので、「至難」と表現して墳丘外との隔絶性を表現し(17)、古墳における墳丘の高丘化が後円部墳頂平坦面の相対的な縮小につながったという(18)。ただ、ここでは墳頂平坦面の広さの確保に伴う結果として捉え、墳丘上の平坦面を広くすることは複数埋葬の伝統と考えて、内部主体の長大化と共に一つの現象論的な指標にしようとしている。

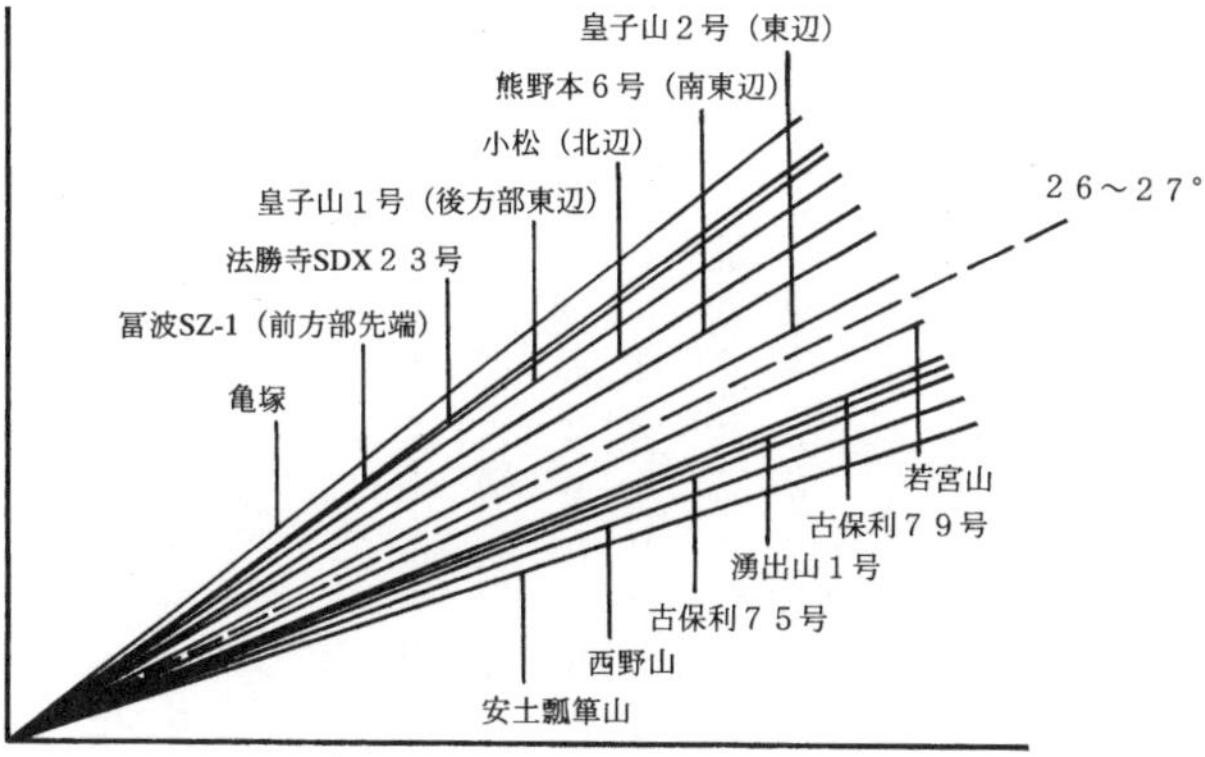

図３―８　後円（方）部傾斜角度

今後、期待されることは、平地にありながら高い墳丘を持つ神郷亀塚や姫塚古墳の墳形や時期などの詳細確認、他地域事例との基本的事項の比較研究である。墓を構成する諸形式を比較する中で、集団間の諸関係と特質を明らかにする方向が望まれ、単に都合のよい特定の資料と文献の記述を結びつけようとする、考古学から離れた言説に巻き込まれないことである。

注

（1）「古墳時代の諸概念」『古墳を通してみる琵琶湖水系論』（本書序章）。
（2）黒坂秀樹『高月の主要古墳』一、高月町教育委員会、二〇〇五年。
（3）中井正幸「二つの前方後方墳―群構成からみた東海の前方後方墳」『古墳時代の政治構造―前方後円墳からのアプローチ』、青木書店、二〇〇四年。
（4）大塚初重「東国古墳発生論」『論集日本原史』、吉川弘文館、一九八五年、長瀬治義「可児地域の前期古墳」『美濃の前期古墳―前方後方墳のルーツを問う』美濃古墳文化研究会、一九九〇年や長瀬治義「古墳からみた前・中期のようす」『可児市史』第一巻、通史編、考古・文化財、二〇〇五年、など。
（5）植田文雄ほか『神郷亀塚古墳』（『能登川町埋蔵文化財調査報告書』第五五集）、能登川町教育委員会・能登川町埋蔵文化財センター、二〇〇四年。
（6）吉留秀敏「比恵遺跡の弥生時代墳丘墓」『九州考古学』第六三号、一九八九年。
（7）近藤義郎「楯築弥生墳丘墓とはなにか」『季刊古代史の海』第三〇号、二〇〇二年（『前方後円墳の起源を考える』、青木書店、二〇〇五年所収）。
（8）宮崎幹也『法勝寺遺跡』（『近江町文化財調査報告書』第六集）、近江町教育委員会、一九九〇年。
なお、この報告書では「ＳＤＸ23」と呼ぶが、後に「ＳＤＸ３２３」と変更された（宮崎幹也「北近江の土器様相」『庄内式土器研究』Ⅵ、一九九四年）。
（9）赤塚次郎「前方後方墳の定着―東海系文化の波及と葛藤―」『考古学研究』第四三巻第二号、一九九六年。
（10）a．赤塚次郎「東海系のトレース―三・四世紀の伊勢湾沿岸地域―」『古代文化』第四四巻第六号、一九九二年。
b．田中勝弘「弥生の墓から古墳へ―近江の場合の三つの変化―」『春季特別展　墓と弥生時代』、滋賀県立安土城考古博物館、一九九六年など。

(11) 高橋　護「邪馬台国時代の墓制」『邪馬台国研究　新たな視点』、朝日新聞社、一九九六年。
(12) 用田政晴「「庄内式」併行の土器群とは何か―その整理作業の過程―」『県営かんがい排水事業関連遺跡発掘調査報告書』Ⅶ―1、国友遺跡、滋賀県教育委員会・財団法人滋賀県文化財保護協会、一九九一年、および第一章第三節。
(13) 植野浩三「区画溝と周溝墓―滋賀県五村遺跡の調査成果をもとに―」『文化財学報』第一五集、一九九七年。
(14) 北條芳隆「前方後円墳と倭王権」『古墳時代像を見なおす―成立過程と社会変革―』、青木書店、二〇〇〇年。
(15) 森岡秀人「三世紀の近江と大和―交流の変化とその背景についての見通し―」『シンポジウム　邪馬台国時代の近江と大和』資料集、香芝市二上山博物館、二〇〇一年。
(16) 宇垣匡雅「吉備における古墳の出現―特殊器台と特殊器台形埴輪―」『前方後円墳の出現』(『季刊考古学』別冊八)、一九九九年。
(17) 近藤義郎「後円部とはいかなるものか」『季刊古代史の海』第一七号、一九九九年(『前方後円墳観察への招待』、青木書店、二〇〇〇年に補訂所収)。
(18) 近藤義郎『前方後円墳の時代』、岩波書店、一九八三年。

第二節　安土瓢箪山古墳の史的位置

一　古墳の規模

長い間、近江で最古・最大の前方後円墳といわれた安土瓢箪山古墳は、蒲生郡安土町桑実寺に所在し、近江のほぼ中央に位置する標高四三三mの繖山《きぬがさやま》（別名、観音寺山）と呼ぶ独立峰から、かつての琵琶湖の内湖に突き出るように伸びた低い支尾根を利用して築かれている。

南北六〇kmをこえる細長い琵琶湖のちょうど中ほどにある内湖、その最奥部に位置するこの古墳は、かつて三方を内湖に囲まれており、規模は違うものの隣接する安土城のかつての地理的環境と相似で、また時代も違うが共に湖上交通の拠点に築かれたとみることができる。

この古墳は、一九三五年二月、住民が壁土をとるため墳丘を掘っていたところ、その前方部において二基の箱式石棺が発見され[(1)]、翌年に後円部の内部主体が調査された。この二つの調査を指導した梅原末治は報告書で、全長は「約五三五尺」であるとし[(2)]、それをメートル換算した「約一六二m」が戦後も長くこの古墳の全長とされてきた[(3)]。この「約五三五尺」という数字を梅原の報告書の図面にあてはめれば、自然地形である支尾根の最先端まで含めたものとなり、長い間、無批判にその数字を使ってきたのである。

都出比呂志は、「丘の裾を仮に墳丘の下端と考えれば全長が一六二m」だが、「自然の丘陵を削り出した墳丘であるから、発掘によって裾のラインがもっと高いところをまわっていることがわかれば、右の数値は若干小さくなるかも知れない」と注意していた。[4] そしてこの古墳の全長が実際には全長一三五m前後と推定されるようになったのは、調査から半世紀以上たった一九八八年のことである。[5] しかしその翌年の古墳出土土器の検討資料集では、同じ冊子に全長一三五m[6]と一六二m[7]が混在するなど、周知検討されていなかったし、最初に全長一三五mとした丸山竜平も、後に再び一六二mとしている。[8]

これと前後して、地元の安土町教育委員会石橋正嗣らにより墳丘南半分の詳細な測量が行われ、一九八七年にその図面が公表されているが、[9] この報文では「全長ほぼ一八〇m」としている。

二　墳丘の検討

とりあえず公表されている図を一九三八年公表の報文図版と合成したものが図3—9であり、この図と現地での形状観察をもとに、この古墳の墳丘を見直してみた。方位は一九三八年報文図版のもの、スケールは町教育委員会作成のものを採用している。

墳丘の形状規模を見る場合、前方後円形をたどるラインをとるのを基本とするが、そうすると後円

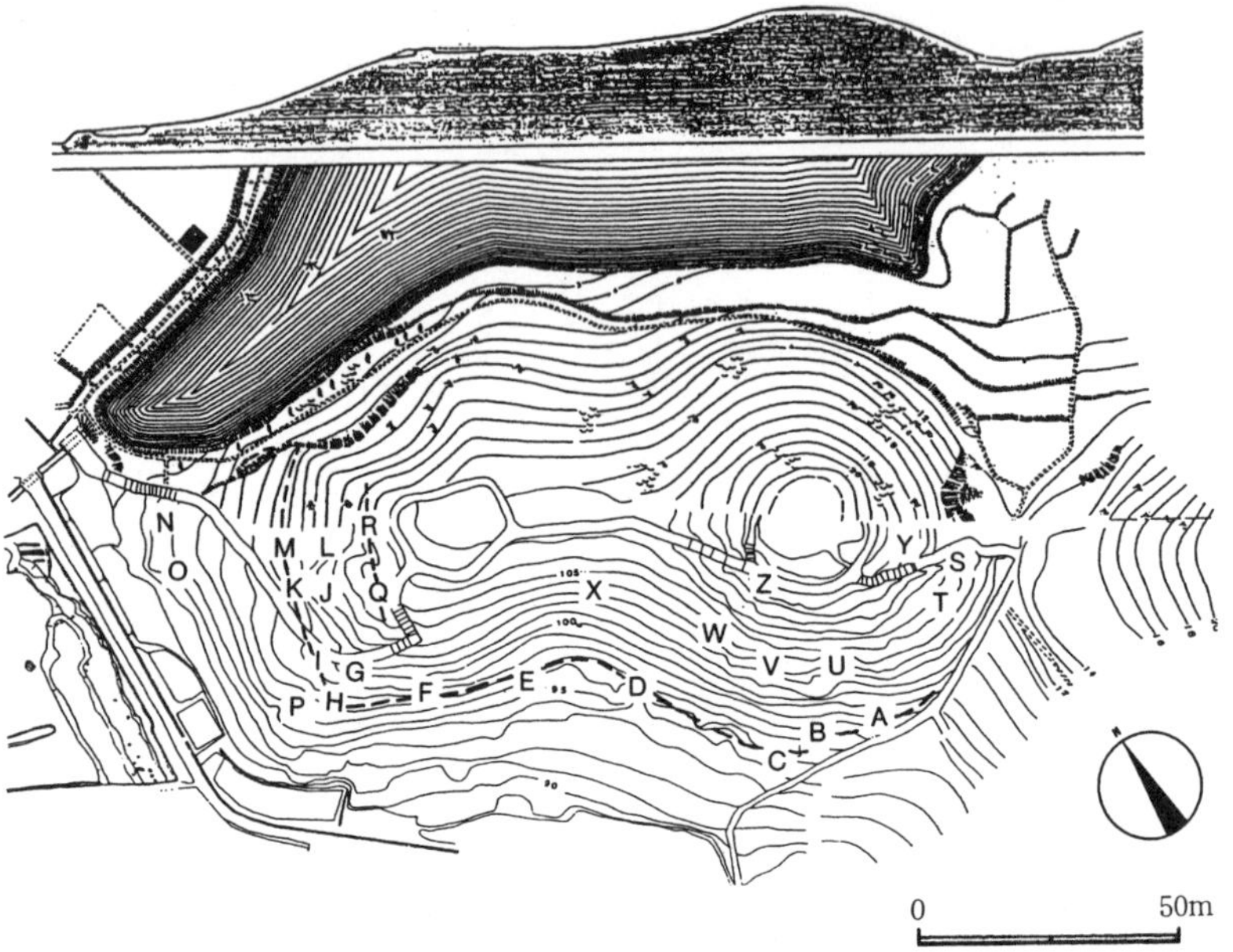

図3—9　安土瓢箪山古墳測量図

部南半の等高線はすべて尾根切断部を超えて丘陵頂部方向に逃げていくが、支尾根切断部の位置は現在も一九三六年当時のままであり、その位置は明らかである。ここから南西方向に下る現在の山道も当時のものである。このラインは古墳北半の形状からも後円部裾に相当することが認められる。

さて、この山道から北西方向に伸びる等高線のうち、図中でAと称した九七m等高線付近に一つの斜面の変換点が認められ、それは後世に半月形に削られたBからCへと続く。斜面変換点はこのCの九六mラインからD、Eの九七m等高線付近、及びFへと続いていく。これら、特にC・D間の九五m等高線と、DからFの下方九三m等高線を結んだラインより下方は、その斜面がゆるやかとなっており、平坦に近い状態となっている。

次に、G・H間はかなりの急角度となっており、等高線で表現すると相当つまったものとなり、その裾ラインはHからIへと伸びる。この急角度は、J・K間でも認められるため、A～Fへと伸びてきた墳丘裾ラインはH・I・K・Mへと続くものと考えられ、この前方部先端の形状は、後世に設けられた散策道のIから北東を望めば容易に観察できる。なお、I・N・Oを結んでできる三角形内は、平坦に近い状態で、P付近で直角に近く曲がっていく地形は見あたらないのである。

また、Q・R内の一〇四m等高線以下も急に落ちており、Qのすぐ北東部分は、若干の平坦地形が残っているため、このラインが前方部墳丘上の先端と考える。

現在、S・T間、U・V間、W・X間それに、Y・Z間に、細長い平坦面と思われる部分が認められ、段築の痕跡とも考えられるが、一九八一年に、墳丘をめぐるように手を加えられたことがあり、その判断は保留にしておきたい。

以上、古墳の南半部を中心に墳丘観察を行った結果、全長約一三七m、後円部径約七八m、その高さ約一六m、前方部先端幅約六一m、その高さ約九m、くびれ部幅約五〇mという数値が得られた。そして、前方部先端は中ほどがやや突出した剣菱形に似た形態をとり、後円部三段、前方部二段築成の可能性を残すということができる。[10]

その後、『前方後円墳集成』近畿編（山川出版社、一九九二年）をまとめるにあたって、再度現地で計測を行い、全長約一三四m、後円部径約七八m、高さ約三一m、頂径約二〇m、前方部幅約六二m、高さ約七m、くびれ部幅約五六mとした。[11]最近では一三〇数mという数値はほぼ定着しつつあるものの、今だに全長一六二mという数字を時々見る。[12]

三　壺と埴輪

(1)　発掘調査報告書

安土瓢箪山古墳は、当初から葺石と円筒埴輪を備えたものであるとして知られており[13]、後円部上部に円筒埴輪が囲むように並んでいたと判断されたが[14]、後に円筒埴輪は量的には少なく、壺と考えられるものを含む大形土器の破片の方が圧倒的に多いことが判明したため、「後円の上部の円筒の囲暁」は取り消された[15]。

ただし、「円筒の存在こそ明であるが、其の囲暁を想定する様な積極的な資料は出て来なかった」として、筒部の復元径一尺のものと、外開きが著しい口縁部復元径一尺三寸に近いものがあると記述されている。

なお、『京都大学文学部博物館考古資料目録』（一九六八年）には、「後円部墳頂」から「土師器破片三〇個　壺の破片有孔の底部がある」（写真付）、「円筒埴輪片二五個」とあり、他に「前方部第一号箱式棺」から「土師器破片一個赤褐色上げ底」とある。これは、梅原の報告による「赤焼の器底であって、底径一寸七分あり、糸底様に中央が少し凹んで、面が滑らかである。本来の形は胴部の張った壺と思われる」もの[16]と考えられる。

(2) その後の報告

一九八一年一〇月に、滋賀県の文化財関係者を中心にした安土瓢箪山古墳の研究会が開かれたことがある。ここで辻広志は、「瓢箪山古墳出現前後の古式土師器について」と題した発表を行い、壺の口縁部、穿孔した底部、埴輪の突帯断面を示して「纒向五式（布留二式）」と位置づけた。筆者の手元にはその時のスケッチとメモが残っており、二〇〇五年になってこの実物資料の所在を追求するため辻らに問い合わせたが、安土町教育委員会に保管されているらしいという情報があり、石橋正嗣の協力を得たものの確認には至らなかった。

また、先に紹介した一九八九年の文献では、壺の底部片が一点紹介されており[17]、器壁は厚手の大型品で平底には穿孔がみられる。

同時に菱田哲郎らが紹介した安土瓢箪山古墳の資料は[18]、京都大学所蔵品を図化したものと思われる。つまり一〇点のうち四点は、一九六〇年代に近藤義郎が京都大学で図化し、その後、筆者に見せて頂いた資料と共通する。これらは平底の壺底部や大きく開く口縁部、内湾する受部を持つものなどである。

この京都大学所蔵の資料を改めて図化し、評価を加えたのが高橋克壽である。高橋は、一九八九年一月に滋賀県埋蔵文化財センター研究会で発表し、それを文章化する中で、かつて円筒埴輪の底部のように見えた資料は大形の壺形土器の口縁部で、その他、平底の二重口縁壺形土器、受口状の壺形土器が出土しており（図3—10）、数種類の大形の壺形土器が後円部墳頂に直接据え置かれたと考えた。さらに「特殊」埴輪や円筒埴輪片はひとつもないとした。[19]

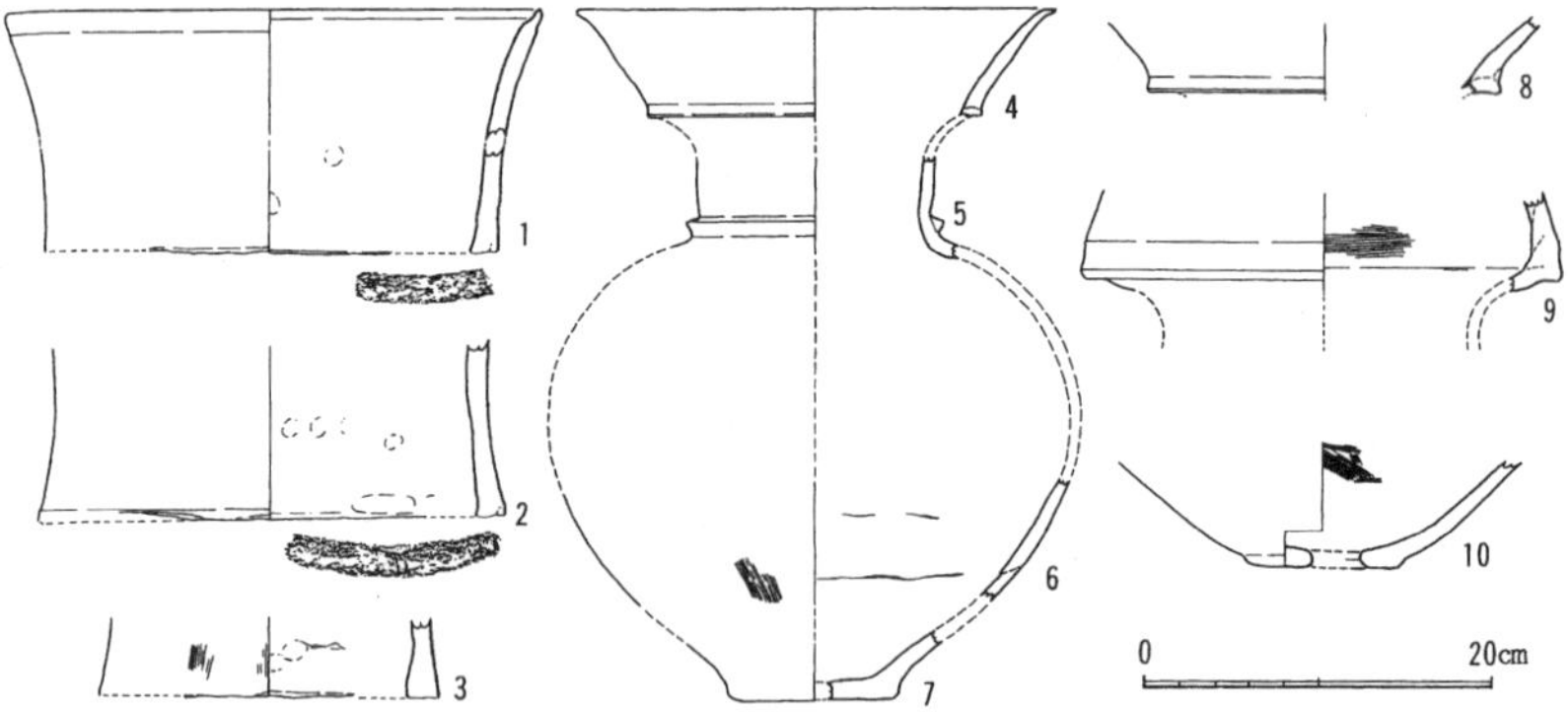

図3—10　安土瓢箪山古墳出土土器群

一方、細川修平は「何点か埴輪と考えられるような資料が採集されており、その中には突帯部分の埴輪も確認でき、円筒埴輪も少量存在するようである」という。[20]

(3)　土器片の採集

先述の墳丘観察の報告において筆者は、後円部からくびれ部にかけての標高一〇三〜一〇四m付近、後円部頂から一〇mほど下ったところでの段築の可能性を指摘しているが、一九八一年に墳丘をめぐるように、一部、工事の手が入ったことがあったことから、その判断を保留しておいた。

この工事は、一九八一年五月一〇日、乗岡実・椎山陽子らとこの古墳を訪ねた時に行われていたもので、県の農林部局が、史跡地内に小型重機を入れて遊歩道を作っている途中であった。後円部からくびれ部を通り、前方部にかけての墳丘斜面中ほどに、幅一mほどの道をつけようとしていたもので、その掘削土中にいくつかの土器片を発見し、採集した。

そうした主な資料は、一九九〇年二月二五日に開催された滋賀県文化財保護協会主催の埋蔵文化財調査研究会において、

「近江の古墳の特質と地域性」と題して報告し、実測図も発表要旨に掲載した。[21]また、二重口縁の壺も、後に図面とともに琵琶湖博物館の機関誌で紹介したところである。[22]ここではそれらをまとめて紹介する。

(4) 表採資料

採集した資料は土師質の小破片約五〇点で、何とか図化できたものは六点あり、南くびれ部のやや前方部寄り付近の流土中から出土したものである(図3—11)。その地点以外に、後円部墳頂、前方部墳頂先端、前方部南隅角中段で土器片を採集した。また別途、縄文時代のものと思われるサヌカイト製の石鏃一点を発見している。

1は、二重口縁壺であり、四つの破片を接合し、一部を推定で図上復元したものである。口縁端部は非常に小さな破片で、ほぼキャラメル大のものである。端部上方はつまみ上げの傾向あるいは痕跡があるものの明瞭ではない。端面は丁寧にヨコナデされ、やや凹気味である。その下方、ひとつ目の口縁部を受ける部分は、横方向に拡張気味ではあるものの剥離しており、その張り出しの程度は推定である。これらの破片は、一㎜以下の砂をかなり含む明るい褐色を呈した胎土で、中でも石英の砂が目立つ。内外面ともナデて仕上げられている。残存は全体口径の一二分の一程度で、その径は推定である。

2も壺の肩から胴部にかけての破片かと思われる。外面はヨコハケ、一部荒いナナメハケで黒斑が見られ、内面はヨコナデ。粘土紐の継ぎ目が明瞭であり内面でも観察できるため、古い様相と見ることもできる。

　3は、壺の底部近くの破片と思われる。外面は一見ヘラケズリのように見えるが砂は動いておらず、磨いたようにも見える細かいハケメ調整である。内側も乱ナデ風のハケメが観察でき、明るい褐色を呈している。

　4もくびれ部南側で採集したもので壺の胴部の破片かも知れないが、内面は以下に述べる5と同様にチョコレート色を呈し、胎土もザクッとした感じのものであるため埴輪片と考えた。外面は荒いヨコハケ、内面はヨコナデで、粘土紐の継ぎ目が断面では明瞭に見える。胎土は一～二㎜大の砂をかなり含む明るい土で、石英や長石の砂が目立つ。

　5は、4と同様の胎土で、現状では形状からも円筒埴輪片といわざるをえないが、特に5は、円筒

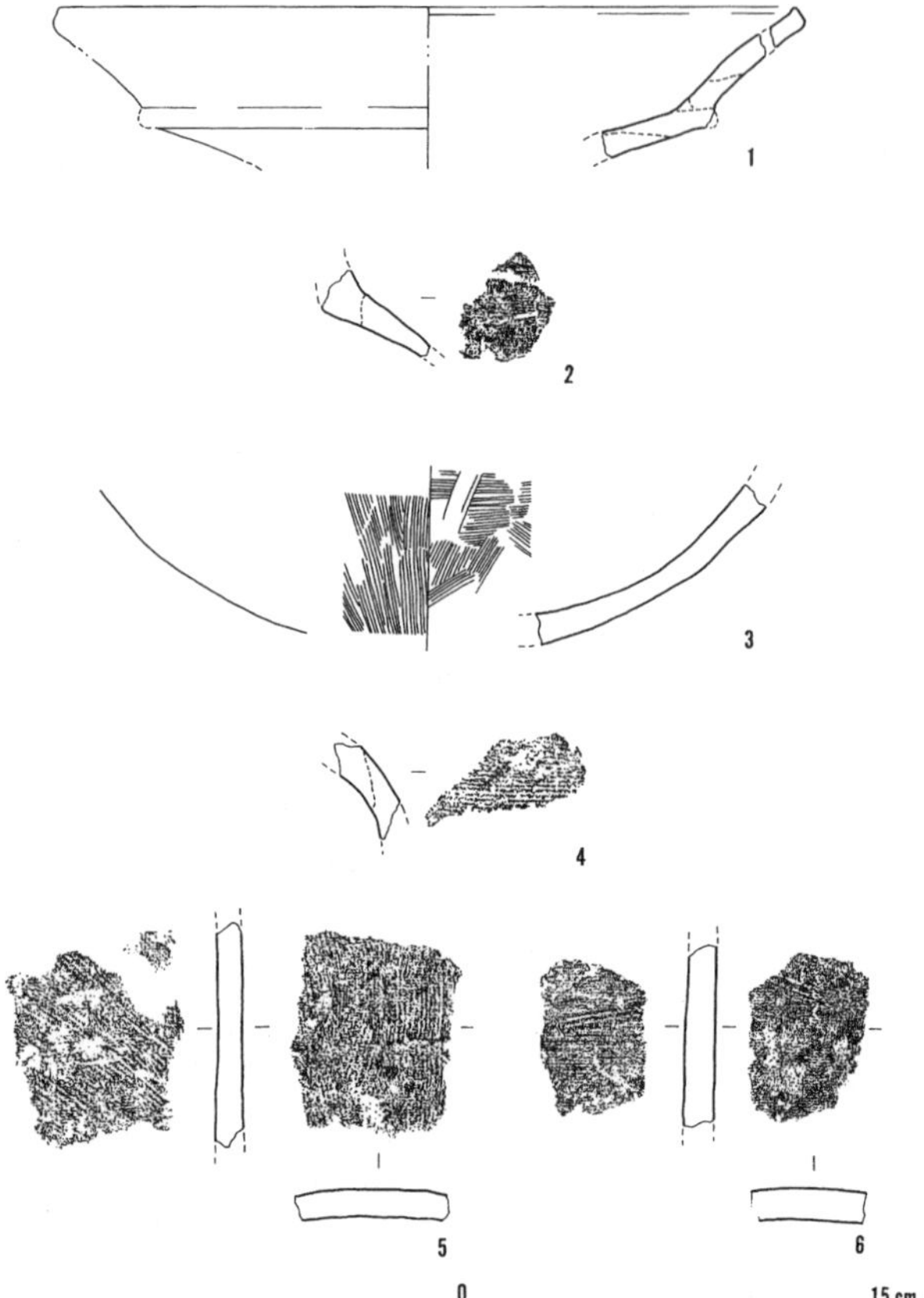

図3―11　安土瓢箪山古墳墳丘採集土器群

形の円弧が直径三〇㎝を大きく超えるほどゆるく、仮に円筒埴輪だとすると楕円筒埴輪片の可能性がある。くびれ部南側で採集されたもので、周辺で発見された壺とは明らかに胎土が異なり、一～二㎜大の石英を含む砂が多く含まれるものの、外面は淡灰褐色、内面はチョコレート色に近い。外面は荒いタテハケ、内面は左上がりのナナメハケであるが表面はかなり荒れている。

6だけは後円部墳頂の内部主体付近で発見したもので、径の復元は不可能な小さな破片である。壺の胎土と同じもので、色調も外面は淡い赤褐色を呈するなど壺に似る。外面には黒斑が残り、横方向に近くて荒いナナメハケで、上からナデているようにも見える。内面も外面と同様に荒いヨコハケで調整されている。およそ一本が二㎜ほどの幅を持つハケメである。辻川哲朗らの教えも得ながら円筒埴輪のように図示したが、壺の可能性もある。

四　資料の評価

(1)　壺と「埴輪」

約五〇の小破片のうち、その八割は明るい褐色を呈した壺の破片と考えられ、残りはチョコレート色のザクッとした感じのする胎土を持つ破片で、確証に乏しいが円筒埴輪片と思われる。

これが正しければ、安土瓢箪山古墳での円筒埴輪の大量樹立は考えられず、むしろ儀器化し、大形化した壺を使った祭祀が葬送儀礼の中心であったことになる。ただ、これが埴輪の大量樹立に先行する事象ではなく、一方で埴輪片の中には4の朝顔形埴輪とおぼしきものや5のように楕円筒埴輪の可能性を持つものが含まれるため、むしろ一段階のちのものである可能性がある。

二重口縁の端部は、先述のようにつまみ上げながらも肥厚気味に処理している。甕の特徴を壺に移して見てみると、庄内式の甕ほどつまみ上げは明瞭ではなく、また時期的に古いものではなさそうであるというのが、発見当時の乗岡実との共通した感想であった。口縁端部だけの形状からすると香川県猫塚古墳の壺に酷似し[23](図3—12)、筒形銅器も出土するなど、時期的には安土瓢箪山古墳例と近い可能性がある。

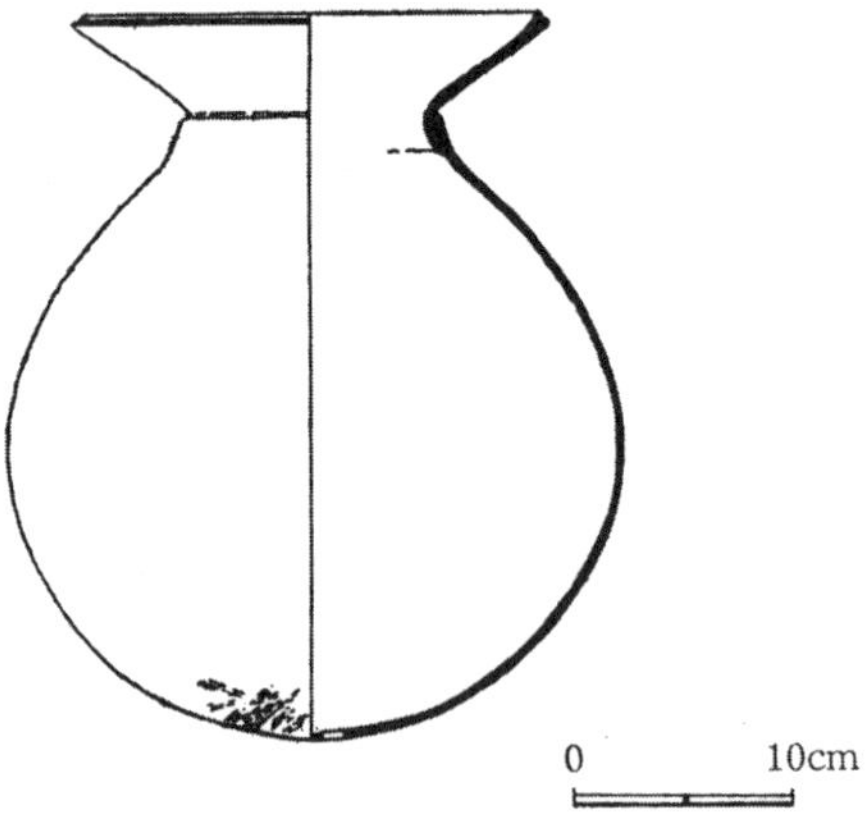

図3—12　香川県猫塚古墳出土土器

さて楕円筒埴輪は、畿内では京都府妙見山古墳・平尾《ひらお》城山《じょうやま》古墳、大阪府弁天山C1号墳・松岳山《まつおかやま》古墳・紫金山古墳、奈良県東殿塚古墳・櫛山古墳・乙女山古墳などから出土し、竪穴式石槨に割竹形木棺をおさめるものから長持形石棺をおさめるものまで古墳の築造時期には幅があるが、少なくとも明らかに最古の一群の古墳に伴うものではない。

そうした中、注目したいのは大阪府大石塚古墳、小石塚古墳である[24]。大石塚古墳では楕円筒埴輪が出土し、タテ、ヨコ、ナナメなどすべてのハケメが施されている。築造時期も所在地も隣接する小石塚古墳では、後円部墳頂を囲むように壺形埴輪が立てられており、円筒埴輪はわずかしか見つからなかった。こうした大石塚と小石塚古墳を合わせたあり方に近いのが、安土瓢箪山古墳である。

(2) 「特殊埴輪」

一方で丸山竜平は、安土瓢箪山古墳の埴輪が「単なる埴輪とは異なり、その祖形ともいうべき特殊埴輪の範疇に属すべきものであった」としている[25]。おそらくは、一九八九年の菱田らの紹介にある京都大学所蔵資料に含まれるところの、内湾するかのような受け部を持った資料などを念頭に置いてのことと考えられる。また、「いまだ円筒埴輪が古墳をとりまいていない。しかし、後円部の墳頂に円筒埴輪が立てられ、二重口縁壺・壺形埴輪が用いられている」ともいう[26]。

図3—11の5はくびれ部前方部寄りの中段付近で採集されたものである。後円部墳頂付近では小石塚古墳のように壺しかなかった可能性もある。

受け部を持つ破片は、高橋克壽が図示した壺であり、また、奈良県東殿塚古墳のように楕円筒埴輪と特殊器台形埴輪が共存する例[27]、あるいは「器台円筒」・「普通円筒」・「壺形埴輪」が共存するという長浜市越前塚古墳などもあるため[28]、「特殊埴輪の範疇」にはいるのかどうかは、保留しておきたい。

五　雪野山古墳と近江の前期古墳

湖東地域におけるもう一つの代表的な前期古墳、東近江市雪野山古墳との比較における時間的位置については、福永伸哉がまとめている。[29]

安土瓢箪山古墳出土鏡の紐孔手法、鍬形石の型式、筒形銅器や方形板皮綴短甲の存在、銅鏃の型式、副葬品の組合せなどいくつかの要素を検討し、安土瓢箪山古墳は雪野山古墳に後出するものであり、前期中葉以降、前期古墳を四期に分けた場合の三番目、前Ⅲ期と位置づけている。むしろ中期古墳につながっていく新しいタイプの器物を持ち、新式神獣鏡と呼ぶ二神二獣鏡などは、初期大和政権が推進してきた神獣鏡管理の枠から外れた存在で、新興政治勢力への主導権移動ともいわれる。[30]

また一方、安土瓢箪山古墳から発見された夔鳳鏡《きほうきょう》は、最近では双鳳八爵文鏡とも呼ばれる鏡で、楽浪郡を経由してきた舶載鏡である。列島では二二例見つかっているが、前方後円墳からの出土例は他に一例あるだけという鏡である。[31]こうしたあり方に加えて、安土瓢箪山古墳に円筒埴輪の大量樹立が見られないことなども、この古墳の特徴の一つである。特に前期の前方後円墳に限っていえば、確実な埴輪の樹立例は最近調査されている彦根市荒神山古墳[32]と湖北町若宮山古墳だけである。

安土瓢箪山古墳は、小林行雄が竪穴式石室（石槨）の新解釈をもたらし、副葬品の配置に棺内と棺外の区別があることを最初に指摘した古墳である。[33]つまり、竪穴式石室（石槨）は木棺の保護設備であり、粘土床は木棺安置の施設にすぎないことを述べ、刀剣類が棺内と棺外に区別して置かれていることを注意した。

安土瓢箪山古墳では、棺内に剣二口、棺外に剣一二口、刀三口が副葬され、棺内のそれは長さが二五cm前後と揃っているのに対し、棺外のものは三〇cmから七四cmのものまであり不揃いであった。前章では、棺内のものを被葬者の使用品、棺外の不揃いのものは首長のもとへの諸集団からの奉献品と位置づけたが、このような区別が行われるのは、古墳時代でも前期により特徴的で、しかも畿内を離れるとほとんど前方後円墳に限られるあり方である。

一方で、安土瓢箪山古墳出土の一七点の刀剣のうち鞘入りは一点のみで、他は布巻き・抜き身とみなされ、こうしたあり方は雪野山古墳と共通し、畿内中枢のそれとは異なるのである[34]。つまり、安土瓢箪山古墳に見る古墳祭式は、ある程度は畿内中枢の意志と規制を受けていながらさほど厳密でもない。このあたりに、円筒埴輪の大量樹立が見られないことや鏡の特異な種類、あるいは安土瓢箪山古墳の後円部の三基の石槨という複数埋葬とその副次的な内部主体には地元の湖東流紋岩類が石材として選ばれているということは、雪野山古墳との共通項となる。

このように、近江の中でも、特に湖東や湖南の前期古墳には、弥生時代以来の伝世鏡が極めて少ないという指摘[35]とあわせて、近江の古墳の特徴を前期の段階で決定づけたのが、とかく次元を区別して評価されがちな雪野山古墳[36]と安土瓢箪山古墳であった。

こうしたことから、彼らは畿内中枢の意志を受け、使命を持って前代の基盤をもたない地域に配置されたこれら前期の前方後円墳被葬者であったが、その出自は近江にあったことを想定させるのである。

注

（1）梅原末治「近江安土瓢箪山古墳」『日本古文化研究所報告』第四（『近畿地方古墳墓の調査』二）、日本古文化研究所、一九三七年。
（2）a．小林行雄「近江安土小山古墳の調査」『考古学』第七巻第七号、一九三六年。
　b．梅原末治「安土瓢箪山古墳の調査」『考古学雑誌』第二六巻第一〇号、一九三六年。

　c．梅原末治「安土瓢箪山古墳」『滋賀県史蹟調査報告』第七冊、滋賀県、一九三八年。
（3）例えば、森　浩一・石部正志「畿内およびその周辺」『日本の考古学』Ⅳ古墳時代（上）、河出書房、一九六六年。
（4）都出比呂志「古墳の出現―安土瓢箪山古墳―」『史跡でつづる古代の近江』、法律文化社、一九八二年。
（5）丸山竜平「安土瓢箪山古墳」『文化財教室シリーズ』九七、財団法人滋賀県文化財保護協会、一九八八年。
（6）丸山竜平・岩崎直也・古川　登・佐竹章吾「古墳出土の土器　一六」『第二五回埋蔵文化財研究集会　古墳時代前半期の古墳出土土器の検討』第Ⅲ分冊近畿編、埋蔵文化財研究会、一九八九年。
（7）菱田哲郎・次山　淳・伊藤淳史「一六　安土瓢箪山古墳」『第二五回埋蔵文化財研究集会　古墳時代前半期の古墳出土土器の検討』第Ⅲ分冊近畿編、埋蔵文化財研究会、一九八九年。
（8）丸山竜平「前期古墳のいろどり」『古代を考える　近江』、吉川弘文館、一九九二年。
（9）石橋正嗣『安土町内遺跡分布調査報告書』、安土町教育委員会、一九八七年。
（10）用田政晴「三つの古墳の墳形と規模―近江における古墳時代首長の動向および特質メモ作成のために―」『紀要』第三号、財団法人滋賀県文化財保護協会、一九九〇年。
（11）用田政晴「近江東部」『前方後円墳集成』近畿編、山川出版社、一九九二年。
（12）例えば、柳本照男「三、四世紀の甲冑」、田中晋作「三九一年後の前方後円墳と副葬品」（ともに『季刊考古学』第九〇号、二〇〇五年）。

(13) 注（2）aに同じ。
(14) 注（1）に同じ。
(15) 注（2）cに同じ。
(16) 注（2）cに同じ。
(17) 注（6）に同じ。
(18) 注（7）に同じ。
(19) 高橋克壽「近江の埴輪と畿内の埴輪」『滋賀県埋蔵文化財センター紀要』昭和六三年度、滋賀県埋蔵文化財センター、一九八九年。
(20) 細川修平「埴輪から見た「近江」の古墳」『滋賀考古』第一一号、一九九四年。
(21) 用田政晴「近江の古墳の特質と地域性—古墳時代移行期での墳墓のあり方を念頭に四つの墳墓の再検討を通じて—」『埋蔵文化財調査研究会—発表要旨—』、財団法人滋賀県文化財保護協会、一九九〇年。
(22) 用田政晴「私の逸品　安土瓢箪山古墳の壺の小さな破片」『うみんど　湖人』第六号、滋賀県立琵琶湖博物館、一九九八年。
(23) 梅原末治『讃岐高松石清尾山石塚の研究』（『京都帝国大学文学部考古学研究報告』第一二冊）、京都帝国大学、一九三三年。
(24) 柳本照男・服部聡志『史跡大石塚・小石塚古墳—保存事業に伴う調査報告—』、豊中市教育委員会、一九八〇年。
(25) 丸山竜平「古代のあけぼの」『八日市市史』第一巻、古代、八日市市、一九八三年。
(26) 注（8）に同じ。
(27) 東　潮・関川尚功「東殿塚古墳」『磯城・磐余の前方後円墳』（『奈良県史跡名勝天然記念物調査報告』第四二冊）、奈良県立橿原考古学研究所、一九八一年。

(28) 古川　登「湖東・湖北の埴輪を概観して」『滋賀県埋蔵文化財センター紀要』昭和六三年度、滋賀県埋蔵文化財センター、一九八九年。
(29) 福永伸哉「雪野山古墳と近江の前期古墳」『雪野山古墳の研究』（考察編）、八日市市教育委員会、一九九六年。
(30) 福永伸哉「古墳の出現と中央政権の儀礼管理」『考古学研究』第四六巻第二号、一九九九年。
(31) 秋山進午「夔鳳鏡について」『考古学雑誌』第八四巻第一号、一九九八年。
(32) 谷口　徹・早川　圭『荒神山古墳—平成一五・一六年度　範囲確認調査概要—』（『彦根市埋蔵文化財調査報告書』第三六集）、彦根市教育委員会、二〇〇五年。
なお、草津市北谷一一号墳も例外のように思われるが、実際は直径約三二mの円墳である（本書第三章第四節）。
(33) 小林行雄「竪穴式石室構造考」『紀元二千六百年記念史学論文集』、京都帝国大学文学部、一九四一年（『古墳文化論考』、平凡社、一九七六年所収）。
(34) 宇垣匡雅「前期古墳における刀剣副葬の地域性」『考古学研究』第四四巻第一号、一九九七年。
(35) 福永伸哉「近江の古墳と鏡の世界—小松古墳（高月町）と雪野山古墳（八日市市）」『新・史跡でつづる古代の近江』、ミネルヴァ書房、二〇〇五年。
(36) 広瀬和雄は、古墳にみられる「違い」に研究の重心を置きすぎるといい、「違い」と「同じ」を統一的にとらえる視座と方法を説く（「序論」『古墳時代の政治構造—前方後円墳からのアプローチ』、青木書店、二〇〇四年）。

第三節　湖をめぐる首長墓の展開

一　琵琶湖をめぐる前方後円墳

琵琶湖周辺地域は、現在の通称ではおよそ湖東・湖北・湖西・湖南地域に分けられ、旧郡名で蒲生郡・神崎郡・愛知郡・犬上郡（以上、湖東）、坂田郡・浅井郡・伊香郡（以上、湖北）高島郡・滋賀郡（以上、湖西）、栗太郡・野洲郡・甲賀郡（以上、湖南）をいう。この地域で、これまで何らかの形で前方後円墳と確認したものは一〇一基を数えるが、この数字はやや流動的である。

前方後円墳や帆立貝形古墳を中心にして、首長墓の分布とおよその時間的位置を巨視的に見るなら（表3―1）、前方後円墳は湖北北部・伊香郡の古保利古墳群を中心とした伊香郡の高時川右岸地域、姉川左岸から天野川右岸にわたる坂田郡の長浜平野地域、および旧滋賀郡に継続して築かれる。広義の湖東平野などにおける前方後円墳は、数km～一〇km程度おきに散在するといった状況で、しかも犬上川・宇曽川・愛知川を中心とする湖東の扇状地には、後期に至るまで確実な前方後円墳は認められない。

本章第一節で述べたように、「前方後方墳」（いわゆる前方後方形周溝墓を含む）も湖北の浅井・坂

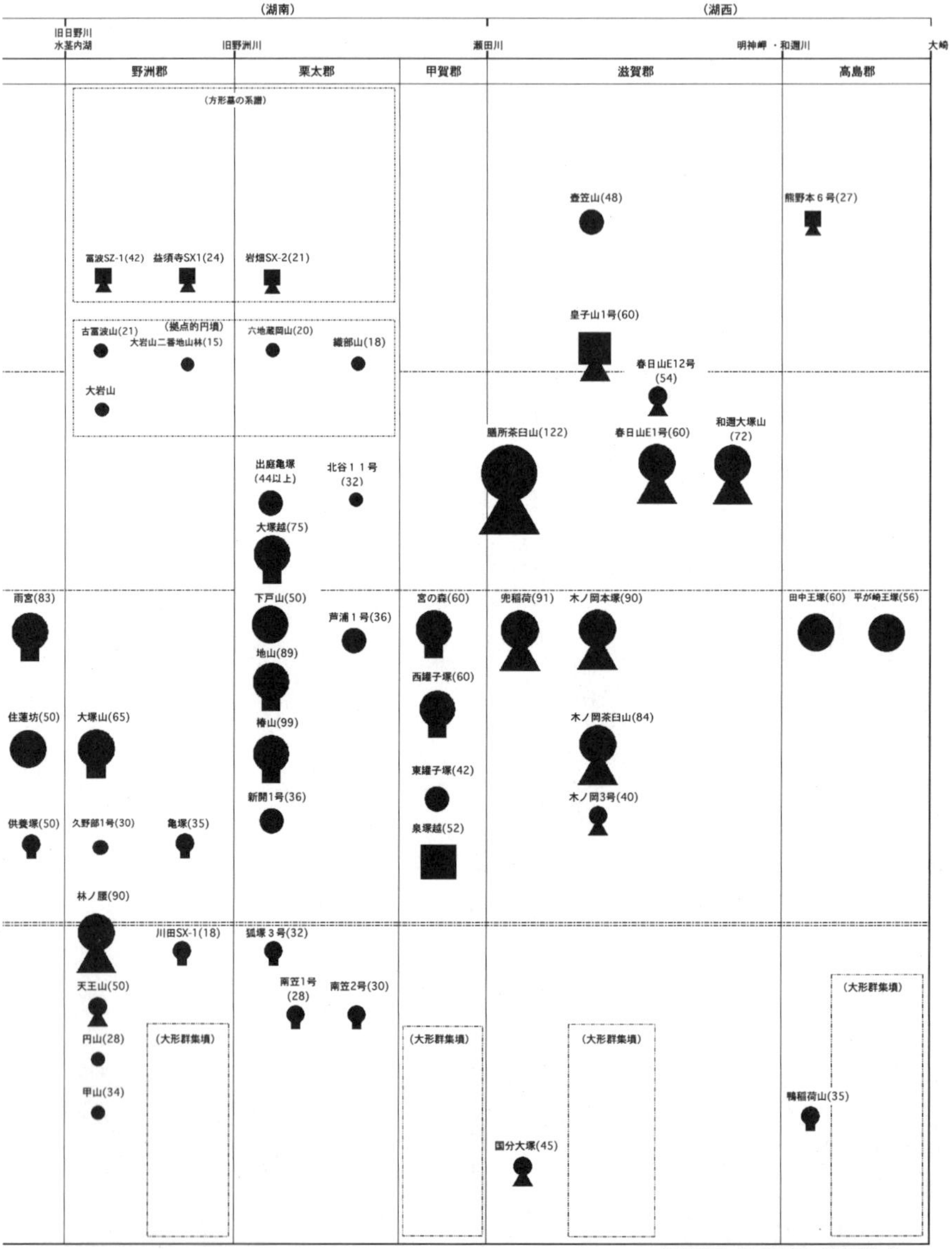
(湖南)
(湖西)
旧日野川
水茎内湖
旧野洲川
瀬田川
明神岬・和邇川
大崎
野洲郡
栗太郡
甲賀郡
滋賀郡
高島郡
(方形墓の系譜)
壺笠山(48)
熊野本６号(27)
富波SZ-1(42)
益須寺SX1(24)
岩畑SX-2(21)
皇子山1号(60)
古富波山(21)
(拠点的円墳)
大岩山二番地山林(15)
六地蔵岡山(20)
織部山(18)
春日山E12号
(54)
大岩山
膳所茶臼山(122)
春日山E1号(60)
和邇大塚山
(72)
出庭亀塚
(44以上)
北谷１１号
(32)
大塚越(75)
雨宮(83)
下戸山(50)
芦浦１号(36)
宮の森(60)
兜稲荷(91)
木ノ岡本塚(90)
田中王塚(60)
平が崎王塚(56)
地山(89)
西罐子塚(60)
住蓮坊(50)
大塚山(65)
椿山(99)
木ノ岡茶臼山(84)
東罐子塚(42)
新開1号(36)
木ノ岡3号(40)
供養塚(50)
久野部1号(30)
亀塚(35)
泉塚越(52)
林ノ腰(90)
川田SX-1(18)
狐塚３号(32)
天王山(50)
南笠1号
(28)
南笠2号(30)
(大形群集墳)
円山(28)
(大形群集墳)
(大形群集墳)
(大形群集墳)
甲山(34)
鴨稲荷山(35)
国分大塚(45)

(数字は墳長、径、あるいは一辺の長さ(m))

表3—1　琵琶湖をめぐる首長墓の展開

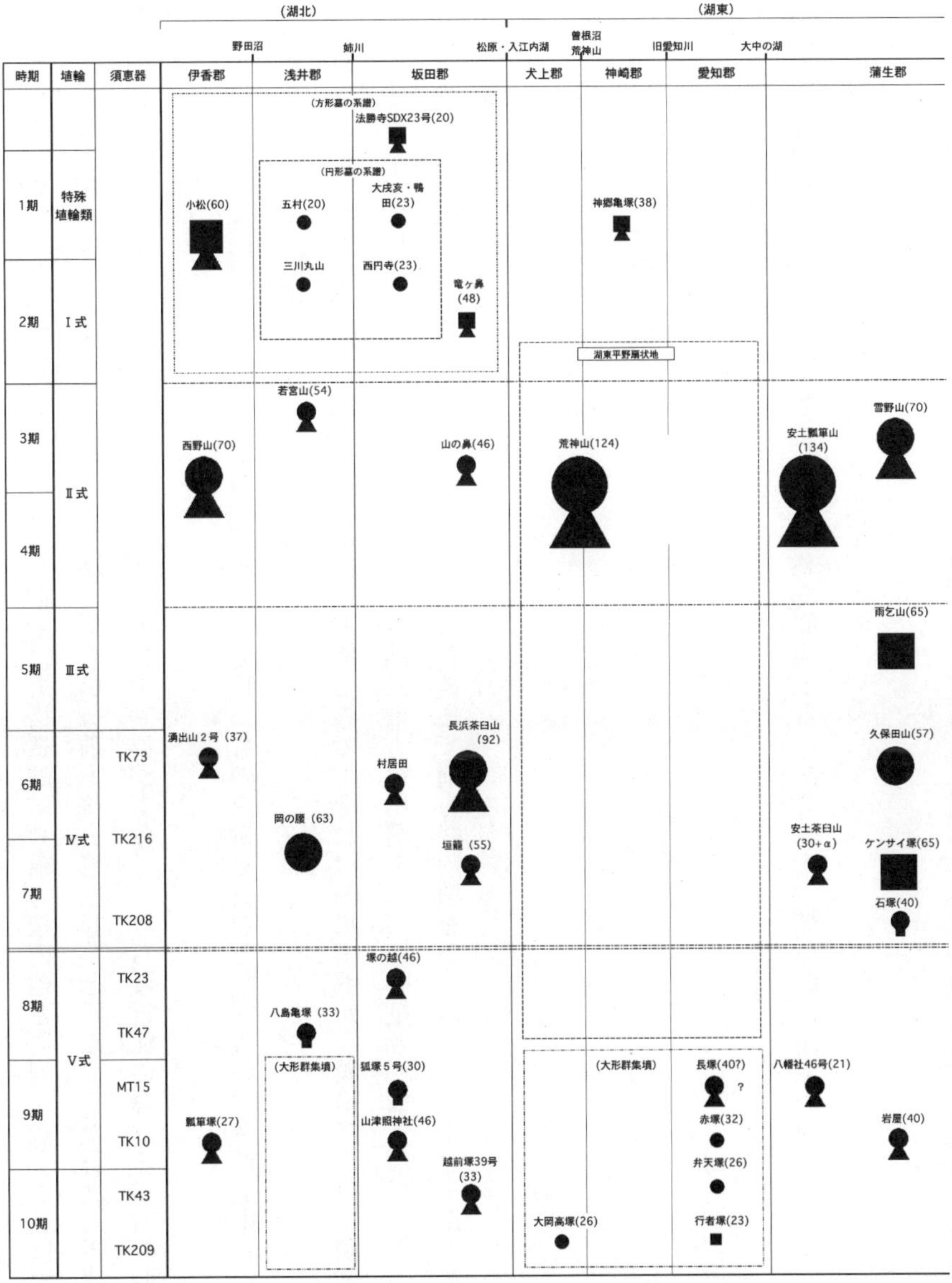
(湖北)
(湖東)
野田沼
姉川
松原・入江内湖
曽根沼
荒神山
旧愛知川
大中の湖
時期
埴輪
須恵器
伊香郡
浅井郡
坂田郡
犬上郡
神崎郡
愛知郡
蒲生郡
1期
2期
3期
4期
5期
6期
7期
8期
9期
10期
特殊埴輪類
Ⅰ式
Ⅱ式
Ⅲ式
Ⅳ式
Ⅴ式
TK73
TK216
TK208
TK23
TK47
MT15
TK10
TK43
TK209
(方形墓の系譜)
法勝寺SDX23号(20)
(円形墓の系譜)
小松(60)
五村(20)
大戌亥・鴨田(23)
三川丸山
西円寺(23)
竜ヶ鼻(48)
神郷亀塚(38)
湖東平野扇状地
若宮山(54)
西野山(70)
山の鼻(46)
荒神山(124)
安土瓢箪山(134)
雪野山(70)
雨乞山(65)
湧出山2号 (37)
長浜茶臼山(92)
村居田
久保田山(57)
岡の腰 (63)
垣籠 (55)
安土茶臼山(30+α)
ケンサイ塚(65)
石塚(40)
塚の越(46)
八島亀塚 (33)
(大形群集墳)
狐塚5号(30)
(大形群集墳)
長塚(40?)
?
八幡社46号(21)
瓢箪塚(27)
山津照神社(46)
赤塚(32)
岩屋(40)
越前塚39号(33)
弁天塚(26)
大岡高塚(26)
行者塚(23)

田郡および湖南の野洲・栗太郡に散見するが、これらの墳丘構造は前方後円墳のそれとは明確に区別できるもので、近江においては、基本的には時期的にも構造的にも前方後円墳と同列に扱うことは困難である。したがって、ここでは「前方後方墳」あるいは前方後方形墳丘墓と呼ぶ。また野洲川下流域の野洲郡・栗太郡には、その後、拠点的円墳群と呼ぶ一群がある。これらは近江における古墳の展開上、一つの特徴である。

表3―1では、後円部径に対して前方部長が総じて短いものを帆立貝形として扱い、単に造出状のものを備えたものは、円墳や方墳としている。

その帆立貝形の首長墓の出現は古墳時代中期、五期ごろで、それは湖東南部から湖南において顕著である。そうした中にあって、野洲郡では後期、八期に前方後円墳をはじめて築き、蒲生郡でもその前後から再び前方後円形を採用するが、栗太郡では最後まで前方後円墳を築くことはなく、また甲賀郡や高島郡もそれに似る。

二　主な首長墓の展開

⑴　古墳時代の旧郡

琵琶湖周辺の前方後円墳を中心とした首長墓を概観するにあたって、琵琶湖に注ぐかつての主要河川を境とすることが多い旧郡を検討の基礎単位としている。

このことは、後に触れる野洲川下流域の首長墓を再検討していく中で気づいたことである。つまり、弥生土器にみる地域性や古墳時代前期の首長墓のあり方は、野洲川下流域として一つのまとまりをもっていたが、その後、旧野洲川である境川の左岸の栗太郡は、結局、古墳時代の終わりまで一基も「まともな」前方後円墳を築かず、右岸の野洲郡も当初は前方後円形を採らなかったものの、古墳時代中期のある段階で採用し、以後、それを軸に首長墓が展開していくことが判明した。したがって、河川下流域の沖積地にひとつのまとまりを見つけながらも、その左岸と右岸を分けて理解していくことは、時代や状況によっては有効である。そしてそれがしばしば郡境となるため、旧郡が古墳時代のある種の領域あるいは基礎単位を示すという前提のもとで検討を進めたものである。

一方で、古墳時代社会の地域構造は、領域的な地域のあり方ではなく、特定の経路を介した地域間の結びつきが基本になっているとする考えもあるため[1]、主として水路と陸路交通という線的な結びつきも念頭に置いた。

なお、帆立貝形古墳や造出付き円墳の区分については、『前方後円墳集成』近畿編（山川出版社、一九九二年）の区分に従い、前方部長が後円部径の四分の一以上、二分の一未満のものを前者、前方部長が四分の一未満のものを後者とする。ただし、前方部長が二分の一以上でも、その長さが後円部径に明らかに達しないものも便宜上、帆立貝形古墳と呼んでいる場合があり、ここでの「まともな」前方後円墳とは、前方部長が後円部径にほぼ匹敵するものを指している。

(2) 湖東地方

蒲生郡の中ほどを流れる日野川は、その流域に湖東南部の平野・蒲生野をもち、その中流域を中心に首長墓が展開する。発掘調査された東近江市雪野山古墳[2]および竜王町木村古墳群は、日野川の三つの支流が合流して大河川となる地域に位置する。木村古墳群は、これまで中期を中心にすべて大形の円墳と方墳とからなる首長墓群として知られてきた[3](図3―13)。中でも雨乞山《あまごいやま》古墳は、周囲に濠をめぐらす一辺約六五mの大形方墳で、墳頂部に竪穴式石槨の石材らしい部材が露出する。また近年の調査によって、そのうちの一つ、径約五七mの円墳でⅣ式の埴輪をもつ久保田山古墳には、雨乞山古墳同様、南北両側に造出が備わっていることが明らかになった。ケンサイ塚古墳は方墳で、Ⅳ式の埴輪をもち一辺約七〇～八〇mを測ったという。九期(『前方後円墳集成』近畿編、山川出版社、一九九二年による区分。以下同じ)の前方後円墳と位置づけられる東近江市八幡社四六号墳は、長さ二一mの前方後円墳で、三つの横穴式石室を備え、後円部墳頂に平坦面は認められない[4]。

その他、広く流域全体に目をやると、日野町の日枝社古墳はⅡ式の埴輪をもつようであるが、位置も含めて墳形・規模などが定かでないし、竜王町の八重谷古墳はかつて管玉や琴柱形石製品を出土したといわれ、日枝社古墳とほぼ同じ前期にあたるが、その位置・規模などは全く不明である。

長い間、繖《きぬがさやま》山西麓の安土町安土瓢箪山古墳は、近江で最古最大の前方後円墳として知られてきたが[5]、明瞭な前方後円形をたどれる等高線を基本として、特に前方部先端付近の現地での形状観察からすると、墳長約一三四mというのが実際に近い数字になる[6]。また、採集された壺や「円筒埴輪」の破片からは、少なくとも最古段階のものではないという見通しが得られた[7]。

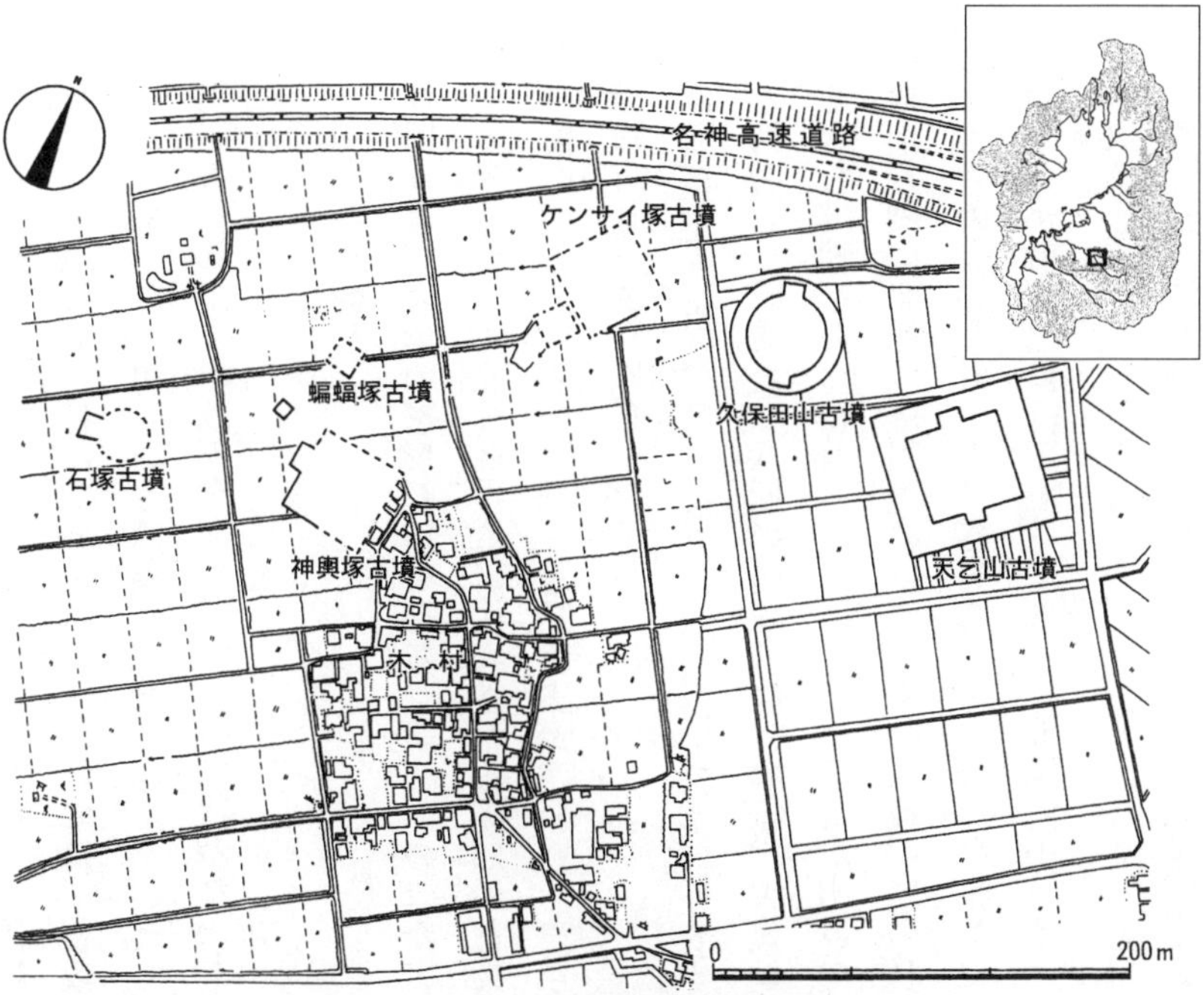

図3—13　木村古墳群分布図

一方、繖山の東麓、愛知川左岸は旧神崎郡に属し、古くから「上り亀」「下り亀」と称された二つの塚があったという。「上り亀」は墳長約三八mの「前方後方墳」、東近江市神郷《じんごう》亀塚であるが、[8]これは弥生墳丘墓の一類型であると考える（本章第一節）。また「下り亀」は、小字「大塚」で一九八〇年に周濠だけが検出された中沢大塚古墳が相当すると考えてきたが、二〇〇四年の能登川町教育委員会による詳細な図面等の再検討により古墳ではないことが判明したため、「下り亀」は未だ不詳である。

愛知川右岸から犬上川左岸までの愛知郡・犬上郡を中心とした広大な湖東平野は、その広さにもかかわらず、大形の彦根市荒神山古墳を除くと[9]前・中期の首長墓が見あたらず、古墳出土の鏡も知られていない。後期になってやっと大形円墳や前方後円墳の可能性がある墳墓が築かれる。この地域は特異な尻無川地帯で、特にその扇状地においては、普段は地下に水がすべて吸われ、集中的な豪雨にあえば水があふれる川という悪条件地域である。こうした土地の開発は、古墳時代後期において、渡来系集団の優れた土木技術をもってはじめて行われたと考えられる。[10]

(3) 湖北地方

坂田郡は、大形の家形石棺を持ち、鏡三面のほか広帯式の冠帽など多くの副葬品と埴輪まで備えた九期の米原市山津照《やまつてる》神社古墳に代表される後期の首長墓系譜が古くから知られていたが、[11]庄内式並行期直前の前方後方形を呈する米原市法勝寺ＳＤＸ23号墓が発見されて以来、[12]前半期の首長墓の見直しが求められるようになった。

米原市定納《じょうのう》古墳（五号墳）は低い前方部の形状から前期古墳と推定されていたが、近年、方墳二基と判明した。[13]また、八期の同塚の越古墳は、大規模な周濠と葺石を備え、石見型など形象埴輪や木製を含む埴輪を並べた前方後円墳であることが明らかになり、墳長も四〇ｍを超えるものとなった。[14]

横山丘陵の北端、尾根上に位置する前方後円墳の長浜市茶臼山古墳は、その墳丘形状や埴輪からすると六期のものと考えた。[15]むしろ、その背後の頂部に位置する龍ヶ鼻古墳、および少し下った山ヶ鼻古墳の方が前方部は低平で、立地的にも茶臼山古墳に先行するものと考えられ、前方後方墳の可能性もある。[16]

また、横山丘陵の西麓平野部に所在する長浜市垣籠《かいごめ》古墳は、明治の頃、二回にわたって「前方部」

が削られ、その際に乳文鏡をはじめとする副葬品が出土している。その後、前方部と考えられていたものは実は後円部であり、近年の長浜市教育委員会の詳細な測量によっても、残されたものが前方部であることが明らかとなった[17]。その他、長浜の平野部にはいくつかの前方後円墳が点在しているとされるが、そのほとんどは現在確認できない。越前塚三九号墳は墳長約三三mと小規模なもので、TK43式の須恵器を出土しており、近江では最後の前方後円墳の一つである。

なお、坂田郡北部は前期・中期を通じて前方後円墳を築き、南部はそのころ小規模な古墳しか築かず、後期になってから本格的な前方後円墳を築くという指摘があり、史料による豪族の動向とともに説明される[18]。南部の丘陵も北部丘陵の続きであり、平野部に築かれはじめるのはほぼ同じ頃である。郡内の地域性の結果は、北部丘陵上の古墳の詳しい墳形確認等の調査を待ちたいが、南部に郡内勢力の中心が移ることが事実なら、天野川と琵琶湖の朝妻湊を拠点とする水運を結びつけて考えてみたい。

浅井郡の虎姫町三川丸山古墳は、平野部縁辺の小丘陵頂部でたまたま発見された古墳であるが[19]、現存しない。円墳であったようで、中国製唐草文縁細線式獣帯鏡片と銅鏃、鉄剣及び高坏片が発見され、粘土槨か木棺直葬であった可能性が強い。前期の円墳には竪穴式石槨を採用しないという近江の前期古墳を特徴づける一例である。

湖北町山本山の支尾根上にある若宮山古墳は、全長約五三mの前方後円墳で[20]、竪穴式石槨を備えて方形や円形の透かしもあるⅡ式の埴輪をもつ[21]。前方部上にも板状の石材が集中するなど、内部主体を備えている可能性がある。余呉川河口部の湖北における湖上交通の拠点、尾上やかつての内湖である野田沼に想定される船津を望む。長浜市岡の腰古墳は径約六三mを測る大形円墳として知られるが造出のある可能性も残る。この古墳の南東約二〇〇mの平野部の八島亀塚古墳は、低く短い造出状の前方部をもつ。墳端でV式の埴輪片を採集し、後期の首長墓の一つと考えられる。[22]

伊香郡の中でも南端の高時川右岸平野部と琵琶湖に挟まれた細長い尾根上に、首長墓とそれに付随するような古墳群が一列に築かれている高月町古保利《こほり》古墳群は、最古と思われる古保利一〇三号墳(小松古墳)が、明らかな前方後方形を呈することが判ってきた。[23]また、最高部に位置する全長約七〇mの西野山古墳をはじめとして、墳丘形状から判断していくと世代ごとに二基ないし三基ずつ前方後円(方)墳が築かれる。それに伴って円墳や方墳も築かれているが、小松古墳以外にも前方後方形の墳墓が七基以上知られるようになり、特異な地域であることが明らかになりつつある。後期群集墳を除くと、その数約一〇〇基を数える古保利古墳群は、その南端の山本山からさらに南西に伸びた支尾根上に位置する若宮山古墳を古保利古墳群中の主たる首長墓に含め、墳丘形態を基本に考えると、この地域に三世代にわたる複数の首長系列が認められることになる。

(4) 湖西地方

本章第四節で検討する高島市鴨稲荷山古墳が、後円部と同等に発達した前方部は持たず、帆立貝形を呈していることが明らかになって、[24]熊野本古墳群の前方後方形墳丘墓などを除くと[25]高島郡には前方後円墳は皆無となった。

この高島郡域を特徴づけるのは鴨稲荷山古墳ではなく、高島郡の中ほどを流れる大河川の安曇川をはさんで北と南に一基ずつ築かれた大形円墳、高島市田中王塚古墳[26]と同じく平ケ崎王塚古墳である[27]

（図3—14）。両者は古墳時代中期の所産と考えられ、前者はⅢ式の埴輪を備える直径約六〇ｍの造出付円墳、後者も径約五六ｍの円墳で、これも造出があった可能性があるし、加えて六世紀代まで続く

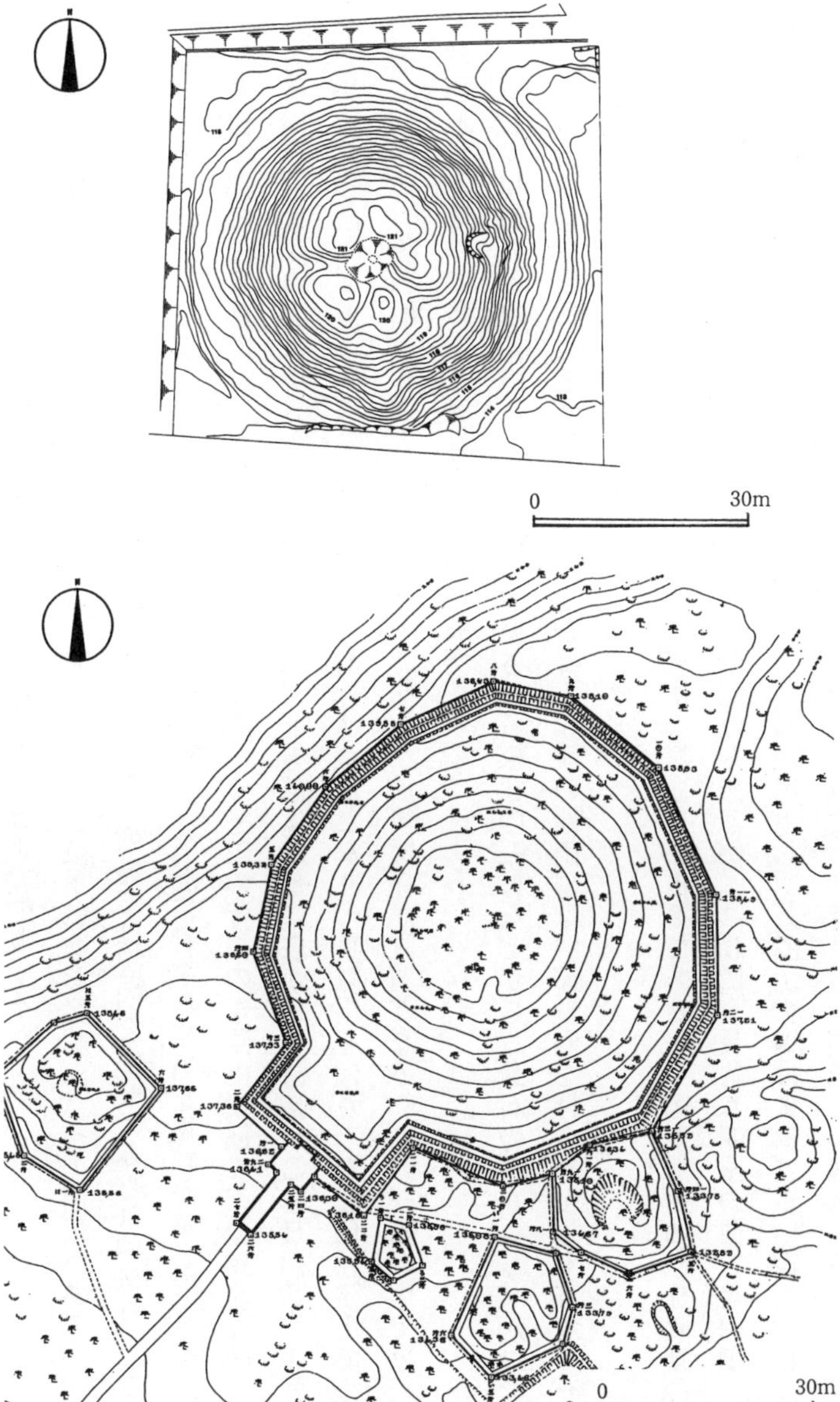

図3—14　平が崎王塚古墳（上）・田中王塚古墳（下）

円墳をはじめとする小古墳群中にある大形墳という状況まで酷似する。

また、高島市熊野本一九号墳は、先の二者より高い丘陵上にある径約三六mの円墳であるが、粘土槨二基と木棺一基を同じ墓壙に葬る三棺合葬であった。列島では畿内を中心にみられ四例目であるが、前方後円墳以外でははじめての発見である。高島郡での墳形に対する相当な規制が感じ取れる。

湖西南部の滋賀郡では、琵琶湖最狭部西側にあたる堅田の背後の丘陵上頂部に、全長約五四mの前方後円墳、大津市春日山E—12号墳が築かれ[28]、前方部は撥形に広がる。隣接する春日山E—1号墳も全長約六〇mの前方後円墳であるが[29]、前方部は柄鏡形となり、真野川をはさんだ北側丘陵上で全長約七二mの前方後円墳、和邇大塚山古墳との[30]時期的な前後関係が課題となる。この三基の中では、前方部の形状とその立地から春日山E—12号墳が古いことはまちがいない。

なお、和邇大塚山古墳は、後円部に散見される板状の石材などから、葺石の存在より、かつての竪穴式石槨の存在を想起させるが、この曼荼羅山丘陵の地山には、節理面を持つひと抱え程度の花崗岩が多く含まれており、即断できない。

木ノ岡古墳群は、全長約九〇m、径約六五mの帆立貝形古墳である木ノ岡本塚古墳が丘陵頂部にあり、陵墓参考地で前方部が改変されている可能性もあるが[31]、これに全長約八四mの前方後円墳・木ノ岡茶臼山古墳が続く。本塚古墳は黒斑をもつ埴輪が出土し、茶臼山古墳は大形二重口縁壺が見つかっているという。また、大津市兜稲荷古墳は、後の相坂関と呼ばれる大関越と小関越に挟まれ、眼下に大津の浦を望む前方後円墳であるが[32]、前方部はやや短くくびれ部に造出も見られることから、上記の木ノ岡古墳群を含めて中期の首長墓群と位置づけられる。琵琶湖に面する北と東側には、段築がよく観察できる。古墳に正面観のあったことは、大阪府黄金塚古墳の葺石省略例などからわかるが、段築からもそのことが想定できる。

膳所茶臼山古墳は、安土瓢箪山古墳、荒神山古墳とともに古墳時代前期を代表する大形前方後円墳で、[33]最初に湖上全域の管理を行った首長の一人として評価できる。一方、その南の大津市国分大塚古墳は、全長約四五mを測る湖西最後の前方後円墳で、[34]二基の横穴式石室を備える。

このような湖西南半、滋賀郡の中でも旧真野郷の前方後円墳や帆立貝形古墳をはじめとする首長墓は、古墳時代前期前半のものから中期の終わりまでおよそ八基を数える。これら真野郷の古墳群と湖北の古保利古墳群は対比的に捉えられ、全長五〇m規模の春日山E—12号墳と若宮山古墳、七〇m規模の和邇大塚山古墳と西野山古墳が対応するなど、湖上交通を媒介にして琵琶湖の北と南の首長の動向は連動していた可能性もある。

(5) 湖南地方

野洲川下流域の近江盆地最大の平野部を備える栗太郡・野洲郡の古墳時代は、野洲川を挟んだ両側の山裾を中心に展開する円墳にはじまる。野洲川沖積地には、弥生時代後期に前方後方形周溝墓が二〇基近く築かれ、琵琶湖水系における弥生時代墳丘墓の中心地と考えたが、平野部に広く展開することれらを避けるように、旧東海道あるいは旧東山道沿いに六地蔵岡山古墳、出庭亀塚古墳、追分古墳、織部古墳、そして古冨波山古墳、大岩山古墳、大岩山第二番地山林古墳などの円墳群が築かれる（図3—15）。

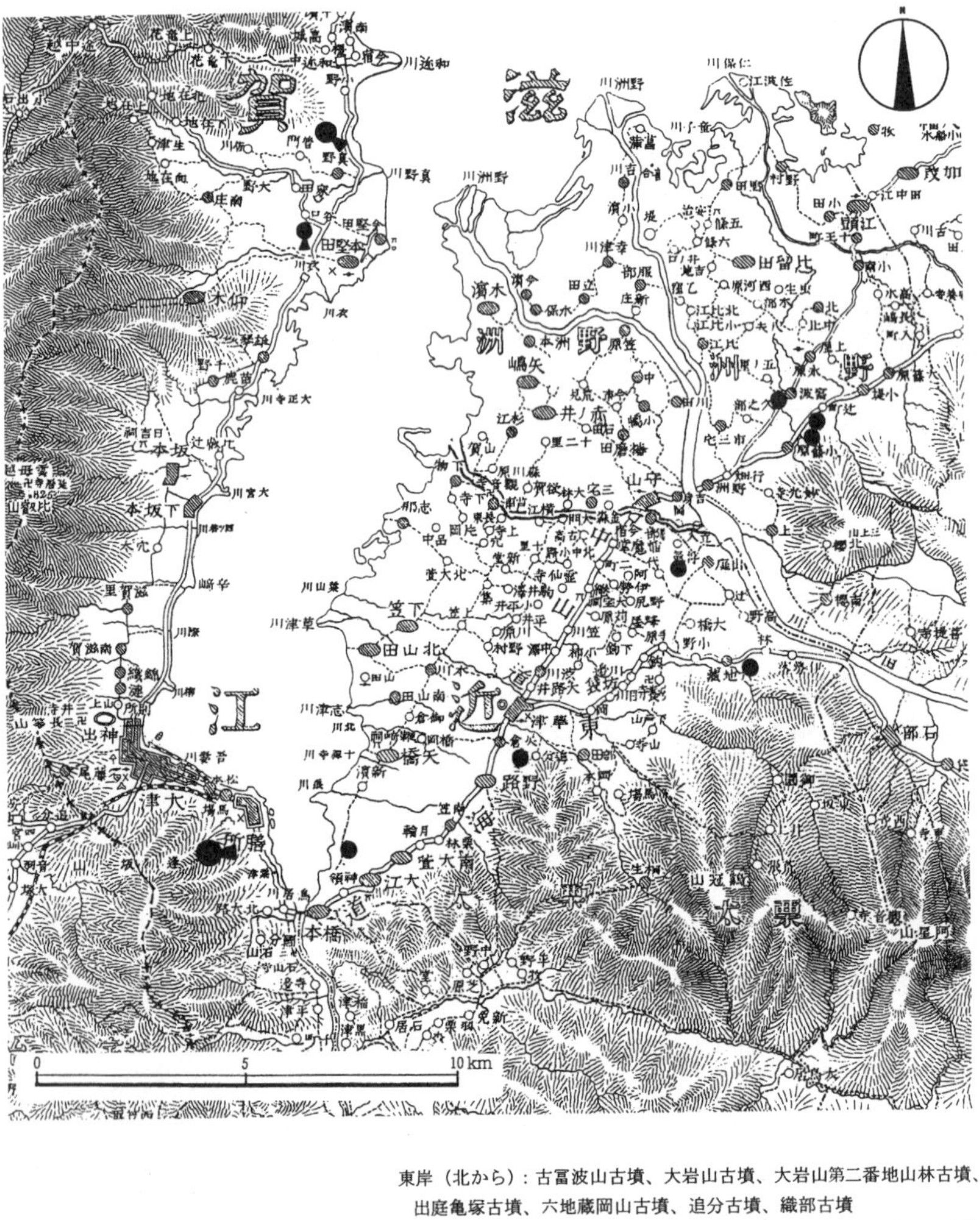

東岸（北から）：古冨波山古墳、大岩山古墳、大岩山第二番地山林古墳、
出庭亀塚古墳、六地蔵岡山古墳、追分古墳、織部古墳
西岸（北から）：和邇大塚山古墳、春日山 E-12 号墳、膳所茶臼山古墳

図 3―15　野洲川下流域の円墳と前期の前方後円墳

これらは舶載の三角縁神獣鏡をはじめ多くの鏡を副葬しながら、内部主体は粘土槨で、葺石も埴輪ももたないのが一般的である。ただ、舶載の鏡を副葬する、より古い様相を持つ古墳は、野洲川両岸と瀬田川左岸により近い陸路に沿っており、一般的な主要街道沿いの拠点というより、広大な野洲川下流域を控えた陸路と水路の結節点・渡津にあたると言った方が的確である。

次の段階になっても、短い前方部を備えた帆立貝形古墳か円墳を築き、野洲川左岸には、大塚越古墳、椿山古墳、地山古墳などの大形帆立貝形古墳が相次いで築かれ、旧東海道沿いにあたる新開古墳群は[35]、小規模な円墳でありながら豊富な鉄製武器・武具類や朝鮮半島系の副葬品を持つ特異な首長墓群である。

野洲川右岸の野洲郡内においても前方後円墳は築くことなく首長墓は推移するが、古墳時代後期にかけて、本格的な葺石や埴輪を備えた全長約九〇mの林ノ腰古墳が築かれ[36]、円山古墳・甲山古墳に代表される巨石墳に阿蘇の溶結凝灰岩製の家形石棺を納めた首長が現れる[37]。

ここにきて野洲川左岸と右岸の違い、栗太郡と野洲郡の首長墓系列が別々の道を歩んでいることが明らかになった。

野洲川中流域から上流域にかけての甲賀郡は、その中流域の水口盆地西端に三基、やや下流で一基の首長墓を見るだけで、しかもその単独である湖南市宮の森古墳は、古墳時代中期、五世紀初めの埴輪を備えるものの、葛野泰樹がいうように現状では墳形が全く不明である[38]。ただ、残された地形観察からすると、長い前方部は想定できず、せいぜい長さ一〇m程度の造出が北東方向に付設していた可能性がある。

やや上流の水口盆地では、五世紀になって全長約六〇mの帆立貝形である西罐子塚古墳、径約四二mの円墳である東罐子塚古墳、そして一辺約五二mの方墳である甲賀市泉塚越古墳の築造が続く。(39)このうち泉塚越古墳は、かつて小形の倭製内行花文鏡や列島では一〇数例しか出土していない四方白鉄地金銅装眉庇付冑が発見されているが、最近の発掘調査でようやく方墳であることが明らかになった。(40)

しかし、すでに一八九二年（明治二五年）測図の二万分の一地形図には、水田中に竹林の表示がついた方形の区画として表現されていた（図3—16）。後述する大塚越古墳の主軸方向の追究においても、明治時代の地形図が参考になった。かなり大形の古墳墳形の確認には、明治期の地形図も場合によっては有効であることがわかる。

このように古墳時代前期に野洲川下流域で築かれた円墳群は、陸上交通と川との取りつきを管理する渡津の首長であったが、五世紀にはやや上流の宮の森古墳、五世紀の中ごろにはさらに上流の泉塚越古墳へと、川の利用と管理が川を遡り、その中流域の拠点では西罐子塚古墳・東罐子塚古墳を経て、六世紀には群集墳被葬者へと津の管理主体者が変質していくのである。

三　首長墓の階層性

全長は約一三四mと、以前の認識より短くなっても安土瓢箪山古墳は近江最大の古墳である。そして一位と二位の規模にこれまで約四〇mの差があったものが似かよってきた。安土瓢箪山古墳に続く

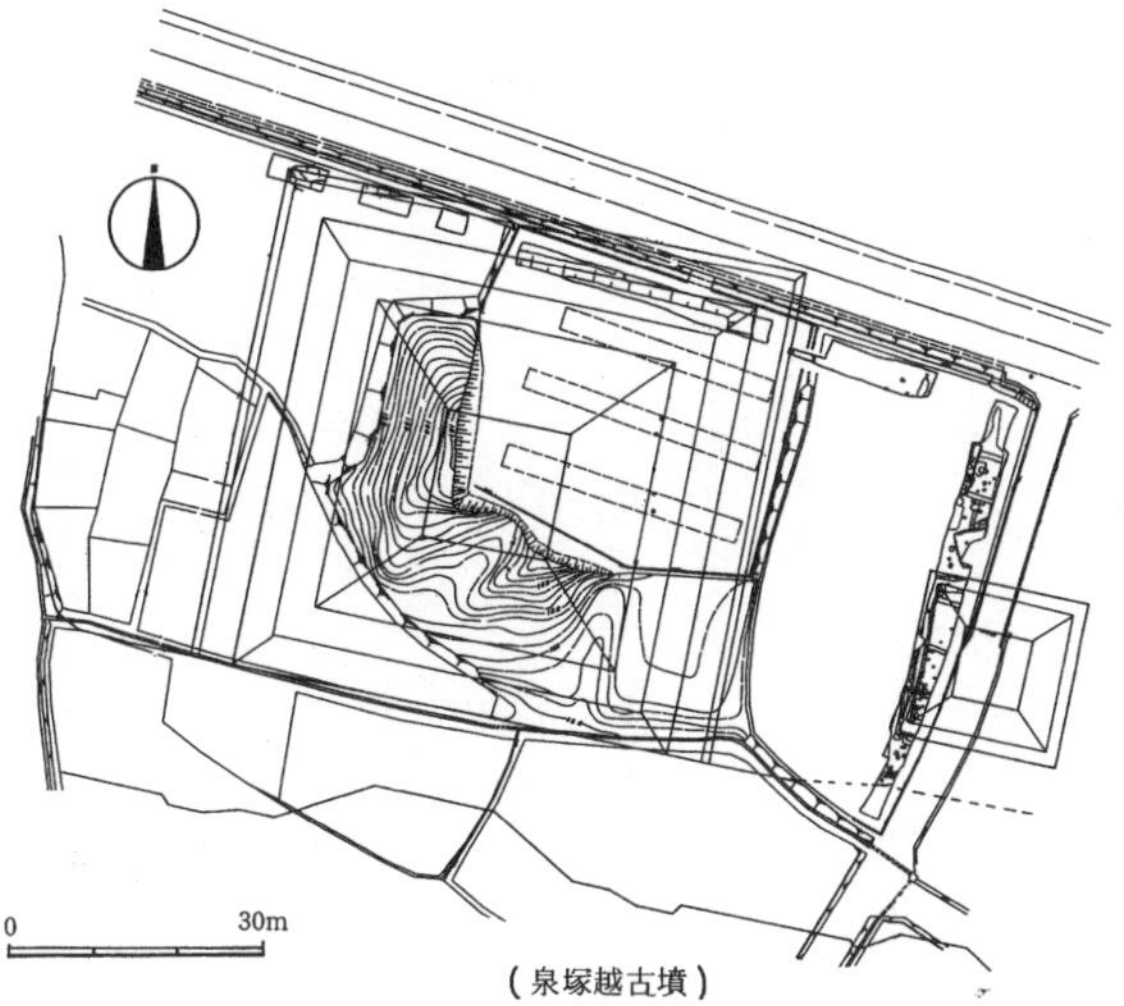

（泉塚越古墳）

図3―16　地形図に方形で表記された泉塚越古墳（明治25年（1892年）測図地図）

のは全長約一二二ｍの膳所《ぜぜ》茶臼山古墳であるが、似ているのは規模だけでなく、Ⅱ式の埴輪をわずかながら持ち、葺石を備えている点で共通している。また沃野を控えず弥生集落もない無人の荒野に、突如、琵琶湖に向かって低丘陵上に築かれている点までも加えることができる。最近、これに加えて彦根市荒神山古墳が、高橋美久二、谷口徹や早川圭らの努力によって、ほぼ同規模の全長約一二四ｍの前方後円墳として知られるようになった。(41) これもⅡ式の埴輪や葺石を備えるなど、先の二つとの共通項が多く、特に膳所茶臼山古墳とは墳形も酷似する。今後、近江の前期古墳研究は、この三つの首長墓を軸に検討していかなくてはならない。

これら以外に、全長六〇～八〇ｍ、一二五～五〇ｍを中心とする計三つの首長墓群が認められるが（表3―2）、この三つの区分は、表3―3の帆立貝形古墳の規模別基数の方がより容易に読み取れる。このような前方後円墳と帆立貝形古墳の規模による三種の階層差が明らかになったことは重要で、墳形論において最も重要なのは、前方後円墳や帆立貝形古墳の場合、全長ではなく後円部などの主丘部規模だという見通しをもった。

こうした古墳の規模とそれを支えた集団の規模との対照は、かつて吉備の資料をもとに狐塚省蔵によって詳細に検討されたことがある。(42) それによると墳長一二〇～一五〇ｍのＡクラス、七〇～九〇ｍのＢクラス、四五～五五ｍのＣクラス、三〇ｍ余のＤクラスに分けられ、九〇～一二〇ｍは空白域になるという。そして墳丘体積をもとに、Ａクラスの首長が吉備を代表するという前提で、各クラスを支えた人口と郷数を概算で掲げている。ここでも、径九〇ｍの造出付きの円墳を全長一二〇ｍ以上のＡクラス前方後円墳相当として取り扱っており、先に述べた主丘部（後円部など）規模が重視されている。

なお、古墳時代在地首長層とは、一二の旧郡に対応するような細分領域を代表した首長と考えられ、古墳時代前期でいうと全長六〇～八〇ｍ程度の前方後円墳、あるいは四〇～七〇ｍほどの規模を持つ帆立貝形古墳や円墳・方墳の被葬者に相当する。したがって、全長一二〇ｍを超える前方後円墳や七〇ｍ以上の規模をもつその他墳形の古墳被葬者は、近江を四分するような領域あるいはそれを超えた旧国を代表する地方首長層であり[43]、琵琶湖を一括管理しうる立場にあった首長と位置づけられる。

表３—２　前方後円墳規模別基数

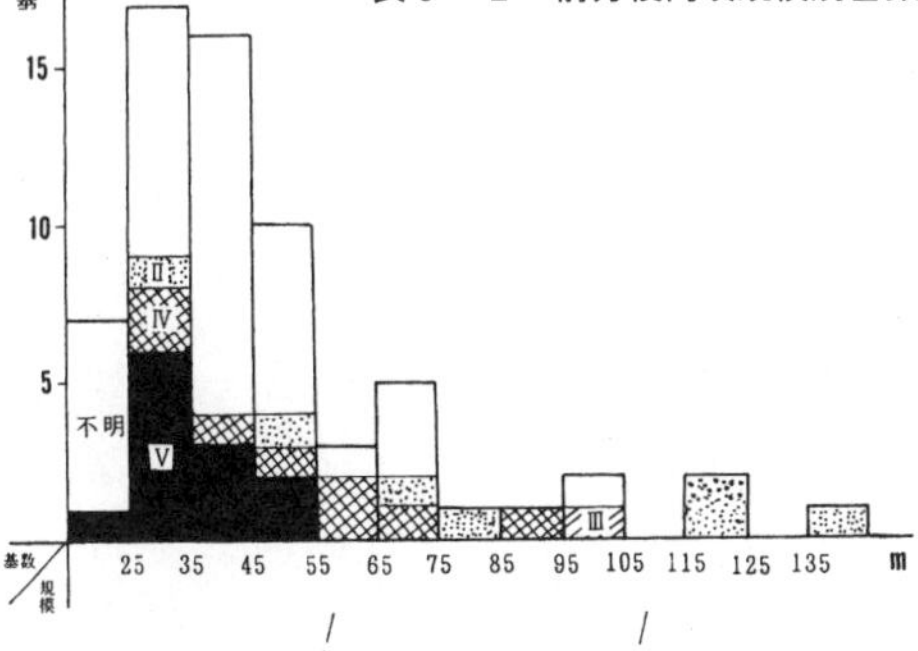

表３—３　帆立貝形古墳規模別基数

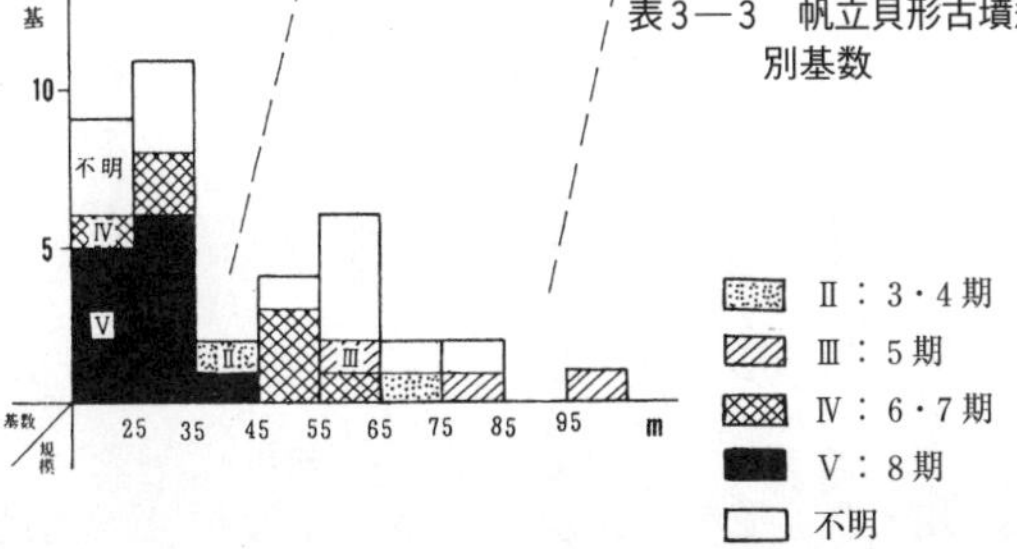

今のところ琵琶湖水系での定型化した大形前方後円墳は、弥生時代を通じてその中枢をなした野洲川下流域の沃野をはずし、湖の東や南に畿内中枢部より遅れて出現したとみる。さらに重要なことは、これらの首長墓を直接的に支えた集落跡が見つかっていないことである。母胎を備えないことは、湖上への影響力を持つために畿内中枢から派遣されたものとも考えられ、しか

もこれらがそろって内湖や入江を備えていることから、琵琶湖の船津を掌握した首長と考えることができる。この点については第四章第一節で詳述する。

四　首長墓の動向とその意義

弥生時代の方形周溝墓の延長として、前方後方形周溝墓あるいは前方後方形墳丘墓が、列島的な広がりの中で庄内式併行期の直前に近江においても現れる。そうした中で、三角縁神獣鏡の分有関係を中心とする前方後円墳が畿内中枢を中心に登場するが、その段階には近江では埴輪をもたない円墳が粘土槨を備えてそれらに対応し、三角縁神獣鏡も配布される。近江に限らず全土的に、前方後円墳出現前に平地の円墳を発生期の古墳として、近江の資料を用いて位置づけた説があった[44]。この近江的な首長墓のあり方の中で、前期後半にようやく野洲川下流域を避けつつ、選地的にもそれ以前に例のない琵琶湖と直接的につながった立地に前方後円墳が築かれる。それまで在地勢力の中心であった野洲川下流域首長が陸路をより重視して、沖積地縁辺部の山沿いの主要街道沿いに墓地を求めたのに対し、前方後円墳被葬者は、湖上を含む水路を意識し、その墓を内湖や入江の船津想定地近くに築いたことがわかる。

さて、それ以降の一、二の旧郡単位程度での地域性は明らかで、栗太郡の首長達は後期まで、いわば定型化した前方後円墳を築くことはなかったが、坂田・浅井・伊香・滋賀郡など湖北や湖西南半を

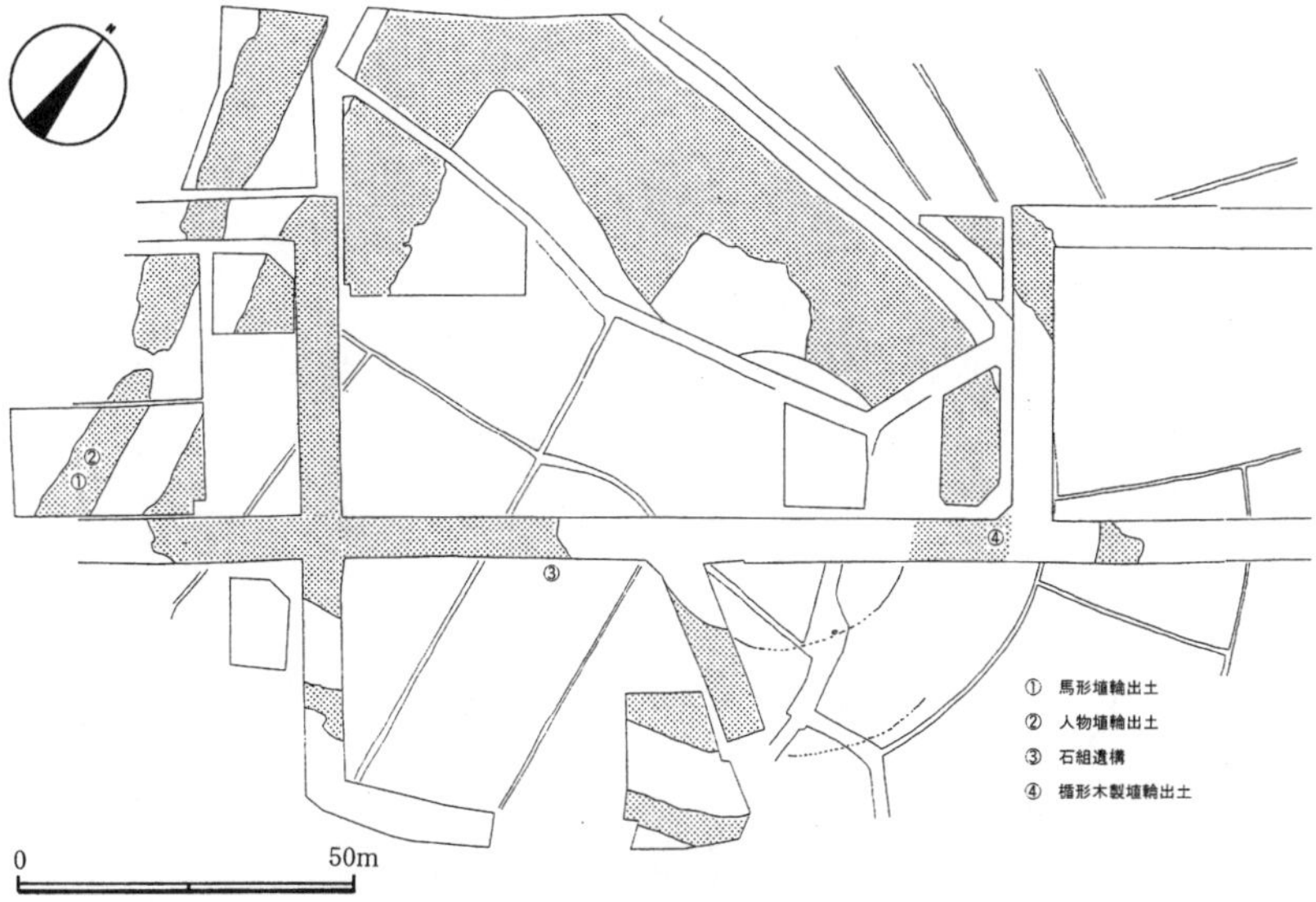

図3—17　林ノ腰古墳

中心とする地域では、当初から前方後円形を採用して地位を畿内中枢から保障されていた。最後まで前方後円墳を築いたのも坂田郡をはじめとする湖北や滋賀郡の首長であった。しかし、この地域からは逆に三角縁神獣鏡は一面も出土していない。こうした流れの中で、近江の古墳時代を特徴づける時期の古墳をあえて求めると、前方後円形の採用という意味で画期となる前期の雪野山古墳と安土瓢箪山古墳、および旧来の円墳群中に初めて前方後円墳として築かれた後期はじめの野洲市林ノ腰古墳[45]に求めることができる（図3—17）。

注

（1）新納　泉「空間分析からみた古墳時代社会の地域構造」『考古学研究』第四八巻第三号、二〇〇一年。
（2）都出比呂志ほか『雪野山古墳の研究』、八日市市教育委員会、一九九六年。
（3）田中　浩『滋賀県史跡木村古墳群―悠久の丘　あかね古墳公園整備事業報告書―』、蒲生町教育委員会、二〇〇二年。
（4）丸山竜平「八幡社古墳群」『八日市市史』第一巻、古代、八日市市、一九八三年。
（5）a. 梅原末治「近江安土瓢箪山古墳」『日本古文化研究所報告』第四（『近畿地方古墳墓の調査』二）、日本古文化研究所、一九三七年。
b. 梅原末治「安土瓢箪山古墳」『滋賀県史蹟調査報告』第七冊、滋賀県、一九三八年。
（6）用田政晴「三つの古墳の墳形と規模―近江における古墳時代首長の動向および特質メモ作成のために―」『紀要』第三号、財団法人滋賀県文化財保護協会、一九九〇年、および本書第三章第三節。
（7）用田政晴「近江の古墳の特質と地域性」『埋蔵文化財調査研究会―発表要旨―』、財団法人滋賀県文化財保護協会、一九九〇年、および本書第三章第二節。
（8）植田文雄ほか『神郷亀塚古墳』（『能登川町埋蔵文化財調査報告書』第五五集、能登川町教育委員会・能登川町埋蔵文化財センター、二〇〇四年。
（9）谷口　徹・早川　圭『荒神山古墳―平成一五・一六年度範囲確認調査概要―』（『彦根市埋蔵文化財調査報告書』第三六集）、彦根市教育委員会、二〇〇五年。
（10）用田政晴・山田友科子「群集墳の特質と展開―犬上川左岸扇状地の場合―」『多賀町の文化財　考古・美術工芸品』、多賀町教育委員会、一九九一年、および本書第四章第三節。
（11）田中勝弘「湖北地方の前方後円墳」『北陸自動車道関連遺跡発掘調査報告書』Ⅶ、滋賀県教育委員会・財団法人滋賀県文化財保護協会、一九八二年。

(12)宮崎幹也『法勝寺遺跡』(『近江町文化財調査報告書』第六集)、近江町教育委員会、一九九〇年。
(13)宮崎幹也さんによる現地案内とご教示による。
(14)宮崎幹也『塚の越古墳』(『近江町文化財調査報告書』第一〇集)、近江町教育委員会、一九九一年。
(15)a.辻川哲朗「長浜古墳群の埴輪」『北近江』創刊号、北近江古代史研究会、二〇〇三年。
b.牛谷好伸『詳細遺跡分布調査報告書二―横山古墳群・横山城跡及び関連砦確認調査―』(『長浜市埋蔵文化財調査資料』第六四集)、長浜市教育委員会、二〇〇五年、および注(11)に同じ。
(16)宮成良佐・丸山雄二「豪族と古墳」『長浜市史』第一巻、湖北の古代、長浜市、一九九六年。
(17)注(16)に同じ。
(18)大橋信弥「再び近江における息長氏の勢力について」『古代豪族と渡来人』、吉川弘文館、二〇〇四年。
(19)a.丸山竜平・川畑和弘「三川丸山古墳」『第二四回埋蔵文化財研究集会 定型化する古墳以前の墓制』第Ⅱ分冊、近畿・中部以東編、埋蔵文化財研究会、一九八八年。
b.重田 勉「田川流域の二つの古墳―丸山古墳と北山古墳―」『滋賀文化財だより』No.250、財団法人滋賀県文化財保護協会、一九九八年。
(20)田中勝弘「伊香郡高月町古保利古墳群調査報告」『昭和四八年度滋賀県文化財調査年報』、滋賀県教育委員会、一九七五年。
(21)古川 登「古墳出土の土器(三)」『古墳時代前半期の古墳出土土器の検討』、第三分冊近畿編、第二五回埋蔵文化財研究集会、一九八九年、および表採資料。
(22)用田政晴「八島亀塚古墳」『前方後円墳集成』、近畿編、山川出版社、一九九二年。
(23)黒坂秀樹ほか『古保利古墳群 第一次確認調査報告書』、高月町教育委員会、二〇〇一年。
(24)注(6)に同じ。
(25)宮崎雅充『熊野本古墳群Ⅰ―分布測量・六号墳・一二号墳範囲確認調査報告書』(『新旭町文化財調査報告書』

第三集）、新旭町教育委員会、二〇〇三年。
(26) 宮内庁書陵部陵墓課『陵墓地形図集成』、学生社、一九九九年。
(27) 葛原秀雄「王塚古墳の調査」『今津町文化財調査報告書』第七集、今津町教育委員会、一九八七年。
(28) 細川修平「春日山E―12号墳」注（22）文献に同じ。
(29) 丸山竜平「大津市真野春日山古墳群調査報告」『昭和四八年度滋賀県文化財調査年報』、滋賀県教育委員会、一九七五年。
(30) a．梅原末治「近江和邇村の古墳墓、特に大塚山古墳に就いて（近江国に於ける主要古墳の調査録　其三）」『人類学雑誌』第三七巻第八号、一九二二年。
b．梅原末治「和邇大塚山古墳」『日本古文化研究所報告』第四（『近畿地方古墳墓の調査』二）、日本古文化研究所、一九三七年。
(31) 細川修平「木ノ岡本塚古墳（下阪本陵墓参考地）」注（22）文献に同じ。
(32) 皇子山を守る会『神出兜稲荷古墳をめぐるシンポジウム』、一九九〇年。
(33) 丸山竜平「膳所茶臼山古墳」『近江―郷土史研究』第二号、一九七三年。
(34) 丸山竜平「大津市石山国分大塚古墳調査報告」『昭和四八年度滋賀県文化財調査年報』、滋賀県教育委員会、一九七五年。
(35) 鈴木博司・近江昌司・西田　弘「栗東町安養寺古墳群発掘調査報告」『滋賀県史跡調査報告』第一二冊、滋賀県教育委員会、一九六一年。
(36) 福永清治「小篠原遺跡「林ノ腰古墳」の発掘調査―埋没していた大型前方後円墳―」『滋賀考古』第一八号、一九九七年。
(37) 進藤　武ほか『史跡大岩山古墳群　天王山古墳・円山古墳・甲山古墳調査整備報告書』、野洲町教育委員会、二〇〇一年。

(38) 葛野泰樹「古墳の世紀」『石部町史』第一巻、石部町、一九八九年。
(39) 丸山竜平「甲賀郡水口町泉所在の古墳群」『滋賀文化財だより』No.8、財団法人滋賀県文化財保護協会、一九七七年。
(40) 細川修平『泉塚越古墳』(『国道一号水口道路改築工事に伴う発掘調査報告書』)、滋賀県教育委員会・財団法人滋賀県文化財保護協会、二〇〇四年。
(41) 注(9)に同じ。
(42) 狐塚省蔵「浦間茶臼山古墳考」『鎌木義昌先生古稀記念論集　考古学と関連科学』、鎌木義昌先生古稀記念論文集刊行会、一九八八年。
(43) 高橋護によると、全長一二〇mクラスの前方後円墳になると、もはや数郡単位での母胎では築けず、旧国単位での造営であると、吉備における浦間茶臼山古墳や中山茶臼山古墳をもとにした土量計算等で説く(「吉備と古代王権」『古墳と地域王権』、新人物往来社、一九九二年)、および注(42)。
(44) 丸山竜平「発生期古墳の諸問題」『昭和四八年度滋賀県文化財調査年報』、滋賀県教育委員会、一九七五年。
(45) 注(36)に同じ。

第四節　首長墓の地域性と特質

一　円墳の出現と大形前方後円墳の成立

(1)　前期の円墳

前方後方形周溝墓あるいは前方後方形墳丘墓が、弥生時代末あるいは庄内式並行期から布留式並行期にかけて琵琶湖周辺では築かれる。その次の段階の墳墓は、中国製三角縁神獣鏡を中心とした鏡を副葬する円墳、大津市織部古墳（径約一八m）、栗東市六地蔵岡山古墳（径約二〇m）、野洲市大岩山第二番地山林古墳（径約一五m?）・大岩山古墳（径不明、高さ約二・七m）・古冨波山古墳（径二一m以上）、それに栗東市出庭亀塚古墳などもあげられ、埴輪をもたず内部主体も竪穴式石槨ではないようである（図3—18）。こうしたあり方は、近江の古墳を最後まで特徴づけるものとなってくる。これに前期古墳での複数埋葬[1]も近江の特徴として加えられる。

安土町安土瓢箪山古墳以外でも、ほぼ同時期で同様の規模を持ち、葺石があり、大量ではないにしても埴輪を備える前方後円墳が、近江では二ないし三基知られるが、先述の「前方後方墳」とは年代

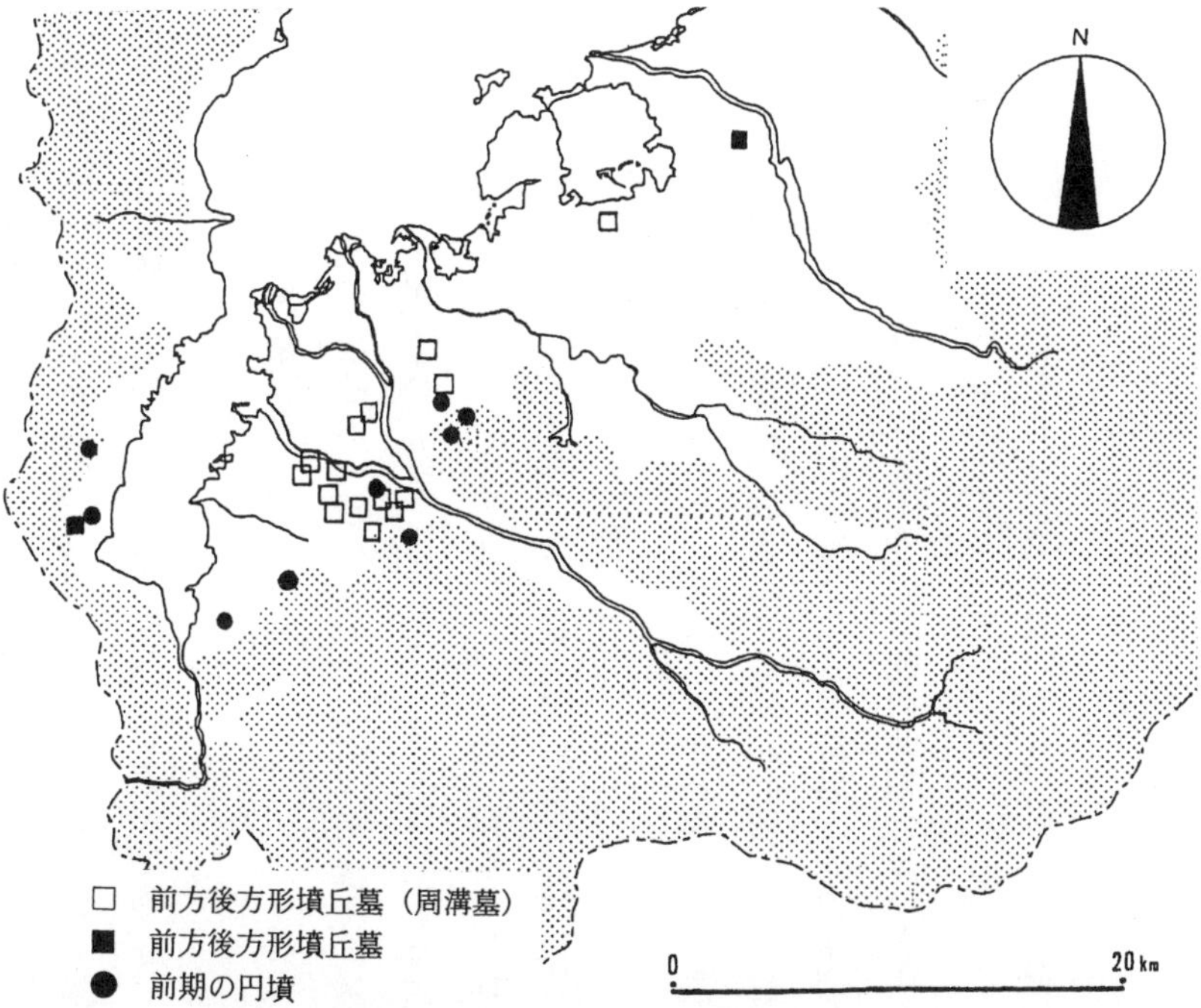

図3—18　野洲川下流域を中心にした前方後方形墳丘墓と古墳時代前期の円墳

的に開きが生じる。この間を時期的にも地域的にも埋めるのが、野洲川下流域の野洲・栗太郡の三角縁神獣鏡を配布された円墳群である。これらは墳形も含めて内容が不透明なものばかりであるが、弥生時代以来の伝世鏡をもたないことから、この地域の首長は畿内中枢に対して独自性を貫いていた可能性がある。また、野洲川下流域をその分布の中心にしながらも、やや内陸部の沖積地縁辺部あるいは丘陵上にあることは、次に述べる大形前方後円墳のそれとは大きく異なるのである。

　そういう状況下で、三期から四期にかけて出現するのが、安土瓢箪山古墳や彦根市荒神山古墳、大津市和邇《わに》大塚山古墳・膳所茶臼山古墳であり、湖北町若宮山古墳や大津市春日山E—12号墳はそれらに先行するかもしれない。先の円墳群とはその性格を異にするものであり、その位置もこれら拠点的な円墳群を避け、立地は湖を直接望み、内湖や入江などの船津を想定できる場所に近接する。

(2) 鏡による編年

かつて小林行雄はその同笵鏡論の中で、三角縁神獣鏡を中央型（吾作明　複像式）、西方型（単像式）、東方型（複像式）の三つに分けて考えた[2]。小林は、鏡の「輸入期」と「配布期」および「それを蔵した古墳の営造期」を峻別していたが、鏡から見れば、古冨波山古墳・六地蔵岡山古墳、大岩山古墳、織部古墳の順に並ぶ。ただし、鏡式としては複像式の方が古いにもかかわらず、単像式を副葬した古墳のほうが古いとした。

その後の資料の増加に伴い、必ずしも東方型・西方型が明確でなくなってきてその見直しも検討されているが[3]、近年の神獣の表現による系譜の研究から見ると、古冨波山古墳、六地蔵岡山古墳・大岩山古墳、織部古墳・雪野山古墳となり、結局、先の序列と大差なくなってしまう。また、三角縁神獣鏡の製作の四段階は、華北王朝の遣使の時期の違いとする考え方に依ると[4]、古冨波山古墳、雪野山古墳、大岩山古墳と並ぶことになる。

今後、消失してしまった古墳についても、何らかの資料を抽出して検討していく必要がある。

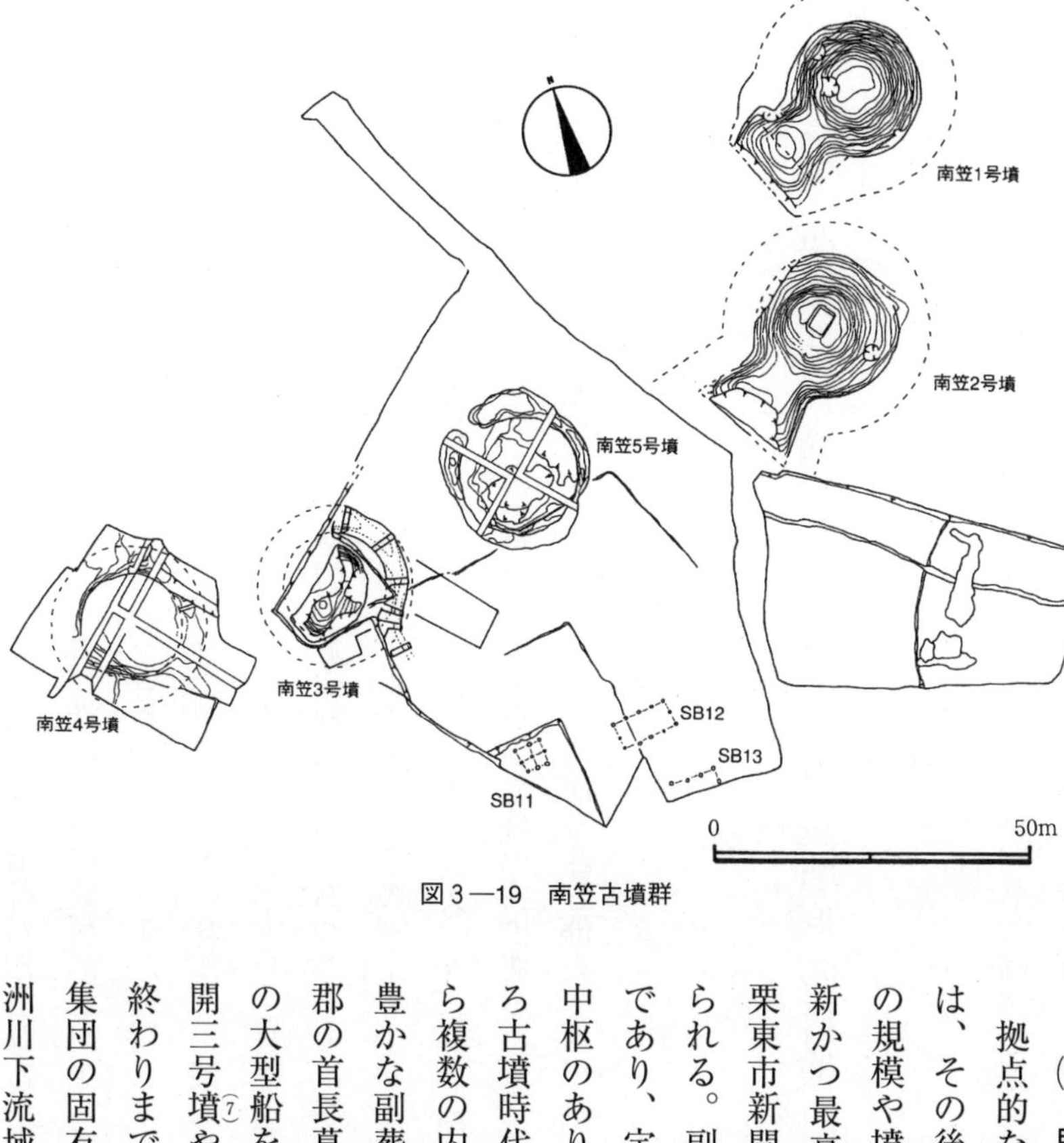

図3—19　南笠古墳群

(3)　野洲川左岸の首長

拠点的な円墳群を築いた地域の首長は、その後、五世紀後半になってもその規模や墳形に不釣り合いなほどの最新かつ最高級の副葬品を持つことが、⑤栗東市新開古墳（一号墳）などから知られる。副葬された剣はすべて鞘入りであり、宇垣匡雅が説くところの畿内中枢のあり方にならっているが、⑥むしろ古墳時代前期から、円墳でありながら複数の内部主体があり、質・量共に豊かな副葬品を持っていることが栗太郡の首長墓の特徴である。外洋航海用の大型船を模した船形埴輪まで持つ新開三号墳⑦や四号墳などは、古墳時代の終わりまで続いた栗太郡を基盤とする集団の固有性のあらわれであった。野洲川下流域の要の位置には、その左岸に古墳時代の大集落、栗東市岩畑遺跡・高野遺跡・辻遺跡が知られる。岩畑遺跡の場合、前期の住居跡の一二%、後期では四七%が、鎌、刀子、鉄鏃などの鉄製品を出土していることから、特に鉄鏃や鉄剣などの武器を常備していた集落であることがわかる。[8] また後期には、栗東市辻遺跡[9]の陶質土器・韓式土器、和田古墳群[10]のイモ貝装鉄製雲珠《うず》や純金・銀製の耳飾、小槻大社一〇号墳[11]の須恵器の角坏など、朝鮮半島などとの窓口のような様相を示すのがこの栗太郡の首長墓である。

こうしたことは、これら首長が畿内中枢の外交担当であったのではなく、畿内と朝鮮半島・大陸とをつなぐ経路の一つが日本海・琵琶湖ルートであり、この湖上を中心とする交通の要衝を実質的に掌握していたのが栗太郡の首長であったがために、入手あるいは知りえた文物であったと考えられる。したがって一方では、後述する栗東市大塚越古墳や椿山古墳あるいは、草津市南笠一号・二号墳（図3―19）のように、墳形としては、円墳以外には前方部を備えても短いもの、あるいは帆立貝形しか畿内中枢から認められていなかったのである。

二　栗太郡・高島郡における首長墳形の再検討

(1)　北谷一一号墳

草津市山寺町に所在した北谷古墳群は、一九六〇年、名神高速道路建設の土取り工事に伴い調査されたもので、現存しない。調査の概要はすぐに公刊され、その中の一一号墳は葺石を備え、粘土槨内

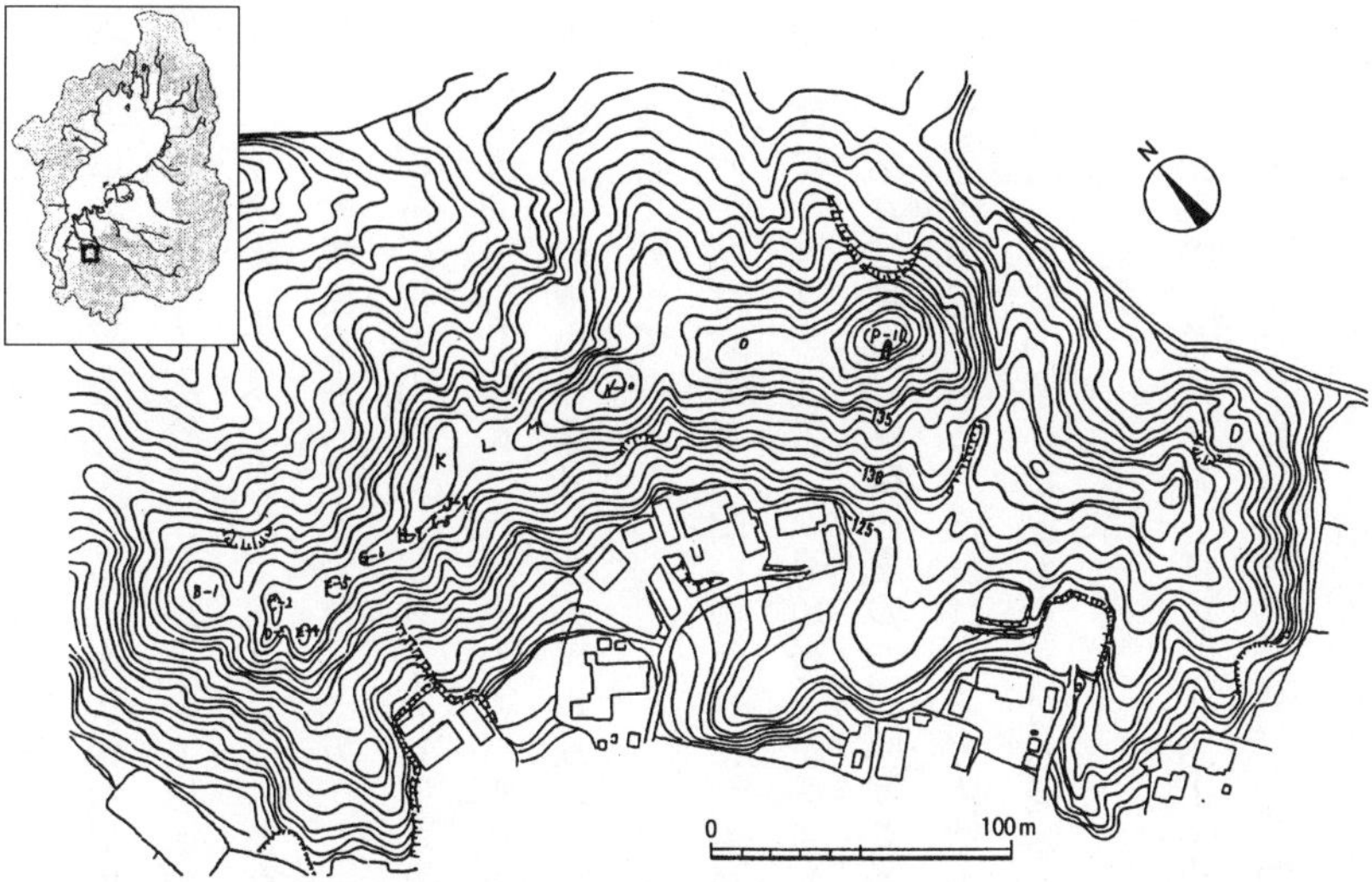

図3―20　北谷古墳群周辺地形

に倭製方格規矩鏡、鍬形石、鉄剣、鉄刀などを副葬した円墳であることが明らかになっている。[12]

調査から二〇年後の一九八〇年、鏡と埴輪を中心に副葬品の組合せ関係から、古墳編年の良好な資料としてこの古墳を用いた中司照世・川西宏幸は、その墳丘形状についても異論をとなえた。[13]それによると、一一号墳の南東の尾根を切断するような谷状部と古墳の北西方向に細長く伸びる尾根部（図3―20、O地点付近）の存在から、これを全長一〇五ｍの前方後円墳と考えた。概要報告記載の丘陵全体の地形図を見るかぎり、一一号墳は前方後円墳に見える。埴輪・葺石を備え、鏡をはじめとするこれだけの副葬品を持つ古墳でありながら、調査担当者はO地点も調査してなお円墳と判断したのである。

以下、当時の調査担当者である西田弘の教示内容をもとに、周辺地形と古墳の墳形について略述する。[14]

この古墳群は東西方向の尾根上に築かれているが、尾根より南半は大きく崩壊しており、かつての地形とは大きく異なっている。小規模な崩壊面は図の各所に認められるし、O～P―11の南西下方の支尾根状に見える部分は、大規模な地形崩壊後の堆積土である。また、概要報告書によると四号墳から一〇号墳まですべて崩れており、その遺存状況からも単なる盗掘とか、墳丘のみの崩壊とは考えがたいほど大規模なものであった。一方、一一号墳の墳丘上にはかつて阿弥陀堂があり、前方部状に北西へ伸びる尾根も山道として利用されており、この部分についても手が加わっていたという。

調査から三〇年後にまとめられた、西田弘による北谷古墳群の補足的な報告によると、[15] O地点の表土下はすぐに地山となり、この平坦地は一一号墳の墳丘上にあった仏堂への参道として整備されたものと改めて述べている。

さて西田弘は、筆者の問い合わせに、調査時の一一号墳墳丘測量図を提示した。その発掘調査時作成の図に、図3―20の一一号墳付近を合成したものが図3―21である。破線を含む部分が調査時の測量図であり、絶対高はないものの、破線と実線との間隔は五〇㎝である。なお小さな点は葺石であり、大きな点は埴輪である。これによると古墳の南西半は崩れており、中心主体も半分しか遺存していない。葺石・埴輪の遺存状況も考え合わせると、調査時には古墳の東半部の一部しかもとの墳丘を保っていなかったようである。

この葺石の分布の下限を見ると、およそ現存墳頂部から一・五～二・〇m下ったラインに揃っており（A～B）、ここより下方には葺石・埴輪とも一切検出されなかったとのことである。したがって、調査時にはこのあたりを墳丘裾に相当すると判断したようである。このA～Bラインをもとに径を復

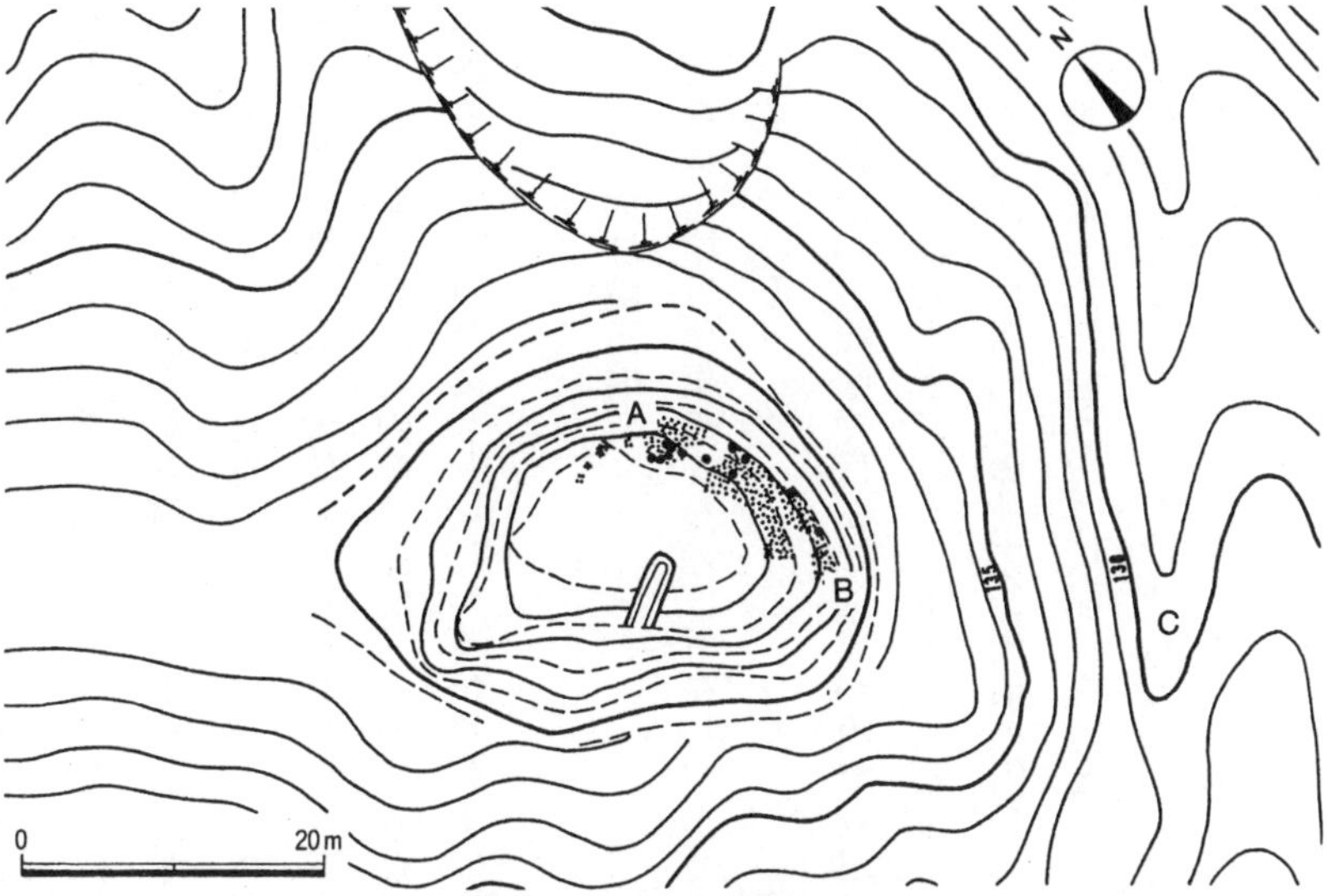

図３―21　北谷11号墳墳丘

元すると直径約三二ｍとなり、その中心点は中心主体北側辺延長上に位置する。中司らが前方後円形をたどる根拠の一つとされた谷状部（C）は、標高一三〇ｍよりさらに下方であり、ここまでは葺石裾からさらに一〇ｍ以上、山をおりなければならない。また、前方部とされたＯ地点付近の尾根上にも何ら古墳に関係する施設や遺物は認められなかったのである。

この葺石および埴輪の分布ラインをもとに径を復元して、北谷一一号墳は径約三二ｍの円墳、高さは阿弥陀堂建設時の整地により復元は難しいが、現在では約二ｍ以上の墳丘であったと考えるべきと判断される。西田弘は生前、中司・川西が前方後円墳説をとなえた後も測量図を示しながら、円墳であると説いた。

「墳丘について一言しておきたい。この古墳に関しては「草津市史第一巻」においても小笠原好彦氏が触れられているが、前記中司・川西両氏の論文でも小笠原氏の論述でも、ともに前方後円墳と見ておられる。しかし、この古墳は概説でも少し触れたように、後世墳頂に仏堂があったことは伝承や出土遺物でほぼ確実である。そして、これに参詣するため、その前面を参道として手を加えたように見受けられた。従ってあるいは前方後円墳とも見られたので、古墳主体部のある墳丘部とその前面のつながりについて観察を試みたのであるが、どうも前方後円墳としての確証が得られなかったので、一応円墳と見て報告した次第である」[16]。

なお、発見された内部主体は、その位置が残された墳丘の中心をはずれるため、複数埋葬の可能性がある。実際の発掘もトレンチ調査であり、全掘には至っていなかったのである。

(2) 大塚越古墳

大塚越古墳は栗東市安養寺に所在し、かつては全長約七五mを計る前方後円墳といわれたが、すでに消滅している。

地元に伝わる絵図ではこの古墳が円で表現されているが、冶田村大字安養寺区蔵の地籍図の区画を見ると平面は長方形に近く、主軸を北東~南西方向において三方を水路で囲まれている（図3―22）。戦前の段階では西向きの前方後円墳の円丘部のみが残ったものと考えられており、すでに前方部部分は畑地であったという[17]。この記述をもとにして北西方向に短い前方部を持つ前方後円墳を復元する案が提出されたこともあるが[18]、一八九二年（明治二五年）測図の地図を見ると、地籍図と全く同様に主軸が北東~南西方向にあることは明らかで（図3―23）、南西に前方部を向けて濠も備えていたものと考えられる。ただ、幅に比べその長さはやや短いようで、地籍図上の寸法では、北東~南西方向の

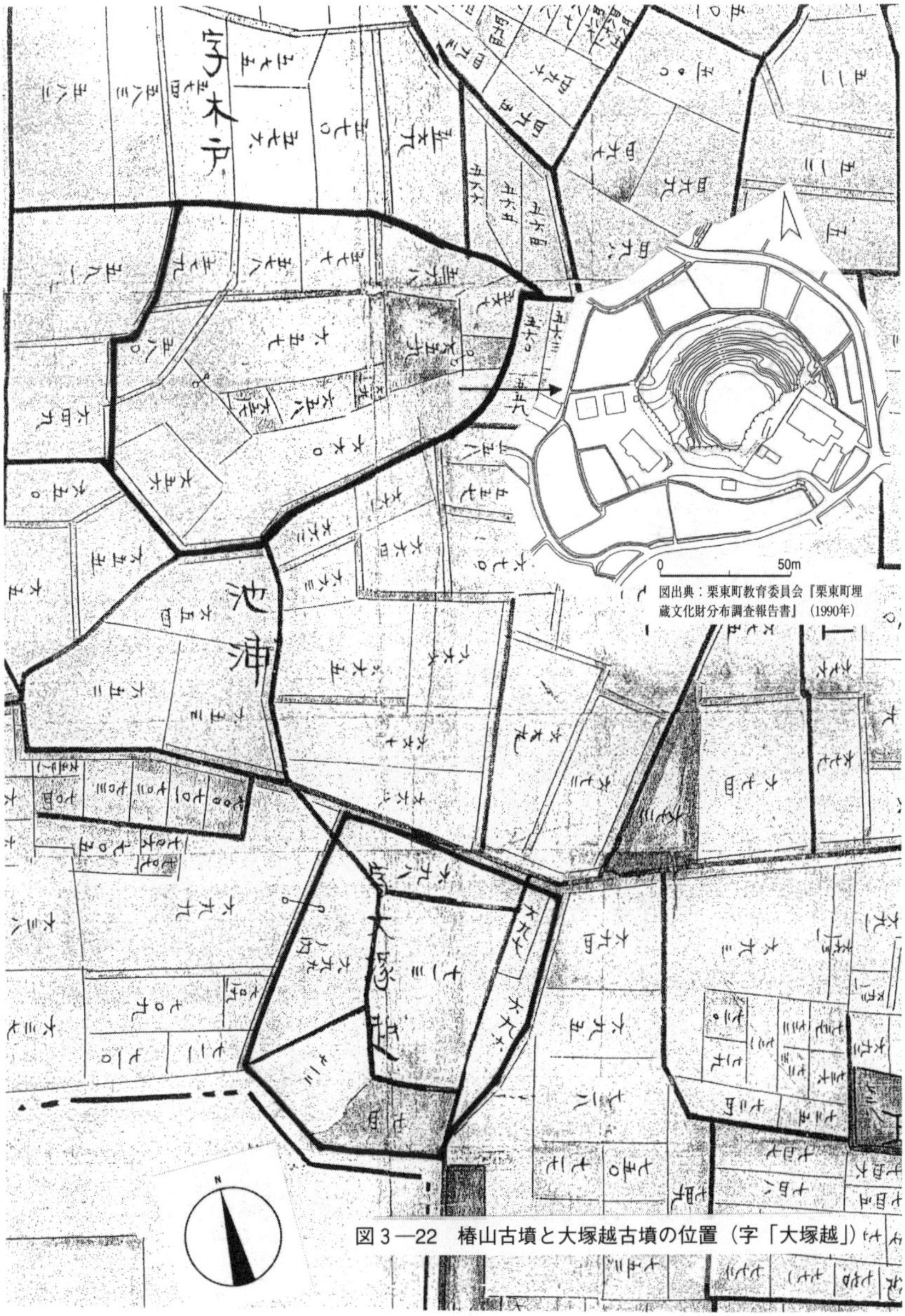

図出典：栗東町教育委員会『栗東町埋蔵文化財分布調査報告書』（1990年）

図３—22　椿山古墳と大塚越古墳の位置（字「大塚越」）

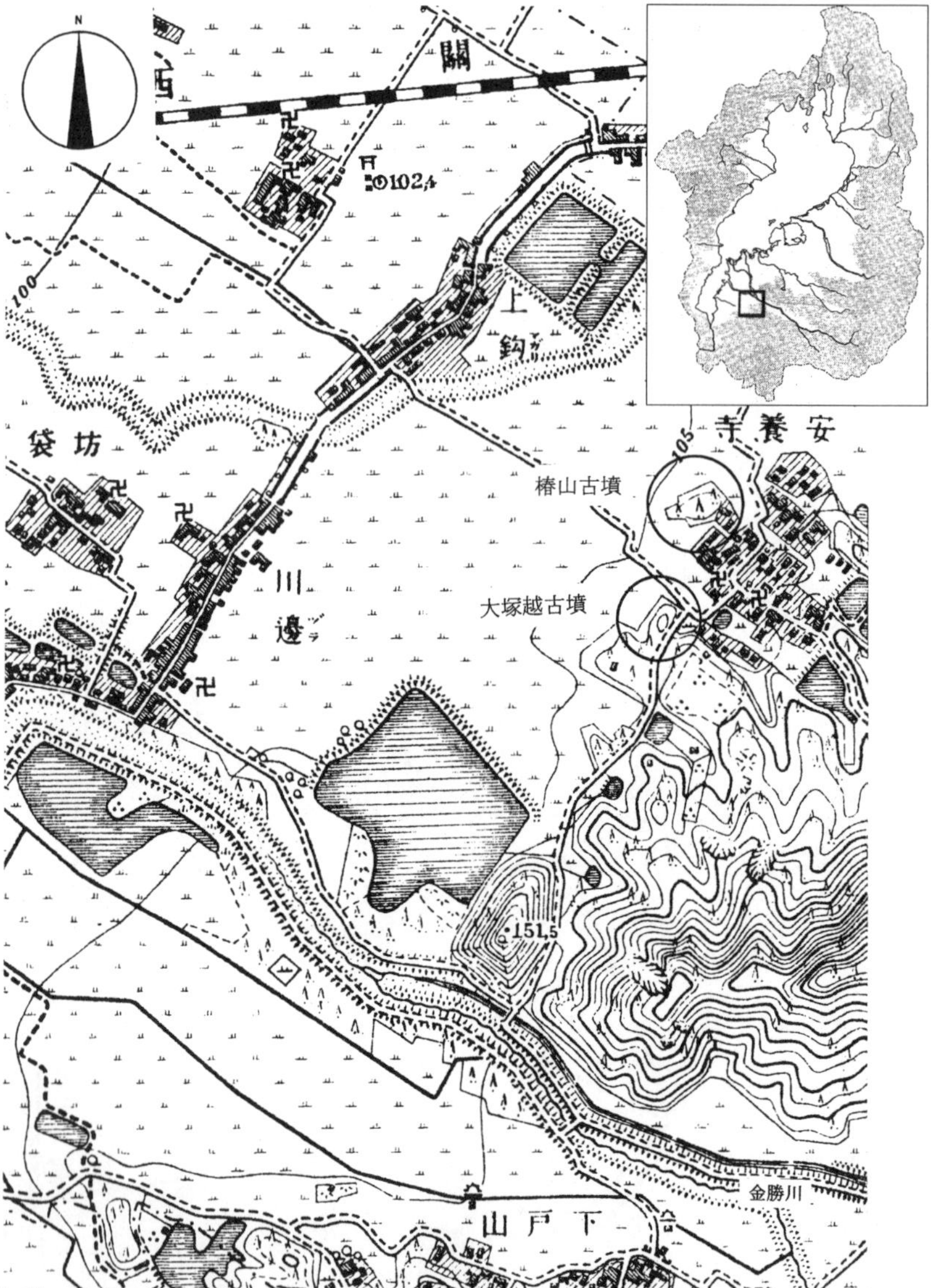

図 3—23　椿山古墳と大塚越古墳の位置（明治25年（1892年）測図）

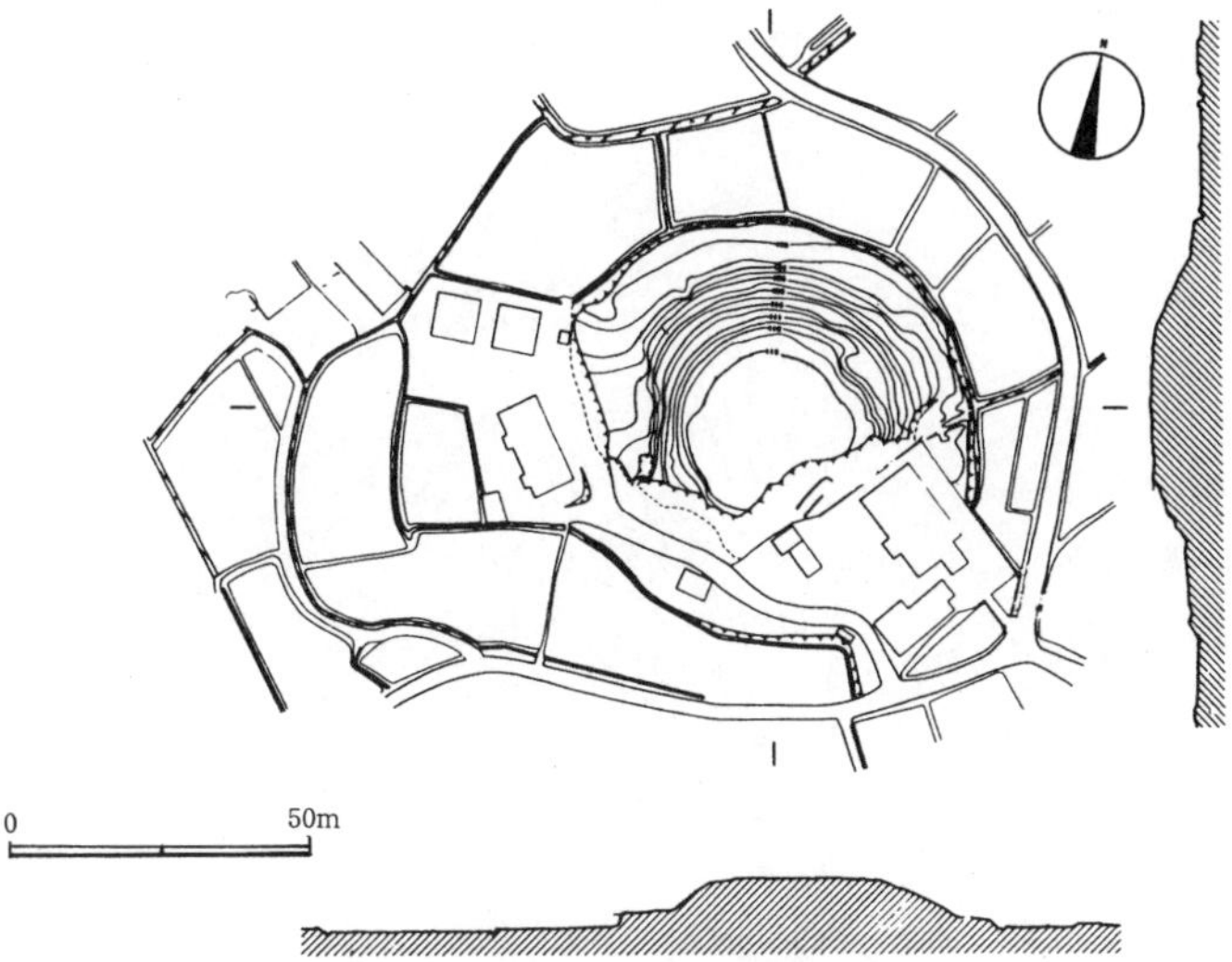

図3―24　椿山古墳

長さ六五に対し、幅五五の割合である。この明瞭に区画された形からすると円墳ではないが、長い前方部も想定できない。倭製三角縁神獣鏡とほぼ同じ時期に配布されたと考えられる斜縁二神二獣鏡は、楽浪郡の所在した朝鮮半島を経由して間接的に輸入されたもので、この鏡がこの古墳から出土している。この種の鏡は前方後円墳以外の小形古墳から多く出土し、倭製の三角縁神獣鏡より低く扱われていたという岡村秀典の意見は、[19]帆立貝形とする見方を側面から支える。同じ栗東市安養寺に所在し、やや短い前方部を備えた椿山古墳は(図3―24)、そのほぼ同規模での相似形を大塚越古墳にあてはめられるのである。

(3)　下戸山古墳

栗東市下戸山の低丘陵上に位置するこの古墳は、現状では直径約三〇mの円丘部だけを残して周囲は墓地となり、その正確な墳形が現状ではう

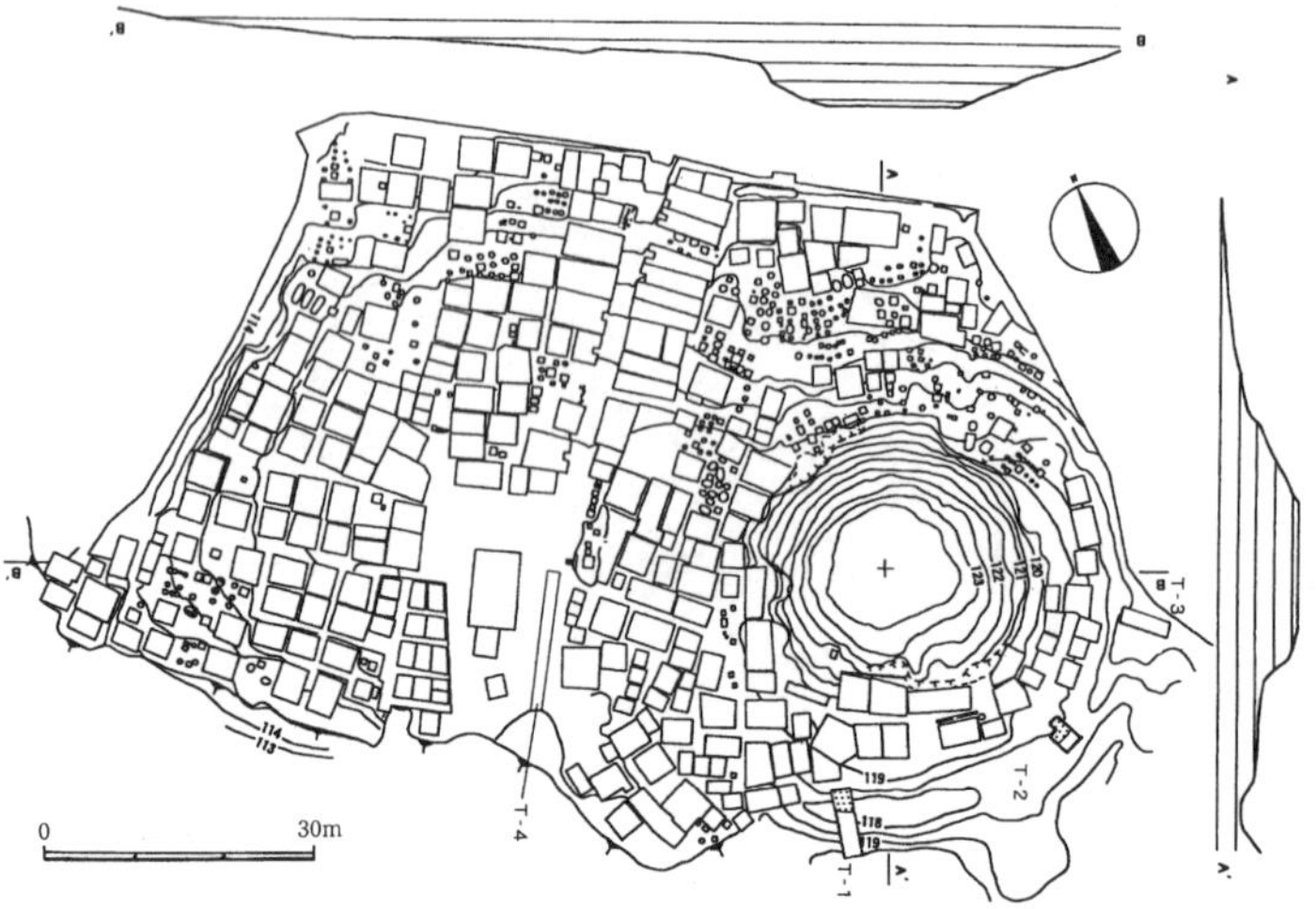

図3―25　下戸山古墳周辺

かがえない。かつては前方後円墳の可能性があるといわれてきたが、[20]帆立貝形古墳ともいう。[21]

一九九二年に旧栗東町教育委員会によって測量が行われ、直径約五〇m、墳頂の平坦面の直径約一六m、高さ約七・五mの円丘部であることが明らかになり、前方後円墳ならば全長八〇～九〇mになると推定された。[22]一九九七年には、円丘部の周囲が部分的に発掘され、葺石や朝顔形埴輪、受口状口縁甕を検出して前期の古墳であることがわかり、北谷一一号墳と全長約八九mの地山古墳をつなぐ時期の首長墓であることが明らかになった。[23]

さらに一九九九年、前方部推定個所が部分的に発掘され、この古墳と同じ頃の竪穴住居跡が発見されるなど、前方部と思われる痕跡は認められなかった。こうして、この下戸山古墳は直径約五〇mの円墳であると考えられるようになった。[24]短い前方部がとりつく可能性もいまだに残されているが、その場合も全長が六〇mを大きく超えるものにはならない（図3―25）。

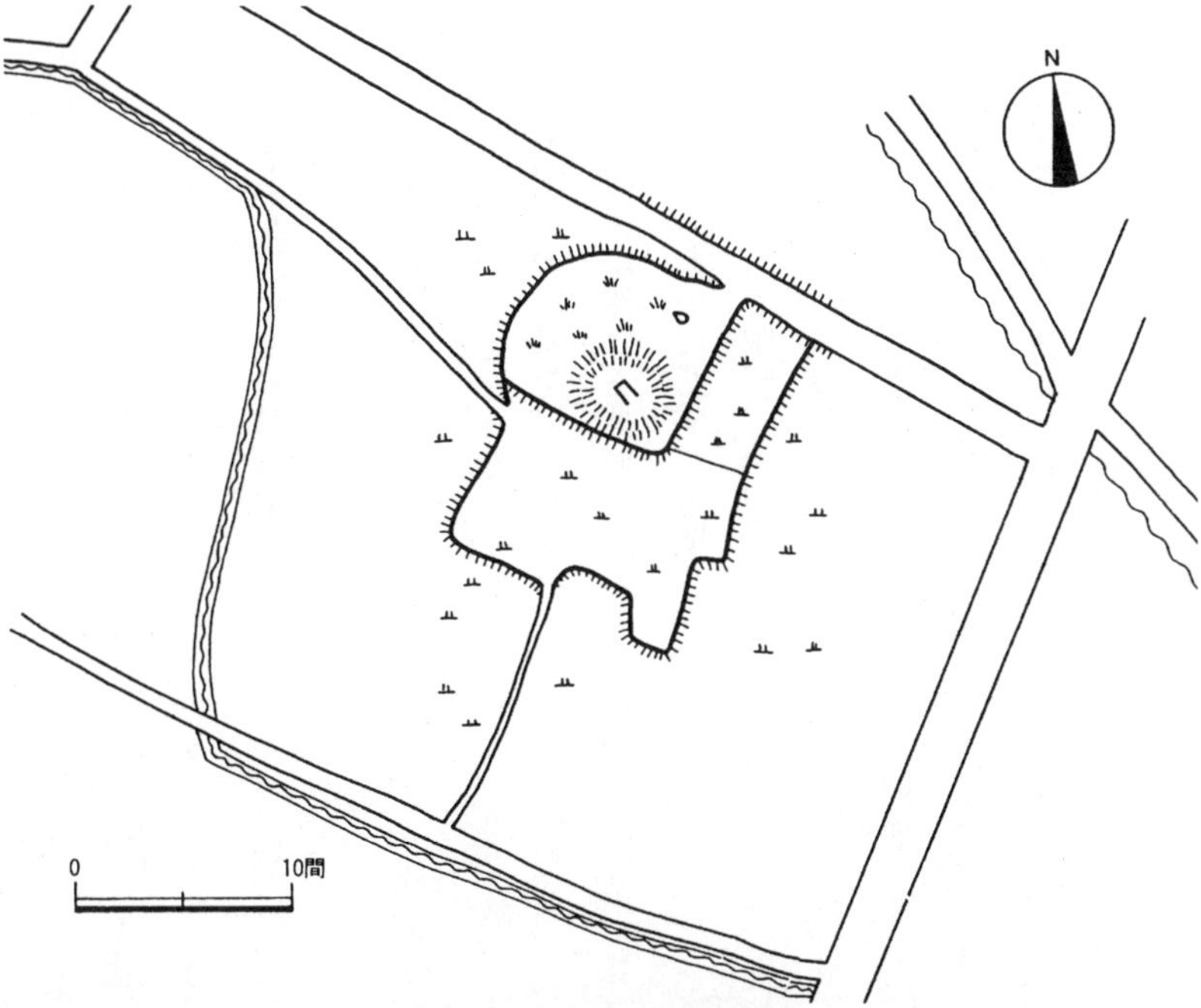

図3—26　鴨稲荷山古墳旧地形

(4)　鴨稲荷山古墳

奈良県藤ノ木古墳の調査時には、共通する副葬品を多くもつ高島市高島町鴨所在の稲荷山古墳が、それとの比較の中でたびたび取り上げられた。横穴式石室内に置かれた大形の家形石棺は、藤ノ木古墳と同じ二上山産白石凝灰岩製で、鏡、太刀のほか、金銅製冠、沓、魚佩《ぎょはい》、金製耳飾などの朝鮮半島の影響を受けた種々の副葬品は、継体天皇の出自の中で説明されてきた。

この古墳は、一九〇二年、県道の土取りの際に発見され（図3—26）、もともとは「高さ一五尺、周囲一〇数間の円墳」であったといわれていた[25]。遺物は当時の帝室博物館に届けられ、京都大学の調査は二一年後の一九二三年になって実施された。濱田耕作・梅原末治によるこの調査の報文によると、[26]記述では明確な断定を避けながらも、古い地籍図をもとに前方後円形の復元案を図で示し（図3―27）、それ以降、全長「約二五間」（四五m）の前方後円墳として広く知られるところとなった。その根拠は地籍図に加えて、同時期の古墳であると考えていた熊本県江田船山古墳が前方後円墳であることから、これも同様のものに違いないといういわば先入観の働いていることが文章から読み取れるし、その年代観についても江田船山古墳との誤った比較と伝承に影響されている。

その後、一九七九年に坂井秀弥をはじめとする関西学院大学考古学研究会のグループの手によって、詳細な測量図が作成された[27]（図3―28）。この時にも、かつての京大の報文中の図面を比較検討する中で、濱田らの数値を追認している。濱田らの図面、およびこの詳細な測量図を見ると、確かに南方向に前方部状に伸びる地形は認められるが、定型化した前方後円墳としての前方部の形状が、特にその先端付近において必ずしも明らかでない。

坂井らの検討の中で、濱田らの調査時と墳丘周辺の現状は大きく変わりないことが確認されており、濱田らの報文中の図版第二・本図左上挿入図に示された墳丘は、ほぼ現状の測量図の中でも認められる。この図の通り素直に見れば、円墳に短い前方部が取りついた帆立貝形古墳になる。しかし、それより長い前方部と考えてしまう根拠の一つには、図3―28の古墳西側に見られる水路の存在である。これが濱田らの復元前方部と平行して走り、ある程度の長さがあること、それに前方部の延長上で直角に曲がることから、これを周濠に伴うものとし、前方後円墳と考えてしまうものと思われる。

今述べた水路の位置は、当時は少し斜め方向にずれており、現在の位置でいうと図3―28中の破線

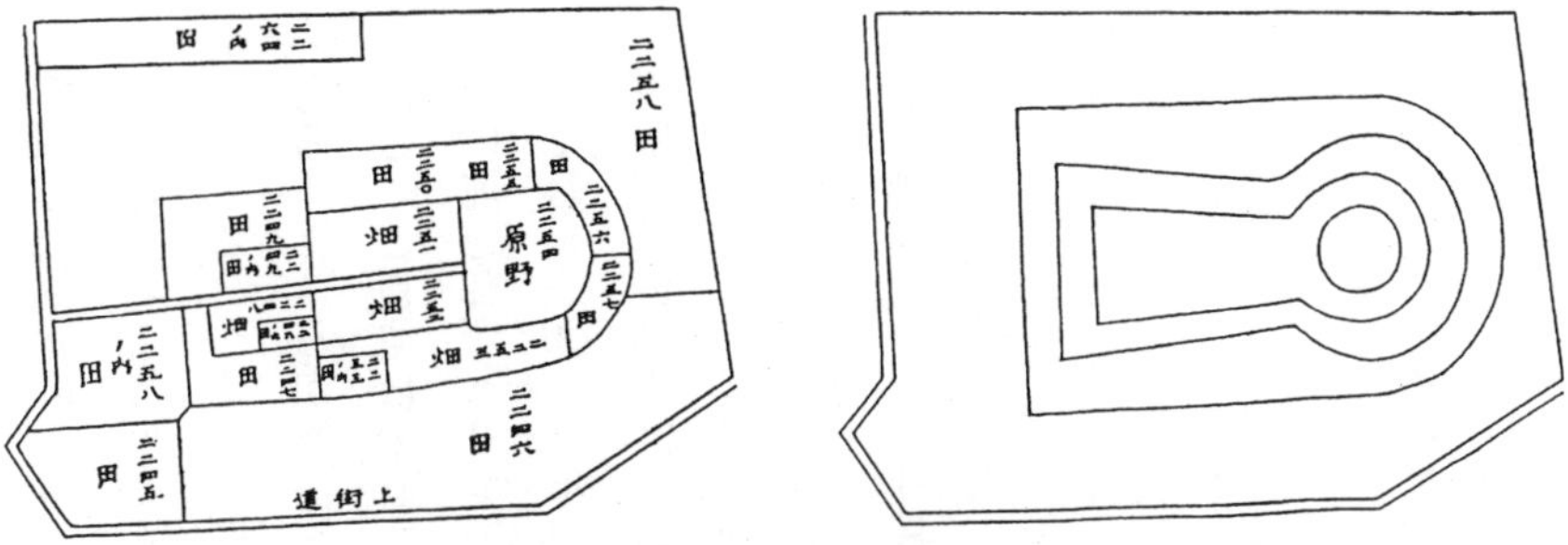

図３—27　鴨稲荷山古墳・京大報告墳丘復元挿図

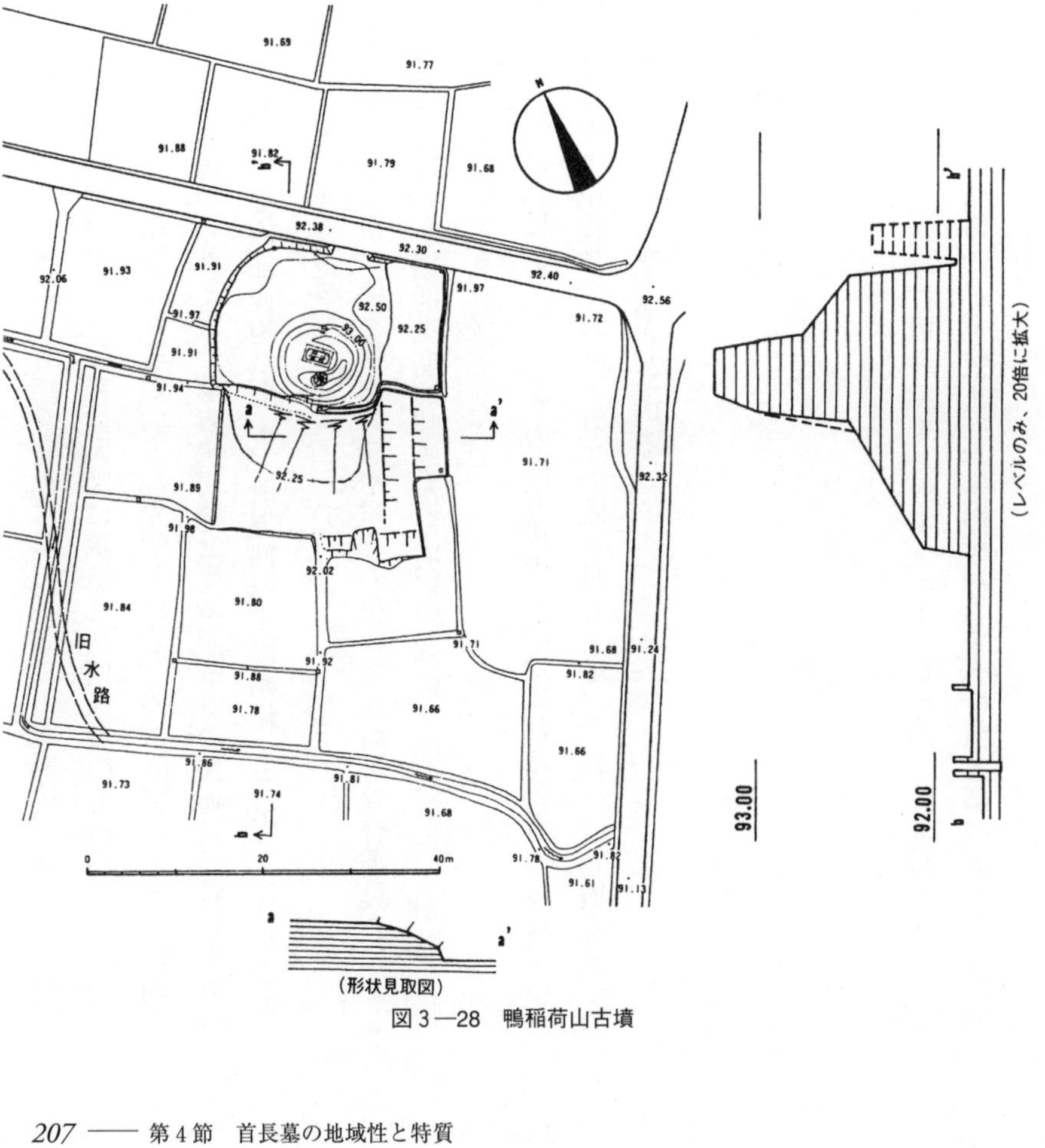

図３—28　鴨稲荷山古墳

で示した位置にくる。また、図の測量図をもとに、レベルを拡大して示したのが図中、b―b'断面図である。ここで明らかにみられるように、濱田らの報告挿入図に示された墳丘そのものが浮かび上がってくる。つまり、図中でいう九二・〇二m地点付近が前方部先端となる。残る障害は古い地籍図である。ところが濱田らの報文中では、はっきりとした前方後円墳とする読取りの記述には躊躇がみられる。ここでは素直に、全長約三五m、後円部径約二七m、前方部幅先端幅約二三mという規模の、短い前方部がとりついた帆立貝形古墳と判断する。

なお、一九八一年の隣接する県道拡幅工事に伴う発掘調査や[28]、その後の旧高島町教育委員会による古墳周辺の調査時にも、トレンチ設定位置と掘削深度の制約から墳形確認にまでは至らなかったし、そのことは二度の調査時における現地見学でも確認できた。

この鴨川流域の平野部を望む拝戸古墳群にもいくつかの前方後円墳が含まれると考えられていたが、測量調査により拝戸一〇号墳は六世紀代の全長約二五mの帆立貝形古墳で、拝戸八号墳も長辺約二〇m、短辺約一八mの長方形墳であることが判明している[29]。

三　旧郡単位の地域性

北谷一一号墳や下戸山古墳が円墳で、大塚越古墳も「まともな」（本章第三節）前方部を備えたものではないことがわかってきて、栗太郡内の一八基の首長墓は円墳か、すべて前方部の短い前方後円墳あるいは帆立貝形古墳となった。

同様のことは鴨稲荷山古墳のある高島郡でも指摘することができた。湖西地域として一括されることもしばしばある高島郡と滋賀郡であるが、少なくとも八基の前方後円墳を築いた滋賀郡に対し、高島郡では帆立貝形を除くと前方後円墳は皆無となった。しかも古代の旧郡境が真野郷の北端にあたる和邇川付近だとすると、(30)それ以北の近世滋賀郡には首長墓すら見あたらない。

野洲郡内も栗太郡と同様に展開していくが、『前方後円墳集成』でいう八期、五世紀末以降から典型的な前方後円墳を採用するようになるし、蒲生郡も須恵器でいうMT15式のころ、九期には野洲郡のように前方後円墳を築くようになる。こうしたことから地域性を論じる時、特に古墳時代においては主要河川の右岸と左岸を区別したほうがよく、旧郡単位での地域性が顕著である(図3—29)。

一方、古墳時代中期には首長層の序列化が強力に進行し、古墳の築造に関して強い規制がはたらいた結果、近江の大半には中期の主要な前方後円墳がなく、帆立貝形古墳や円墳が首長墓として築かれたとする和田晴吾の説がある。(31)そうした状況の中でも、近江では郡単位の地域性が認められるのである。

近江において横穴式石室を内部主体とする主な首長墓は九基を数え、少なくとも九期のTK10型式段階までは各地に前方後円墳が築かれる。今、そうした中で最後の前方後円墳としてあげられるのは、墳丘は削平され周濠のみ遺存する長浜市越前塚三九号墳と大津市国分大塚古墳であり、これら坂田郡と滋賀郡は前期からはじまり古墳時代を通して前方後円墳を築き続けてきた地域でもある。

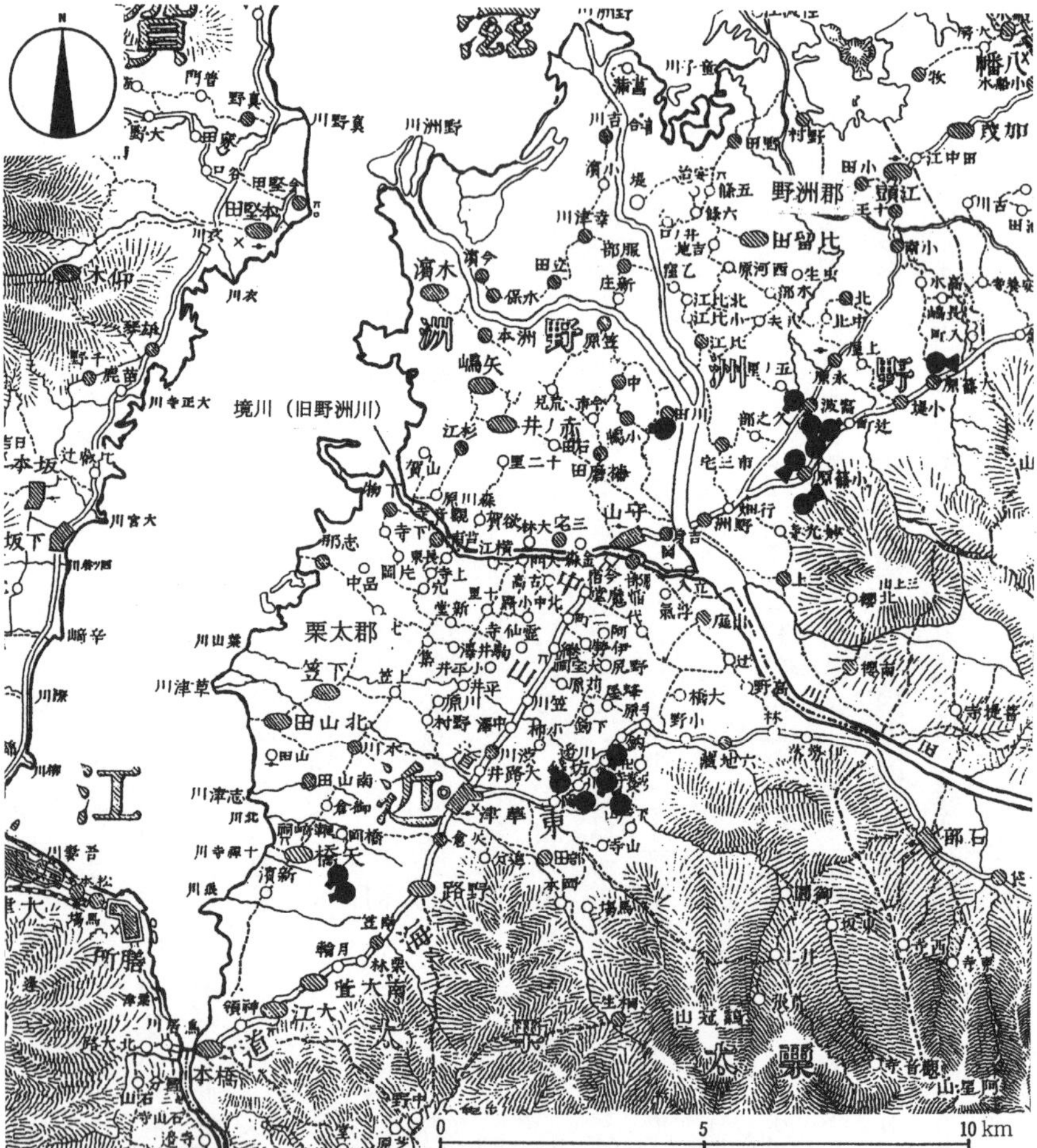

図3―29　野洲川下流域の前方後円墳（●）と帆立貝形古墳（●）

注

（1）近藤義郎は、いくつかの類型を総称する必要から、これを「墳丘併葬」と呼ぶ（『前方後円墳の時代』、岩波書店、一九八三年）。
（2）小林行雄「初期大和政権の勢力圏」『史林』第四〇巻第四号、一九五七年。
（3）都出比呂志「前期古墳と鏡」『謎の鏡—卑弥呼の鏡と景初四年銘鏡—』、同朋舎出版、一九八九年。
（4）福永伸哉『邪馬台国から大和政権へ』（『大阪大学新世紀セミナー』）、大阪大学出版会、二〇〇一年。
（5）菅谷文則「鉄製武器・武具の発達—新開古墳（栗東市）を中心に」『新・史跡でつづる古代の近江』、ミネルヴァ書房、二〇〇五年。
（6）宇垣匡雅「前期古墳における刀剣副葬の地域性」『考古学研究』第四四巻第一号、一九九七年。
（7）雨森智美『栗東市埋蔵文化財調査報告二〇〇三年度年報』Ⅱ、安養寺遺跡（新開三・五～七号墳）、栗東市教育委員会・財団法人栗東市文化体育振興事業団、二〇〇五年。
（8）小笠原好彦「近畿の古代集落と豪族居館」『新版古代の日本』第五巻、近畿Ⅰ、角川書店、一九九二年。
（9）a．雨森智美『一九八五年度栗東町埋蔵文化財発掘調査資料集』、栗東市教育委員会・財団法人栗東市文化体育振興事業団、二〇〇一年。
b．雨森智美『一九八六年度栗東町埋蔵文化財発掘調査資料集』、栗東市教育委員会・財団法人栗東市文化体育振興事業団、二〇〇三年。
（10）大崎隆志・佐伯秀樹『滋賀県栗太郡栗東町和田古墳群』（『栗東町文化財調査報告書』第四冊）、栗東町教育委員会、一九九八年。
（11）佐伯秀樹「小槻大社一〇号墳」『栗東町埋蔵文化財発掘調査一九九九年度年報』、栗東町教育委員会・財団法人栗東町文化体育振興事業団、二〇〇一年。
（12）西田　弘『草津市山寺町北谷古墳群発掘調査概報』、滋賀県教育委員会、一九六一年。

(13)中司照世・川西宏幸「滋賀県北谷一一号墳の研究」『考古学雑誌』第六六巻第二号、一九八〇年。
(14)調査担当者西田弘先生のご好意で測量図等を見せていただき、種々のご教示をいただいた。
(15)西田　弘「草津市北谷古墳群の調査」『平成二年度滋賀県文化財調査年報』、滋賀県教育委員会、一九九二年。
(16)西田　弘「滋賀県下の古墳出土鏡について（一）」『滋賀文化財だより』No.51、財団法人滋賀県文化財保護協会、一九八一年。
(17)柏倉亮吉『滋賀県史蹟名勝天然紀念物概要』、滋賀県史蹟名勝天然紀念物調査会、一九三六年。
(18)近藤　広「古墳の計画的配置と首長権の移動」『滋賀考古』第一八号、一九九七年。
(19)岡村秀典「副葬品は語る」『古代を考える　古墳』、吉川弘文館、一九八九年。
(20)井上満郎・大橋信弥「豪族の世紀」『栗東の歴史』第一巻、栗東町、一九八七年。
(21)細川修平「下戸山古墳」『前方後円墳集成』、近畿編、山川出版社、一九九二年。
(22)佐伯秀樹「下戸山古墳」『栗東町埋蔵文化財発掘調査一九九三年度年報』、財団法人栗東町文化体育振興事業団、一九九四年。
(23)佐伯秀樹「下戸山古墳」『栗東町埋蔵文化財発掘調査一九九六年度年報』、栗東町教育委員会・財団法人栗東町文化体育振興事業団、一九九七年。
(24)佐伯秀樹「下戸山古墳」『栗東町埋蔵文化財発掘調査一九九八年度年報』、栗東町教育委員会・財団法人栗東町文化体育振興事業団、二〇〇〇年。
(25)注（16）に同じ。
(26)濱田耕作・梅原末治『近江国高島郡水尾村の古墳』（『京都帝国大学文学部考古学研究報告』第八冊）、京都帝国大学、一九二三年。
(27)関西学院大学考古学研究会（文責　坂井秀弥）「高島郡高島町鴨稲荷山古墳現状実測調査報告」『滋賀文化財だより』No.22、財団法人滋賀県文化財保護協会、一九七九年。

(28) 白井忠雄『鴨稲荷山古墳周湟確認調査—県道小浜・朽木・高島線道路改良工事に伴う鴨遺跡発掘調査報告書—』、鴨遺跡調査団・高島町教育委員会、一九八一年。
(29) 白井忠雄「第三支群測量調査~中間報告~高島町拝戸　拝戸古墳群」『滋賀文化財だより』No.184、財団法人滋賀県文化財保護協会、一九九三年。
(30) a. 栄原永遠男「国府と保良宮」『新修大津市史』一、古代、大津市、一九七八年。
b. 吉水真彦「大津市内に所在する前方後円墳の一考察—木ノ岡茶臼山古墳を中心として—」『近江地方史研究』第九号、一九七九年。
(31) 和田晴吾「群集墳と終末期古墳」『新版古代の日本』第五巻、近畿Ⅰ、角川書店、一九九二年。

第四章

琵琶湖水系における古墳時代首長の役割

第一節　古墳時代首長と湖上交通

一　津の想定

(1)　渡津と船津

古代の史料において、「ウラ」（浦）は屈曲した深い湾入地で大船の停泊にふさわしい場所であり、「ミナト」（湊）は特に河川の河口付近の湾入地をいうことが多く、「ツ」（津）は人工的な施設を持つ特定された場所をさすことが多いという。[1] ただ語源的には、「浦」は入江を指し、[2]「津」は渡し場・船着き場・港をいうが、[3]「湊」には水が集まるという意味はありながらも、[4] 河口付近という意味かどうかは判然としない。

松原弘宣は、記紀にみる津・水門・浦はすべて軍事的要素の強い「津」であると位置づけ、[5] 律令制下における津には、陸上交通における両岸間の通行の意味がある「済」あるいは「渡津」と、水上交通における「船津」があるとした。[6] その津の立地は、自然地形上の良港か河川の河口部を原則とし、[7] 渡津は川などを渡る拠点、船津は物資の運漕が主な目的の場所で、両者は在地管理形態も異なり、船津には渡津に見られない「駅長」あるいは「津長」がおり「渡子」等を統括していた。さらに物資を集積・保管する施設などの必要性も渡津より高かったという。[8] この律令制下における陸上交通と水上輸送に伴う管理形態の違いは重要で、後述する古墳時代前期の琵琶湖周辺の首長のあり方と二重写しになる。

(2) 港の構造

古墳時代の渡津や船津の実態、特に港の構造は思いのほか明らかではない。列島単位でみても長崎県原の辻遺跡[9]や岡山県上東遺跡・大阪府池上曽根遺跡・福井県林・藤島遺跡の弥生時代の船着き場が知られているが、原の辻例は二つの突堤だけという簡単なものである。このことは琵琶湖周辺では七〜八世紀の安土町大中の湖南遺跡の石積み突堤[10]や瀬田川の川津・関津浜といわれる大津市関津遺跡でみつかった室町時代末の港の護岸、江戸時代の要港・草津市矢橋港遺跡[11]、彦根市松原内湖にまっすぐ伸びた突堤[12]などと、その単純な構造は変わらない。港の桟橋跡も瀬田川と大戸川の合流点に面した大津市黒津遺跡で奈良時代のものが知られているが[13]、小規模なものであった（図4—1）。

このように渡津や船津は、船着き場としての施設よりも波静かな入江状の自然地形が求められており、物資の集積場とそれを管理する諸施設こそが、津を最も特徴づけるものであった。そのことは古墳時代前期において、河川を通じた物資流通の拠点と考えられる守山市下長遺跡でよくわかる。[14] 旧野洲川主流である境川左岸の幅約二〇mを測る小河川沿いに展開したこの遺跡には、明瞭な船着き場等の施設はなく、河川の両岸に倉庫とみられる掘立柱建物が三〇棟以上検出されている。また、守山市

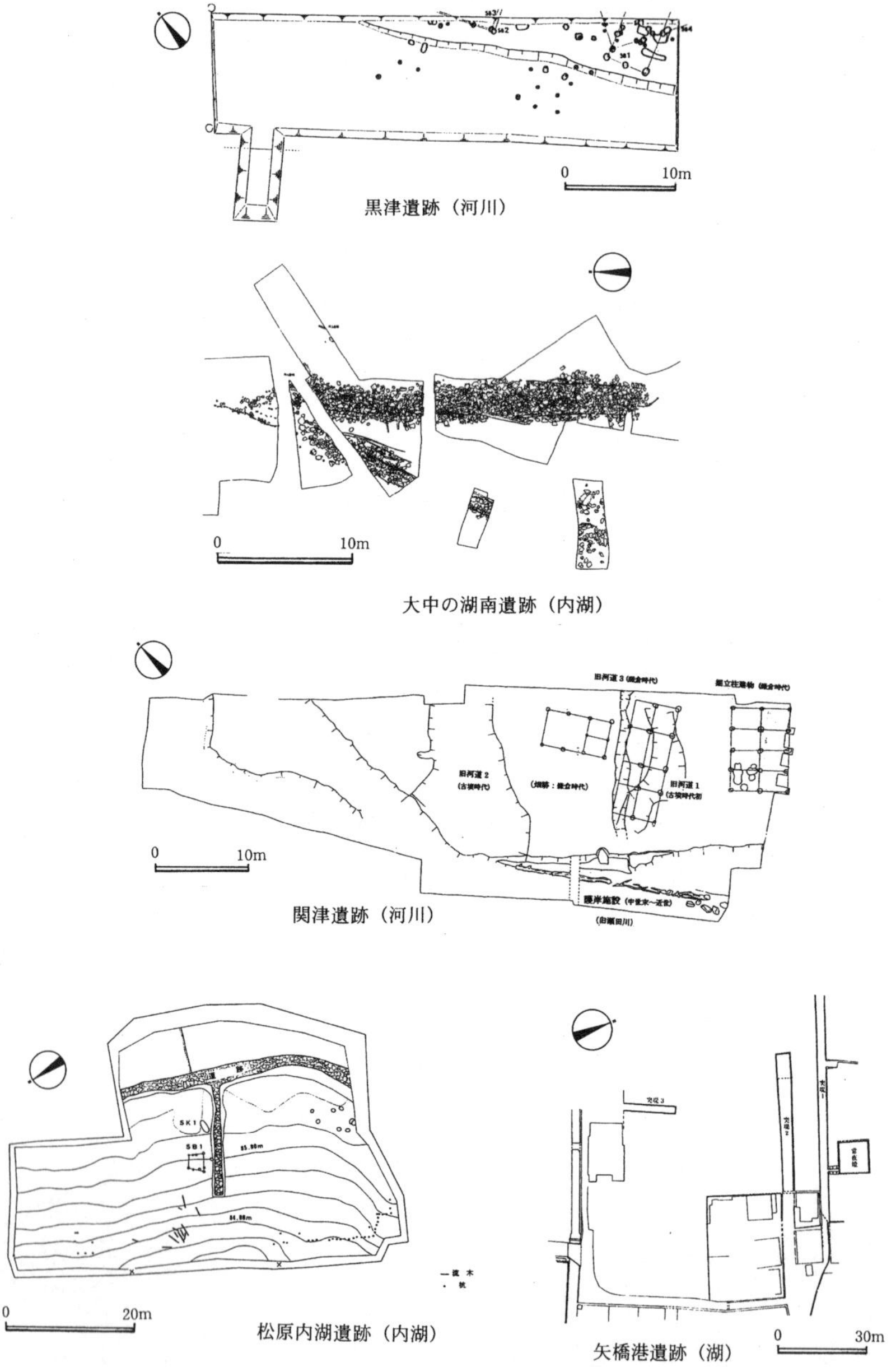

図４―１　琵琶湖周辺の港関連遺構

二ノ畦遺跡は、奈良時代後半から平安時代にかけての一四棟の掘立柱建物や「川原」と記された墨書土器が出土するなど、渡津関係の遺跡と考えられる。

二 首長墓・群集墳と水上輸送

(1) 大形前方後円墳の位置

第三章第四節において、古墳時代前期における野洲川下流域の拠点的な円墳群が、野洲川下流域の川をはさんだ山麓に延びる陸路に沿って分布し、大形前方後円墳は、内湖や入江を備え、従来の集落域とは関係を断たれた場所に築かれたことに触れた。

安土町の安土瓢箪山古墳は、⑮ かつては琵琶湖の中央部、湖東の大きな内湖、大中の湖・西の湖の最奥部に突き出ていた近江でも最古の部類に入る全長約一三四m、近江最大の前方後円墳である。⑯ また、彦根市荒神山の琵琶湖側の頂部に位置するのが、全長約一二四mの荒神山古墳で、⑰ その前方部左隅角に今も残る山道を下ると、荒神山の尾根線をたどって、かつては琵琶湖に通じた内湖であった曽根沼につながる（写真4―1）。大津市膳所《ぜぜ》茶臼山古墳も南湖を一望するような洪積台地の中で、最も安定した場所に築かれた長さ約一二二mの前方後円墳である。⑱ いずれも古墳時代前期の近江を代表する首長墓で、全長一二〇m級という規模は旧郡単位をこえる首長の位置を表す。

このうちの一つ、膳所茶臼山古墳は、大津市秋葉台にある前方後円墳である。山城と近江の国境に

写真４―１　かつての内湖・曽根沼と荒神山古墳

ある醍醐山地の音羽山から琵琶湖に向かって舌状に伸びるいくつかの中位段丘は、北から朝日が丘・竜が丘・湖城が丘・秋葉台・富士見台と呼ばれ、中でも秋葉台は規模が大きく、最も琵琶湖を近くに望む。

　地質学的に琵琶湖の流出口付近には高位段丘はなく、この茶臼山古墳の築かれた支尾根が最も地盤の安定した中位段丘の台地となっており、周辺で大形古墳を築ける場所はここしかない。前方部は東を向き、琵琶湖の南端、瀬田川流出口近くを望むことができる。

　現在の地形分類によると、音羽山東麓の中ではこの秋葉台の北側を流れる相模川が最も発達した河川で、下流部にはこの地域で唯一の扇状地を形成している（図４―２）。この扇状地は、現在の大津市膳所一丁目を中心にして旧膳所城城下町と重な

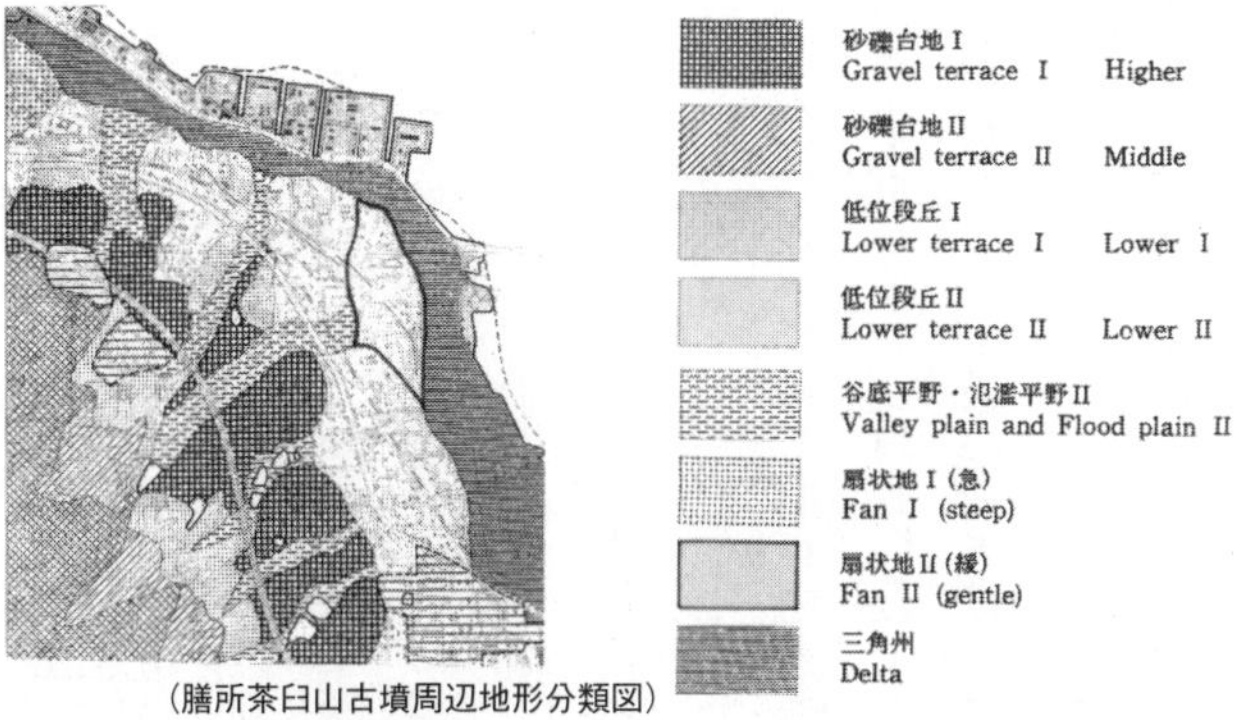

（膳所茶臼山古墳周辺地形分類図）

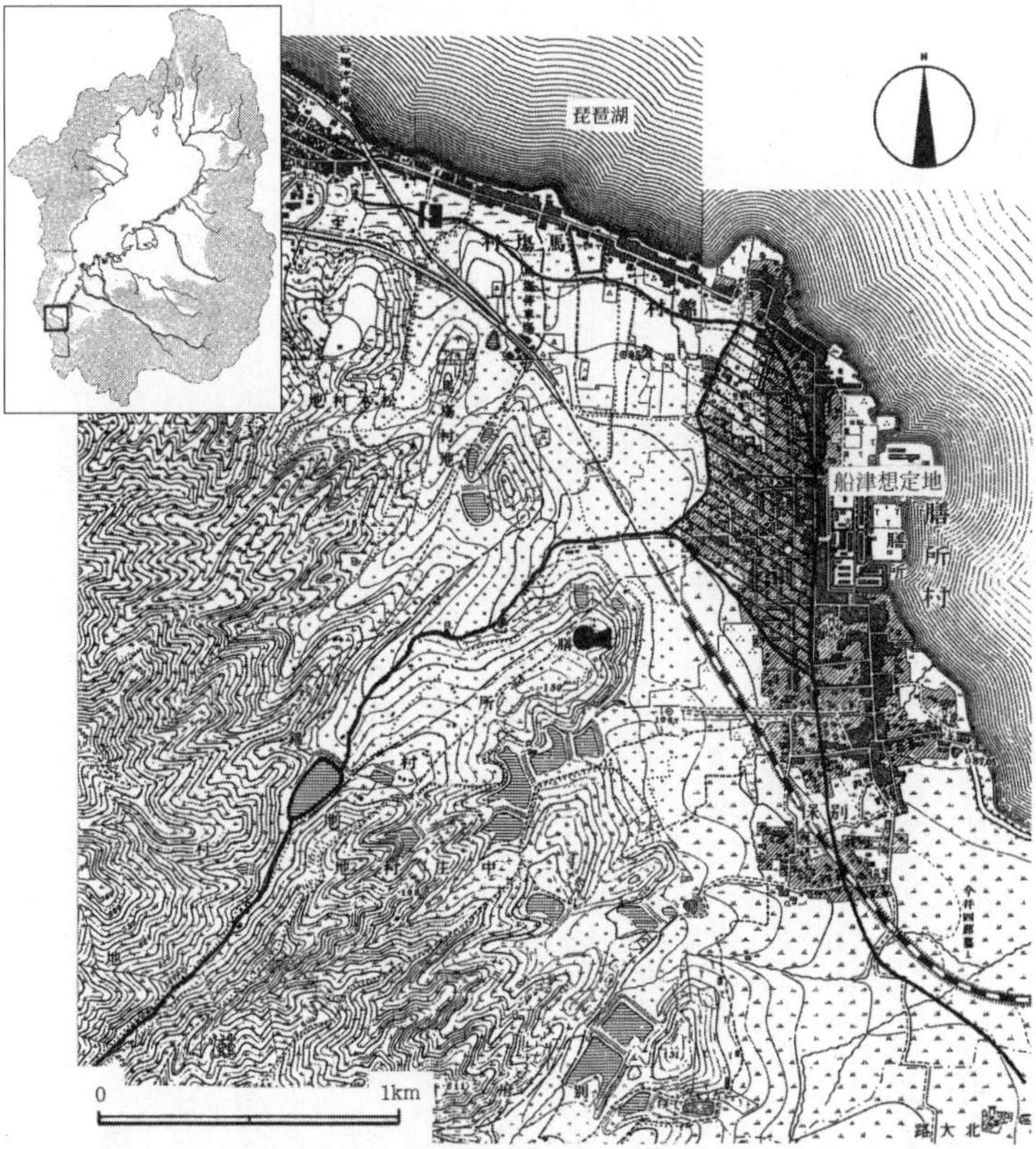

図４－２　膳所茶臼山古墳周辺地形環境（明治22年（1889年）測図地図）

り、扇状地の外側は琵琶湖をとりまく三角州となって、近世東海道、相模川の水を利用した外濠、そして膳所城内となる。

この南湖西岸の標高九〇m付近より低い三角州地帯は、かつては頻繁に琵琶湖の水が滞水する場所であり、この周辺では相模川扇状地の先端の入江にしか古代の港や湖上管理の拠点を想定することができない。後の禾津頓宮《あわづとんぐう》のみならず、粟津市、粟津御厨《みくりや》なども、この南北約一・三kmの小さな扇状地とその先端の三角州地域に推定することができる。

このような扇状地を眼下に望み、琵琶湖までの距離がおよそ七〇〇mという安定した台地にのった大形墳丘には、量は少ないながらも埴輪が備えられており、背後には一部、濠も想定されている。

これら三基の大形前方後円墳は、船津を備えるにふさわしい地形環境にあったことがわかる（図4―3、4―4）。それに対して、前期の拠点的な円墳群は大形前方後円墳より内陸部にあり、あくまで主要な陸路である旧東山道や旧東海道あるいは旧北国脇往還に沿って位置し、川と陸路をつなぐ渡津を掌握していた首長の墓であると考える。ここに、古墳時代前期の大きな画期が認められる。

全長一二〇m級の前方後円墳になると、土量計算と動員人数からもはや数郡単位の造営母胎では築けず、旧国単位での造営になると高橋護はいう（第三章第三節）。安土瓢箪山古墳や荒神山古墳、膳所茶臼山古墳に葬られた首長は近江を代表する首長で、琵琶湖を望み、その権威を知らしめるように墓が築かれている。三基とも一方の前方部隅角は、やや崩れたり改変を受けたりしているため明確ではないものの、前方部先端は左右対称形にはならず、湖に近い側の隅角傾斜をゆるく仕上げた可能性がある。これら三者は琵琶湖と直接結びついた場所にあり、先の円墳群とは異なり、被葬者は最初に

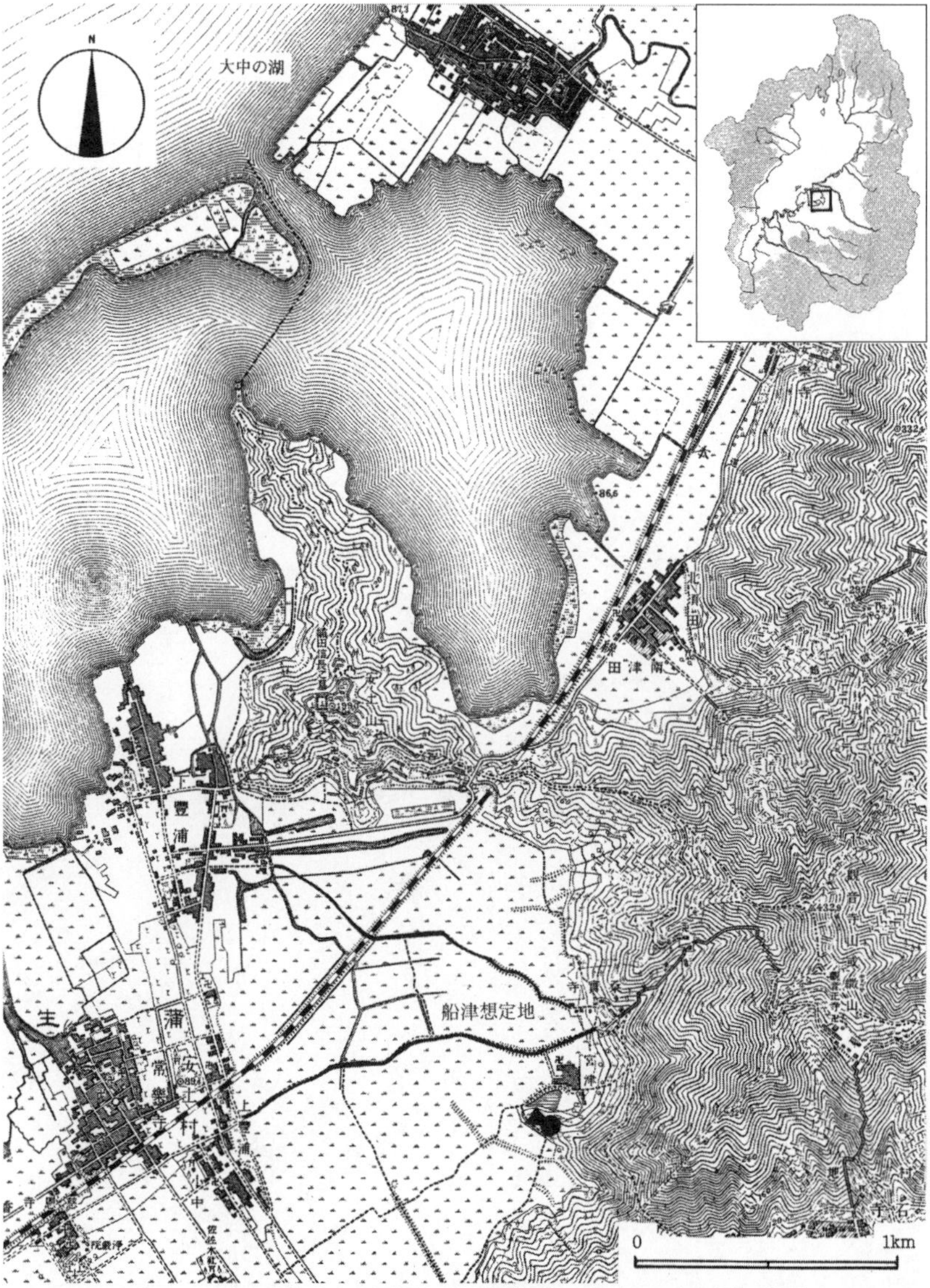

図4—3　安土瓢箪山古墳周辺地形環境（明治26年（1893年）測図地図）

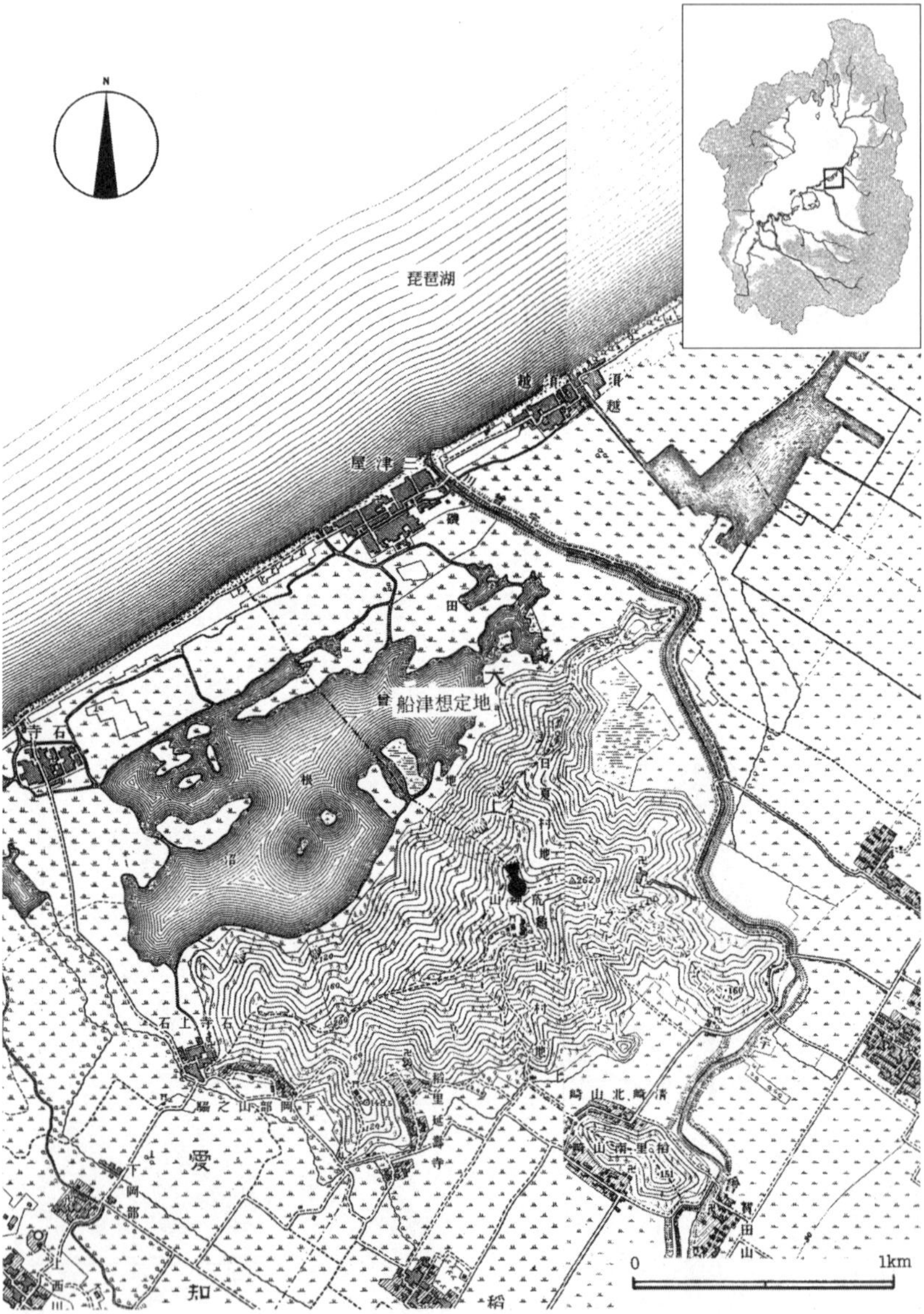

図４―４　荒神山古墳周辺地形環境（明治26年（1893年）測図地図）

湖上へ力が及んだ首長であると評価できる。

瀬戸内海沿岸の津と前方後円墳との密接な関係は、松原弘宣によっても指摘され、河川の河口部に多い津によって、河川を通じた内陸部との交通も説かれている。[19]

一般に、大形前方後円墳の場合は古墳築造場所が限られてくる。琵琶湖周辺の沖積地では、これほどの土量を備えた構築物の築造は不可能であり、丘陵等の基盤が必要とされていた。低湿で軟弱であるため不等沈下を起こすなど、土量に対して地盤がもたないのである。[20]そのことを前提に考え合わせると、三つの大形前方後円墳は最も琵琶湖に近接した場所にあるといえる。

それら以外にも、ほぼ同時期に築かれたと思われる前方後円墳が、琵琶湖が最もせばまった付近の西岸台地上で大津市和邇《わに》大塚山古墳が知られ、[21]他にも湖の北端で高月町西野山古墳が全く同形同規模で知られている。[22]全長約七〇mで葺石を備えるが埴輪は持たず、前方部右隅角の傾斜がゆるく通路状を呈するのは、東近江市雪野山古墳にも共通し、全長一二〇m級の首長につぐ、畿内中枢からの使命を帯びて配置された在地首長である（図4—5）。

その根拠の一つは、雪野山古墳は竪穴式石槨を採用しており、和邇大塚山古墳も礫床の上に木棺を置いたものとも伝聞されているが、[23]後円部背面を中心に分布する節理面を持つ板石を混じえた石材は、竪穴式石槨の存在を暗示させるものである。近江の、特に前期から中期にかけての首長墓には粘土槨が多く採用され、竪穴式石槨はいわば別格である。さらには、石槨の詳細が判明している雪野山古墳は、古墳時代前期前葉までの例では大和より東方で五例しかない竪穴式石槨の一つである。[24]つまりこの時期の竪穴式石槨はその九二%が大和も含めて西方の首長たちのものだったのである。

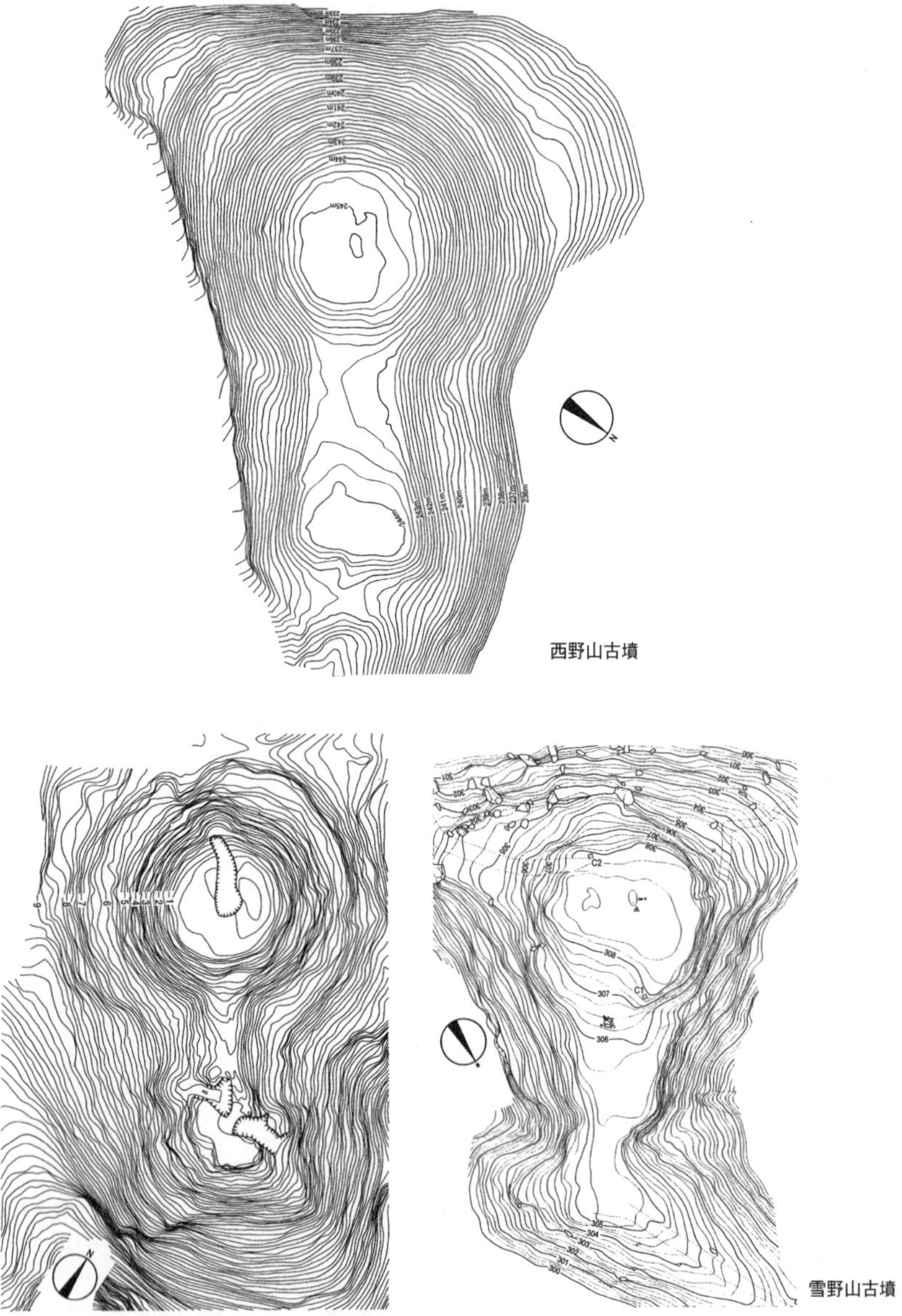

図4—5　全長70mの前期前方後円墳3基

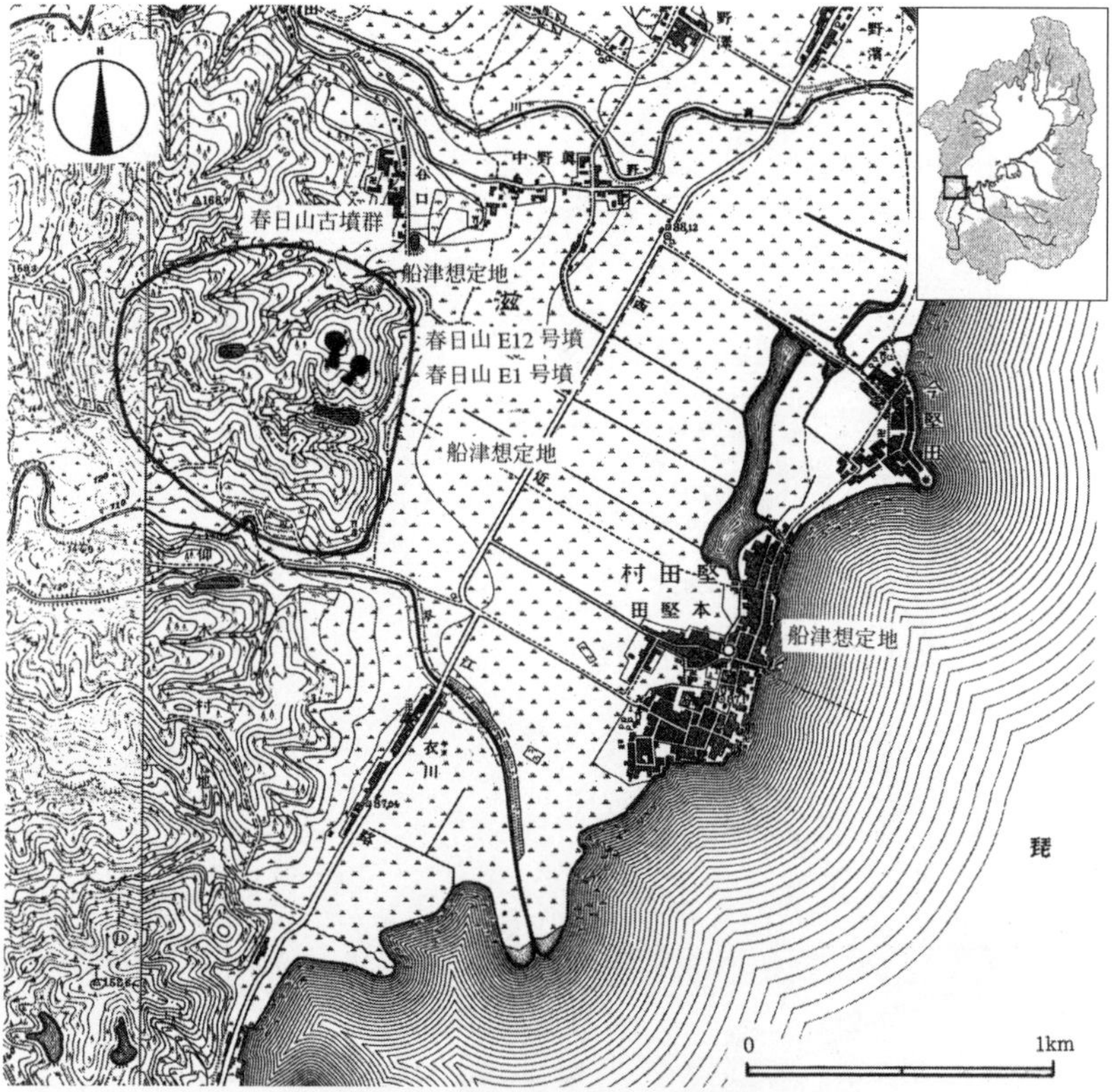

図4—6　春日山古墳群周辺地形環境
（明治26年（1893年）（右）、明治42年（1909年）（左）測図地図）

さらに大津市春日山E—12号墳や湖北町若宮山古墳など全長五〇m規模の前方後円墳が、これらに続くものとして位置づけられ、若宮山古墳は墳頂に石材が相当に散布することから竪穴式石槨を備えると推定され、前方部にもその可能性がある。

また、春日山E—12号墳は、後の湖上交通や湖上支配の拠点であった堅田の背後にあり（図4—6）、この前方後円墳を取り囲むように築かれた二〇〇基にもおよぶ後期横穴式石室墳（図4—7）の石材は、ほ

図4—7　春日山古墳群

とんどが湖東流紋岩類で琵琶湖対岸の沖島か長命寺山から運ばれたものであるといわれたが、[25]その後の筆者と横田洋三の追究、および小早川隆の教示により石英閃緑岩であることが明らかになった。谷をはさんで春日山の北にある曼荼羅山古墳群や南の比叡山麓に展開する後期群集墳の石材はすべて周辺の花崗岩類が用いられていることからして、春日山E—12号墳にはじまるこの地の勢力は、堅田の船津を基盤としたものであると考えた

写真４—２　春日山丘陵から堅田と琵琶湖大橋を望む

（写真４—２）（本章第二節）。現地形とその標高からすると、かつては堅田の集落の背後に琵琶湖の水は大きく入り込み、春日山丘陵の東麓に入江状の地形があったことがわかる。また、丘陵の北から大きく山中に入り込んだ谷には、一～数m四方の巨石がいくつも水田中に取り残されており、北側から石材が丘陵中心部に運び込まれた後に、ここで加工して横穴式石室の石材として使用されたことを窺わせる例である（写真４—３）。この丘陵は古琵琶湖層群からなり、本来、石材は皆無の地質である。このことは春日山古墳群の被葬者層が、湖上交通に関わっていたことを暗示するのである。若宮山古墳も湖北の要衝・余呉川河口部の尾上やかつての内湖の野田沼を望み（写真４—４）、湖上航行のメアテ（目印）でもあった山本山の山裾に築かれ、方形や円形の透かしを持ち、タテハケのみな

写真４—３　春日山丘陵・谷水田の石材

写真４—４　かつての内湖・野田沼と若宮山古墳

らずヨコハケ調整も見られる円筒埴輪を備えている。

さて、これら琵琶湖のまわりに知られる四ないし五基の前方後円墳に葬られた首長たちが、古墳築造の実質的な占地から見ても、古墳時代前期の湖上管理にあたった者と想定でき、和邇浜・堅田や飯浦・塩津・尾上など、古墳の近くに船津を見ることができる。このことは、これらの特に大形前方後円墳の直接的な擁立基盤、集落がその周辺に知られておらず、沃野も控えていないことからも推定でき、畿内中枢の意志を備えた者の墓であり、新しい在地勢力の証と考えることを支えている。

(2) 河川交通と群集墳

琵琶湖水系最大の河川である野洲川の中流域から上流にかけての首長墓は、その中ほどの水口盆地西端に三基、やや下流で一基を見るだけである。

水口盆地では、七期（『前方後円墳集成』近畿編、山川出版社、一九九二年による区分）、五世紀中ごろ以後になって一辺約五二mの方墳である甲賀市泉塚越古墳が築かれ、全長約六〇mの帆立貝形である西罐子塚古墳や径約四二mの円墳、東罐子塚古墳はそれに先行するようである（図4—8）。泉塚越古墳では、かつて小形の内行花文鏡や列島では出土例の少ない四方白鉄地金銅装眉庇付冑が発見されている。

さて、その水口盆地の首長墓群は、隣接する甲賀市植遺跡の五世紀中ごろにはじまる倉庫群との関連で説明される[26]（図4—9）。特にSB05・SB08・SB09という床面積が五〇〜七〇㎡の大形倉庫群は、古墳時代の列島でも四世紀末の和歌山県鳴滝遺跡や五世紀後半には存在した大阪府法円坂遺跡

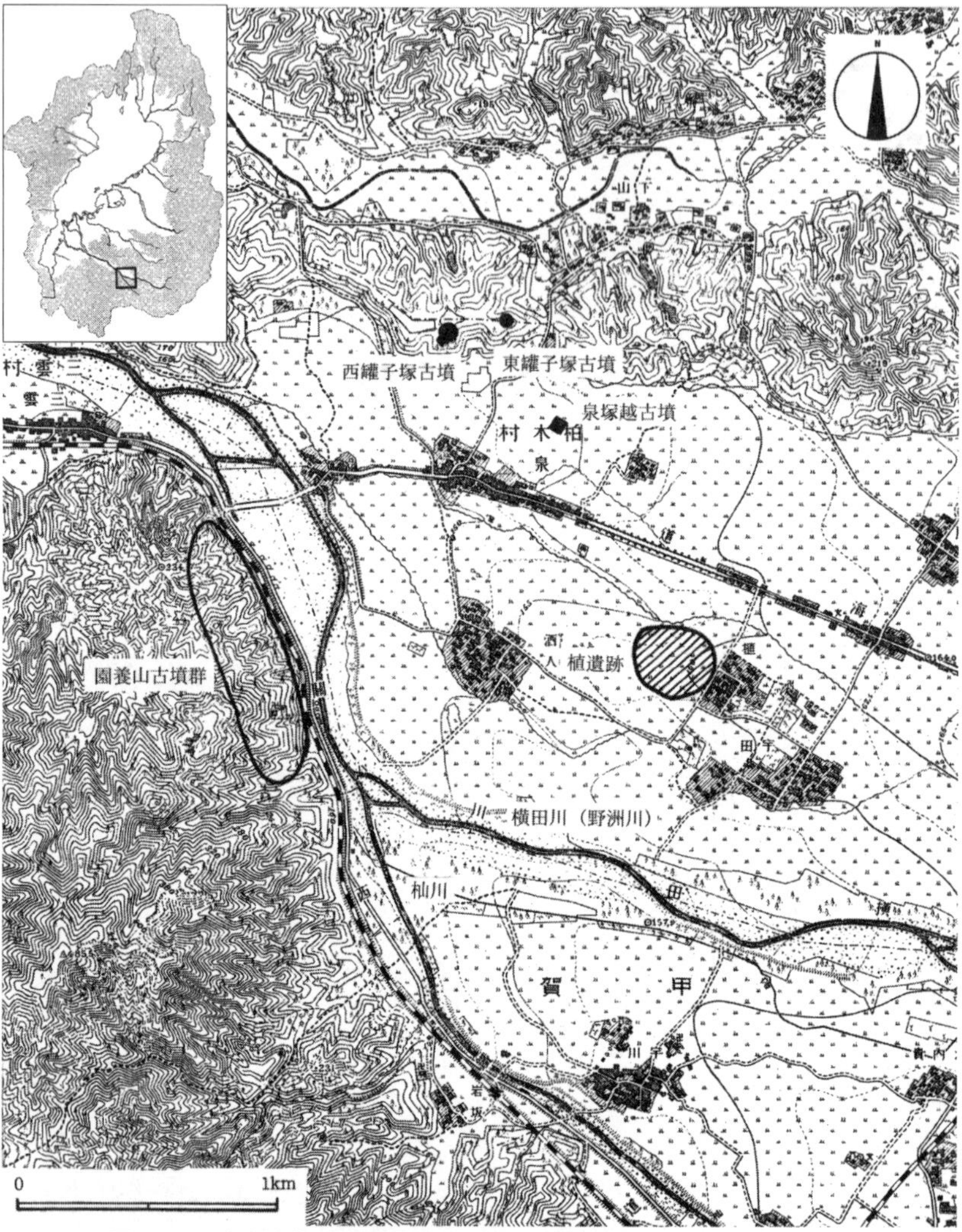

図４―８　泉古墳群と植遺跡周辺地形環境（明治25年（1892年）測図地図）

図4—9　植遺跡遺構分布図

とならぶ有数の倉庫群の一つであり、その運営・管理にあたったのが泉塚越古墳にはじまる首長という。

植遺跡は七世紀前半まで存続し、その間に一〇三棟の竪穴住居、掘立柱建物一七棟を残すが、この集落は六世紀半ばになって野洲川の対岸に古墳群を築く。総数一三四基からなる園養山古墳群であり、野洲川の水運を運営・管理した集団は、首長墓に代わって後期群集墳を築くようになった。

植遺跡の調査からすると野洲川の物資輸送を中心にした水運が想定されるが、それとともにこの場所は旧東山道の野洲川渡河地点にあたり、渡津を管理した首長の存在も考えなくてはならない。しかも、造墓地域を野洲川右岸から左岸に移動したこと、やがて首長墓を持たずに大群集墳を築くようになったことは、渡津あるいは水運の管理主体の変質を予想させる。

この野洲川中流域、水口盆地が野洲川に沿って狭まり、杣川と合流するこの付近には、後に三雲川津も設けられ、律令期には甲賀山作所による木材の搬出などに機能する。その川津は、現在の横田橋付近と考えられているが[27]、実際はさらに一㎞ほど上流で、近世東海道の横田渡しに近く、植遺跡にもより近い園養山古墳群麓付近と想定できる。

三　旧野洲川河口部の勢力

(1)　旧野洲川下流域

近江最大の河川、野洲川のかつての下流域での主流路は、現在の境川流域に相当する。これは最も明瞭な地形を残して古川とも呼ばれ、弥生時代にはこの河道がすでに存在したともいわれている[28]。その右岸と左岸が野洲郡と栗太郡となり、現在でも守山市と草津市にその行政区が分かれている（図4—10）。この旧野洲川を境にしてかつての地割方向も異なるなど、特に古墳時代を中心にして大きな川を集団領域の境とする、あるいは川によって地域を区分できる[29]という近江の特徴を如実に表した地域である。

この境川は、守山市の市街地を抜けた後、大門町から横江町を過ぎて現在の草津市芦浦町・下物《おろしも》町と守山市森川原町の境を流れて、烏丸半島北の赤野井湾で琵琶湖に注ぎ込む。かつて、芦浦町より上

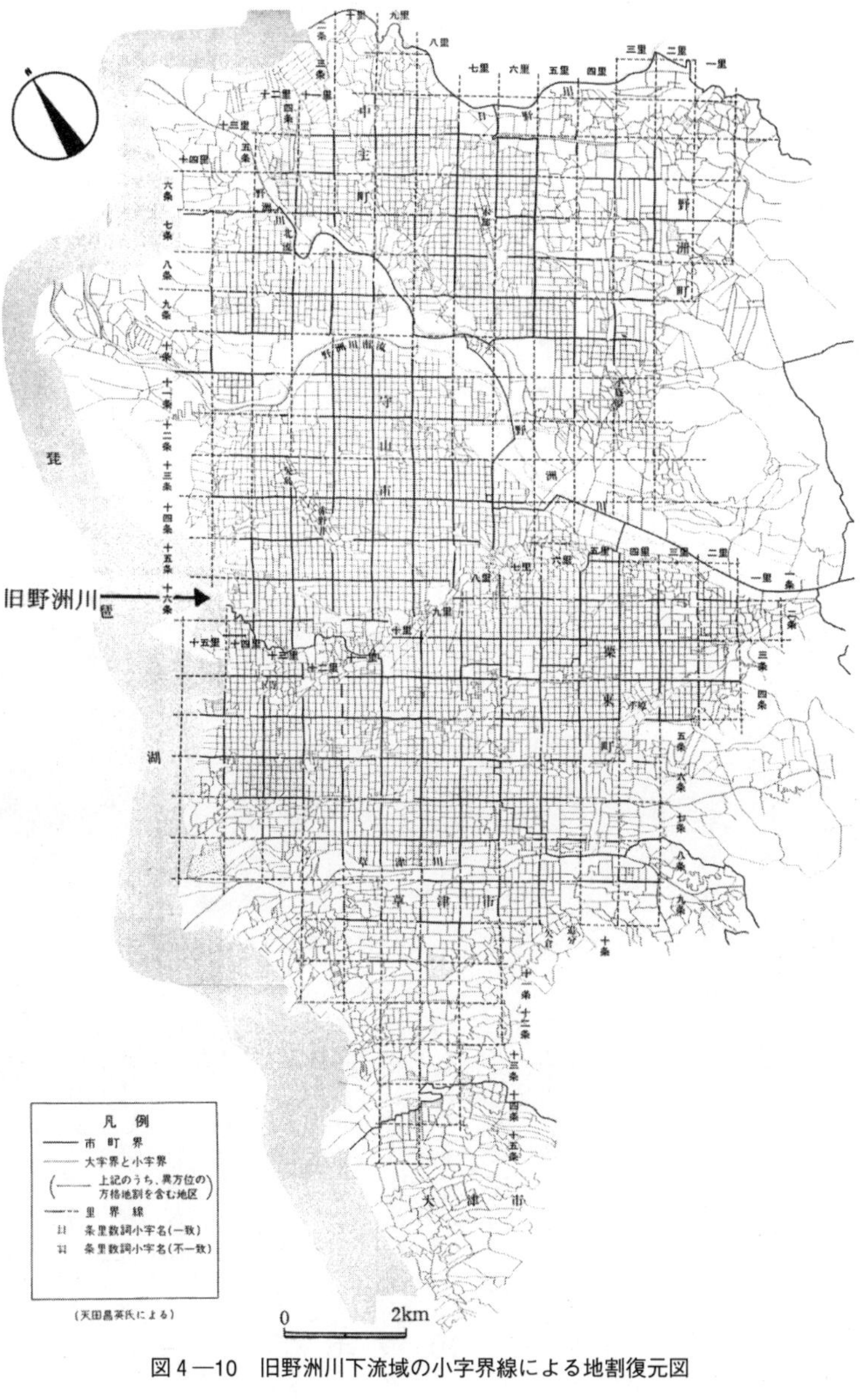

図4―10　旧野洲川下流域の小字界線による地割復元図

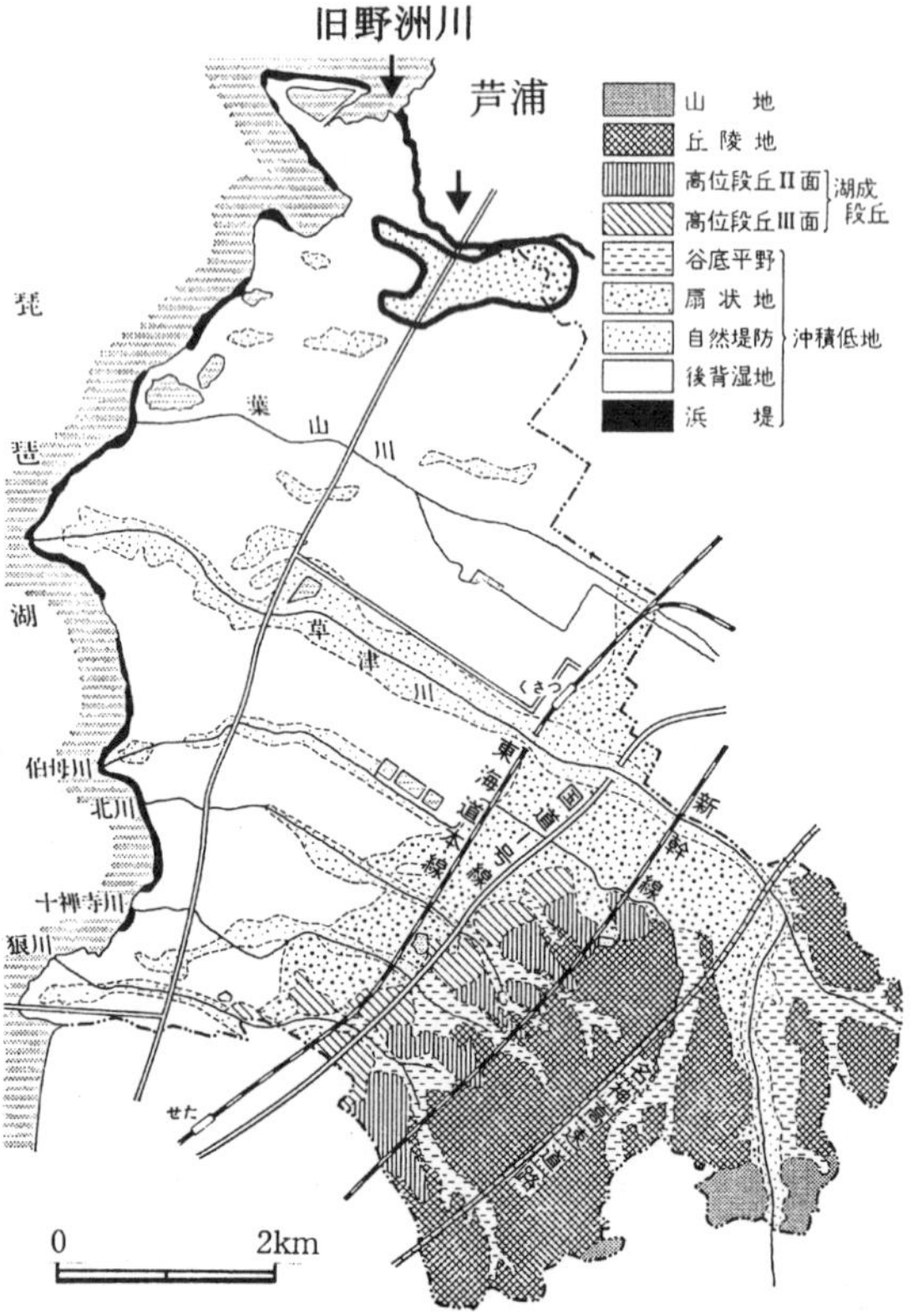

図4―11　南湖東岸の地形分類図

流部にあたる守山市金ケ森町付近では、その川幅が一〇〇m以上であったともいわれている。(30)そしてこの川によって形成された自然堤防は、東は守山市吉身町付近から草津市下物町まで延長約四・五km、最大幅七〇〇mに達する湖南地方最大のものである（図4―10）(31)。このことや河川堆積物による烏丸半島の存在によっても、境川が旧野洲川の主流路であったことがわかる。

弥生時代後期には、この旧野洲川左岸沖積地において、守山市伊勢遺跡・下長遺跡、栗東市下鈎《しもまがり》遺跡の三つの遺跡が大形建物を中心とする拠点的な集落として展開し、伊勢遺跡集落の南を限る小河川や下長遺跡の準構造船とも呼ばれる改良型丸木舟に見るように、野洲川下流域の河川を積極的に利用した弥生時代の交通・交易も想定されている。

この下流域河口部付近の芦浦町と下物町に挟まれた場所において、芦浦古墳群を中心としながら縄文時代末から中世前期、一四世紀にまで至る遺跡が一九九二年に調査され[32]、古墳時代以来、近世に至るまで、南湖周辺の政治的中心地あるいは湖上管理の中心地は、現在の草津市芦浦・下物町周辺を中心とした地域であると考えるに至った。

この発掘調査では、旧野洲川である境川の旧河道が検出されている。発掘区内では東西五〇m以上、南北三〇m以上の範囲で見つかり、堆積土からは縄文時代晩期から古墳時代後期に至るまでの土器群が出土している。量的に中心を占めるのは、弥生時代中期前葉から中葉にかけてのものであるが、古墳時代の後期まで埋没作用が進行し、それ以降もこの一帯は沼沢地あるいは泥湿地状を呈していた[33]。また、この旧河道から人為的に開削された幅三・四～七・七mの運河状の溝も伸びており、芦浦古墳群の盟主墳が築かれた頃にはすでに機能していた。

(2) 芦浦古墳群

野洲川旧河道に接するように築かれた芦浦古墳群は、円墳六基、方墳五基の一一基からなり、芦浦町から下物町にかけての村絵図を詳細に観察すると、数基の円墳ないし方墳が水田中に認められ、周辺地域の調査が進めばさらに増える大古墳群となる。

なかでも芦浦一号墳は、古墳時代前期、五世紀前半の直径約三六mを計る円墳で、幅六・〇～七・五m、深さ一・〇～一・二mもの濠をめぐらす首長墓である(図4―12)。円筒埴輪や家形・靫《ゆき》形・草摺《くさずり》形あるいは蓋《きぬがさ》形などの形象埴輪で墳丘を飾っており、周濠の幅を含めると東西径約四五m、南北径約四

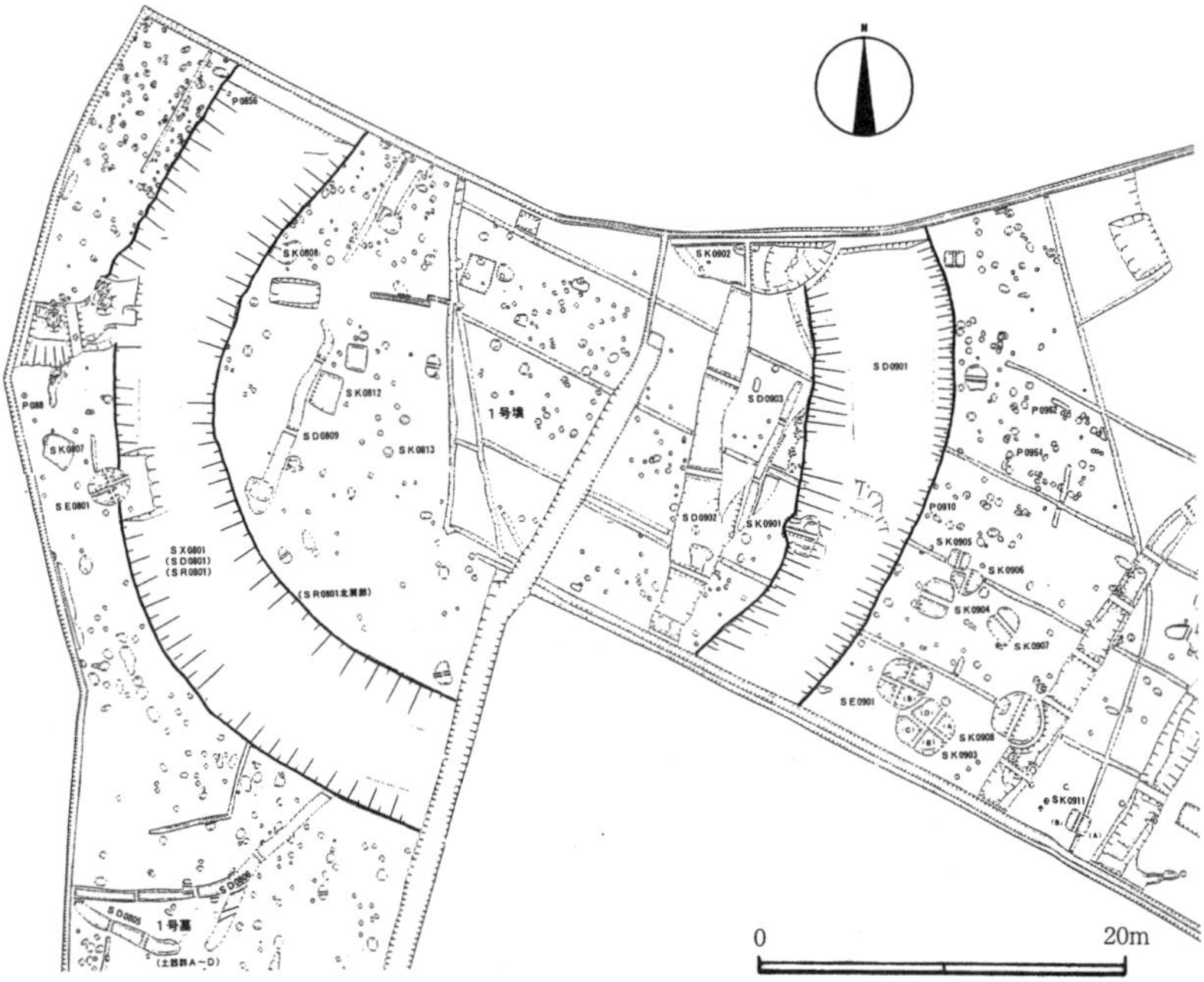

図４—12　芦浦１号墳

七ｍにもおよぶが、平安時代にはすでに墳丘が削平されてしまった。

周濠の埋土は、下層にスクモ混じりの粘質土があり、その上層に砂質土が順次堆積するなど、この濠はある程度の期間、滞水状態にあったと考えられる。円筒・形象埴輪や須恵器、土師器、黒色土器まで埋土から検出されている。

円筒埴輪は、黒斑を持ち、タテハケ、ナナメハケ、連続的なヨコハケ調整を施し、長方形の透かしを有するなど、川西宏幸による編年[34]のⅡ期に相当するが、近江ではⅢ期との分離も困難なようで、靫形や草摺形等の器財埴輪の出土から、この古墳は前期後半の所産としておく[35]。二〇〇〇年には、この一号墳の南西約一〇〇ｍ付近で径約三六ｍ・周濠幅七ｍの円墳が、草津市教育委員会により調査されている。

一号墳に続いて築かれたのが、直径約二二mを測る四号墳であり、さらにそれに続くのが六号墳と呼ぶ円墳である。これは直径約二〇mの規模を誇り、一号墳、六号墳とも幅二m前後の周濠を持つ。特に、四号墳の周濠からは、須恵器の坏身・坏蓋のセットが四組、安置された状態で発見され、中からは野鳥の卵に類する成分や狸と鮎の脂肪酸らしきものも検出されている。

その他、五世紀後半の直径約一四mを測る二号墳や一辺約一二・五mの方墳である三号墳、五世紀後半から六世紀前半にかけての一辺約一〇mの方墳である五号墳などが知られ、それ以外の四基の古墳も、互いに切り合い関係がないことや出土した須恵器群の組合せから、およそこの時期と推定されている。いずれにしても琵琶湖周辺の平野部における古墳時代前期後半以降、後期に至るまでの、代表的な首長墓群をこの芦浦古墳群は形成している。

芦浦古墳群以外に琵琶湖の南湖東岸の平野部では、草津市矢橋町の鞭崎《むちざき》神社古墳群（図4―13）二基[36]、狭間《はざま》一号墳～三号墳[37]（図4―14）、草津市南山田町の大宮若松神社古墳[38]、草津市北山田町の五条古墳群二基[39]、片岡町の印岐志呂《いぎしろ》神社古墳群四基[40]が知られているのみで、いずれも古墳時代後期、六世紀以降のものである。そのうち、大宮若松神社古墳は直径約三五m、高さ約三・五mの円墳で、東に造出を備えているとする見方もあるが、現状では判断ができない。直刀、甲冑、馬具などを副葬品として持ち、円筒埴輪も備えていたという大市神社が鎮座していた古墳とも考えられるが定かではない[41]。それ以外は直径あるいは一辺一二m以下の小規模なものが中心である。ただ、大宮若松神社古墳に近い草津市山田町には、径約四八mの円形の濠を廻らす山田城跡が発掘調査されている[42]。その濠の幅は四m、深さは一m程度で古墳のそれに似る（図4―15）。規模と形から古墳以外の歴史的な遺構は想

図４—13　鞭崎神社古墳群と旧矢橋港

定できず、円墳の再利用とも思われる。この南湖東岸の旧山田港近くにも堂々たる円形の首長墓が複数あったことがわかる。

芦浦古墳群の調査では、縄文時代末から室町時代、およそ一四世紀までの遺構や遺物も検出されている。特に、平安時代末から鎌倉時代にかけては、二×四間以上、二×三間の掘立柱建物などが一〇棟以上検出され、これらは栗太郡の地割方位と主軸を一にする。また、曲物を使った精巧な井戸などが三〇基以上見つかり、その建物の大きさや遺構の内容から公的な倉庫群とも考えられる。

それら倉庫群に先立つ白鳳期には、隣接する芦浦観音寺境内から発見された軒瓦と石垣中の巨大な礎石の存在により、観音寺前身寺院の存在が想定されているが[43]、芦浦古墳群の発掘調査で発見された軒丸瓦類は、西に隣接する花摘寺廃寺のものとの関連が考えられる[44]。

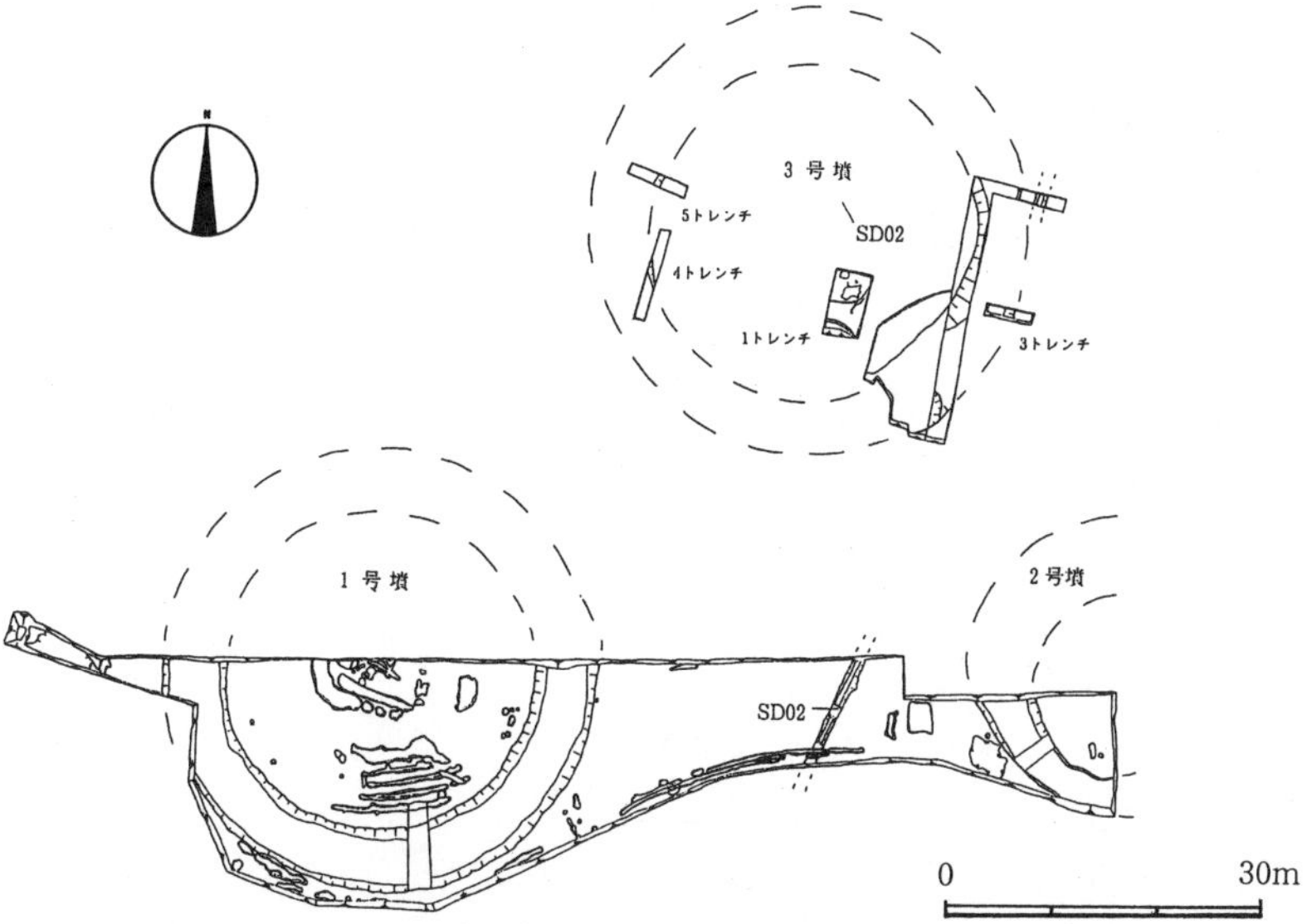

図4—14　狭間遺跡

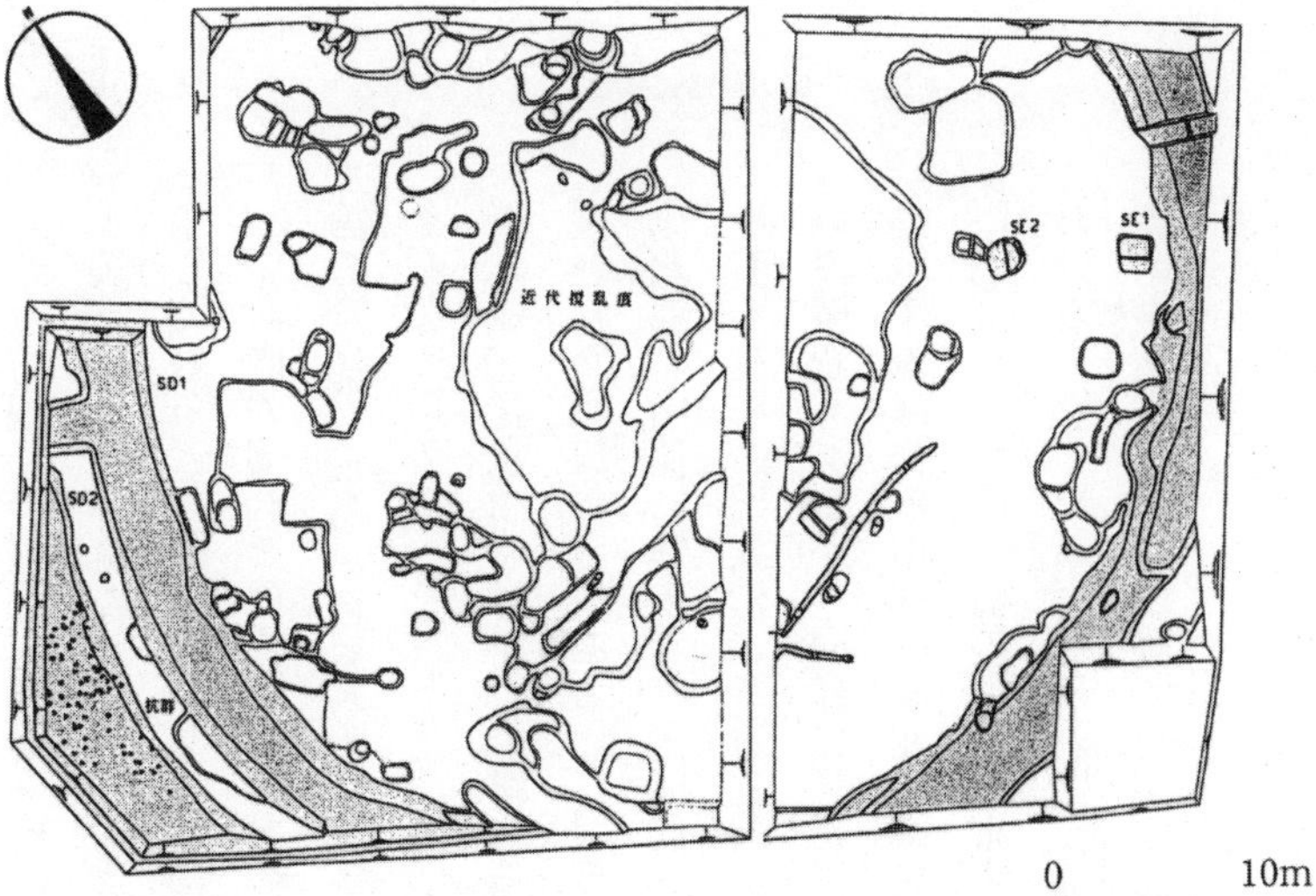

図4—15　山田城跡

(3)　白鳳寺院

旧野洲川河口部から南にかけての琵琶湖岸平野部においては、草津市観音寺廃寺、花摘寺廃寺、長東廃寺、片岡廃寺（東光寺廃寺）、観音堂廃寺、大般若寺跡、宝光寺跡、大悲寺跡など、八つの寺が集中している。大和の寺院数にほぼ匹敵し、河内のそれを凌駕するほどの数を誇る近江の飛鳥・白鳳寺院であるが[45]、そんな中にあっても特異な地域である。これは、琵琶湖の対岸の大津宮造営に関わった氏族の寺[46]、あるいは対岸の大津北郊の山麓に営まれた古墳群の系譜を引く渡来系氏族による造営であるという解釈もあるが[47]、同様に琵琶湖岸に集中する彦根市南部や湖北町余呉川河口部については[48]、別の理由を求めなければならなくなる。今は湖上交通の起点、中継点、および終点を想定しておきたい。

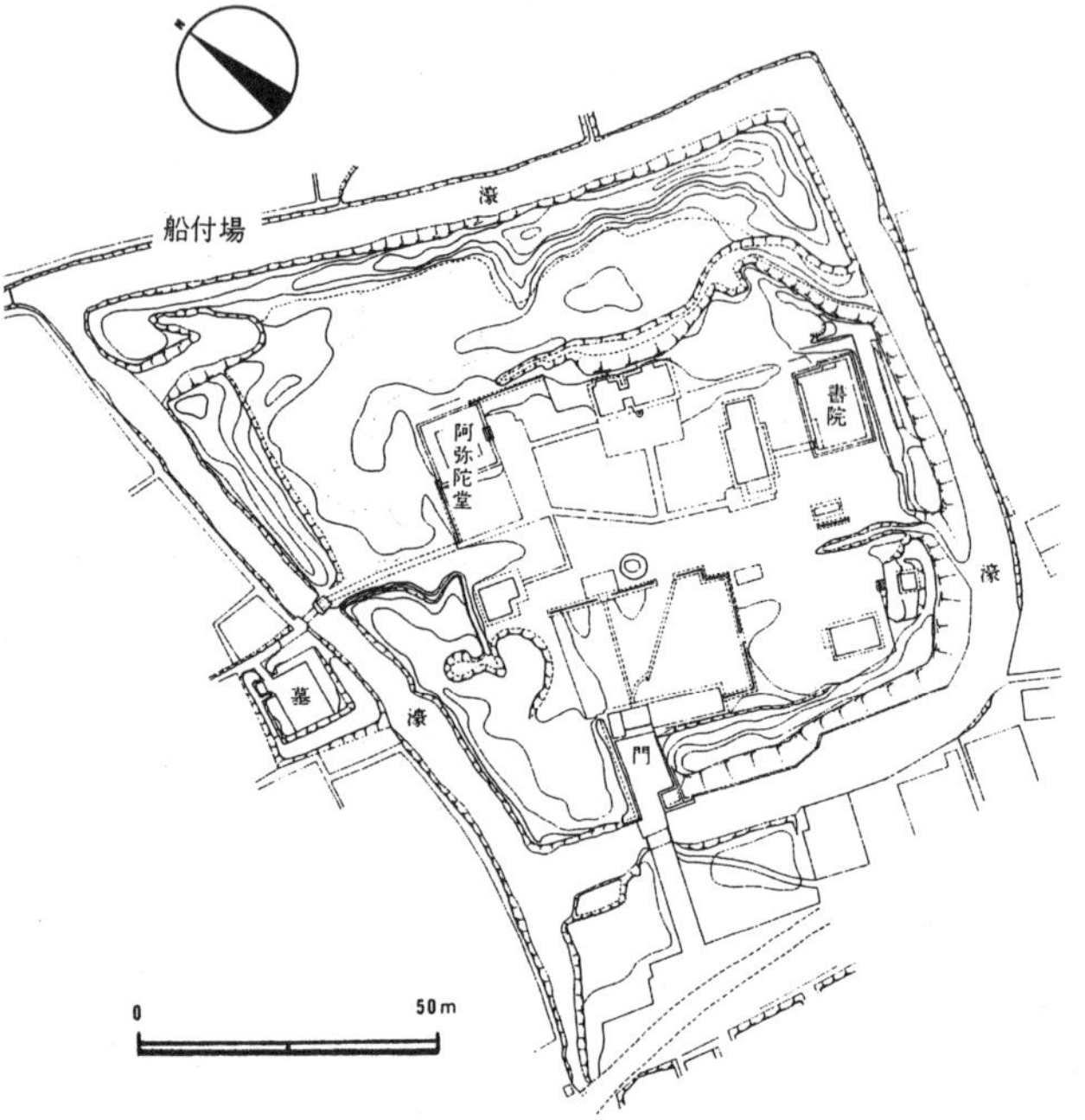

図4—16　芦浦観音寺

　こんな中にあって観音寺廃寺は、南

湖東岸の寺院群の中でも一番の規模を誇っており、周辺の地割りや境川の存在から、三町四方の大きな寺域も想定されているが[49]、一町半四方の真南北方位の寺域説もある[50]。現在の寺域内（図4―16）での配水管工事や防災施設工事によって発見された素弁八葉蓮華文軒丸瓦は、草津市下寺町観音堂廃寺や北大萱町宝光寺跡から出土した瓦と類似するという[51]。

なお、境川河口部にあたる守山市赤野井湾遺跡では、運搬途中に転覆した船の積み荷である平瓦が発掘調査で見つかっている[52]。

(4)「葦浦屯倉」

『日本書紀』安閑天皇二年（五三五年）五月条に「葦浦屯倉《あしうらみやけ》」の記事が見える。全土に二六個所の屯倉を置き、近江唯一のものがそれである。継体二十一年（五二七年）には、筑紫国造磐井の朝廷への反乱があり、それを鎮圧した直後のことであるため、近江における地方政治の拠点であったことは間違いない。

そもそも屯倉とは、収穫した稲を納める朝廷の倉屋であるが、「葦浦屯倉」は港湾施設としてはじまった[53]。

現在の地形図と芦浦古墳群の発掘成果などから、かつての野洲川流路を復元すると、現在の琵琶湖の赤野井湾から芦浦まではその川がおよそ一〇〇m以上、場合によっては二〇〇mもの幅を持っているのに対し、芦浦観音寺の北西隅の船着き場付近から川幅が狭まる。ちょうどこの芦浦が、河川の河口付近の湾入地に相当することになる（図4―17）。

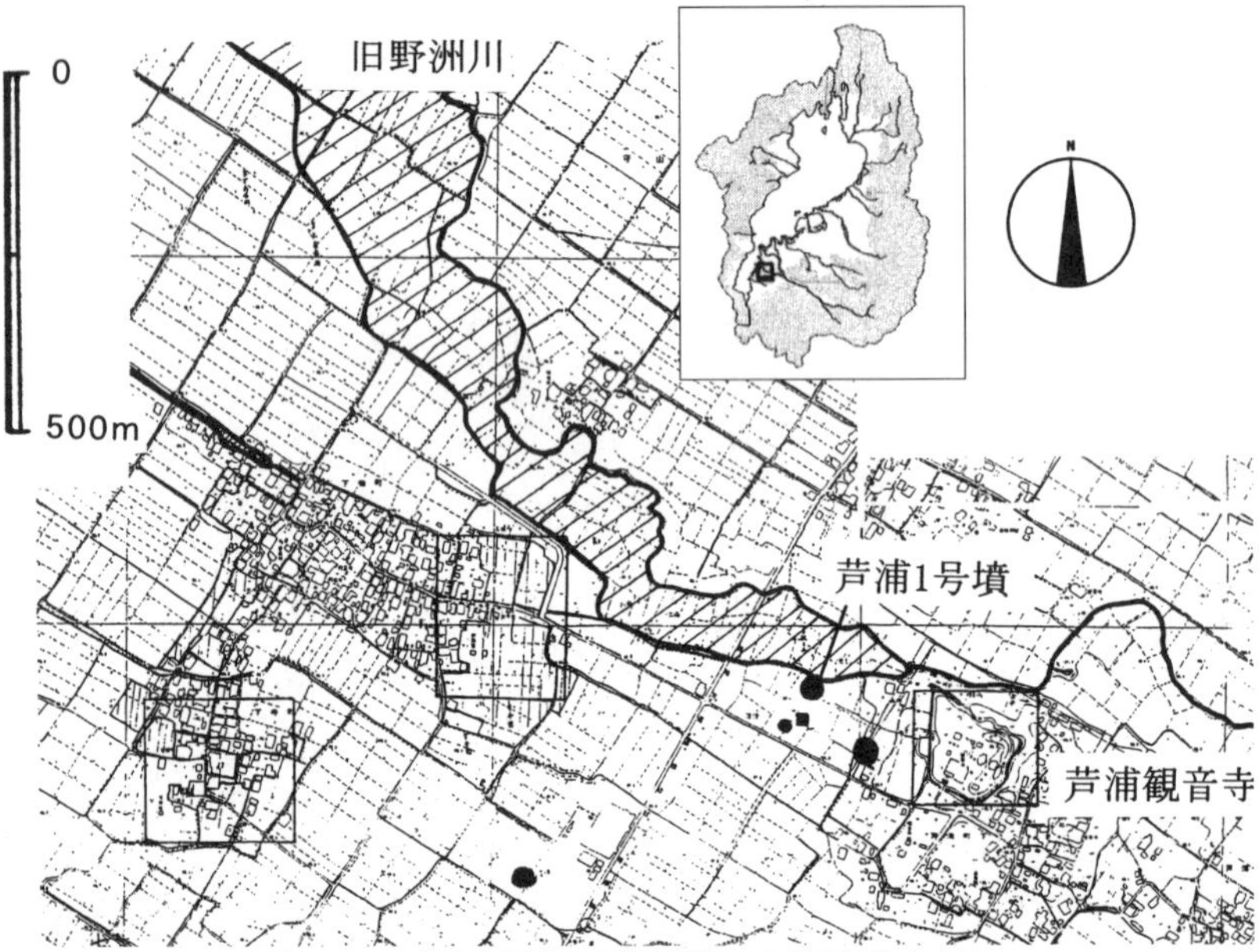

図4—17　草津市芦浦・下物町周辺の古代寺院跡と古墳

「葦浦屯倉」の場所については、地名から守山市三宅町、[54]特異な地割りと小字「犬養」の存在、それに調査された六世紀後半から一〇世紀にかけての掘立柱建物などから守山市赤野井町なども想定されているが、[55]湖上舟運の「おろしもの」に由来する下物町に隣接し、「芦浦」の地名を残す野洲川河口部が、先の地形と合わせると有力な葦浦屯倉比定地となる。[56]瀬戸内・西海道の屯倉設置場所の検討から、そのいずれもが陸・海上交通路の要所に置かれたということも、[57]そう考える理由の一つである。

(5)「夜須潮」

天平宝字六年（七六二年）の石山寺造営に関する「造石山院所解」において、木材運搬中継地として「夜《や》須潮《すみなと》」が登場する。古写本には「みなと」に「湖」をあてているものもあるようだが、いずれも河口のことで、芦浦の屯倉は甲賀の山と密接に結びついた古代野洲川河口の港湾管理施設であったと、文献史の立場から説かれている。[58]百数十年後に、芦浦の「浦」が「湊」として整備されたと考えられるが、ここでは古代史分野の課題として紹介にとどめておく。しかし、限られた考古資料からすると、この地域の中心的な港湾施設は、現在の赤野井湾、つまりかつての野洲川主流である境川河口部付近にあったと考えられる。

この赤野井湾周辺地域は、弥生時代中期になると遺跡が爆発的に増える。草津市津田江湖底遺跡や烏丸崎遺跡などの現在の湖岸にある遺跡とやや内陸に入った守山市赤野井遺跡、草津市芦浦遺跡・下物遺跡・志那中遺跡などであるが、その中心は赤野井湾に隣接する烏丸崎遺跡である。二棟で数千点の遺物を伴う玉作工房や七〇基以上の、時には木偶も伴う方形周溝墓など、湖南の湖岸地域では守山市服部遺跡と並ぶ重要な弥生時代の遺跡である。

また、弥生時代後期から古墳時代前期になると守山市赤野井湾遺跡が卓越し、土器や大量の木器の出土からすると大規模集落が想定される。古墳時代中期には一三四点の手捏土器、舟形木製品、鏡形土製品などの出土から、湖上での安全祈願など水辺祭祀の中心地であったことがわかる。その後、古代の土器類も継続して出土するが、鎌倉時代初頭の遺構を最後に遺跡は終息する。[59]

こうした弥生時代から古墳時代の遺跡の状況に、先の白鳳期の平瓦八〇枚や無文銀銭の発見された場所での、幅約五～三〇ｍの溝や旧河道の存在なども考え合わせると、芦浦町を含めた赤野井湾周辺が、弥生時代から古墳時代の南湖周辺での中心的な位置を占め、古代においては主な船津であり、琵琶湖や旧野洲川の水運を利用した交易活動の拠点であったことをうかがわせる。

四　南湖東岸の歴史的位置

(1)　芦浦古墳群の意義

古墳時代中期、五世紀前半にその墓を旧野洲川河口部に築いた首長は、当時の琵琶湖岸では、その規模や立地において直接琵琶湖を管理できる立場であった。つまりこの段階で、琵琶湖岸の平野部においてはそれ以外の首長墓は見あたらないのである。

古墳時代前期には、安土瓢箪山古墳、荒神山古墳、膳所茶臼山古墳をはじめ、春日山E―1号墳、和邇大塚山古墳、それに春日山E―12号墳、若宮山古墳など、湖を望みながら全長一〇〇mを越えるものと七〇mおよび五〇m規模の三層原理の首長墓が知られているが、湖岸の平野部において湖に直接乗り出せる首長墓は皆無であり、芦浦古墳群が最初の勢力を持った湖岸の首長であったと評価できる。

その後、芦浦四号墳、六号墳へと首長権は引き継がれるが、古墳時代後期には南に隣接する南山田所在の大宮若松神社古墳にその権力が移る。ここは、旧山田港を目前に望み、かつての浜街道、芦浦道を控えた場所であり、南湖東岸の山田の「浦」が港として機能しはじめた時期に相当する。このことは、二〇〇〇年に調査された径約四八mの円形の濠をもつ山田城跡古墳が、その位置の重要性と合わせて再認識させてくれる。葦浦屯倉の後にこの地域の中心となったのは、芦浦観音寺と呼ぶ白鳳寺院で、南湖東岸一体を見据えたその他寺院を衛星状に配するようになった。

この地はやがて「湊」として整備されるようになり、国家の管理のもとでの木材など物資の集散地として機能するし、鎌倉時代の倉庫群跡にそうした名残りを見ることができる。

(2) 湖と街道の管理

南湖東岸の平野部では、先の芦浦古墳群をはじめ草津市矢橋町の鞭崎神社古墳群、南山田町の大宮若松神社古墳、北山田町の五条古墳群、片岡町の印岐志呂神社古墳群などが知られており、これらの中でもその古墳の規模や内容において芦浦一号墳と大宮若松神社古墳が卓越しているが、それに加えて狭間一号墳や三号墳も直径三〇m規模を誇る。これらはかつての浜街道や芦浦道と呼ぶ、やや内陸部において湖岸と並行して走る街道に沿いながら、「浦」などの入江に築かれた津をひかえて分布する。また、白鳳期を中心とする古代寺院推定地も同様に、この二つの道沿いに並んで建立されていたように見えるが、現在の草津市域ではやや北に偏在する。七世紀段階では、南・北萱を結ぶ通称浜街道が、湖東岸の主要交通路であった。[60]

近いところでは湖岸から約五〇〇m、遠いところでも一㎞しか離れていないこの浜街道とやや内陸部の芦浦道は、最近まで湖岸沿いの村々を貫く主要幹線道路であり、琵琶湖に注ぎ込む河川方向の道は発達しながら、湖近くで河川と直交する唯一といってよい陸路であった。

最近、湖南の主要な港の立地変遷を湖上交通史の中で論じたことがある。[61] そこでは、一七世紀以降、南湖東岸の主要な港は、琵琶湖に面した「津」である矢橋、山田（北山田）、志那であったが、明治以降、より内陸部にあり「浦」に相当する山田、志那中、赤野井にその地位を譲ったとみた。陸上交通との取り付きを重視したためであるが、具体的には浜街道との連絡であり、これは古代の津のあり方への回帰ともとれると結論づけた。

おそらくは、さらにさかのぼる古墳時代中期において、かつての浜街道か芦浦道と志那街道に相当する陸路はある程度機能しており、港である「浦」に築かれた津との結節点として重要な位置を占め、そのために在地首長の管理を受け、さらには古代寺院の建立という現象もあらわれたものと考える。

五　湖上交通史における首長の役割

古墳時代を中心に、古代の湖上交通史における首長の姿を追ってみた。その中で歴史的画期を見いだすならば、古墳時代前期の畿内中枢による湖上領域の支配あるいは湖上の管理があげられる。それまで小集団領域の延長としてあった湖上は、生活利用の場であった。また、古墳時代の前期には、陸上交通の拠点である渡津が重視され、三角縁神獣鏡を持つ円墳群が築かれた。それに代わって、改良型丸木舟の登場による輸送力の増強という技術史的側面と舟形木製品を用いた湖上・湖辺祭祀も新たな側面として備わり、大形前方後円墳の被葬者による船津を拠点にした湖上の管理と積極的な利用がはじまる。それは古墳時代を通じて滋賀郡や伊香郡の首長層によって続くが、遅くとも五世紀前半には、実質的な湖上管理者として重要な港を直接掌握する南湖東岸、栗太郡の首長が、そうした地方首長のもとに加わることが湖岸域平野部の古墳分布からわかる。古墳時代におけるこうした港は、芦浦・下物から山田に中心が移るようであるが、いずれもともに南湖東岸の「浦」であった。

注

(1) 山尾幸久「野洲郡成立の前史」『野洲町史』第一巻、野洲町、一九八七年。
(2) 諸橋轍次「浦」『大漢和辞典』巻六、大修館書店、一九五七年。
(3) 諸橋轍次「津」(注(2)に同じ)。
(4) 諸橋轍次「湊」『大漢和辞典』巻七、大修館書店、一九五八年。
(5) 松原弘宣「大化前代の津支配と国造」『日本古代水上交通史の研究』、吉川弘文館、一九八五年。
(6) 松原弘宣「律令制下における津の管理について」『愛媛大学教養部紀要』第一二号、一九七九年(注(5)文献に補訂所収)。
(7) 松原弘宣「古代瀬戸内海における津・泊・船瀬について」『愛媛大学教養部紀要』第二五号、一九九二年(『古代国家と瀬戸内海交通』、吉川弘文館、二〇〇四年に補訂所収)。
(8) 注(6)に同じ。
(9) 山下英明「船着き場跡」『原の辻遺跡　総集編I—平成一六年度までの調査成果—』(『原の辻遺跡調査事務所調査報告書』第三〇集)、長崎県教育委員会、二〇〇五年。
(10) 田中咲子ほか『芦刈遺跡・大中の湖南遺跡　蒲生郡安土町下豊浦』(『ほ場整備関係(経営体育成基盤整備遺跡発掘調査報告書』三二—二)、滋賀県教育委員会・財団法人滋賀県文化財保護協会、二〇〇五年。
(11) 丸山竜平「矢橋港遺跡発掘調査報告書」『びわ湖と埋蔵文化財』、水資源開発公団琵琶湖開発事業建設部、一九八四年。
(12) 葛野泰樹ほか『琵琶湖流域下水道彦根長浜処理区東北部浄化センター建設に伴う松原内湖遺跡発掘調査報告書』I、滋賀県教育委員会・財団法人滋賀県文化財保護協会、一九九三年。
(13) 松浦俊和「奈良・平安時代の栈橋跡—大津市田上黒津町黒津遺跡」『滋賀文化財だより』No.１０１、財団法人滋賀県文化財保護協会、一九八五年。

(14) 岩崎　茂『下長遺跡発掘調査報告書』Ⅷ、守山市教育委員会、二〇〇一年。
(15) a．梅原末治「近江安土瓢箪山古墳」『日本古文化研究所報告』第四（『近畿地方古墳墓の調査』二）、日本古文化研究所、一九三七年。
b．梅原末治「安土瓢箪山古墳」『滋賀県史蹟調査報告』第七冊、滋賀県、一九三八年。
(16) 用田政晴「三つの古墳の墳形と規模—近江における古墳時代首長の動向および特質メモ作成のために—」『紀要』第三号、財団法人滋賀県文化財保護協会、一九九〇年、および本書第三章第二節。
(17) 谷口　徹・早川　圭『荒神山古墳—平成一五・一六年度　範囲確認調査概要—』（『彦根市埋蔵文化財調査報告書』第三六集）、彦根市教育委員会、二〇〇五年。
(18) 丸山竜平「膳所茶臼山古墳」『近江—郷土史研究』第二号、一九七三年。
(19) 松原弘宣「大化前代における瀬戸内海交通—政治的交通を中心にして—」『愛媛大学教養部紀要』第二三号、一九九〇年（『古代国家と瀬戸内海交通』、吉川弘文館、二〇〇四年に所収）。
(20) 高橋　学「前方後円墳の地形環境」『平野の環境考古学』、古今書院、二〇〇三年。
(21) a．梅原末治「近江和邇村の古墳墓、特に大塚山古墳に就いて（近江国に於ける主要古墳の調査録　其三）」『人類学雑誌』第三七巻第八号、一九二二年。
b．梅原末治「近江和邇大塚山古墳」『日本古文化研究所報告』第四（『近畿地方古墳墓の調査』二）、日本古文化研究所、一九三七年。
(22) 黒坂秀樹『古保利古墳群詳細分布調査報告書』、高月町教育委員会、一九九五年。
(23) 注(21) aに同じ。
(24) 今尾文昭「古墳時代竪穴式石槨成立の意義」『季刊考古学』第九〇号、二〇〇五年。
(25) 横田洋三『春日山古墳群』（『春日山公園整備関連遺跡発掘調査報告書』）、滋賀県教育委員会・財団法人滋賀県文化財保護協会、二〇〇二年。

(26) a. 細川修平「倉庫建物に見る古墳時代社会の変質」『人間文化』一四号、二〇〇三年。
b. 細川修平「古墳時代の植遺跡の変遷とその意義」『植遺跡』(『ほ場整備関係(経営体育成基盤整備)遺跡発掘調査報告書』三二―三)、滋賀県教育委員会・財団法人滋賀県文化財保護協会、二〇〇五年。
c. 田中咲子「植遺跡の発掘調査成果―首長の姿が見える古墳時代大集落の発見―」『滋賀文化財だより』No.301、財団法人滋賀県文化財保護協会、二〇〇六年。
(27) 大橋信弥「甲賀山作所とその川津」『続日本紀研究』第二七八号、一九九二年(『古代豪族と渡来人』、吉川弘文館、二〇〇四年所収)。
(28) 辰巳 勝「野洲川下流平野の形成」『地表空間の組織』、古今書院、一九八一年。
(29) 用田政晴「近江東部」『前方後円墳集成』近畿編、山川出版社、一九九二年、および本書第三章第三節。
(30) 田路正幸ほか『芦浦遺跡』(『滋賀県住宅供給公社芦浦住宅団地建設工事に伴う発掘調査報告書』)、滋賀県教育委員会・財団法人滋賀県文化財保護協会、一九九八年。
(31) 小林健太郎・西村 進「地形と地質」『草津市史』第一巻、草津市、一九八一年。
(32) 注(30)に同じ。
(33) 注(30)に同じ。
(34) 川西宏幸「円筒埴輪総論」『考古学雑誌』第六四巻第二号、一九七八年。
(35) 辻川哲朗「埴輪」注(30)文献。
(36) 大橋信弥ほか「草津市矢橋町鞭崎神社境内古墳群調査報告」『昭和四九年度滋賀県文化財調査年報』、滋賀県教育委員会、一九七六年。
(37) 小宮猛幸・岡田雅人・岡田圭司「狭間遺跡(第四次)調査発掘調査概要報告」『草津市文化財年報』XⅡ(『草津市文化財調査報告書』第五七号)、草津市教育委員会、二〇〇五年。
(38) 小笠原好彦「古墳の出現と地域的展開」『草津市史』第一巻、草津市、一九八一年。

(39) 注（38）に同じ。
(40) 注（38）に同じ。
(41) 中川泉三編『近江栗太郡志』巻一、滋賀県栗太郡役所、一九二六年。
(42) 小宮猛幸「山田城跡（第三次）調査概報」『平成一二年（二〇〇〇年）度草津市文化財年報』（『草津市文化財調査報告書』第四八号）、草津市教育委員会、二〇〇二年。
(43) 小笠原好彦「観音寺廃寺」『近江の古代寺院』、近江の古代寺院刊行会、一九八九年。
(44) 重岡　卓「瓦」注（30）文献。
(45) 林　博通さんのご教示による。
(46) 藤居　朗「草津の古代寺院」『滋賀史学会誌』第五号、一九八六年。
(47) 小笠原好彦「近江の仏教文化」『古代を考える　近江』、吉川弘文館、一九九二年。
(48) 畑中英二「古代における琵琶湖の湖上交通についての予察」『紀要』第九号、財団法人滋賀県文化財保護協会、一九九六年。
(49) 丸山竜平・田中日佐夫「白鳳廃寺」『草津市史』第一巻、草津市、一九八一年。
(50) 注（43）に同じ。
(51) 注（43）に同じ。
(52) 濱　修『琵琶湖開発事業関連埋蔵文化財発掘調査報告書』二、赤野井湾遺跡、滋賀県教育委員会・財団法人滋賀県文化財保護協会、一九九八年。
(53) 注（1）に同じ。
(54) 寒川辰清編『近江輿地志略』、一七三四年（宇野健一校註『新註近江輿地志略』全、弘文堂書店、一九七六年所収）。
(55) 内田秀雄「屯倉と条里」『守山市史』上巻、守山市、一九七四年。

(56) 用田政晴「葦浦屯倉」『信長　船づくりの誤算—湖上交通史の再検討—』、サンライズ出版、一九九九年。
(57) 注(5)に同じ。
(58) 注(1)に同じ。
(59) 注(52)に同じ。
(60) 山尾幸久「六七六年の牒の木簡」『湯ノ部遺跡発掘調査報告書』Ⅰ(『県道荒見上野近江八幡線改良工事に伴う中主町内遺跡(Ⅱ)』)、滋賀県教育委員会・財団法人滋賀県文化財保護協会、一九九五年。
(61) 用田政晴「港と城郭の歴史的関係を探るために—「浦」・「湊」から「津」へ、そしてまた「浦」へ—」『琵琶湖がつくる近江の歴史』Ⅱ(『「環琵琶湖地域の生態、文化と保存修景」研究成果報告書』第四冊)、「琵琶湖がつくる近江の歴史」研究会、二〇〇一年。

第二節　湖と川による物資の輸送

一　湖上輸送の民俗

戦前から一九六〇年代までの琵琶湖地域の民俗例によると、丸子船を中心とする木造船は、漁業よりも輸送・運搬船として多く用いられ、しかも人より物資を運ぶことが圧倒的に多かった。

積み荷は、米、木材、柴・割木、炭、石、砂利、瓦、粘土、塩、石灰、石炭、煉瓦、下肥、藻など重量物や大型品が非常に多い。近江八幡の瓦やその材料の粘土、瓦を焼く薪、沖島の石材は、琵琶湖疏水、逢坂山トンネル、海津のトンネルなどの資材として利用するために、もっぱら使われたのは船であった。[1]

例えば、近江八幡の瓦産業に大きく貢献した船は、琵琶湖から津田内湖や大中の湖・西の湖を通り、八幡堀まで入ってきていた。戦後、昭和二〇年代のトラックはせいぜい二トン積みで、瓦は八〇〇枚しか積めなかったのに対し、標準的な大きさである百石積みの丸子船は、長さ一七m、幅三m弱と、船にしては細身で狭い水路まで入り込むことができ、しかもトラックの一〇倍も瓦を積めた。[2]このように船は抜群の輸送量を誇り、昭和四〇年代まで機能していた。

こうした琵琶湖や内湖、河川を利用した古代の物資輸送について、ここでは考古資料を中心にしてふりかえる。

二　丸木舟の改良

(1)　琵琶湖の丸木舟

列島における丸木舟の初現は、縄文時代早期末の長崎県伊木力遺跡や島根県島大構内遺跡例であり、米原市入江内湖遺跡における縄文時代前期中葉の川底では、丸木舟が櫂とともに出土している。このころには、福井県鳥浜貝塚や京都府浦入《うらにゅう》遺跡例など、全土的に丸木舟の出土例が増え、普及したと考えられる。このことは列島各地で石斧出土例が多くなり[3]、特に縦斧が登場することに符合する[4]。

琵琶湖での縄文時代の丸木舟出土例は、五遺跡三〇例にもおよび、列島で発見されたそれの四分の一を占め、縄文時代後期から晩期のものが多く知られている。彦根市松原内湖遺跡では、内湖のさらに奥まった入江で一一隻以上の丸木舟が発見されていることから[5]、一つの集落にはある程度の数の丸木舟が備えられていたようである。こうした丸木舟は、波が穏やかだと時速三・六㎞で航行が可能であるという試行結果も出ているが[6]、一方で丸木舟での湖上航行は非常に危険なものだったと、実際に琵琶湖で船をあやつる林博通はいう[7]。

なお、製作途中の丸木舟とすでに完成していた丸木舟が、松原内湖遺跡では近接して見つかっている。琵琶湖の周辺で発見されるほとんどの丸木舟はスギやモミで作られているにもかかわらず、長さ五m、直径〇・七mのこの未製品はヤマザクラが用いられていることや、製作中に舟の中ほどからきれいに切断されていることなどから、丸木舟であることを疑問視する向きもあるが、木を火で焦がしながら石斧ではつり取るといった民族例にもならっており、ここでは丸木舟の未製品と考えておきたい。

(2) 改良型丸木舟の出現

こうした列島の丸木舟に技術革新が起きたのは、弥生時代後期から古墳時代前期にかけての時期であるが、琵琶湖ではすでに弥生時代中期の守山市赤野井浜遺跡で、単材の丸木舟にいくつかの部材を組み合わせて加工を加えた舟の一部が発見されている。

全土的にいうと、畿内中枢の首長勢力が列島的な連合の証としての前方後円墳の創出を図ったころで、地域間の交流が盛んになる時期にあたる。改良型丸木舟もこのころには一気に普及したようで、琵琶湖でも船や部材の出土例が極端に増える。

部材は米原市入江内湖遺跡(8)や先の松原内湖遺跡、守山市下長遺跡(9)、東近江市斗西《とのにし》遺跡(10)などで出土しているが、これらの全貌は同時期から出現しはじめる舟形木製品や形象埴輪によってもうかがえる。先端部に波切板、横に舷側板を立て、各部材はホゾと桜の樹皮等で結合した船は準構造船とも呼ばれるが、積載量が飛躍的に増大し、波にも強くなり航行距離が延びることになる(図4—18)。さらには、尖った船首部分は、浮力の少ない淡水では機動性に富むが、大波・高波に弱く、それにも堪える

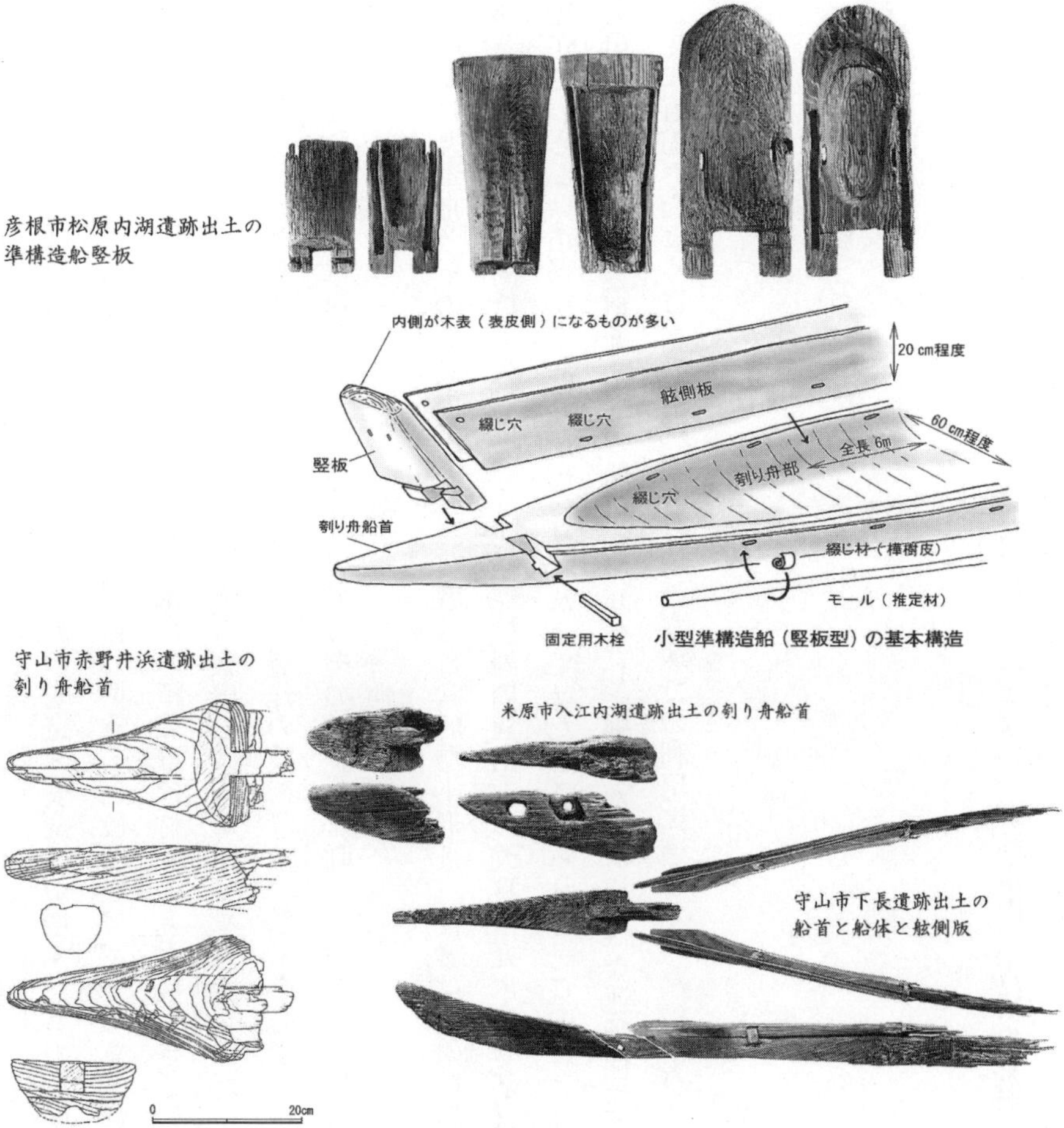

図4—18　改良型丸木舟の構造（横田洋三作成）

よう竪板（波切板）を設けたもので、これによって船の安定・安全性が増す。この二つの側面を兼ね備えたのが改良型丸木舟であるといえる。つまり、俗にいう「二股船」は、その意味こそ異なるものの、二つの目的を追ったものであった。本来、丸木舟の積載量は材料の丸太の大きさに規制されるなど限界があるため、こうした形式の船の出現は、その歴史の技術革新であった[11]。ただ、丸木舟に舷側板と竪板を立てただけのように見えるこの種の船は、製作の技術背景が船釘を必要とする構造船につながるものではないため[12]、準構造船ではなく本書ではその改良型と呼んでおくが、民俗学ではともに丸木舟と呼ぶ。

古墳時代の船は丸木舟とその改良型であり、前者は日常的な小形舟、後者は船の埴輪一八例がすべてそうであるため[13]航海用と高橋美久二はいうが[14]、琵琶湖周辺出土の改良型丸木舟の部材は、従来の丸木舟と規模が変わらない小形舟であり、かなり普及していたと考えられる。このことは、これまで琵琶湖地域で出土している改良型丸木舟の船首が、共通して細い造形で軽快な運動性能を持っており[15]、そのことが先にも述べたように水の抵抗の大きい淡水域での利用に適していたのだろう。

三　物資の輸送

(1)　棺

古代以前における湖上の物の輸送を語る資料はほとんどない。野洲市円山《まるやま》古墳[16]の家形石棺の石材は、沖島を望む近江八幡市の湖岸に露頭する湖東流紋岩であるといわれたこともあったが[17]、阿蘇の溶結凝灰岩ということが後に高木恭二らの努力によって明らかになった[18]。また高島市鴨稲荷山古墳の石棺も大阪と奈良の府県境にある二上山の白石を利用している。

ともに六世紀はじめの琵琶湖の東岸と西岸を代表する首長墓であるが、この巨大な石の塊を陸上では修羅あるいは橇《そり》、木馬などを使ったと考えられ、実際に大阪府三ツ塚古墳周濠内出土の二つの修羅は、阿蘇の溶結凝灰岩製石棺を運んだものとする説もあるが[19]、和田晴吾は石棺に対して修羅が大きすぎるという。ただ、やはり九州や畿内など遠方からの移動は、可能な限り湖上・海上を利用して筏か船を使ったと想像せざるを得ない。

最近発見された奈良県巣山古墳出土の葬送の曳き船は、木棺を船に乗せて運んだ姿を模したもので、実際には、曳き船は修羅に乗せていたと考えられているが[20]、実際に船として古墳の周濠に浮かべた可能性も検討されている[21]。これらの葬送の原型として、古墳時代前期あるいはそれ以前の木棺は、船で運ばれる儀礼段階もあったと考えられる。

(2) 塩

こうした船で運んだと想定しているものの一つに製塩土器に入った塩がある。列島の一部の地域では、すでに縄文時代から、関東の一部では海水を濃縮し、土器で煮沸することによって塩を得てきたが、近年、内陸部でも多くの製塩土器が発見されるようになってきた。

琵琶湖周辺でも、古墳時代中ごろ、五世紀以降の約四〇遺跡で製塩土器が出土している。これらは若狭湾と大阪湾沿岸から塩が持ち運ばれた容器であると考えられるが、特に古墳時代後期にかけては、旧野洲川下流、守山市横江遺跡など拠点的な集落に大量に運ばれた後、周辺の村に再配分されているようである。[22] 製塩土器による塩の流通は、土器の出土量や出土状況からすると、生活消費というより祭祀的なことと結びついたものと考えられる。[23] 焼塩が詰まったこれらの特殊な土器群は、守山市横江遺跡の一つの土坑では三〇個体以上見つかっているが、これらを一括して運搬すると相当な重量物になる。古墳時代後半の、琵琶湖と旧野洲川の舟運、および野洲川下流域において大阪湾や若狭湾との関係を保持できた有力首長の姿が想定できる。

なお、奈良盆地では七世紀から八世紀前半の製塩土器が見つからないことや、史料や木簡に見える計量単位が「斗升」であることから、これらの塩は俵や籠で梱包して運ばれたと考えられている。[24] それ以前の古墳時代においても、琵琶湖周辺では、日常的な消費に見合うほどの製塩土器がないことから、民俗例によると俵や籠、かますなどによる大量輸送を想定しておきたい。

(3) 米

古代の水上輸送が米を代表とする重量物中心であったことは、古代の史料からは明らかになっている。[25]

野洲市西河原森ノ内遺跡でも興味深い木簡が発掘調査によって発見されている。[26] 七世紀の後半、わけても六七五年から六八三年までの間に記されたと考えられるその二号木簡によると、当時の湖辺には「舟人」がおり、今の彦根市稲里町、上岡部町に行って稲を舟で運ぶようにという水田経営に関わる役所の指示が記されていた（図4―19）。

野洲市西河原にあるこの遺跡では、七世紀後半から奈良時代にかけての掘立柱建物や溝・水田など

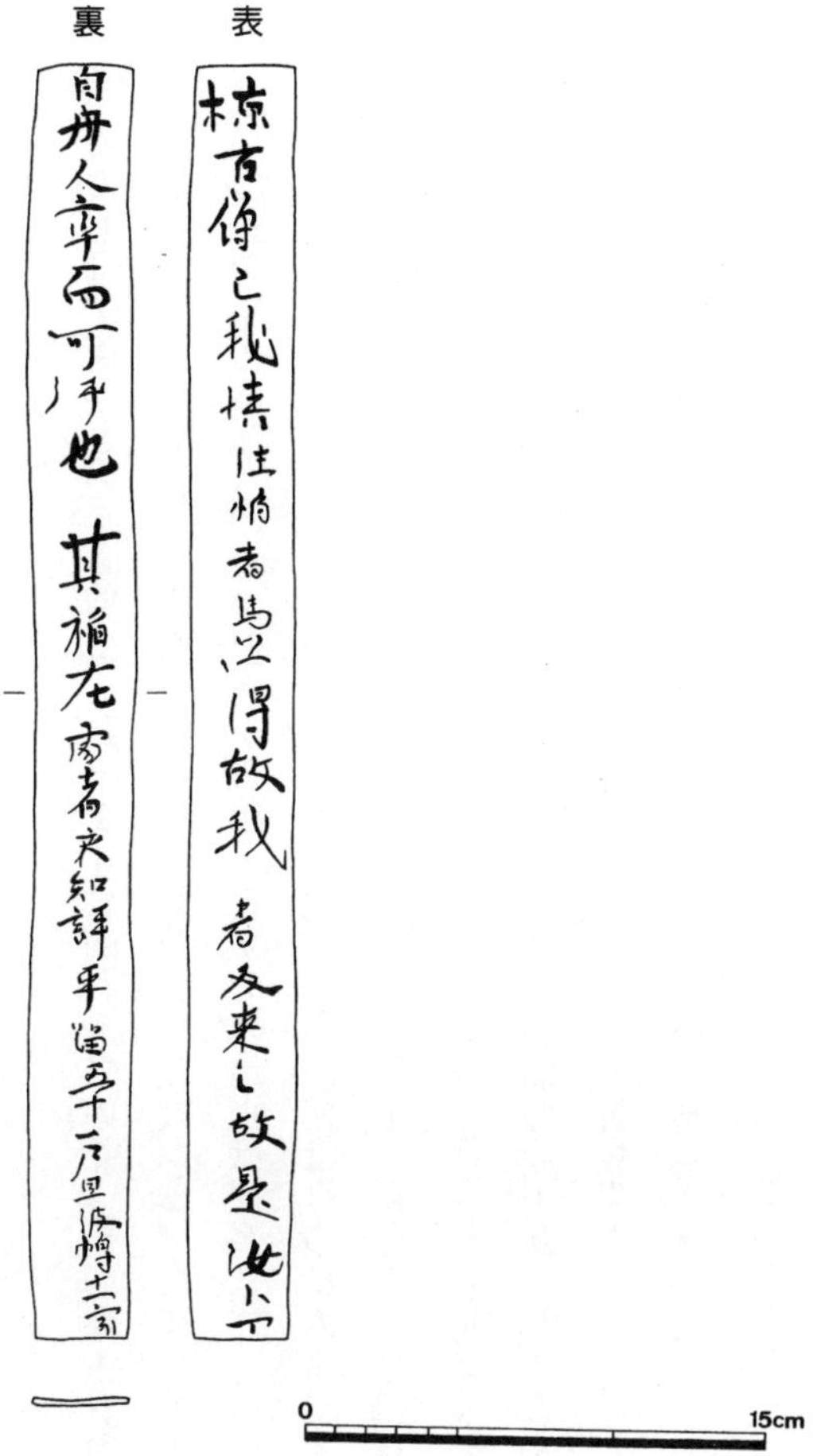

（表）　椋□《(直)》伝之我□《(持)》往稲者馬不得故我者反来之故是汝卜部

（裏）　自舟人率而可行也　其稲在処者衣知評平留五十戸旦波博士家

（表）　椋□（直？首？）伝ふ。我が□（持）ち往きし稲は、馬を得ざるが故に、我は反り来る。故是に汝卜部、

（裏）　自ら舟人を率て行くべし。其の稲の在処は、衣知評平留五十戸の旦波博士の家そ。

図4―19　西河原森ノ内遺跡出土木簡

が発見され、平安時代から室町時代後半までの建物跡も検出されているが、考古資料によっては説明し難い米の湖上輸送を物語る史料である。

(4) 瓦

この七世紀後半という時期は、湖上交通に関わっていくつかの考古資料が知られている。その一つは、本章第一節で触れた守山市赤野井湾遺跡発見の瓦である。白鳳様式の完形の平瓦を中心に総重量三〇〇kgを超える瓦八〇点が湖底から出土し、その地点は標高八二・八mだったことから、当時も湖底であったと推定される場所である。[27] 調査担当者の濱修は舟の積み荷であったものが沈没等の事情により湖に沈んだものと考えており、分析によると、粘土・瓦を作った道具・瓦作りの手法などいくつかの点において、たった一人かあるいは極めて少人数で作られた新品であるという。[28]

また、筆者がかつて発掘調査を行った西浅井町菅浦の諸川《もろかわ》瓦窯跡では、[29] 焼かれた白鳳期の瓦が、長浜市満願寺廃寺へ供給された瓦であるとの瓦粘土の分析結果が出ている。[30] 中世には、菅浦庄と大浦庄との帰属争論で有名な諸川は、近年までほとんど陸の孤島であったところである。前面に入江状の湖が広がるだけで、ここから出る陸路はすべて山越えとなる場所であった。したがって、船以外での瓦の輸送は考えられなかった場所である（図4―20）。

米原市の天野川河口、朝妻湊沖合の琵琶湖底では、湖底遺跡の追究をしている林博通が尾張産と見られる軒平瓦をまとめて見つけている。平安時代後期、一二世紀中ごろのものではあるが、京都の鳥羽離宮東殿で使用された瓦に類似することから、東山道から琵琶湖を通って、都へ運ばれたものと考

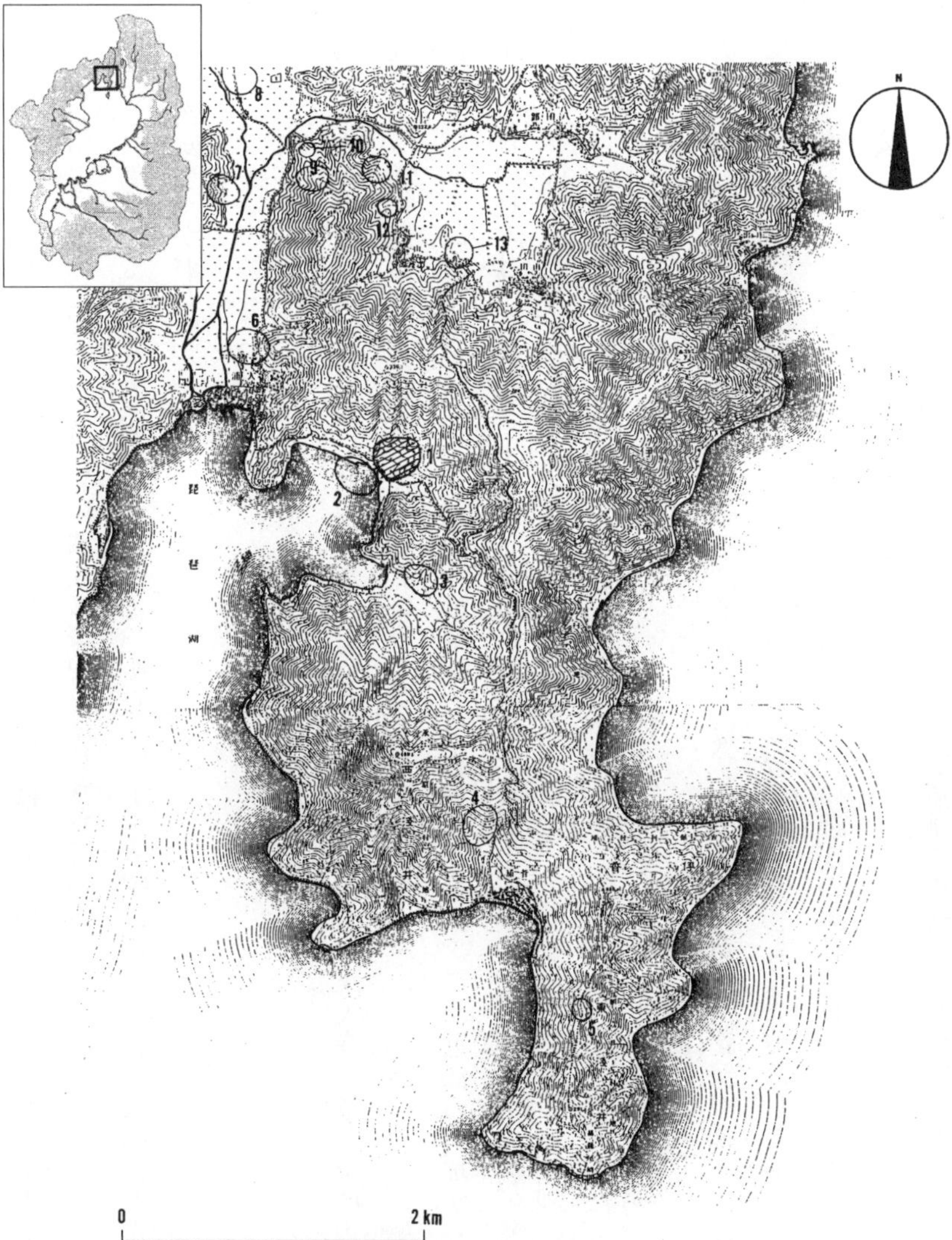

1．諸川遺跡、2．諸川湖底遺跡、3．白山遺跡（瓦出土）4．菅浦遺跡（弥生・石斧出土）
5．「鉄穴」呼称地、6．大浦Ｃ遺跡（平安・須恵器出土）7．大浦Ｂ遺跡（土師器・瓦出土）
8．殿村Ｄ遺跡（室町）9．大浦Ｅ遺跡、10．大浦Ｄ遺跡、11．ひくれ谷遺跡（鉄滓出土）
12．小山Ａ遺跡（鉄滓出土）13．小山Ｂ遺跡（鉄滓出土）

図４―20　諸川遺跡位置

えられている。[31] また、琵琶湖ではなく瀬田川の川底からは、近江国庁で用いられた飛雲文の軒丸瓦も比叡山と田上山の礫二個とともに発掘調査によって発見されている。[32]

こうした重量物である瓦の船による運搬は、少なくとも七世紀段階以降は一般的だったことが、これらの例からうかがわれる。

(5) 木

八世紀後半の野洲川、琵琶湖、瀬田川を利用した藤原宮、石山寺、東大寺の造営や増・改築のための筏による木材運搬なども、よく知られているところである。[33] 天平宝字五年(七六一年)には、石山寺増改築のため材木・桧皮・炭が近江の各地から運ばれているが、甲賀の材木は三雲川津(甲賀市)から筏に組まれ野洲川河口の「夜《や》須《す》潮《みなと》」を経て琵琶湖から瀬田川を通って石山津(大津市)に至っている。

(6) 鉄

大和をはじめとする古墳に副葬された鉄器あるいは、その素材となった鉄が、ほとんどは鉱石を原料にしたものであることがわかってきた。鍛造品の場合はほぼ同じ方法で製造した鋼が使用されている可能性が大きいと考えられるに至って、畿内に最も近い近江の製鉄遺跡の時期と構造、およびその分布が重要なものとなってきた。

七世紀には、近江南部、瀬田川流域の丘陵地でも南郷遺跡を皮切りに源内峠遺跡などで製鉄がはじまり、瀬田丘陵での製鉄は、近江国庁を通じた国家による関与が指摘されることも多いが、単に都への地理的条件のみならず、湖と瀬田川が果たした原材料の確保と都への製品の供給経路をも重視すべきである。瀬田川川底で発見された大津市唐橋遺跡第一橋脚の石群中に安置されたような鉄鉱石四点は、[34]この地域の首長層が鉄に関与した周辺事情を物語っている。

(7) 玉

古墳時代前期に碧玉や緑色凝灰岩製品を作りはじめ、古墳時代中ごろから野洲川下流域では滑石製玉生産が盛行する。現在の野洲川左岸を中心に一九遺跡でこの種の遺構が確認され、碧玉の一部は島根県花仙山産であり、[35]滑石は他の近畿の例と同様、和歌山県紀ノ川南岸とその支流の貴志川流域や兵庫県養父市で産出した原石が、琵琶湖水系の水運を利用して運び込まれたと想定されている。この原石は、現在の野洲川とかつての本流である境川の分岐点にある栗東市辻遺跡にいったん集められ、この拠点から流域の集落に再配布されたといわれている。[36]辻遺跡では他を圧倒する二〇kgを超える滑石石材が出土しており、碧玉・緑色凝灰岩も一・六二kg発見されている。野洲川左岸の栗太郡における辻遺跡が、この地域の玉生産の中心を担っていたことは留意しておきたい。

時代は前後するが、國分政子の集成によると琵琶湖周辺では弥生時代中期を中心に、碧玉製品の玉作り遺跡が三〇個所余り見つかっている。[37]中期前半の工房の建物構造の特徴や出土する土器の地域色から近藤広は北陸西部地域との関係を指摘しているが、[38]その原石の運搬や石鋸である紅簾片岩の入手については、考古学的資料は乏しい。草津市烏丸崎遺跡をはじめとする湖岸やその近くにこの種の遺跡が多いこと、日本海沿岸の玉作遺跡の立地について、潟のほとりに集中することや[39]、北陸地方では弥生時代の小地域的玉作集団が、海岸近くで三〇㎞前後の距離ごとに分布し、これらが日本海航行によって結ばれていたと推測されていることを[40]ここではあげておく。

(8) 石

古くから湖上交通の拠点であった堅田の背後にある大津市春日山古墳群は、二基の前期前方後円墳を別にすると、二〇〇を超える古墳の大半は横穴式石室墳である。この古墳群の石室を構成する石材は石英閃緑岩であるが、春日山丘陵は古琵琶湖層群からなり、いかなる石材も産出しない。つまりこの石材は運ばれてきたものである。

横田洋三によって発掘調査された六世紀後半の春日山G—5号墳では、その石材が約四〇トン使用され、古墳群全体では八、〇〇〇トンもの石材を必要としていた。その石は、肉眼観察では近江八幡市沖島や長命寺山の湖東流紋岩類に似るともいわれたが[41]、後に別の石材であると判断されるに至った。一方、真野川をはさんで北に広がる大津市曼荼羅山古墳群や南の比叡山山麓に広がる大津市の福王子・百穴・大通寺古墳群などは、それぞれの場所から産出する花崗岩が古墳の石材に用いられている。こうした石材使用は特異な状況であるし、春日山丘陵の中に大きく入り込む谷水田には、いくつもの数m四方の石材が遺存している。これらは、古墳の石材として、この地に持ち込まれたものである。

このように古墳時代後期には、すでに堅田の船津が機能し、堅緻で見た目にも美しい石英閃緑岩は、選ばれて運びこまれたことを推測させ、舟運の存在を想定させる。さらには堅田を控えた春日山古墳群勢力が南湖周辺でも特別な位置にあったことを教えてくれる。そして、本節「はじめに」で述べたように、沖島・長命寺山からの湖上を利用した石材運搬は、昭和まで続いたのである。

その他、古墳時代中期にはじまる岡山県寒風古窯址群における須恵器生産や後の備前焼の隆盛が、瀬戸内海の良港を備えていたこともその重要な要素だとする山本悦世の指摘がある。[42] また、古代から中世には、琵琶湖上で緑釉陶器、梵鐘、鰐口、大般若経なども運ばれたと高木叙子は考えている。[43]

四　古代における湖上交通史の画期

古代国家としての律令体制の整備がはじまるころ、陸上交通としての駅馬・伝馬制度として陸路の整備がはかられるが、湖上も津を中心にその対象となる。その津は、陸上交通の中で位置づけられる渡津と、運漕という水上交通の中で位置づけられる船津が存在した。[44]

琵琶湖水系の場合は、陸上交通の補助的手段を超えて、極めて積極的に湖上交通が利用されたようで、古墳時代前期以来、琵琶湖の船津が利用された。古墳時代首長による塩、玉、石材輸送や律令国家による税の輸送などのため、米をはじめ瓦、木材など大型物資や重量物が湖上や河川を運ばれた。これに瀬田川流域の鉄素材も都への河川交通を利用した物資に加えられる。また、石材の輸送により古墳時代後期には、後の湖上の中心であった堅田が、すでに拠点として機能していたことも判ってきた。

七世紀中ごろを律令国家による湖上交通の政治利用として、古墳時代前期の畿内中枢による湖上領域の支配、あるいは主要な船津の管理という第一の画期に続く古代の第二の画期として位置づけておきたい。

注

（1）用田政晴「「丸子船交流デスク」の情報」『信長　船づくりの誤算―湖上交通史の再検討―』、サンライズ出版、一九九九年。
（2）出口晶子『舟景の民俗―水辺のモノグラフィ・琵琶湖―』、雄山閣出版、一九九七年。
（3）佐原　真『斧の文化史』（『UP考古学選書』六）、東京大学出版会、一九九四年。
（4）佐原　真は、これを植生の変化に対応したと考えた（注（3））。
（5）吉田秀則ほか『琵琶湖流域下水道彦根長浜処理区東北部浄化センター建設に伴う松原内湖遺跡発掘調査報告書』Ⅱ、滋賀県教育委員会・財団法人滋賀県文化財保護協会、一九九二年。
（6）横田洋三「縄文時代復元丸木船（さざなみの浮舟）の実験航海」『紀要』第四号、財団法人滋賀県文化財保護協会、一九九〇年。
（7）林　博通「琵琶湖と近江の国」『城と湖と近江』、「琵琶湖がつくる近江の歴史」研究会編、サンライズ出版、二〇〇二年。
（8）中井　均『入江内湖遺跡（行司町地区）発掘調査報告書―滋賀県立文化産業交流会館建設に伴う発掘調査』、米原町教育委員会、一九八八年。
（9）岩崎　茂『下長遺跡発掘調査報告書』Ⅷ、守山市教育委員会、二〇〇一年。
（10）植田文雄『能登川町埋蔵文化財調査報告書』第二七集、斗西遺跡（二次調査）、能登川町教育委員会、一九九三年。

(11) 用田政晴ほか『湖の船—木造船にみる知恵と工夫—』、滋賀県立琵琶湖博物館、一九九九年。
(12) 横田洋三「準構造船ノート」『紀要』第一七号、財団法人滋賀県文化財保護協会、二〇〇四年。
(13) 天野末喜『岡古墳』、藤井寺市教育委員会、一九八九年。
(14) 高橋美久二「交通と運輸」『古墳時代の研究』第五巻、生産と流通Ⅱ、雄山閣出版、一九九一年。
(15) 注(12)に同じ。
(16) 丸山竜平ほか『史跡円山古墳』、大手前女子大学考古学研究会・野洲町教育委員会、一九八三年。
(17) 奥田　尚「鉱物資源の採取と加工」『日本の古代』第一〇巻、山人の生業、中央公論社、一九八七年。
(18) 高木恭二・渡辺一徳「石棺研究への一提言—阿蘇石の誤認とピンク石石棺の系譜—」『古代文化』第四二巻第一号、一九九〇年。
(19) 田代克己「修羅の発掘とその意義」『修羅とその周辺』、藤井寺市教育委員会、一九九二年。
(20) 河上邦彦「葬送の曳き船の発見—巣山古墳出土木製品の復元とその意義—」『季刊考古学』第九六号、二〇〇六年。
(21) 井上義光・名倉　聡「葛城王墓の霊柩船—巣山古墳第五次調査—」『月刊文化財』第五二〇号、二〇〇七年。
(22) 用田政晴『滋賀県』『日本土器製塩研究』、青木書店、一九九四年、および第四章第三節。
(23) 岡崎晋明「内陸地における製塩土器—奈良盆地を中心として—」『橿原考古学研究所論集』第四、創立四〇周年記念、吉川弘文館、一九七九年。
(24) 近藤義郎・岩本正二「塩の生産と流通」『岩波講座日本考古学』三、生産と流通、岩波書店、一九八六年。
(25) 松原弘宣「八世紀における瀬戸内海運漕の諸様相」『続日本紀研究』第三二七号、二〇〇〇年(『古代国家と瀬戸内海交通』、吉川弘文館、二〇〇四年に補訂所収)。
(26) a. 辻　広志『西河原森ノ内遺跡第三次発掘調査報告書』、中主町教育委員会、一九八七年。
b. 山尾幸久「西河原森ノ内遺跡出土木簡」『西河原森ノ内遺跡第一・二次発掘調査報告書』Ⅰ(『中主町埋

蔵文化財調査報告書』第二一一集)、中主町教育委員会、一九九〇年。

(27) 濱 修『琵琶湖開発事業関連埋蔵文化財発掘調査報告書』二、赤野井湾遺跡、滋賀県教育委員会・財団法人滋賀県文化財保護協会、一九九八年。

(28) 北村圭弘ほか「湖岸堤天神川水門一次」『琵琶湖開発事業関連埋蔵文化財発掘調査報告書』二、赤野井湾遺跡、滋賀県教育委員会・財団法人滋賀県文化財保護協会、一九九八年。

(29) 用田政晴『諸川遺跡発掘調査報告書─西浅井町菅浦所在諸川瓦窯跡の調査─』、西浅井町教育委員会・財団法人滋賀県文化財保護協会、一九八四年。

(30) 三辻利一・北村大輔・北村圭弘「満願寺廃寺出土瓦の産地」『紀要』第三号、財団法人滋賀県文化財保護協会、一九九〇年。

(31) 林 博通『尚江千軒遺跡─琵琶湖湖底遺跡の調査・研究─』、サンライズ出版、二〇〇四年。

(32) 濱 修ほか『瀬田川浚渫工事他関連埋蔵文化財発掘調査報告書』Ⅰ、蛍谷遺跡・石山遺跡、滋賀県教育委員会・財団法人滋賀県文化財保護協会、一九九二年。

(33) a. 松原弘宣「奈良時代における材木運漕─宇治司所と信楽殿壊運所を中心にして─」『続日本紀研究』第一八四号、一九七六年(『日本古代水上交通史の研究』、吉川弘文館、一九八五年に補訂所収)。
b. 大橋信弥「甲賀山作所とその川津」『続日本紀研究』第二七八号、一九九二年(『古代豪族と渡来人』、吉川弘文館、二〇〇四年所収)など。

(34) 大沼芳幸『唐橋遺跡』(『瀬田川浚渫工事関連遺跡埋蔵文化財発掘調査報告書』Ⅱ)、滋賀県教育委員会・財団法人滋賀県文化財保護協会、一九九二年。

(35) 近藤 広「石釧出土の玉造り工房とその問題─滋賀県栗東町辻遺跡の調査─」『滋賀考古』第一六号、一九九六年。

(36) 大岡由記子「南近江における滑石製玉生産」『古代学研究』第一五四号、二〇〇一年。

(37) 國分政子「滋賀県弥生時代研究の現状と課題　4．玉つくり」『滋賀考古』第二一号、一九九九年。
(38) 近藤　広「近江野洲川流域における中・後期の弥生集落」『第45回埋蔵文化財研究集会　弥生時代の集落―中・後期を中心として―』第45回埋蔵文化財研究集会実行委員会、一九九九年。
(39) 森　浩一「潟と港を発掘する」『日本の古代』第三巻、海をこえての交流、中央公論社、一九八六年。
(40) 寺村光晴「北陸地方玉作の出現と展開」『古代玉作形成史の研究』、吉川弘文館、一九八〇年。
(41) 横田洋三『春日山古墳群』(『春日山公園整備関連遺跡発掘調査報告書』)、滋賀県教育委員会・財団法人滋賀県文化財保護協会、二〇〇二年。
(42) 山本悦世『寒風古窯址群―須恵器から備前焼きの誕生へ―』(『吉備考古ライブラリィ』七)、吉備人出版、二〇〇二年。
(43) 高木叙子『平成一〇年度秋季特別展　琵琶湖と中世の人々―信長以前・信長以後―』、滋賀県立安土城考古博物館、一九九八年。
(44) 松原弘宣「律令制下における津の管理について」『愛媛大学教養部紀要』第一二号、一九七九年(『日本古代水上交通史の研究』、吉川弘文館、一九八五年に補訂所収)。

第三節　河川開発と群集墳

一　湖東平野の扇状地と古墳群

近江と伊勢・美濃をへだてる鈴鹿山脈は、一〇〇〇m級の山々が連なるが、山の奥行きは意外に浅く、鈴鹿が集めた水は一気に平野部へ流れ出る。まさにその場所に楢崎古墳群は位置する（図4—21）。多賀町楢崎・金屋《かなや》地先を中心に古墳群は所在するが、甲良町正楽寺地先まで古墳群は広がり、かつて知られていた楢崎古墳群と正楽寺古墳群という二つの古墳群は、最近の詳細な踏査によってひとまとまりのものであることが明らかになっている。このうち、最高所に位置して残存状態が良好な古墳を一号墳と呼ぶが、(1) 多賀町教育委員会は一九八八年から楢崎古墳群の発掘調査を継続的に実施した。(2)

また、犬上川は多賀町楢崎付近を扇央部として広大な扇状地を形成し、主としてその左岸に多くの旧流路の痕跡を残しているが、この扇骨のような旧流路の広がりと符合するようにいくつかの古墳群が広がる。その中で現在の犬上川本流に最も近いところに位置しているのが北落《きたおち》古墳群である。

これは甲良町北落地先を中心に分布し、楢崎古墳群からは約一・二㎞下流部分にあたるが、この古

1．楢崎古墳群　2．北落古墳群　3・4．塚原古墳群　5．金屋南・外輪古墳群

6・7．三博・四ツ塚古墳群　8．三博古墳群　9．横枕古墳群

図4―21　犬上川左岸の群集墳

墳群中の数基について、一九八九年に滋賀県教育委員会が発掘調査を行い[3]、筆者がこれを担当した。ここでは犬上川左岸流域の二つの古墳群を中心にして、これら古墳時代後期の群集墳の特質と成立の契機を明らかにする。

近江で最大の平野部が広がる湖東地方は、犬上川・宇曽川・愛知川などいくつかの河川の扇状地とその下流域の沖積地からなるが、その扇状地のほとんどの地域には弥生時代の水田をはじめとする開発は及ばなかった。犬上川扇状地に限っても、縄文時代後期・晩期の大集落は後に断絶し、古墳時代前期の遺物が散見されるものの、古墳時代後期の古墳群まで人の痕跡がなくなるのである。しかし、群集墳の時代から古代にかけては、竪穴住居や掘立柱建物からなる集落や古代寺院も営まれ、初期荘園まで知られるようになる。

こうした古墳時代前期の首長墓も明らかでなく、前方後円墳は一基も知られていない地域において突如として築かれた群集墳は、一〇〇基以上の古墳群をいくつか配するようになる。近江ではこうした大きな後期古墳群がしばしば偏在するが、群集墳以前の前史を持たないこの犬上川扇状地においては、その成立契機が探りやすいと考えた。かつて水野正好が、湖東の山裾で朝鮮半島系の渡来人による横口式石室墳を発見し[4]、大津市北郊の古墳群は中国系の渡来人によるものと位置づけたが[5]、ここでは地域において渡来人が果たした歴史的役割まで考察してみたい。

二　犬上川左岸の主要な古墳群

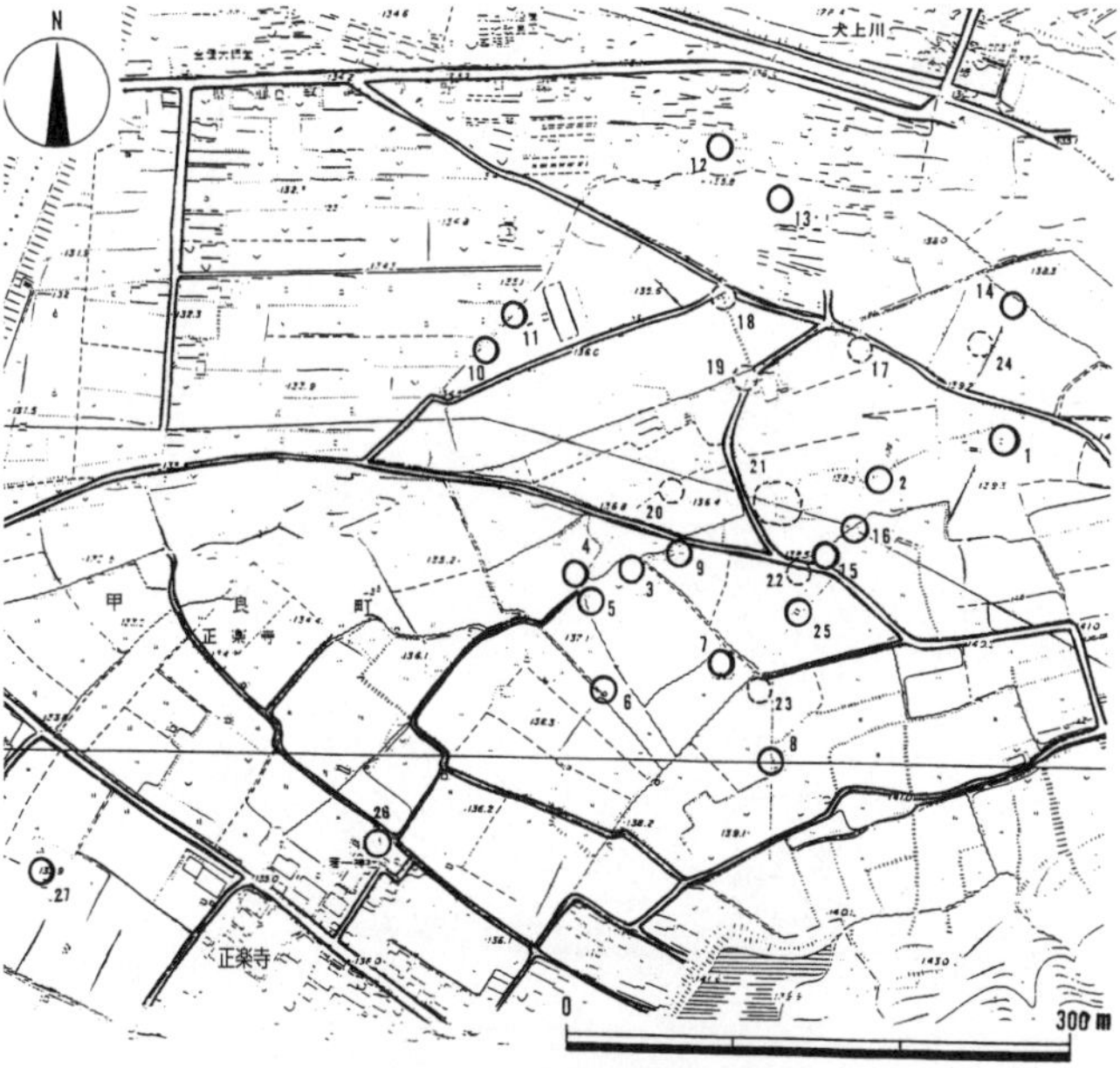

図4—22　楢崎・正楽寺古墳群

(1)　楢崎古墳群

楢崎古墳群は、大半が水田となっている山裾のなだらかな傾斜地を中心に分布し（図4—22）、この地域の当初の水田開発が及びにくい地形にのっている。およそ一二号墳、一一号墳、一〇号墳を結ぶラインが、なだらかな傾斜地と平地との境界になる。

調査の最初から、古墳の規模に加え内部主体まで判明したのは一号墳だけで、後に六一基の古墳が確認されたが、方墳一基を除いてすべて円墳である。

最も遺存度がよかった一号墳は、この古墳群の中では犬上川の比較的上流側に位置し、標高も高いところに築かれている円墳

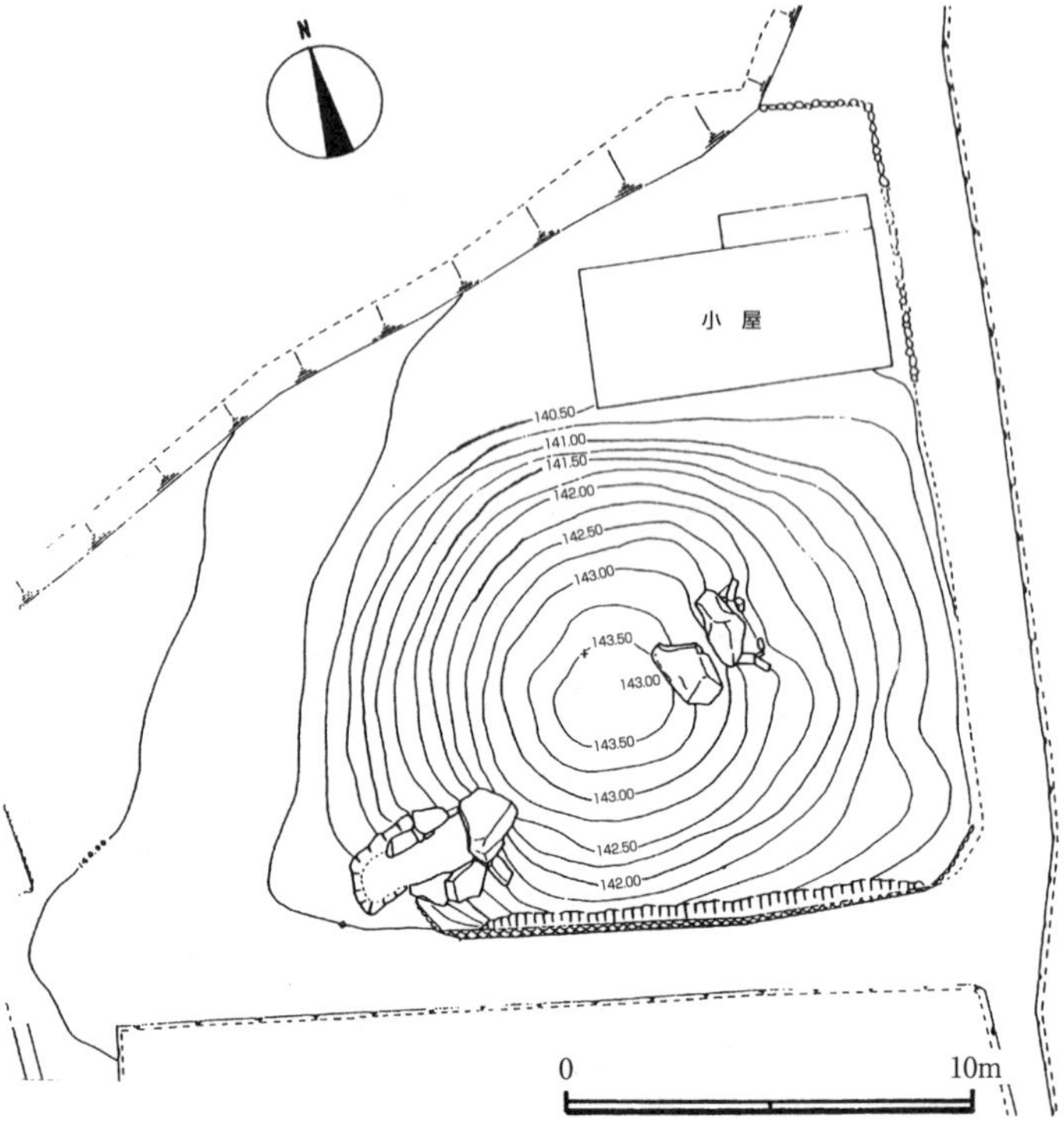

図4—23　楢崎1号墳

で、径は約一五・五m、高さ約三・五mを測る（図4—23）。この古墳群中では最大級のものである。左片袖形の横穴式石室は、南から西へ七七度振った方向に開口しており、全長一〇・六mのうち石室の長さ六・〇m、幅一・九m、高さ二・九mを測る（図4—24）。石室床面には、二〇～六〇cm大の河原石を平坦に敷きつめており、羨道部分、やや奥まったところに二段に積まれた閉塞石が残る。側壁は基本的には大ぶりの石材が五段に積み上げられ、その間を小石で充填している。床面出土の須恵器は陶邑でいうTK10～TK209式で、追葬等による使用がうかがわれる。

　これ以外の古墳は、確実な例でいうとその墳丘規模は、径あるいは辺が約

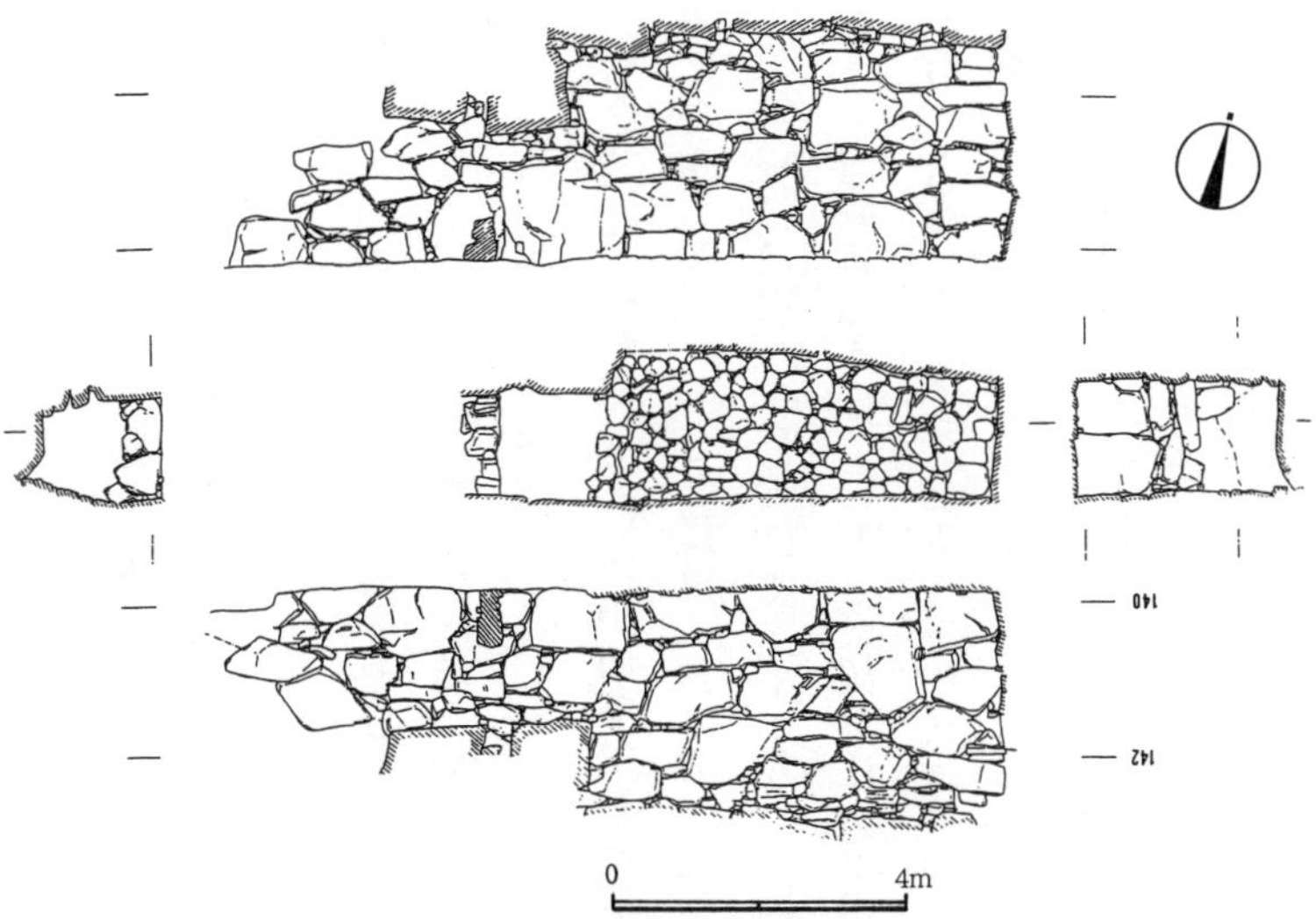

図4—24　楢崎1号墳石室

八～一三mのものが中心であり、それのみならず石室の規模や構造からみても一号墳は楢崎古墳群の盟主となるもので、位置からみてもこの古墳の築造を契機として古墳群が築かれていったと考えてよい。

(2)　北落古墳群

楢崎古墳群より下流側の左岸に位置する北落古墳群は、近いところで犬上川から一〇〇mも離れていないところに築かれており、当初、水田中に九号墳、一一号墳の二基しか知られていなかった。しかし、その後の分布調査により不確実なものを含めてさらに七基が認められた。

一九八九年に実施した農道下での延長約一四〇mを測る直線的な発掘調査では、横穴式石室三基を含む計六基の古墳が発見され、さらには翌年度以降のほ場整備に伴う水田中での発掘調査により約五〇基の古墳が見つかった。(6)こうした分布と遺存状況からすると、当初は一〇〇基以上の古墳によってこの古墳群は構成されていたと考えられる（図4―25）。

さて、古墳群中、最大規模のものは九号墳で径約二一m、高さ約三mを測り、ついで一一号墳が径約一七m、高さ約三mを測る。規模的に大きなものに限って遺存状況が良好であるという結果になった。古墳群の平面図中、一〇号墳、一二号墳は不確かなものであるため、現時点では楢崎古墳群と同様、犬上川の上流側に盟主墳が築かれていることになる。なお、発掘調査された内部主体は横穴式石室ばかりで、それも比較的小規模なものである。

一九八九年調査の報文でいうX1（六号墳）は、径約一六・六mの円墳で石室幅一・三五m、X2（四号墳）は径約一三・〇mの円墳で石室幅約一・二八m、X3（三号墳）は径約一二m、石室幅は不明ながらX1、X2と規模においては大差ない。

石室石材は楢崎一号墳に比べ小ぶりで、幅五〇～六〇cm、高さ二〇～三〇cm程度の湖東流紋岩類からなる河原石である。この石は確実に犬上川産である。これら三基の石室床面にはすべて敷石が認められ、X1（六号墳）は五～一〇cm大の河原石を二～三重に、X2（四号墳）は五～二〇cm大の一部角礫を含む河原石を一重に、X3（三号墳）は約一五cm大の河原石を一重に敷いていたが、これには丹を塗布していた。

また、石室掘り方を見ると、六号墳は地山を二段掘りして側壁石材を据えるための溝を築いた形状をなすが、床面部分は掘り残し気味である。四号墳も二段掘りを行っているが、段部分の肩の形状が甘く傾斜がきつい。三号墳になると西側掘り込みは二段だが、東側には段はなく、また床面部分まで

N
犬上川
国道307号線
北落
1
2
3
4
5
6
7
8
9
10
11
12
13
14
15
16
17
18
19
20
21
22
23
24
26
27
28
29
30
31
32
33
34
35
36
37
38
0
200m

図4—25　北落古墳群

一気に掘り込まれ、灰黄色砂礫土を一面に充填したのちに側壁を積んで床面に敷石を配している（図4—26）。

石室出土の須恵器からも、それぞれ古相を呈するものから見ていくと、六号墳の陶邑ＴＫ10式、四号墳のＴＫ10～ＴＫ43式、三号墳のＴＫ43～ＴＫ２０９式という順序を示し、石室床面の敷石、石室掘り方からみた型式学的変遷を裏付け、さらには犬上川上流側から下流に向かって順次築かれていることがわかった。

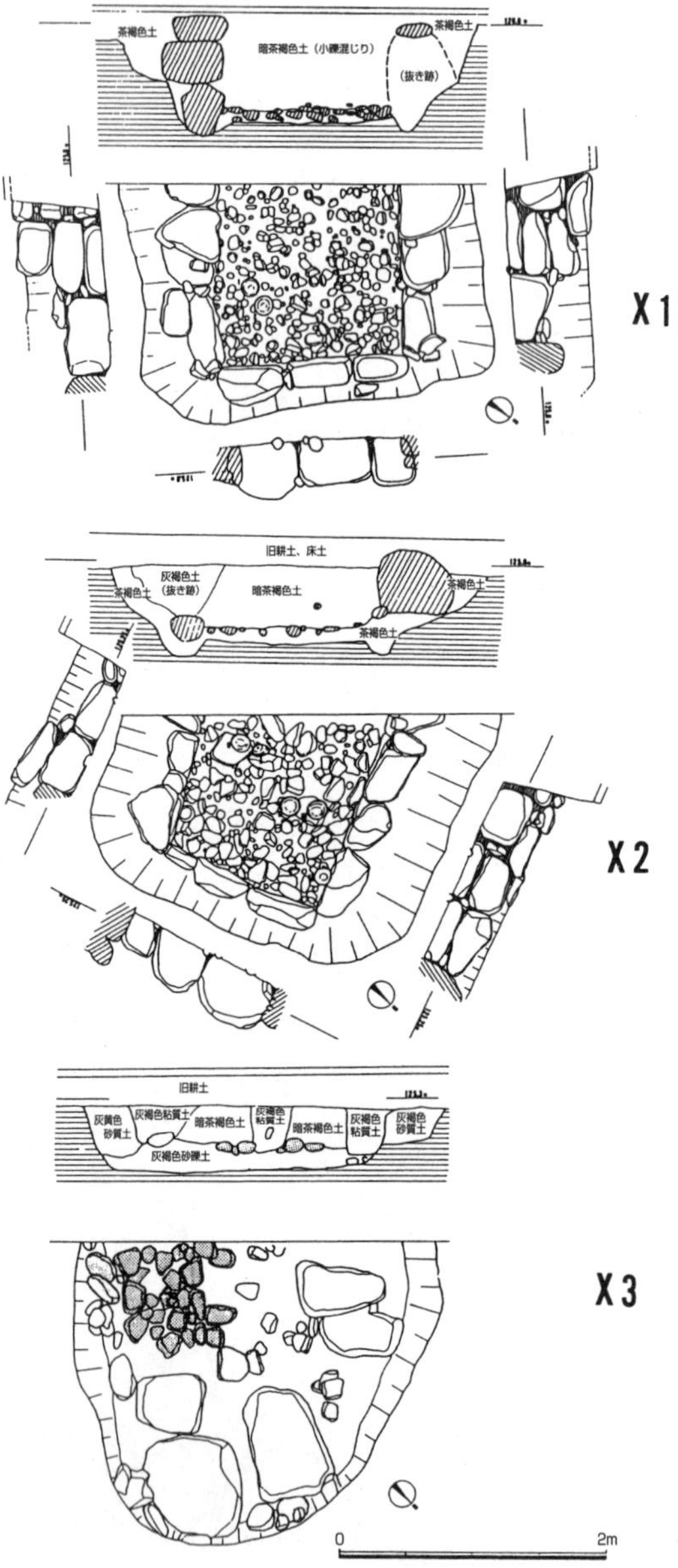

図4—26　北落古墳群石室

(3) その他の古墳群

一九九〇年前後に、犬上川左岸地域では、さらに三つの古墳群の一部が調査されている。甲良町小川原地先に所在する塚原古墳群、栗林古墳と小川原古墳群、それに甲良町池寺地先にある三博《みはか》・四ツ塚古墳群である。

栗林古墳は北落古墳群より下流側約一・八kmに位置し、一九八九年の工事中に発見されたものである。[7] 径は約二四m、幅三～四mの周濠が認められ、ＴＫ43～ＴＫ２１７式の須恵器を伴っている。この古墳と北落古墳群の間にも現状で古墳が九基ほど散在しているが、これ以外にも、一九八八年に二基の古墳が不時発見され、うち一基の石室基底部は平面長方形に石材が廻っていたといい、ＴＫ10式の須恵器も出土している。これは塚原古墳群に含まれる。

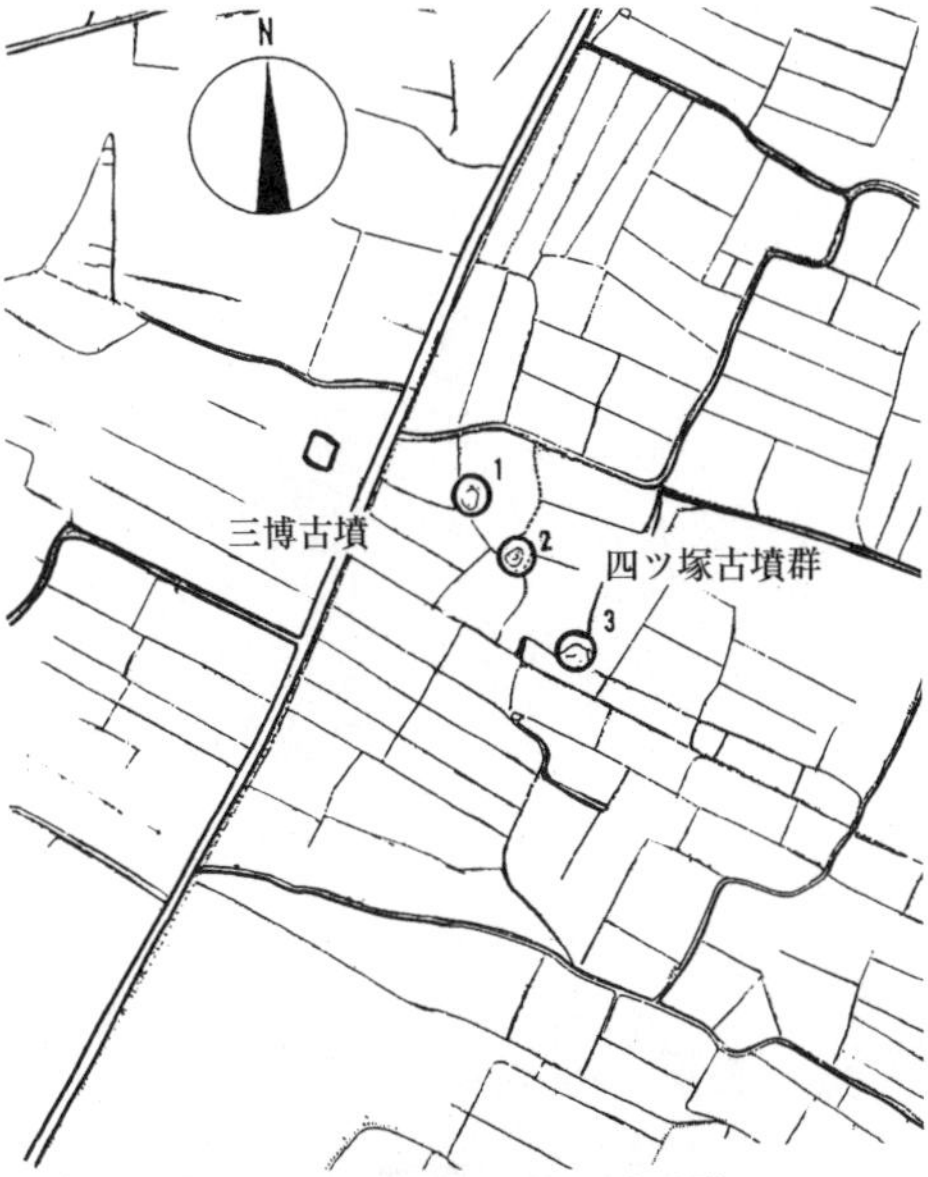

図4—27　三博・四ツ塚古墳群

小川原古墳群は栗林古墳よりさらに約三〇〇m、犬上川の下流側に位置し、これまで五基の古墳が確認されているが、工事中に発見されたためその詳細は不明である。

また、甲良町の三博古墳と四ツ塚古墳群は近接しており、ひとまとまりと考えられる(図4—27)。四ツ塚古墳群では三基の古墳し

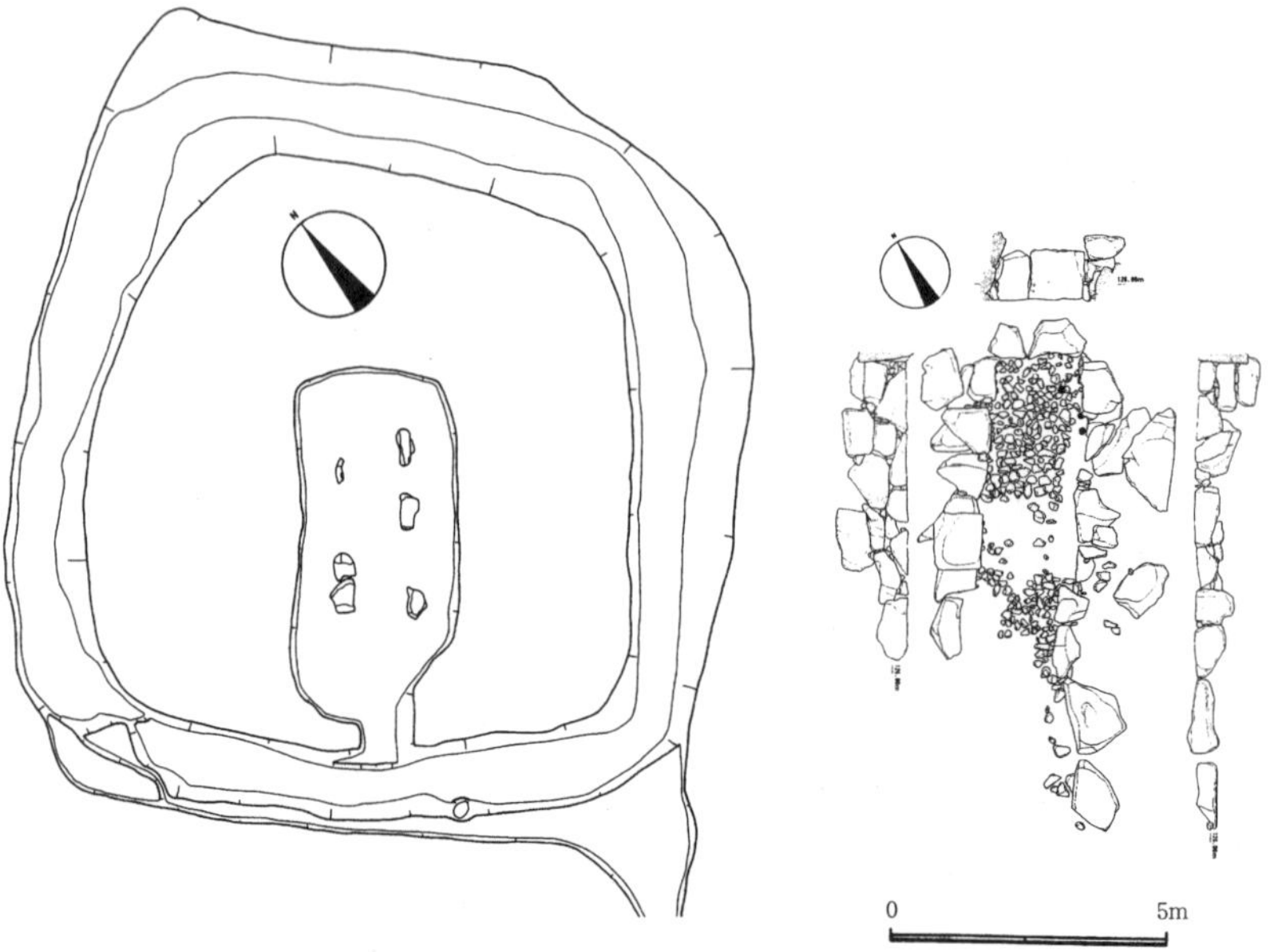

図４―28　四ツ塚３号墳と三博古墳石室

か知られておらず、その内の三号墳は畿内通有の横穴式石室を備えており調査も行われている。残存する羨道部を含む全長約八・二m、石室長約四・〇m、幅約一・七mで、北落古墳群で用いられている石材より大ぶりの石材が三段以上残存していた。石室と羨道部の一部床面には敷石が認められている。

三博古墳は四ツ塚古墳群の西に接してあり墳丘はとどめていなかったが、隅丸方形の周濠と内部主体の基底部が検出された。主体部の掘り方は長方形を呈し、羨道部と石室の間に段を持つ石室構造と考えられ、この掘り方の西短辺は幅一・〇mの幅で周濠につながっている。掘り方の長さ約六・五m、幅約二・九m、石室の幅は約一・〇m程度を測り、わずかに残る石室石材は、ひと抱えほどの小ぶりなものである（図４―28）。

三　古墳群の特質

一九八九年調査の北落古墳群の三基の横穴式石室は、その全体像が明らかではないが、一九九〇年調査の北落古墳群中の石室前面まで検出した一基は、石室掘り方底をさらに長方形に溝状に掘り下げ、石室基底石を据えていることから、石室入り口に段をもつ竪穴系横口式石室と考えられる。(8) 三博古墳の例を含めると石室幅一・五m以下程度のもので、石室石材が三〇～六〇cmのひと抱えぐらいのものは、こうした玄門部に段を有する渡来系の系譜を引く石室構造をもつものと考えてよい。

一方で、二m近くの石室幅をもつ楢崎一号墳と四ツ塚三号墳の二例は、共に畿内通有の横穴式石室で、石材も前者に比べ一m大のものも含まれて大ぶりである。これらが同じ古墳群中に混在する例は四ツ塚古墳群しか知られていないが、北落一一号墳など、墳丘の高さが三mあるいはそれ以上の高さをもつ古墳の露出する石材を見ると一m大以上のものであり、楢崎古墳群の例なども考えあわせると、これら二種類の石室構造が混在することは、この地域では一般的である。

さらに付け加えるならば、墳丘が現存するものは当初から大ぶりの石材を用いて通有の横穴式石室を備えたものであり、石室入り口に段を持ち石材も小ぶりな横穴式石室墳は高さも一～二mであるため、北落古墳群の現状にみられるように、すでに墳丘の大半は削平されてしまったものが多い。

また、犬上川左岸の古墳群中においては川の上流側に築かれた畿内通有の横穴式石室を備えた盟主墳の築造をきっかけとして、上流側から形成されていったことを楢崎古墳群や北落古墳群は語っているし、こうした過程は、須恵器の型式に加えて石室掘り方の簡略化、石室床面敷石の単層化と大形化からもたどることができる。

同じ湖東平野の宇曽川扇状地にある東近江市平柳古墳群の調査によると、[9]直径一七m以上の円墳は高さも三m以上あり畿内型石室を持つ。一方、その直径が一二m前後のものは、墳丘も高さ一・五m程度のもので階段式の石室を備えるという。この古墳群は現状では一一基からなり、五基は畿内型の石室をもち、宇曽川の上流側に位置しているのである。

なお、こうした竪穴系横口式石室はすべてが直接的な渡来人の墓ではなく、安土町竜石山古墳群や近接する東近江市丸山古墳群で観察されるように、当初の竜石山六号墳は朝鮮半島のそれに酷似するが、丸山古墳群二号墳・一号墳・三号墳で代を重ねるたびに石室構造を変化させている。[10]出自を示す葬法が、形式化、そして形骸化していく過程をそこに見ることができる。

四　古墳群成立の要因

後期群集墳の成立契機あるいはその基盤は、前方後円墳を主とする古墳時代の首長墓、古代寺院、渡来系氏族、初期荘園、あるいは単純に肥沃な水田地帯等から説明することが多い。奈良盆地の竜王山古墳群などの場合は、盆地中央部の人々が水源と薪炭確保のために山合いを墓地として占地したという。[11]

犬上川流域における古墳時代前期を中心とする首長墓はきわめて少なく、確実な前方後円墳は現在のところ認められない。甲良町の丘陵上にある西ヶ丘古墳群と九條野一号墳・二号墳の粘土槨をもつ大形円墳、[12]帆立貝形の可能性もある豊郷町安食西《あじきにし》古墳、横穴式石室を備えた前方後円墳といわれたが、今となっては墳形や規模などは定かでない多賀町敏満寺《びんまんじ》大塚古墳それに径二六mの円墳、大岡高塚古墳しか知られていなかった。これらですら、今いうところの群集墳の分布地域である扇状地をはずれている。

古代寺院にあっても、犬上川流域では下流域でしか知られておらず、最近の調査では甲良町長寺《おさでら》で古瓦、[13]同下之郷で古瓦と寺域を示す溝、およびその外の掘立柱建物群が検出されているが、[14]逆にその近辺には群集墳はみられない。

近江においては、「その分布がきわめて偏在的であり、必ずしも生産力の高い、肥沃な平野をかかえた地域に大群集墳、多数の小群集墳があるとは限ら」ず、むしろ「逆の現象さえうかがわれる」という。[15]この点からいえば、犬上川左岸地域の例も同様である。

この地域は他の湖東平野主要河川の扇状地と同様に、渇水期には水が全くなく、出水期には水があふれる「尻無川」地域として知られている。犬上川の場合でいうと、扇状地は粗粒質の礫が堆積したもので、標高一一五m地点より上流では粒径が三〇cm以上の巨礫も混じる。このため中流の、特に標高一〇〇～一二五m付近は、通常は犬上川の表流水は皆無である。[16]ここは水田農耕にはほとんど適さない地域であったといえる。このため近江最大の用水権を備えていたという一の井《ゆ》をはじめ、二の井、三の井という井堰が築かれてきたことはよく知られており、これらについてはこれまでいくつかのすぐれた論考が知られている[17]。

この地域の井《ゆ》は、文献史上は近世以前に遡れないのであるが、奈良時代中ごろの著名な東大寺領水沼庄絵図には、現在の二の井に沿ったライン上に用水路が描かれている[18]（図4—29）。一の井などもこの時期かそれ以前にすでに築かれていたと考えることも難しくない。

群集墳と、これら井堰およびこれに伴う小河川・用水路の分布を合わせると（図4—30）、奇しくも符合している。そうした中にあって小河川あるいは用水路によって潤った地域を避けるかのような二つの筋に群集墳は築かれている。これらに挟まれた地域が、井によって恩恵をもたらされた扇状地である。

この水田農地に適さない地域に、開発の使命を帯びた畿内通有の横穴式石室被葬者集団が、河川の扇状地入り口の楢崎古墳群の位置にその拠点を定め、犬上川の取水口である一の井・二の井・三の井の傍らなどの、いくつかの水口となる北落古墳群のような場所、二ないし三個所に派遣され配置されたと考えられる。彼らは灌漑技術・作業者集団であった渡来系の竪穴系横口式石室被葬者を指揮して、犬上川からの取水工事・用水路開削に臨み、その墓地は彼らの作業によって得られる美田を避けた場所が選ばれたようで、これらは六世紀中ごろには開始されていた。北落古墳群に隣接する塚原一号墳・二号墳や小川原一号墳・SK2号墓からは徳利形平底壺という百済系の土器が集中して出土することも渡来系技術者集団の存在をうかがわせる（図4—31）。

しかしながら、実際にこの扇央部あるいは扇端部で、水田農耕を行ったのは七世紀に入ってからのことで、このことは甲良町下之郷遺跡・尼子南遺跡・四十九院《しじゅくいん》遺跡・雨降野《あめふりの》遺跡・法養寺遺跡などに

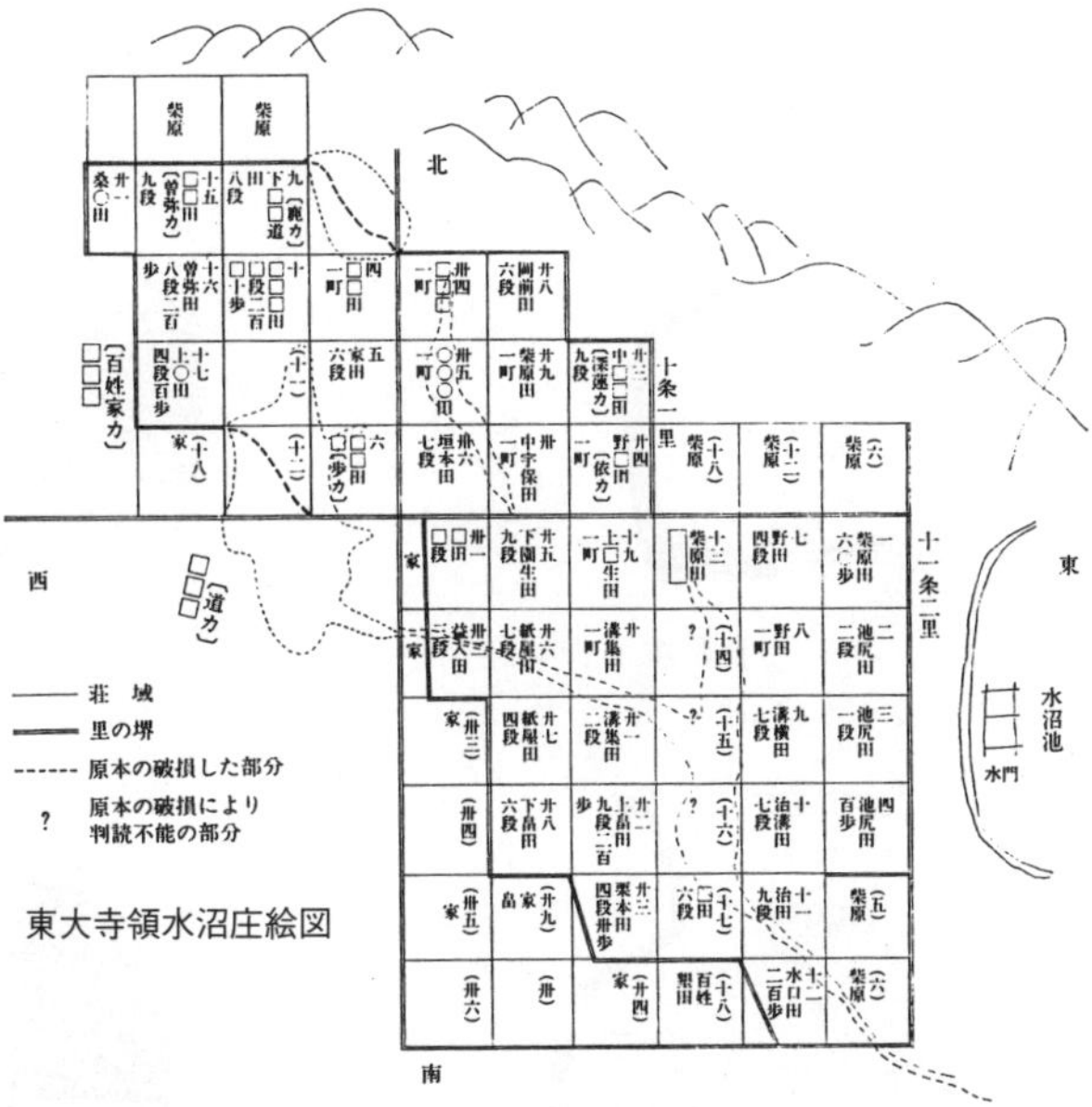

図 4―29　東大寺領水沼庄絵図

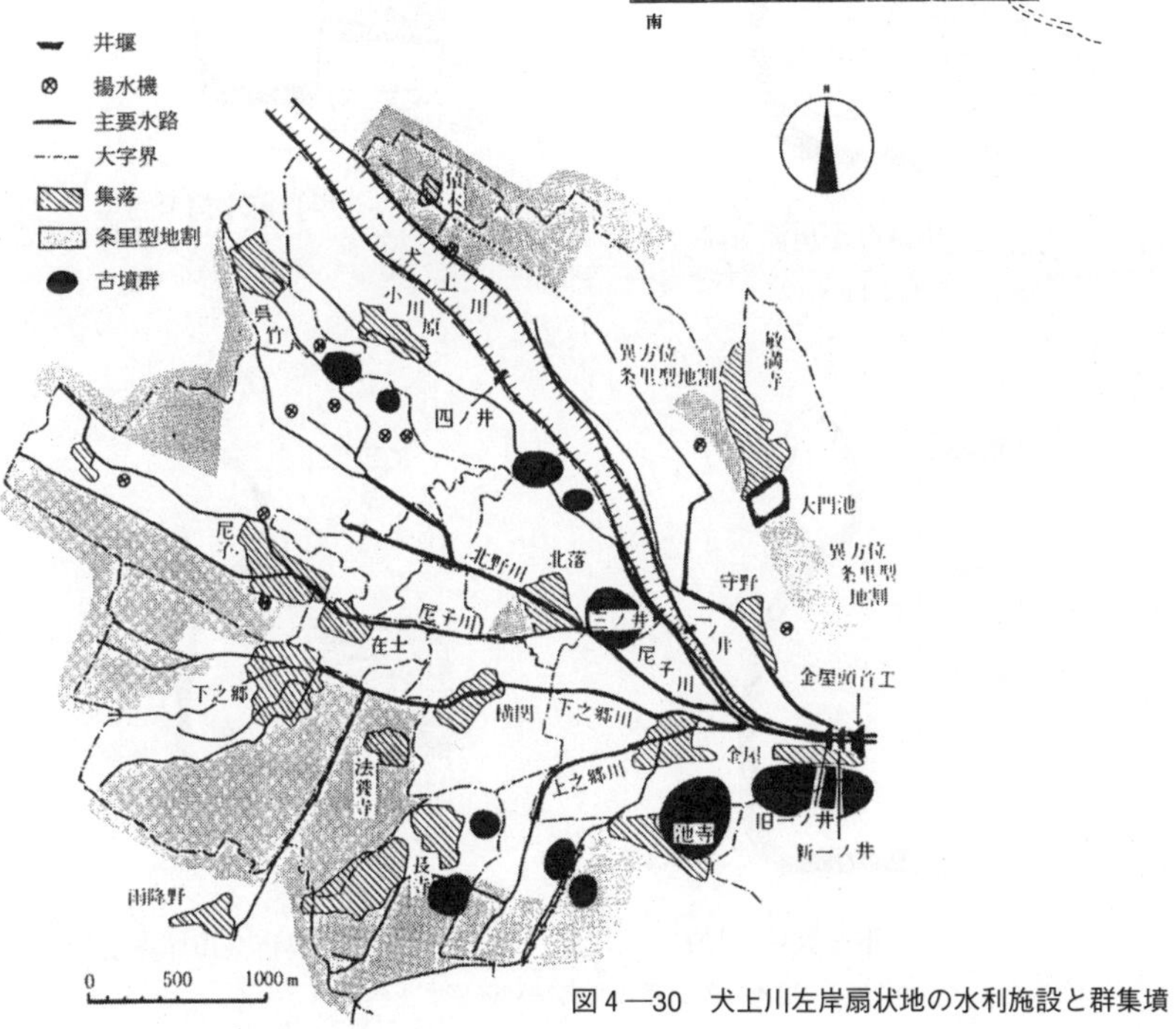

図 4―30　犬上川左岸扇状地の水利施設と群集墳

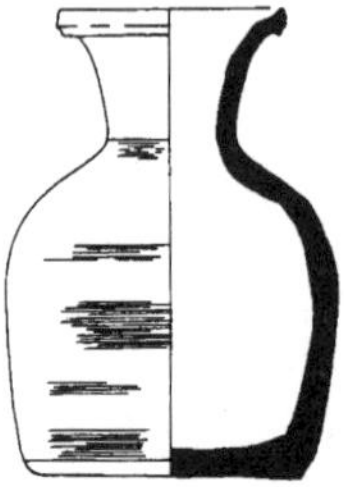

甲良町塚原古墳群

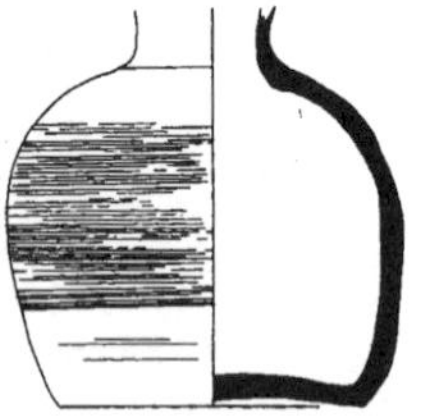

甲良町塚原古墳群

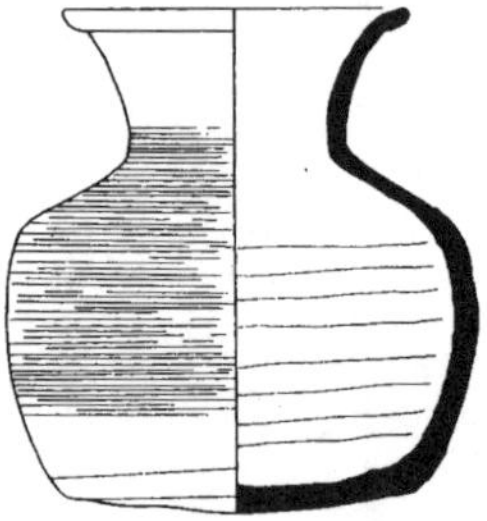

甲良町小川原遺跡

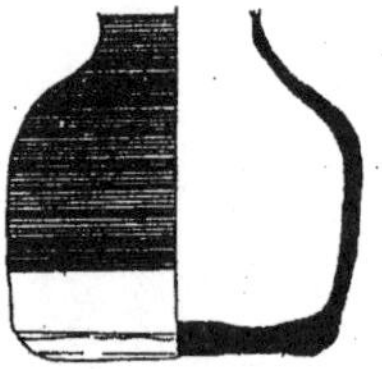

甲良町小川原古墳

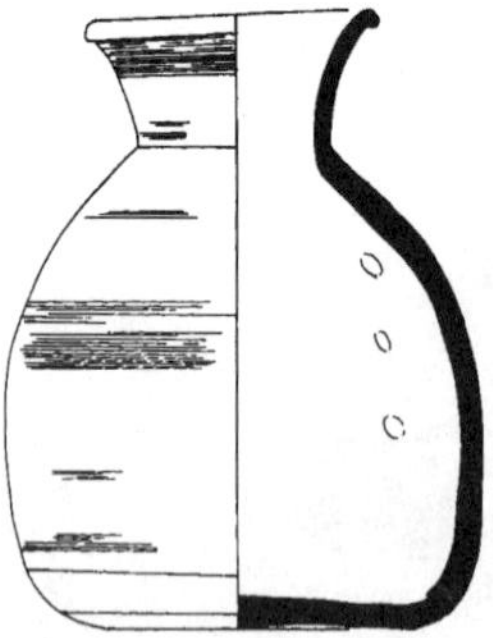

大津市太鼓塚古墳群

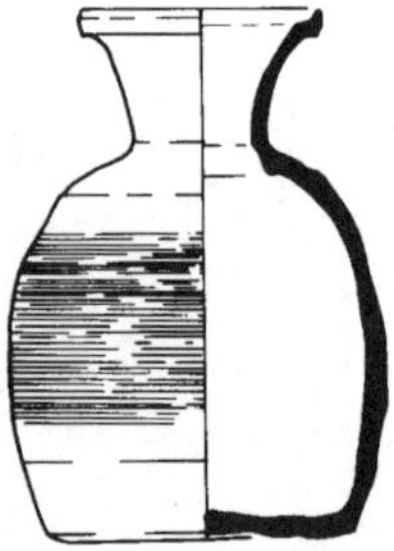

高島市高田館古墳群

図 4 —31　百済系の徳利形平底土器

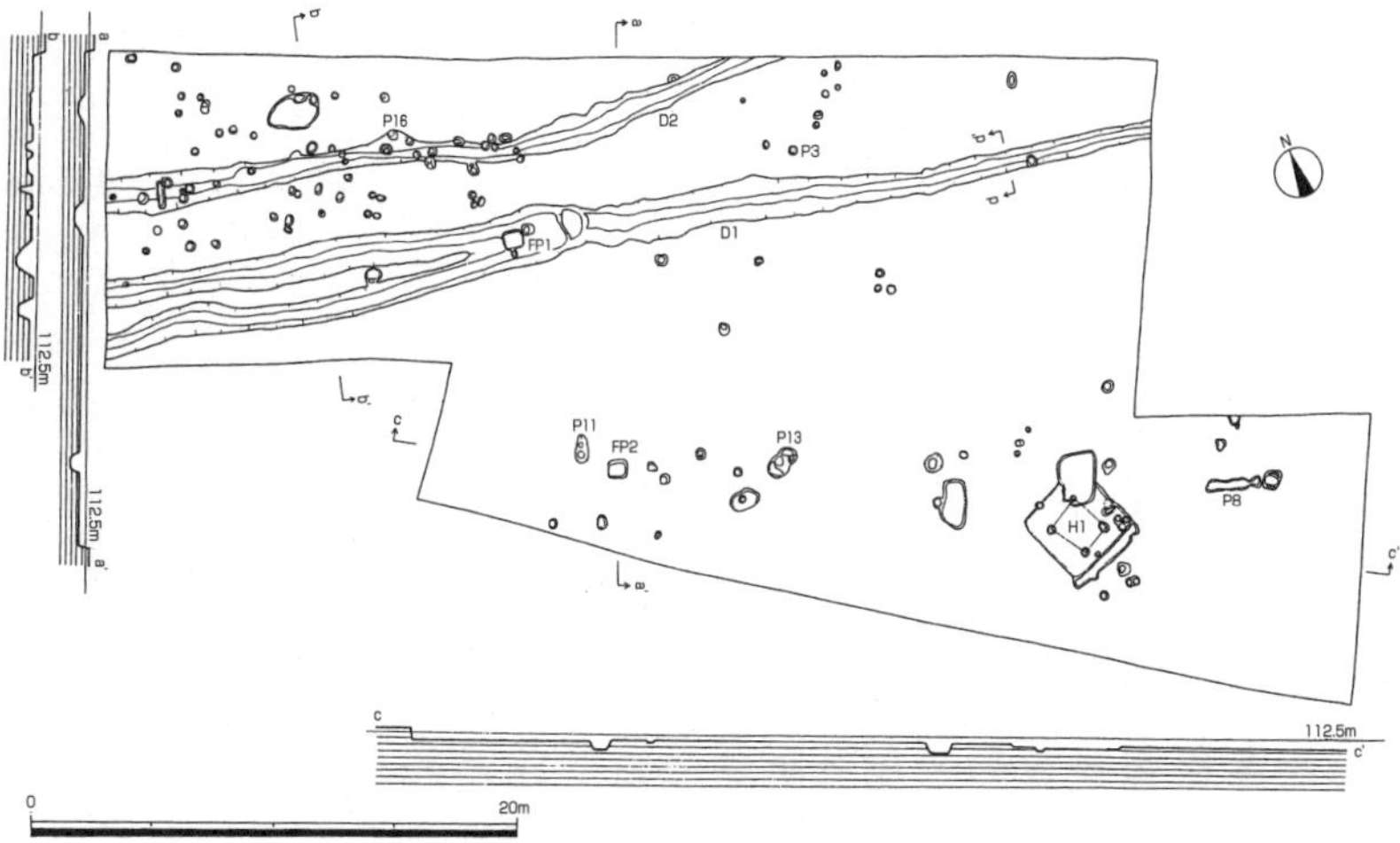

図4—32　下之郷遺跡A区溝

おける突然の竪穴住居群の出現によって知ることができる。特に、下之郷遺跡では五五棟以上の規格がそろった竪穴住居跡が検出されており、計画的な用排水の末端の状況とその時期は、一九八九年に、筆者が調査した下之郷遺跡調査A区における、直線的で方位の揃った溝のD1・D2[19]を見ることによってもわかる（図4—32）。

　犬上川扇状地が六・七世紀に水田開発されたと考えられる状況はほとんどないという見方もある[20]。その代案は、水源地を媒介にした未開地の領有であり、それは顔料を求めたもので、牧の経営を想定できるという。しかし、この尻無川地帯における七世紀の突然の大集落出現や奈良時代の初期荘園、それに描かれた用水路と今も機能する井と用水路網は、水田開発以外では説明ができない。

　中央から派遣された指導者あるいは有力氏族の墓を中心にして、それに従う渡来系技術・作業者達が葬られた群集墳は、灌漑用水路開削の経緯を鮮明に教えている。同様に、「尻無川」である宇曽川の扇状地扇頂部右岸に築かれた、二九八基からなるといわれる琵琶湖水系最大の古墳群・愛荘町金剛寺野古墳群は、一号墳の径約三〇m、高さ約六mの大形円墳・百塚古墳と七号墳の横口式石室を備え九州系の突起石を持ったぬき塚古墳をはじめとして、石室は先の二種が存在し、六世紀後半から七世紀中ごろまでにおける犬上川左岸扇状地と同じような築造契機を備えた古墳群と考えられる。(21) 加えて、周辺の東近江市平柳古墳群・八之塚古墳群でも同様に二種の石室が確認されているのである。

注

(1) 滋賀県埋蔵文化財センター「町指定楢崎古墳の確認調査」『滋賀埋文ニュース』第一二八号、一九九〇年。
(2) 本田　洋『楢崎古墳群―団体営ほ場整備事業に伴う埋蔵文化財発掘調査報告書―』(『多賀町埋蔵文化財発掘調査報告書』第一二集)、多賀町教育委員会、二〇〇三年。
(3) 用田政晴『北落古墳群』(『県営かんがい排水事業関連遺跡発掘調査報告書』Ⅶ―2)、滋賀県教育委員会・財団法人滋賀県文化財保護協会、一九九〇年。
(4) 水野正好「竜石山古墳群」『東海道新幹線増設に伴う埋蔵文化財発掘調査報告書』、文化財保護委員会・日本国有鉄道、一九六五年。
(5) 水野正好「滋賀郡所在の漢人系帰化氏族とその墓制」『滋賀県文化財調査報告―大津北郊における古墳群の調査(一)―』第四冊、滋賀県教育委員会、一九七〇年。
(6) a. 平井美典ほか『北落古墳群Ⅰ―犬上郡甲良町北落―』(『ほ場整備関係遺跡発掘調査報告書』ⅩⅩⅠ―4)、滋賀県教育委員会・財団法人滋賀県文化財保護協会、一九九四年。
b. 平井美典『北落古墳群Ⅱ―犬上郡甲良町北落―』(『ほ場整備関係遺跡発掘調査報告書』ⅩⅩⅡ―3)、

滋賀県教育委員会・財団法人滋賀県文化財保護協会、一九九五年。

c．平井美典「甲良町北落古墳群」『北落古墳群Ⅲ　金屋南古墳群―犬上郡甲良町北落・金屋―』（『ほ場整備関係遺跡発掘調査報告書』ＸＸⅢ―3）、滋賀県教育委員会・財団法人滋賀県文化財保護協会、一九九六年。
（7）田路正幸「犬上郡甲良町小川原「栗林古墳」出土遺物について」『紀要』第四号、財団法人滋賀県文化財保護協会、一九九〇年。
（8）注（4）での指摘に依る。
（9）北原　治ほか「愛知郡湖東町平柳古墳群の測量調査」『紀要』第一二号、財団法人滋賀県文化財保護協会、一九九九年。
（10）石原　進・丸山竜平『古代近江の朝鮮』、新人物往来社、一九八四年。
（11）菅谷文則「六世紀の墓地と村落と水源」『ヒストリア』第七二号、一九七六年。
（12）西田　弘「滋賀県犬上郡甲良町長寺・九條野古墳群発掘調査概要」『滋賀文化財研究所月報』五、一九六八。西田弘は、九條野丘陵の首長勢力が次の時代に「帰化系技術者」を迎えて、犬上川流域、尻無川地域の開発にあたらせたという卓見を示していた。
（13）大崎哲人『長寺（横枕古墳群）遺跡』（『ほ場整備関係発掘調査報告書』ＸⅦ―3）、滋賀県教育委員会・財団法人滋賀県文化財保護協会、一九八九年。
（14）用田政晴『下之郷遺跡・法養寺遺跡』（『ほ場整備関係発掘調査報告書』ＸⅦ―4）、滋賀県教育委員会・財団法人滋賀県文化財保護協会、一九九〇年。
（15）丸山竜平「近江における後期群集墳の研究動向」『昭和四九年度滋賀県文化財調査年報』、滋賀県教育委員会、一九七六年。
（16）野間晴雄・小林健太郎・高橋誠一「犬上川扇状地と芹川中流域における水利の特質の比較―条里型地割の分

布との対応のための前提―」『条里縁辺地域における水利・土地利用システムの歴史地理学的研究』（『昭和六一年度科学研究費補助金（一般研究A）研究成果報告書』）、一九八七年。

(17) a. 喜多村俊夫「強大井組としての湖東犬上川一の井郷の特質」『近江経済史論攷』、大雅堂、一九四六年。
b. 農林省京都農地局『農業水利に関する一事例調査―滋賀県犬上川流域の灌漑水利慣行とその近代化―』、一九五一年。
c. 藤川助三ほか『一ノ井二ノ井両井郷の昔話』犬上川沿岸土地改良区、一九五六年など。

(18) 谷岡武雄・平野健二・芦田忠司・田中欣治・井上淳「東大寺領水沼庄の歴史地理学的研究」『地理学評論』第三一巻第四号、一九五八年。

(19) 注(14)および用田政晴「下之郷遺跡・法養寺遺跡」『県営かんがい排水事業関連遺跡発掘調査報告書』Ⅵ―3、滋賀県教育委員会・財団法人滋賀県文化財保護協会、一九九〇年。

(20) 細川修平・畑中英二「湖東北部の古墳群―犬上川左岸の古墳群―」『近江・河内・大和の渡来人』（財団法人滋賀県文化財保護協会設立二五周年記念第七回埋蔵文化財調査研究会　シンポジウム）、財団法人滋賀県文化財保護協会・滋賀県立安土城考古博物館、一九九六年。

(21) 竹村吉史ほか『金剛寺野古墳群（XX）』（『秦荘町文化財調査報告書』第一七集）、秦荘町教育委員会、二〇〇三年。

本節は、「群集墳の特質と展開―犬上川左岸扇状地の場合―」と題して、山田友科子と連名で『多賀町の文化財　考古・美術工芸品』（多賀町教育委員会、一九九一年）に発表したものをもとにしているが、その旧文中にも記しているように、用田が執筆した小論であり、本節はその後の成果を加えながら書き改めたものである。

第四節　塩の流通と鉄の生産

一　近江の製塩土器

琵琶湖周辺における製塩土器の研究はこれまで皆無で、出土例も報文として二、三の遺跡が知られていたにすぎなかった。まとまった遺物や出土遺構実測図が紹介されているのは、木戸雅寿の注意によって見つかった守山市横江遺跡(1)だけといってよい状況であった。

一方、古墳時代以降、塩の一大生産地であった若狭から畿内への搬入路として、琵琶湖北部の三津と呼ばれた良港の一つであった塩津や塩津神社などに関しての資料は少なく、古代末の塩津港に関連する宗教施設遺構が、発掘調査で検出されている以外は、わずかに『日本書紀』巻第十六武烈天皇にみえる「角鹿の塩」が、大和への塩の流通にあたって、敦賀から山越え後、湖上を利用したことを推測させているにすぎない。

こうした中で、近年、古墳時代後半を中心とするいくつかの集落から、器壁の薄い小形の特徴的な製塩土器の出土が知られるようになってきた。遺跡数にして一〇数個所であるが（表4―1、図4―

表４－１　近江の製塩土器出土遺跡一覧

No	遺跡名	市町村名	遺構・層位	時期	形態	文献等
1	高月南遺跡	高月町	ＳＨ11（住居跡）	６Ｃ前	Ⅰ	丸山竜平「滋賀県」『海の生産用具』1986
			ＳＨ12（住居跡）	５Ｃ末	Ⅰ	
2	横山遺跡	高月町			Ⅰ	
3	馬上南遺跡	高月町			Ⅰ	
4	弘部野遺跡	今津町	Ｔ106（住居跡）	６Ｃ後	Ⅱａ	
5	弘部野遺跡	今津町	住居跡	７Ｃ後～		県・協会『弘部野』1982
6	弘川友定遺跡	今津町	包含層	11Ｃ～	焼塩土器	
7	斗西遺跡	東近江市	ＳＴ117（住居跡）	７～８Ｃ	Ⅱｂ	
8	中沢遺跡	東近江市	ＳＢＡ７（住居跡）	６Ｃ	Ⅰ	
9	小中遺跡	安土町	住居跡		Ⅰ	
10	高木遺跡	近江八幡市	河川埋土	５Ｃ末	Ⅰ	
11	勧学院遺跡	近江八幡市			Ⅰ	
12	市三宅遺跡	野洲市		５Ｃ末	Ⅰ	丸山，前掲論文
13	吉身西遺跡	守山市	Ｐ62（土坑）		Ⅰ	
			包含層		Ⅰ	市『守山市文化財調査報告書』43　1991
14	金森遺跡	守山市	ＳＨ48(住居跡)		Ⅰ	
15	古高遺跡	守山市	ＳＸ１（土坑）		Ⅰ	
16	吉身北遺跡	守山市	ＰＮ16（土坑）	６Ｃ	Ⅰ	
			ＳＫ５（土坑）	６Ｃ	Ⅰ	市埋文センター『乙貞』９号　1982
			ＳＫ22（土坑）	６Ｃ	Ⅰ	市『吉身北遺跡発掘調査報告書』1986
			ＳＫ32（土坑）		Ⅰ	同上
17	岡遺跡	守山市			Ⅰ	
18	横江遺跡	守山市	ＳＸ１（土坑）	６Ｃ初	Ⅰ	県・協会『横江遺跡発掘調査報告書』1986
19	岩畑遺跡	栗東市	ＳＨ78(住居跡)	５Ｃ後	Ⅰ	
			ＳＨ82(住居跡)	５Ｃ中？	Ⅰ	
			ＳＨ83(住居跡)	５Ｃ後	Ⅰ	
			ＳＨ16(住居跡)		Ⅰ	
20	辻遺跡	栗東市			Ⅰ	
21	大門遺跡	守山市			Ⅰ	
22	溝ノ尾遺跡	大津市		７Ｃ後～	Ⅲ？	丸山，前掲論文
23	中保町遺跡	大津市		８Ｃ	Ⅲ	西田弘「大津市中保町遺跡」『滋賀文化財研究所月報』1968
24	服部遺跡	守山市		弥生中？・弥生～６Ｃ		丸山，前掲論文
25	森川原遺跡	守山市		６Ｃ前	Ⅰ・Ⅱ	県・協会『県営かんがい排水事業関連遺跡発掘調査報告書』Ⅱ－４　1985
26	針江中遺跡	高島市			Ⅰ	県・協会『新庄城遺跡・正伝寺南遺跡・針江中遺跡・針江北遺跡発掘調査概要』1983
27		高島市			Ⅰ	
28	葛籠尾崎遺跡	湖北町		古墳～		丸山，前掲論文
29	大塚遺跡	長浜市	ＳＫ１（土坑）	６Ｃ前	Ⅰ	
30	三大寺遺跡	米原市	ＳＫ01（土坑）	８Ｃ	Ⅲ	

※県：滋賀県教育委員会，協会：滋賀県文化財保護協会，市：守山市教育委員会（Ｃ：世紀）
Ⅰ：小形丸底，Ⅱａ：中形丸底，Ⅱｂ：中形平底，Ⅲ：大形平底

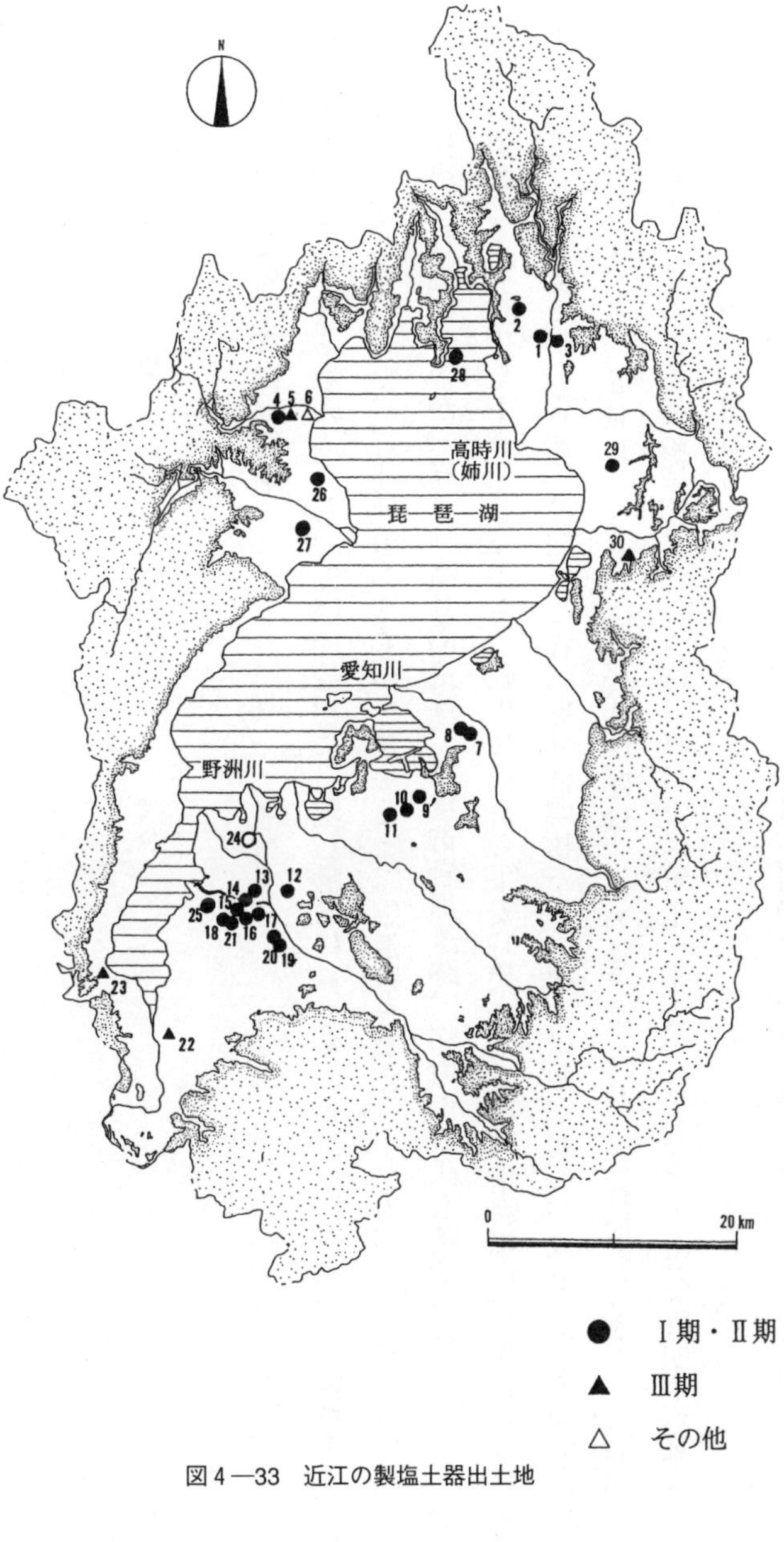

図4―33　近江の製塩土器出土地

33）、地域を問わず、この時期の琵琶湖周辺の集落では、こうした製塩土器がある程度は分布しているのではないかという見通しが得られ、かつ量的にある程度まとまって発見される集落と数片が散見されるにすぎない遺跡という二種のあり方を推定することが可能になってきた。

二　製塩土器の分布と編年

(1)　五世紀後葉～六世紀前葉

製塩土器と考えられるもののうち、近江で最初に出現し量的に最も多いのは、薄手の、俗にポテトチップスと称される形式で、可能性のあるものを含めると二〇遺跡を数え、中でも一〇個体あるいはそれ以上検出されているのが、高月町高月南遺跡、栗東市岩畑遺跡、守山市横江遺跡である。

高月南遺跡は古墳時代を中心としながら、弥生時代から平安時代に至る高時川右岸扇状地に営まれた大集落で、これまでに竪穴住居跡四五〇軒、掘立柱建物三〇〇棟のほか、四〇基以上の方形周溝墓などが検出されている。(2) SH11、SH12の竪穴住居跡は、この地で玉作りの盛行期をむかえた時期、およそ五世紀末から六世紀初めに相当し、特にSH11では管玉・小玉・勾玉などの滑石製品が大量に出土して、床面には円形の敷石も認められる。

図4—34の1・2はともにSH12出土品で、特に1は住居のカマド付近で検出されており加熱痕を残す。2の内面には一部ハケメが残る。胎土には微砂を含み、器厚は平均して二㎜程度とみてよい。

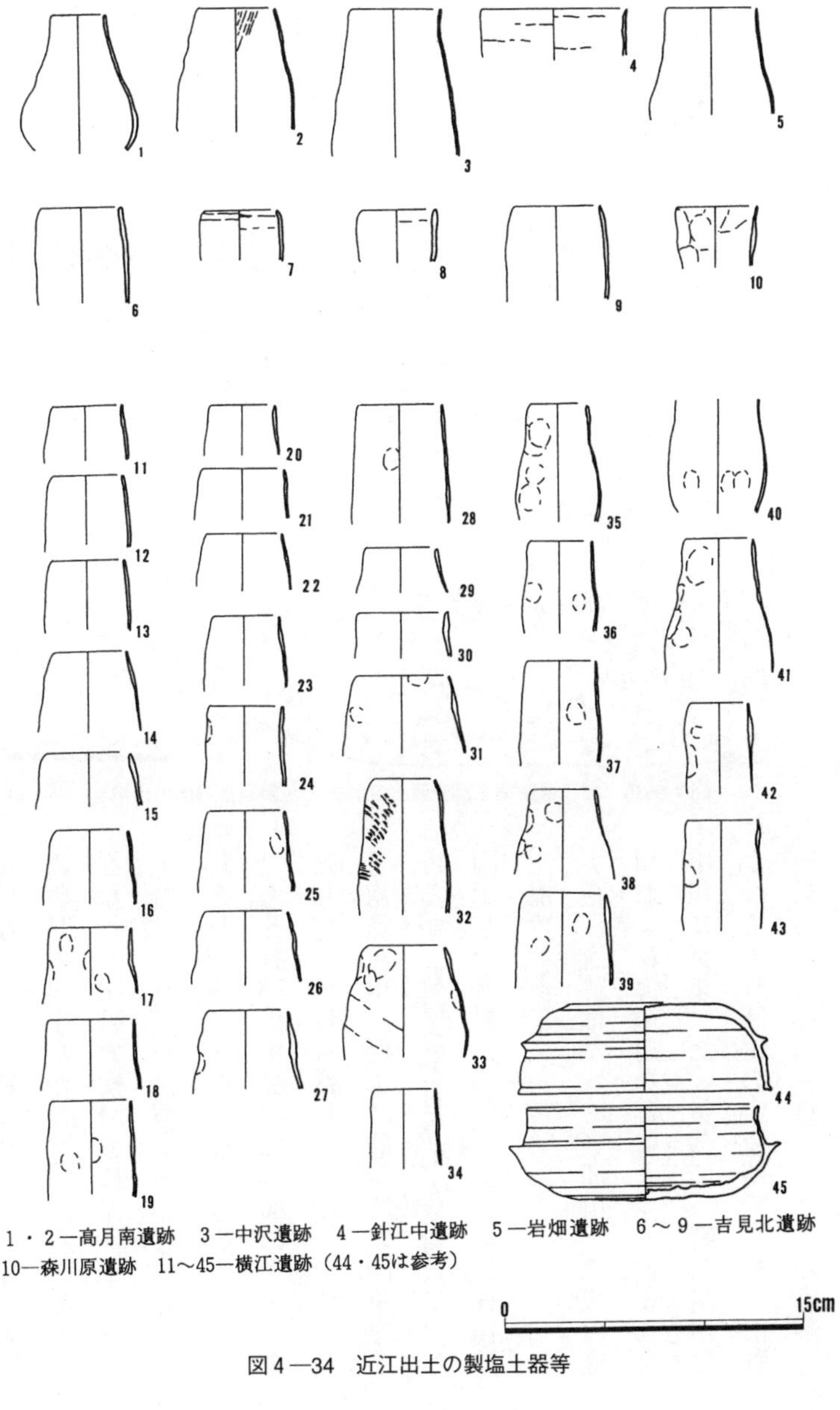

1・2一高月南遺跡　3一中沢遺跡　4一針江中遺跡　5一岩畑遺跡　6～9一吉見北遺跡
10一森川原遺跡　11～45一横江遺跡（44・45は参考）

図4―34　近江出土の製塩土器等

図４―35　横江遺跡第８調査区（ＳＫ－１が製塩土器出土土抗）

岩畑遺跡も野洲川左岸に位置する大規模な集落で、特に初期須恵器および鉄製品の出土数が多く、滑石製品もほとんどの住居で検出されている。[3] 製塩土器は、五世紀後葉を中心とする住居跡ＳＨ16・78・82・83から出土し、中でもＳＨ78出土品には外面にタタキを残し、加熱痕も残している。全体に高月南遺跡出土例より砂っぽい印象を受けるが、器厚など目立った差異はない。図示したもの（図４―34）はＳＨ16出土品である。

横江遺跡はかつて野洲川下流域の境川および海道川などによって狭まれた中州に営まれた大集落で、特に境川はかつての野洲川の主流路であり、旧野洲郡と栗太郡の境をなす。この集落では六世紀前半にはすでに掘立柱建物が主流を占めるようになっており、隣接する他の集落が六世紀末から七世紀初めに転換していくことに比べて先進的である。また滑石製品をはじめ木製形代など祭祀的な遺物も多く認められる遺跡である。

製塩土器は、旧河道の肩部にあるＳＫ１と呼ぶ長径二・四m、短径一・七mの平面楕円形を呈する土坑の北西隅で、散らばって出土している（図4―35）。この土坑は深さ二五cmの底が平坦なもので、土師器甕・高坏、須恵器坏身・坏蓋・甕と共に一括投棄の状況で検出されており、土器の一部には加熱痕が認められるものの、土坑の埋土には炭化物や灰などは認められない。

三〇個体以上あると考えられる製塩土器（図4―34・11～43）は、焼成が良く比較的硬質のものが主流をなし、色調も須恵器のそれに近い。高月南遺跡出土例に比べて胎土は砂が目立ち、口縁部がやや厚手のものが多いという特徴がある。

これら琵琶湖周辺出土の小形丸底の製塩土器の一群については、その時期差や明瞭な形態等の違いは看取できないが、まとまって出土している湖北の高月南遺跡と湖南の横江遺跡・岩畑遺跡例を比較すると、総じて前者は器厚が二mm前後、後者は二・五～三mmで、湖北のものがより薄く、やや小形品が多いという印象を持つ。また後者には口縁部近くを肥厚する例が目立ち、外面に一部タタキの残存する例も認められる。胎土に含まれる砂も後者がより目立つ。それぞれ地理的に近い土器製塩の拠点、若狭と大阪湾南岸・紀伊沿岸地方にその出自を想定している。

(2) 六世紀中葉以降

いわゆる薄手・小形の五・六世紀の交を前後とする時期の土器以降、製塩土器は断片的にしか知られていない。高島市弘部野《ひろべの》遺跡T１０６住居出土例[4]（図4―36の46）、東近江市斗西《とのにし》遺跡例（47）、それに守山市森川原遺跡SD12出土例（48）は、古墳時代のものと考えられ、大津市中保町遺跡例（49）や米原市三大寺遺跡例は、それ以降の若狭でいう船岡式に相当するようである。また弘部野遺跡、大津市溝ノ尾遺跡などでは七世紀後半～平安時代の製塩土器が出土している。

　こうした断片的な資料から、近江においては製塩土器出土一覧表（表4―1）でいうⅠ期（五世紀末～六世紀初）、Ⅱa期（六世紀後半）、Ⅱb期（七世紀）、Ⅲ期（八世紀以降）というおおまかな編年が考えられるが、Ⅱ期以降の資料は少ない。

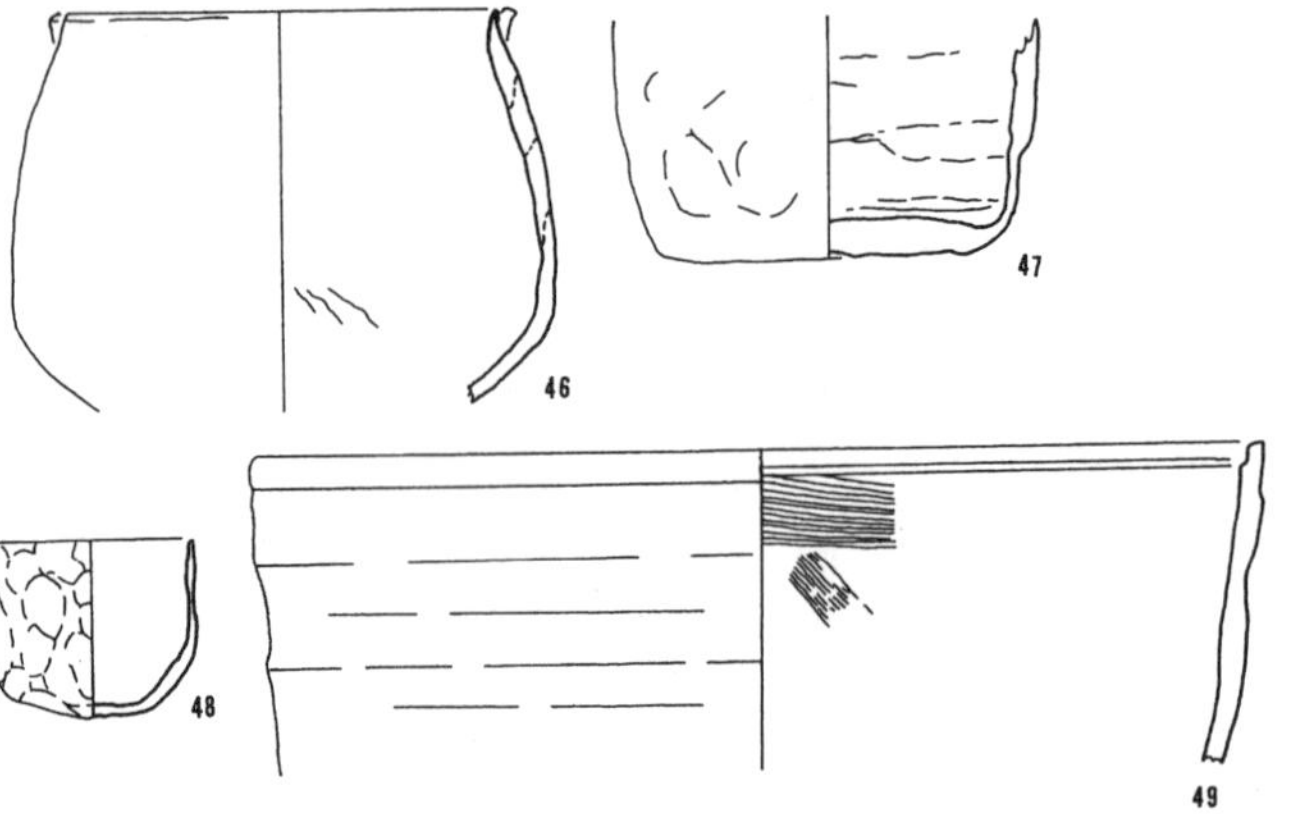

46―弘部野遺跡　47―斗西遺跡　48―森川原遺跡　49―中保町遺跡

0　15cm

図4―36　近江出土の製塩土器（2）

三　近江における塩の流通

五世紀後葉になって近江で現れる製塩土器は、琵琶湖周辺の主な集落で一気に広がる。今後、注意を払っていけば、この時期の、たとえば陶質土器や初期須恵器をもつ集落では、その多くで備えていると考えられる⑸。

守山市域では、これまで調査担当者による製塩土器への注意が払われてきた結果、横江遺跡のほか九遺跡・一二個所で同じ形式の製塩土器が見つかっている⑹。これらは一ないし数個体程度であり、器壁等も火を受けたりして荒れたものが多い。三〇個体をはるかに越える出土量で、器壁の残存状況も極めて良好・硬質の横江遺跡出土品を見るにつけ、旧野洲川である境川下流域の沖積地にある中核的な集落⑺から数㎞の範囲にある周辺の集落に製塩土器が配布された状況が復元できるし、野洲川左岸の岩畑遺跡もそうした機能を果たした遺跡であると考えられる（図4—37）。

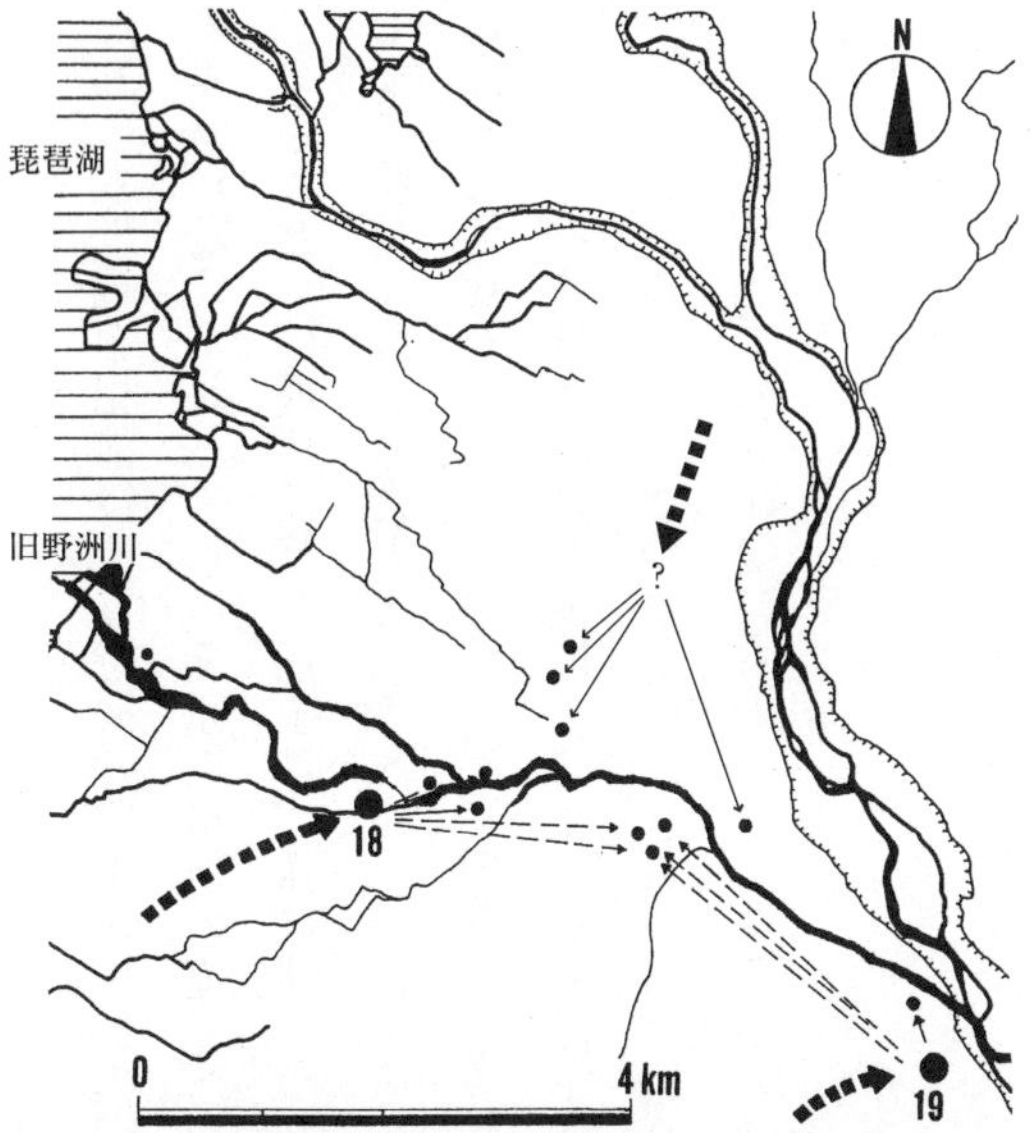

図4—37　野洲川下流域における製塩土器の配布モデル

こうした中核的集落では、滑石製の玉製品あるいは玉作工房が検出され、形代、鏡、手づくね土器などの祭祀遺物が出土し、鉄製品が多いなどただならぬ様相を呈している。高時川右岸扇状地にある高月南遺跡のＳＨ11は、一辺約八ｍの方形住居で九本柱を備えた建物である。ここでは大量の玉類とともに製塩土器は出土しており、そうした地域での中核的集落例の典型である。

五・六世紀を相前後する時期の薄手・小形の製塩土器は、先述のように湖北と湖南はわずかながらの差異が認められ、それらを元供給地の違いと想定した。またこれらは、焼塩用の土器として製品のまま塩とともに近江に持ち込まれ、琵琶湖とつながる大河川流域の中核的な集落に運ばれた後、加工して各集落に配布したと考えられる。ただ、その量は製塩土器一～数個体にすぎず、日常的な使用ではなくこの塩を用いた行為が、祭祀的なことと結びついている可能性を諸遺跡の状況は物語っている。(8)

一方、古墳時代以降の製塩土器は、その出土例が少なくなり、出土地も今津、大津、それに米原の寺院跡という古代交通の要衝にかぎられる。奈良時代以降の塩の流通や入手にあっては、地方の中核的な集落にも手の届かないものになったことの証である。(9)

四　列島の鉄生産

(1)　鉄生産の起源

弥生時代の初めから鉄製の道具が使われ、「国、鉄を出し、漢、濊、倭みな従ってこれをとる」という『魏志』東夷伝弁辰条の記述に加えて、列島でも朝鮮半島を通じて持ち込まれた原料鉄をもとに、道具に加工する小鍛冶作業が行われていたことを推測させる事例はいくつかある。(10)しかし、この列島での鉄生産の開始時期についてはまだ定説がない。弥生時代の早い段階で刀子や斧などの鉄器を知りながら、数百年間、列島の人たちは製鉄技術を知らなかったことになる。最近でも福岡県庄原遺跡や広島県小丸遺跡では、弥生時代後期の製鉄遺構らしいものが検出されているが、出土した木炭の年代測定結果には幅もあり、まだ十分な検討が必要なようである。

古墳への鉄滓副葬は一二〇例ほど、鍛冶工具副葬例も三〇例ほど知られている。五世紀代の古墳に製錬滓が副葬品としておさめられている事例もあるが、年代をある程度知りうる製鉄遺跡は六世紀後半が確実な年代である。原料は砂鉄と鉄鉱石（岩鉄）に分けられ、奇しくもそれぞれを原料とした遺跡が、西日本の箱形炉としていくつか知られている。また東日本では、七世紀後半から八世紀前半まで遡れるようで、西日本と同様の箱形炉かその改良型である。

(2) 製鉄遺跡追究の問題点

製鉄技術の進展は、強力な送風装置と大がかりな地下の防湿装置改良の歴史であるといっても過言ではない。一般に製鉄炉を「たたら」と呼ぶことも多いが、これは近世以後のことで、一六世紀の『日葡辞書』が最初ではないかといわれている。本来、「たたら」は「ふみふいご」を指し[11]、一〇世紀の『和名類聚抄』などもそのように用いられている。

一方、「かなくそ」も「加奈久曾」と記し、鍛冶作業で出る酸化鉄の皮膜を指す。したがって、製鉄炉を「たたら」といい、製錬滓を「かなくそ」と呼ぶことは正しくない。

鉄生産の研究あるいは製鉄炉の研究は、炉を取り壊して鉄塊を炉底ごと取り出すことによる正確な炉の位置の確定と炉形復元の難しさ、および確実な年代を知り得るまとまった考古資料、土器の少なさという弱点を備える。例えば国史跡である草津市野路小野山遺跡の製鉄炉においても、その炉の具体的な位置についての判断は流動的なのである。[12] さらに、同じ炉でも箱形炉なのか円形の竪形炉かという意見も定まらないことが多い。

このことは炉床を形成する土坑の掘り方や、防湿施設としての炭・焼土・粘土等の分布と炉底部等の広がりを混同していることも一因である。したがって、改良された送風装置と巨大で整った地下防湿施設を持つ「近世たたら」の出現を待たずして、全長三mを超える炉の復元を容易に生んでしまう。[13]

しかし一方で、大津市源内峠遺跡では、[14] 長さ約二・五m、幅約〇・三mの箱形炉が検出され、三m規模のものも想像のものでなくなりつつある。この製鉄炉に伴う排滓場では五〇トン以上の鉄滓が確認されており、中国地方を中心とする西日本で一般的な長さ〇・五m、幅〇・三m程度の箱形炉からは一トン程度の排滓量しかないからである。[15] それほどまでに源内峠遺跡の製鉄炉は大規模で、高い技術力によって営まれていたことがわかる。

とり合えず知りうる限りの痕跡等をもとに、事実関係の構築を少しずつでもはかっていかねばならない。

五　近江における鉄の生産

(1) 近江南部の意味

大津市南郷遺跡の調査は、瀬田川右岸の丘陵地における、鉄鉱石を原料とした七世紀中ごろの製鉄遺跡の一部を明らかにした[16]。これまで、近江においては六〇個所以上の製鉄遺跡が知られており（図4—38）、高島市北牧野遺跡[17]、大津市源内峠遺跡、草津市野路小野山遺跡[18]、木之本町古橋遺跡[19]などの製錬滓の分析結果により、すべて鉄鉱石を原料としていることが判明している。砂鉄製鉄が中心であったと考えられていた古代の日本列島において、近江は、「製鉄原料として岩鉄を主体としながらも、一部に砂鉄を併用したものと推定」される備後と並んで特異な位置を占めると考えられていたが[20]、光永真一は、備前・備中南部で最近見つかった六世紀後半〜八世紀代の製鉄炉は、ほとんどが鉱石製鉄であるといい[21]、後に美作を中心とする砂鉄系製鉄が支配的となってくるのである。

近年、大和をはじめとして古墳に副葬された鉄器あるいはその素材となった鉄は、そのほとんどが鉱石を原料にしたものであると考えられ、鍛造品の場合はほぼ同じ方法で製造した鋼が使用されている可能性が大きいと考えられるに至った[22]。その結果、鉄鉱石を原料とする鉄生産の時期と構造、およびその分布を追究することは重要なものとなってきた。

これまで近江のみならず畿内及びその周辺での最古の一例が、古橋遺跡と考えられてきたが（図4—39）、実際には、わずかに出土した遺物の年代観からは七世紀代のものである（図4—40）。つまり、

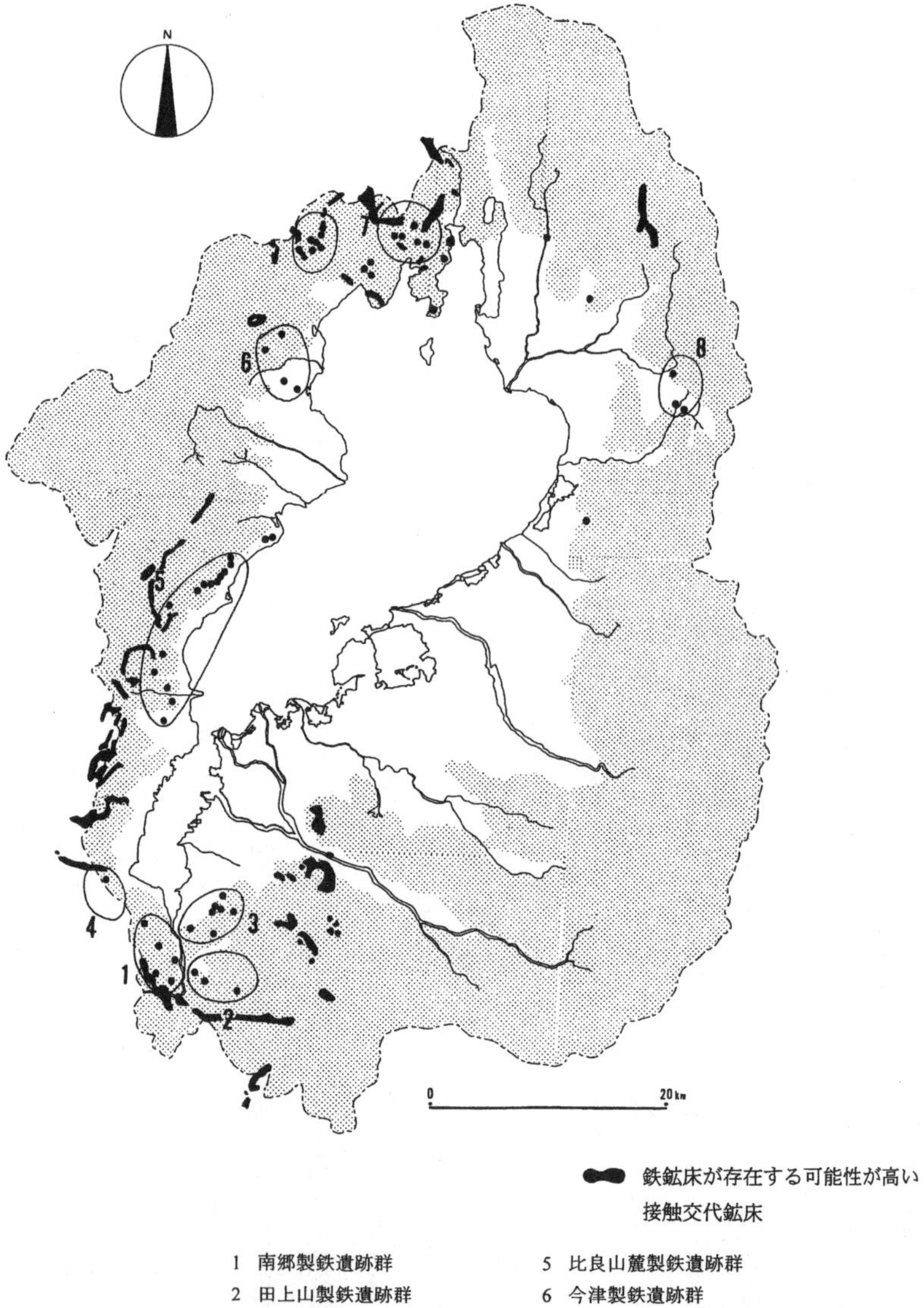

1　南郷製鉄遺跡群
2　田上山製鉄遺跡群
3　瀬田丘陵製鉄遺跡群
4　逢坂山製鉄遺跡群
5　比良山麓製鉄遺跡群
6　今津製鉄遺跡群
7　マキノ・西浅井製鉄遺跡群
8　伊吹山麓製鉄遺跡群

図4—38　古代近江における製鉄遺跡の分布

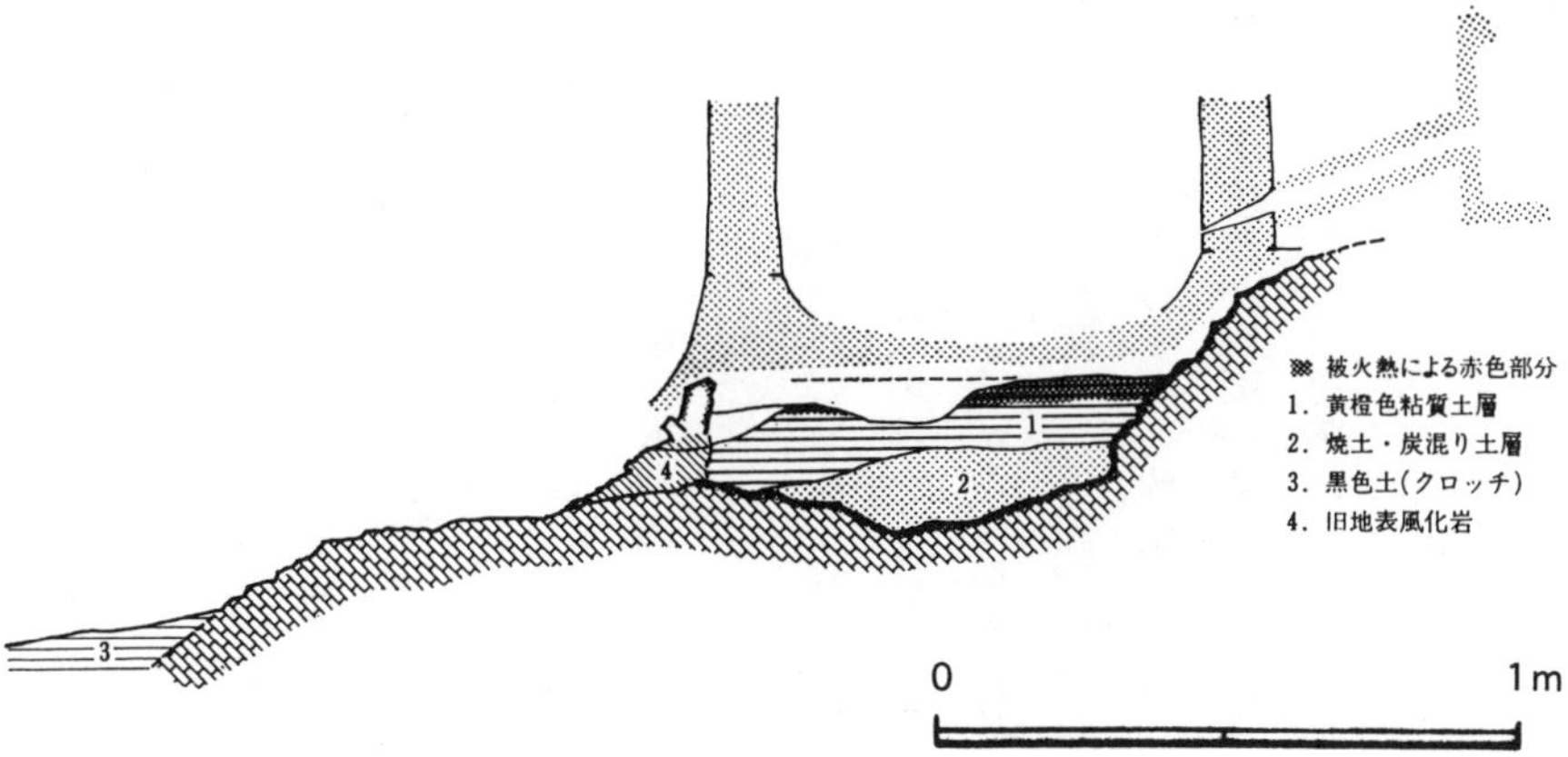

図4—39　古橋遺跡炉床下部断面と一部炉復元

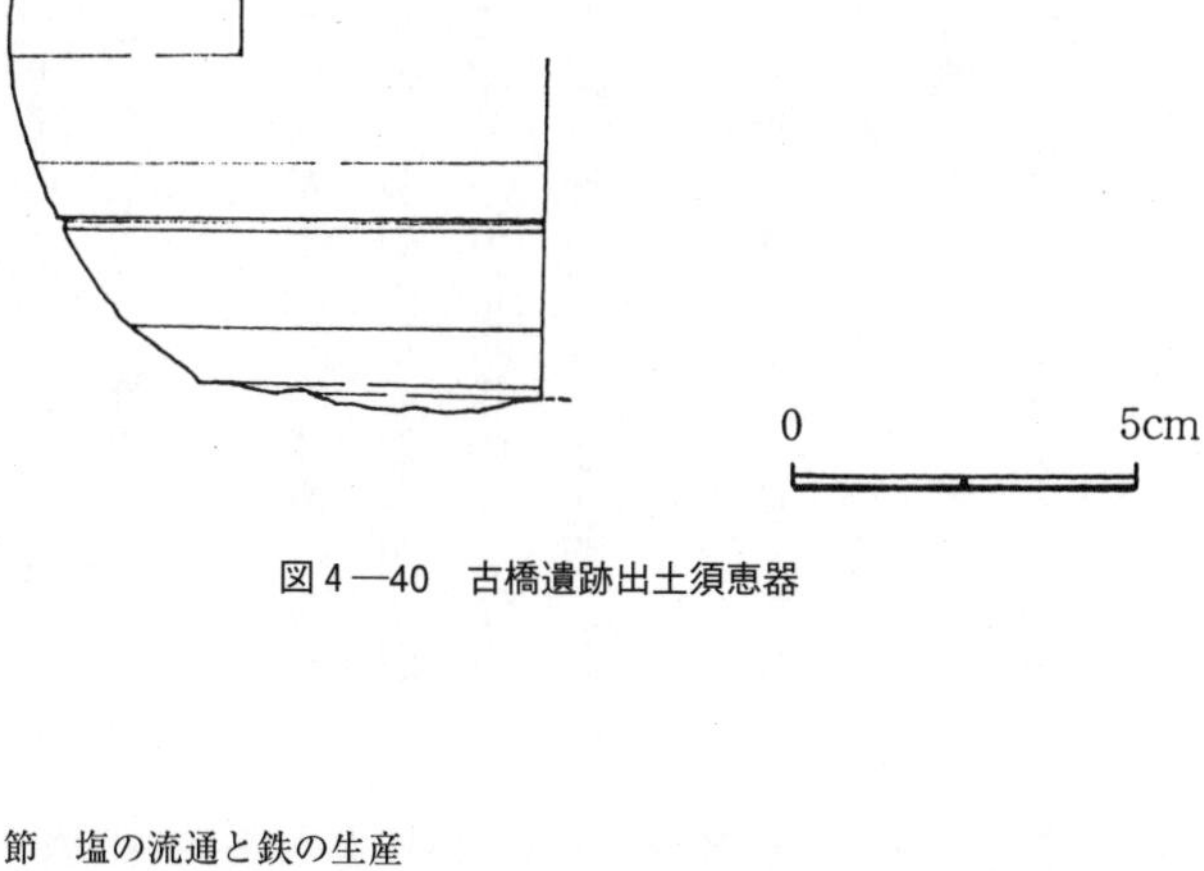

図4—40　古橋遺跡出土須恵器

古橋遺跡で出土した唯一の土器、須恵器の平瓶は、同じ湖北の長浜市諸頭山《もろとうやま》二号墳玄室出土の須恵器や米原市黄牛塚《おぎゅうづか》古墳出土品との比較により、胴部の器高が一〇cm以下であり、胴部最大径が半ばよりやや上寄りにあること、ヘラ削りによる平底を意識した底部などの特徴から、坏の宝珠つまみと高台出現段階以降のものであり、七世紀の所産と考えられる。当該期の年代基準の再検討作業を加味すると[23]、七世紀の第二四半期まで下ることにもなる。列島での鉄生産例としても最古の一群の一つとも位置づけられているが[24]、その資料の時期の取り扱いは慎重さが求められる。

七世紀には、近江南部、瀬田川流域の丘陵地でも大津市南郷遺跡を皮切りに大津市源内峠遺跡などで製鉄がはじまる。中でも瀬田川左岸の瀬田丘陵では、源内峠遺跡が最初の大型炉として都合四基が順次操業し、草津市観音堂遺跡へと変化し、八世紀前後の産業炉としてほぼ二〇年間同じ炉床を使用した草津市木瓜原《ぼけはら》遺跡[25]、官営で複数同時操業炉である奈良時代の草津市野路小野山遺跡へと展開しながら、後に官営の製鉄炉はなくなり、民間の製鉄炉だけとなっていく。

こうした鉄生産の開始から、炉の複数化、炉床とフイゴの改良、製鉄の管理遺構などが一貫して発見されている瀬田丘陵は、近江国庁を通じた国家による関与が指摘されることが多いが、単に都への地理的条件のみならず湖と瀬田川が果たした原材料の確保と製品の供給経路をも重視すべきで、七世紀中ごろの唐橋遺跡橋脚の基礎に納置された鉄滓四点は、この地域の鉄生産を掌握した首長層が勢多橋架橋に関わったことを暗示させてくれる。

(2) 南郷遺跡の炉復元

大津市南郷遺跡の発掘調査では、田中勝弘らの努力により製鉄炉の炉床の一部を構成すると思われる石列と流出滓を受ける土坑を検出した（図4—41）。西側だけ火を受けて赤化した石列は平面が弧形をなし、中ほどは前面（西側）に張り出す。またNo.3・No.4と称した石列中ほどの二石は、板状の石材を横方向に立て、他の両側の石材は不整形のものを木口に外へ向けて比較的雑に積む。

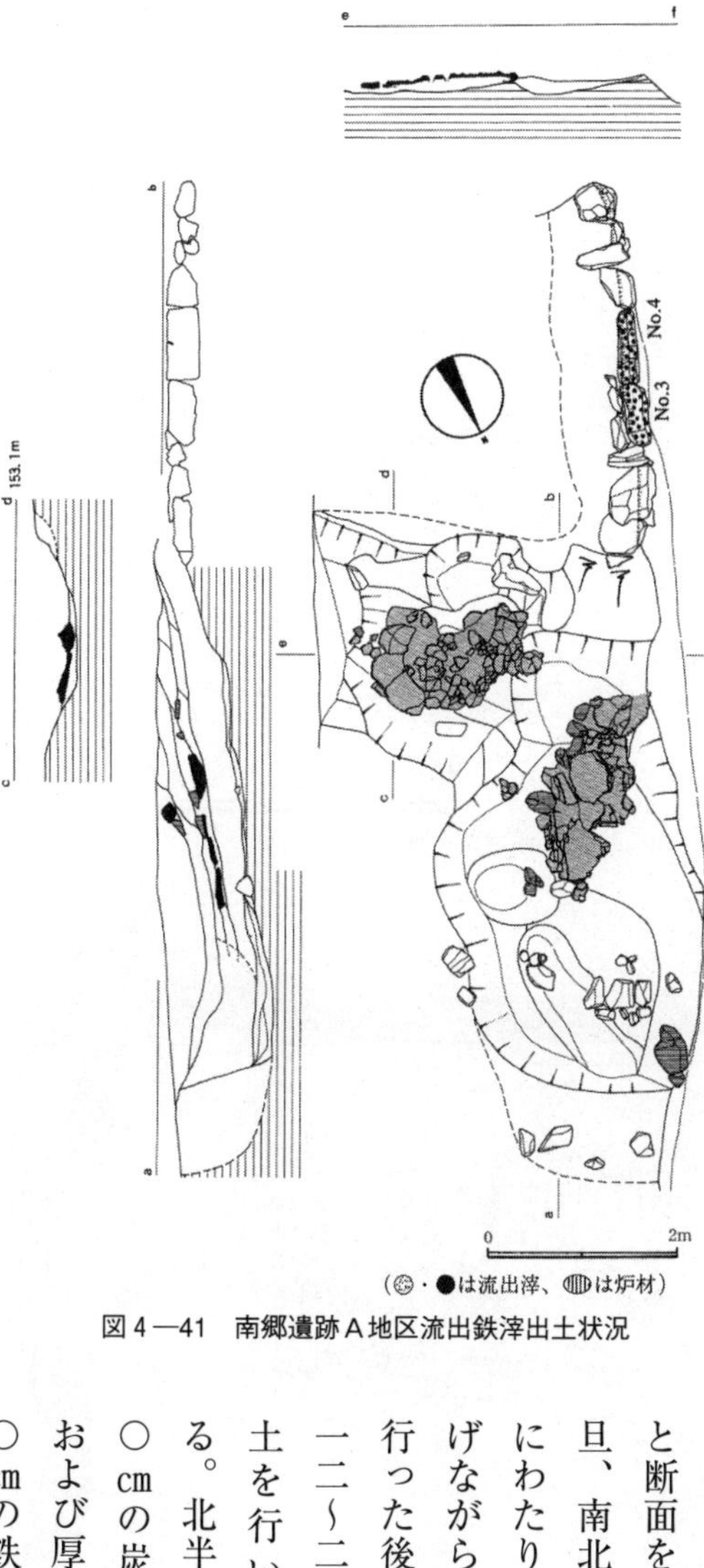

（◎・●は流出滓、▥は炉材）

図4—41　南郷遺跡A地区流出鉄滓出土状況

石列に沿った側面と断面を見ると、一旦、南北約九m以上にわたり、北半を下げながら掘り込みを行った後に、南半に一二～二五cmほど盛土を行い石を立てる。北半には厚さ一〇cmの炭と焼土層、および厚さ二五～四〇cmの鉄滓層からな

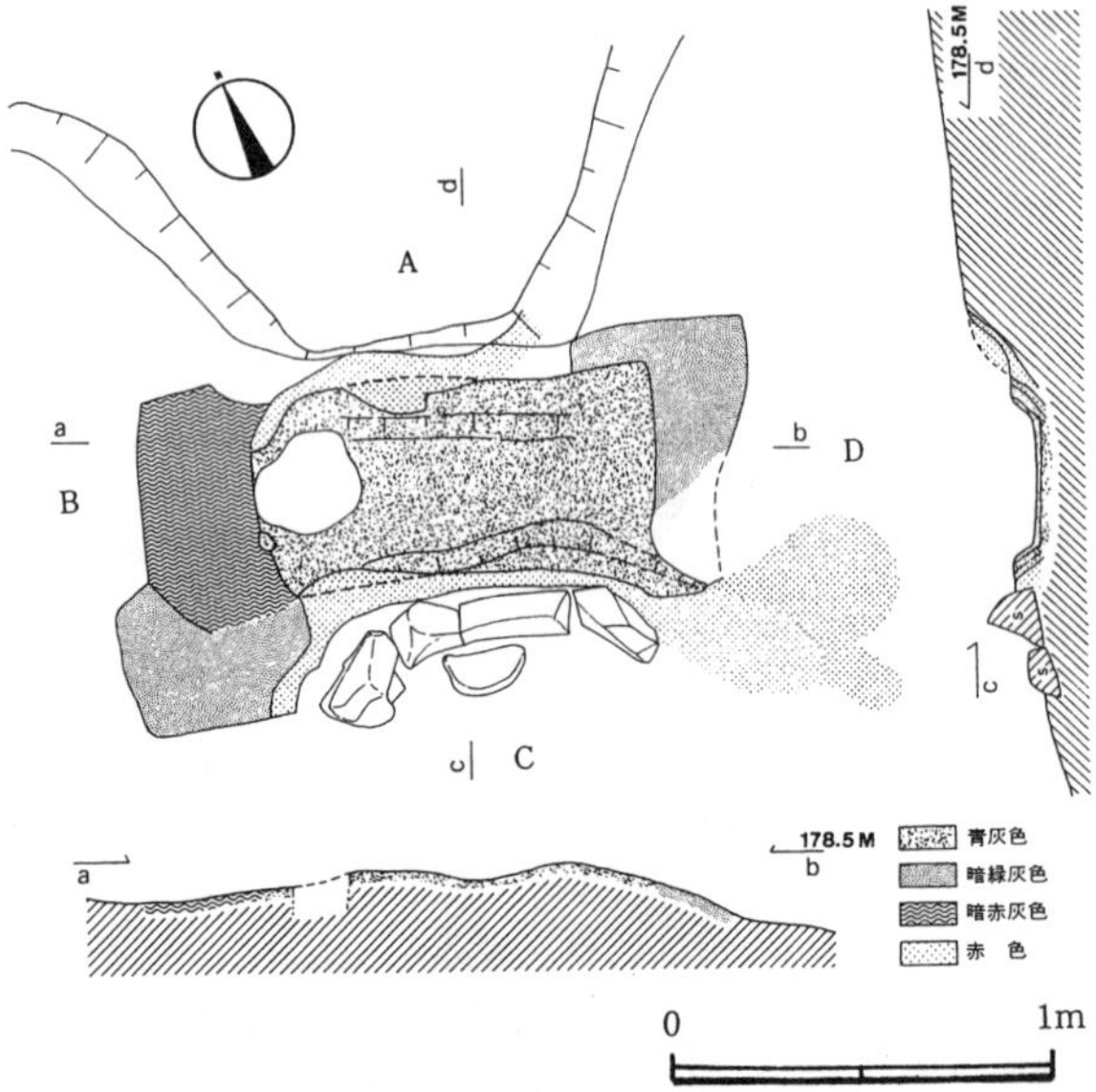

図4―42　大蔵池南遺跡4号炉

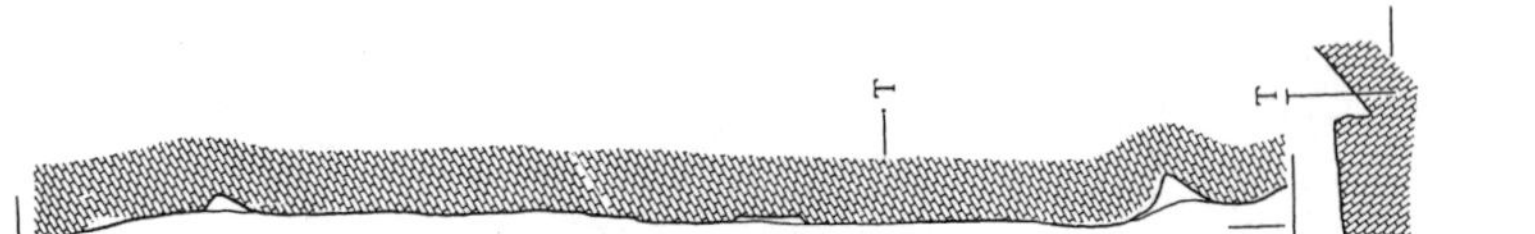

図4―43　石生天皇遺跡（▨・◌は過熱痕）

る炉周辺の下部施設（土坑の床）が設けられ、その上部に炉壁片を含む二度にわたる流出滓の堆積が認められた。

土坑の床をなす滓層の上面は、石列より約二〇cm高い位置にはじまっており、鉄滓層上面の南北の傾き角度からすると、その延長線は№３の石材からは約二六cm、№４の石材北端では約三六cm上位に位置することになる。したがって、炉の底部は石列の上端より二〇cm以上高い位置にあり、石列の長さは明確に炉床の一辺の長さを示すものでないことになる。

こうした製鉄炉に伴う石列はこれまでいくつか知られている。製鉄炉として現在まで列島で最古の一つとして知られる岡山県大蔵池南《おおぞういけみなみ》遺跡四号炉もそうした例である。[26] 斜面の谷側にのみ弧状に四つの石を並べるが、これらは火を受けておらず、炉底まで六～一〇cmの隔たりがある。炉をはさんで山側には石材はなく、対称の形をなす作業台のような地山の張り出しがある（図４―42）。また、八世紀末～九世紀の所産という近藤義郎が調査した岡山県石生天皇《いわぶてんのう》遺跡の場合も、谷側にだけ板状の石材を立て、山側には見られない[27]（図４―43）。ただ、この石列は火を受け赤化しているが、石列から炉底までは一〇～一〇数cmを測る。古橋遺跡では、谷側に立った風化岩が、それに相当するかもしれない。すると古橋例の場合、炉の長さは明らかではないが、幅は約六〇cmと推定される。

南郷遺跡の場合も、元の地形は西から東へ傾斜しており石列の西側が赤化していることから、石列の西側に炉があったことは間違いないが、前の二例から炉の東側は石列があったかどうか疑わしいことになる。

これらのことから、石列は盛土による作業台側面を保持し、加えて谷側の作業台を盛土等により形成したことによる湿気の通りを防ぐもの、防湿施設の一つであったと考えられる。また、先の例から、炉底は平面的にいうと石列より約一〇㎝ほど内側（西側）からはじまることになる。

大蔵池南遺跡などの例からも、この炉床において作業台を構成する石列は、それが炉の規模や形態をそのまま示すものでないことは明らかである。とりあえず、七世紀中ごろのていねいな炉床・排滓構造を備えた製鉄遺跡である南郷遺跡の場合、石材の置き方が他と異なり安定し、ほぼ直線をなす№3・№4の石材長、つまり約一四五㎝が箱形をなす製鉄炉の一辺の長さを示すものと判断する。

近江の製鉄遺跡研究においては、単に資料の蓄積のみならず、他地域との比較の中で個々の遺構の評価と批判、時期の検討を行っていかなければ、研究者が少ないだけに注意が必要である。古墳出土鉄滓から五世紀に遡る近江の鉄生産を想定した説に対し[28]、具体的に一例ずつ再検証し、確実には七世紀前半から、可能性としては六世紀半ばの鉄生産を論じた大道和人の作業などはこうした例として評価できる[29]。

六　塩と鉄に関わる首長と国家

五・六世紀を相前後する時期の薄手・小形の製塩土器は、焼塩用の土器として製品のまま塩とともに近江に持ち込まれ、琵琶湖とつながる大河川流域の中核的な集落に運ばれた後、加工して各集落に配布したと考え、同時にこれらの行為が祭祀的なことと結びついていることを先に述べた。

ただこのことに関与した在地首長の姿は、思いのほか明らかではない。旧野洲川下流域の平野部においては、五世紀から六世紀にかけての径三〇ｍに満たない規模の円墳や一辺二〇ｍ以下の方墳が多く、唯一の確実な前方後円墳も全長一九ｍ足らずの守山市川田古墳で、しかも前方部が短い形式である六世紀ごろの古墳であった。それらの大半が現在では墳丘を残しておらず、本来、盛土量も多くなかったと考えられる。川田古墳は河川に接して築かれ、河川交通かその管理に関わった首長だといわれるが、いずれにしても一元的な旧国を超えた塩の流通と配布にかかわったと考えるには規模も内容も不十分である。唯一そうした可能性が残っているのは、帆立貝形古墳といわれる守山市庭塚古墳[30]や墳長三七ｍをこえるという松塚古墳だけであるが、それも実態は全く不明である。

一方、先の南郷遺跡が所在する瀬田川右岸の古墳分布を見ると、大津市千町古墳・南郷丸山古墳・南郷古墳・南郷田中古墳・芋谷古墳など、いずれも単独であり、しかも弥生時代から古墳時代中期までの遺跡や古墳は今のところ確認されない地域で、古墳時代後期末になってはじめて古墳が築かれる。かつてはこうしたあり方は、後の鉄生産と須恵器生産に関係して理解されていたが[31]、実際に七世紀中ごろの製鉄遺跡が発見されたことによって、直接、古墳時代首長と結びつけて考えるようになった[32]。

このように塩の流通や鉄の生産に在地首長の関与を考えるのも当然ではあるが、その規模も小さく、古墳の副葬品や外表施設などの内容も豊富でない古墳の被葬者より、上位の地方首長あるいは畿内中枢の直接的な塩や鉄の生産・流通への関与を想定し、上記の古墳の被葬者は単なる技術者であると理解するのも選択肢の一つである。

ちなみに丹後地方の京都府遠所遺跡など六世紀の製鉄遺跡群は、蛭子山《えびすやま》古墳、神明山古墳、銚子山

古墳など全長が一五〇～二〇〇m級の大形前方後円墳とを結びつけて議論されている。(33)

これに対して、瀬田川右岸の古墳群は、第四章第三節で述べた北落古墳群の古墳の規模や内容と二重写しになるし、七世紀中ごろに築かれた甲良町尼子五号墳は、群集墳中の一辺約一〇mの方墳であるが、副葬品として製鉄炉壁や製錬滓を備えていた。(34)古墳出土の製錬滓として近江で唯一の例である。(35)このような古墳被葬者は、製鉄に直接関わった集団内の技術者であり、瀬田川右岸の古墳被葬者はこれと同様の性格をもつ被葬者を想定しておきたい。

また、林博通らによって調査された六世紀半ばの高島市斉頼塚《しょうらいづか》古墳(36)を盟主とする四七基からなる西牧野古墳群などは、マキノ製鉄遺跡群(37)と関わりをもつならば、斉頼塚古墳が北部九州などと共通する突起石や石棚構造を備えるため、この墓の被葬者に九州出自の技術者集団の姿を容易に想定できることになる。岡山県稼山古墳群一七基中、九基の横穴式石室から鉄滓が出土し、(38)その山麓傾斜地に営まれたのが先述の大蔵池南遺跡であることと同様の状況である。

さてその後、奈良時代以降、塩と鉄は全く正反対の道を辿る。塩は、個別の流通が行われずに、製塩土器などの出土地も今津、大津、それに米原の寺院跡という古代交通の要衝に限られる。奈良時代以降の塩の流通や入手にあっては、地方の首長や集落には手の届かないものになっていった。一方で、古代国家が深く関わった野路小野山遺跡以降の鉄生産は、塩とは逆にその後は広く産業化して展開していったのである。

注

（1）木戸雅寿・宮下睦夫『横江遺跡発掘調査報告書』I、滋賀県教育委員会・財団法人滋賀県文化財保護協会、一九八六年。
（2）高月町内の遺跡の状況については、黒坂秀樹さんのご教示による。
（3）栗東市内の遺跡の状況については、平井寿一さんのご教示による。
（4）高島市今津町内の遺跡の状況については、葛原秀雄さんのご教示による。
（5）岩崎直也さんのご教示による。
（6）守山市内の遺跡の状況については、山崎秀二・木戸雅寿・畑本政美さんのご教示による。
（7）近藤義郎は、「中心的な集落ないしその一角」という（「日本塩業史の考古学的研究」『日本塩業大系』原始・古代・中世（編）、日本専売公社、一九八〇年）。
（8）岡崎晋明「内陸地における製塩土器―奈良盆地を中心として―」『橿原考古学研究所論集』第四、創立四〇周年記念、吉川弘文館、一九七九年。
（9）近藤義郎・岩本正二「塩の生産と流通」『岩波講座日本考古学』三、生産と流通、岩波書店、一九八六年。
（10）岡山県門前池遺跡のG5F区には鉄滓を伴う浅いピットがあった。これは製鉄原料として持ち込まれた褐鉄鉱塊が残っていた（近藤義郎『前方後円墳の時代』、岩波書店、一九八三年）もので、溶鉱炉であったという意見があった（岡本明郎「古備前刀の伝承と歴史的背景」『日本製鉄史論集』、一九八三年）が、その後、「鉱石」は鉄滓とそれが付着した石であることが判明し（光永真一「製鉄」『岡山県の考古学』、吉川弘文館、一九八七年）、この遺構はもとの報告書どおり鍛冶炉に落ち着いている。
また、弥生時代おわりごろの製錬滓といわれるものも、例えば熊本県下前原遺跡（湊　秀雄・佐々木稔「タタラ製鉄鉱滓の鉱物組成と精錬条件について」『たたら研究』第一四号、一九六八年）などは、後に鍛冶滓と判断された（大澤正己「古墳出土鉄滓からみた古代製鉄」『日本製鉄史論集』、たたら研究会、一九八三年）ものなどもある。
(11) 福田豊彦「古代の製鉄をめぐって」『歴博』第二六号、国立歴史民俗博物館、一九八七年。
(12) 穴澤義功「製鉄遺跡からみた鉄生産の展開」『季刊考古学』第八号、一九八四年。
(13) 同様の注意は、大道和人によってもなされている(「滋賀県内の古墳出土鉄滓」『斉頼塚古墳』、マキノ遺跡群調査団・マキノ町教育委員会、一九九八年)
(14) 大道和人ほか『源内峠遺跡』(『びわこ文化公園整備事業に伴う発掘調査報告書』)、滋賀県教育委員会・財団法人滋賀県文化財保護協会、二〇〇一年。
(15) 大道和人「源内峠遺跡の調査概要と歴史的意義」『滋賀文化財だより』№２９８、財団法人滋賀県文化財保護協会、二〇〇五年。
(16) 田中勝弘・用田政晴ほか『南郷遺跡発掘調査報告書』(『一般国道一号(京滋バイパス)関係遺跡発掘調査報告書』Ⅰ)、滋賀県教育委員会・財団法人滋賀県文化財保護協会、一九八八年。
(17) 森　浩一「滋賀県北牧野製鉄遺跡調査報告」『若狭・近江・讃岐・阿波における古代生産遺跡の調査』(『同志社大学文学部考古学調査報告』第四冊)、同志社大学文学部文化学科内考古学研究室、一九七一年。
(18) 大橋信弥ほか『野路小野山遺跡発掘調査報告書』(『国道一号京滋バイパス関連遺跡発掘調査報告書』第四冊)、滋賀県教育委員会・財団法人滋賀県文化財保護協会、一九九〇年。
(19) 丸山竜平ほか「滋賀県下における製鉄遺跡の諸問題」『考古学雑誌』第七二巻二号、一九八六年。
(20) 桂　敬・高塚秀治・福田豊彦「広島県と滋賀県における岩鉄製鉄」『日本歴史』第四四八号、一九八五年。
(21) 光永真一『たたら製鉄』(『吉備考古ライブラリィ』一〇)、吉備人出版、二〇〇三年。
(22) 清水欣吾「奈良県下より出土した鉄刀剣の化学分析」『考古学論攷』第九号、一九八四年など。
(23) 白石太一郎「畿内における古墳の終末」『国立歴史民俗博物館研究報告』第一集、国立歴史民俗博物館、一九八二年。

(24) 穴澤義功「日本古代の鉄生産」『国立歴史民俗博物館研究報告』第一一〇集、国立歴史民俗博物館、二〇〇四年。
(25) 横田洋三ほか『木瓜原遺跡』(『立命館大学びわこ・くさつキャンパス造成工事関連埋蔵文化財発掘調査報告書』)、滋賀県教育委員会・財団法人滋賀県文化財保護協会、一九九六年。
(26) 森田友子ほか『稼山遺跡群』Ⅳ、久米開発事業に伴う文化財調査委員会、一九八二年。
(27) 近藤義郎『石生天皇遺跡』、和気町、一九八〇年。
(28) 丸山竜平「近江製鉄史序論」『日本史論叢』第八輯、一九八〇年。
(29) 注(13)文献に同じ。
(30) 金森町歴史保存研究会『寺内町金ケ森町史』、金森自治会、一九九五年。
(31) 林 博通「大津市南郷田中古墳調査報告」『昭和四八年度滋賀県文化財調査年報』、滋賀県教育委員会、一九七五年。
(32) 松浦俊和「南郷丸山古墳発掘調査略報」『滋賀文化財だより』No.6、財団法人滋賀県文化財保護協会、一九七七年。
(33) 川上邦彦「総論」『古墳時代の研究』一〇、地域の古墳Ⅰ西日本、雄山閣、一九九〇年。
(34) 中村健二ほか『尼子遺跡―犬上郡甲良町尼子所在―』(『ほ場整備関係遺跡発掘調査報告書』XX―4)、滋賀県教育委員会・財団法人滋賀県文化財保護協会、一九九三年。
(35) 注(13)に同じ。
(36) 林 博通ほか『斉頼塚古墳』、マキノ遺跡群調査団・マキノ町教育委員会、一九九八年。
(37) 注(17)に同じ。
(38) 村上幸雄『稼山遺跡群』Ⅱ、久米開発事業に伴う文化財調査委員会、一九八〇年。

終章　琵琶湖水系の歴史的特質

一　船大工の見た琵琶湖とその知恵

(1) 湖上交通史の変革期

かつて湖上交通史の再検討を行い、湖上利用のいくつかの画期を見た中で、最大の変革期は織豊政権、わけても織田信長による近江支配の時にあったと考えた(1)（表5—1）。社会的な側面から見ると、天正四年（一五七六年）にはじまる、湖をとりまく城郭網の形成である（図5—1）。これにより湖上の一括管理が成し遂げられ、それは江戸幕府・明治政府へと引き継がれ、今日に至っている。

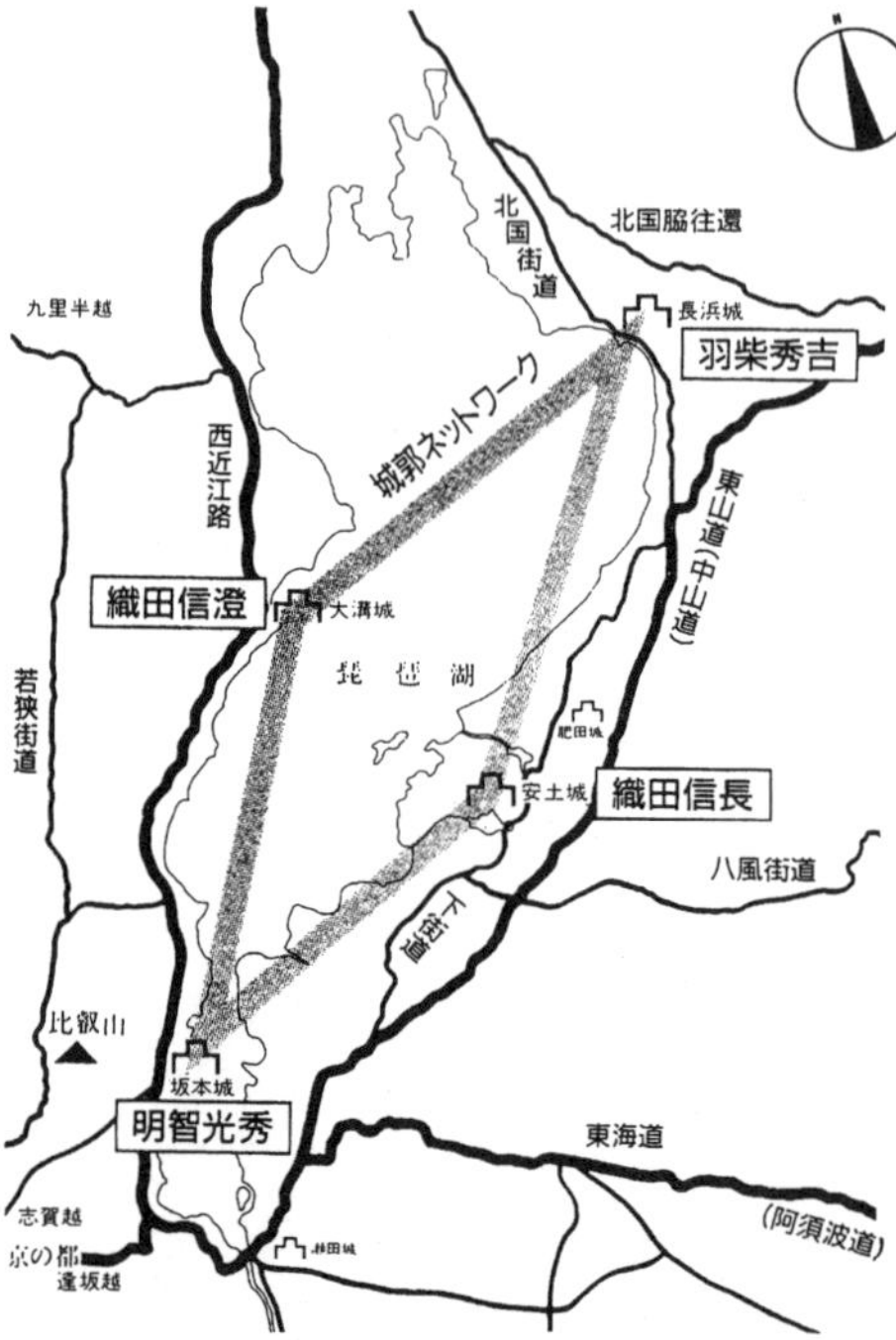

図5—1　琵琶湖をとりまく城郭網

信長の後、豊臣秀吉は交通の要衝としての大津を重視して大津百艘船仲間を設けたが、豊臣政権の経済を支えた蔵入地代官と琵琶湖の諸浦を統轄をした湖水船奉行の職に任じたのは芦浦観音寺の住職であった。天正一九年（一五九一年）には、中興

表5―1　湖上交通史の画期年表

西暦	区分	[人の移動]	[物の輸送]	[軍事利用]	[祭祀／観光]	[管理・支配]	画期
BC 4000	縄文早期						
	前期						
3000	中期						
2000					(水辺が領域か？)		
	後期						小集団領域·生活利用
1000		丸木舟による生活移動					
	晩期	湖辺·内湖中心			(湖辺部が領域に担当)		
AD1		時には対岸も可能					
	弥生						
100							
200		3C			3C	3C	3C中～4C
		改良型丸木舟の出現			湖上安全祈願祭	畿内王権による湖上支配	畿内王権による領域支配
300	古墳	畿内王権下の古墳時代の首長による湖上域の支配					
400						(船津管理首長)	
					(祭祀確立期)		
500			畿内王権によるルート支配				
		7C					
600	飛鳥	主要街道としての湖上整備	7C		7C	7C	7C中
	白鳳		律令国家による貢納物輸送	(湖の防衛施設利用)	国家祭祀再編	国家による地点港管理	律令国家による政治的利用
700		律令国家成立期					
	奈良		米・瓦・材木		9C	9C	
800					国家による広範囲領域管理	港・湖上の国家管理	
900					湖上の国家祭祀管理		
	平安						
1000							
			11C				
1100			有力勢力による個別の港支配	1183		12C	11～12C
1200			通行税の徴収	湖上の本格的軍事利用		荘園による港・湖上管理	荘園領主による経済的・軍事的利用
	鎌倉						
1300			14C				
	南北朝		湖上関の確立・公認				
1400							
	室町						
1500							
	戦国	1576		1576		16C後半	1576
1600	安土桃山	権力者による自由航行		湖上の完全支配		権力集中	
		織豊政権による湖上全域の支配確立	1672	城郭ネットワーク			
1700			国家機構レベルでの輸送機能衰退	大船解体			織豊政権による経済的・社会的利用
	江戸			小型船の定着			
1800							
	明治	1889			1889	1871	1889
1900	大正	鉄道連絡船の廃止			湖上観光への転換	通船取締方から大津県へ	日常的輸送利用
	昭和	1925					
1945		衰退期の始まり					1945
		1965			1960		1960湖上交通の終焉
1965		消滅			観光客最盛期		

(C：世紀)

後の第九代住職詮舜《せんしゅん》が船奉行になり、第一三代住職朝舜《ちょうしゅん》までの五代約一〇〇年にわたってこれを務めた。

また、湖上交通史上の最も象徴的なできごとは、信長による元亀四年（一五七三年）の大船建造後すぐの早船への解体であった。琵琶湖では全長五〇mを超えるような軍船を作りながらもすぐさま解体し、一〇艘の小早船に作り替えたが、信長はその四年後、同じような七艘の巨艦安宅《あたけ》船を海で作らせて、大阪湾において毛利水軍と戦い石山本願寺攻略に成功している。

信長は、海での戦いを湖に持ち込もうとしたが、大船が琵琶湖においては役に立たないと悟ったのである。ここに湖上交通史の最大の特徴があるが、このことの意味は、琵琶湖最後の伝統的船大工・松井三四郎に教えられた。

(2) 船大工松井三四郎

琵琶湖博物館の展示資料である丸子船を手がけた堅田の船大工松井三四郎は、一九一三年（大正二年）、志賀町（現、大津市）の石工の家に生まれ、一二歳の時から堅田の船大工のもとで修行し、二〇〇六年五月二日に九二歳で逝くその日まで生涯現役であった。

その松井三四郎は、琵琶湖の水、すなわち淡水は海水に比べてキジが細かく、同じ大きさの船だと荷の量が二割は違うと言った。つまり浮力のある海の船の方が、荷物は二割多く積めるという。また百石積みの丸子船ぐらいだと、荷を積んで入れる港は戦前の堅田でも二個所しかなかった。それほど琵琶湖は浮力はなく、またその沿岸地形は底が浅く、一般には船が接岸しにくい環境にあったのである。

比較的自由に湖の水位をコントロールできる現在でも、南湖の最も深いところは五m、平均深度四mしかなく、水位を十分に管理できない時代は、マイナス二m程度になることも非日常ではなかった。水位が二m下がると南湖の一〇・八%は陸化し、特にその東岸は船で寄りつくことさえ不可能になる。船の事故で多いのは座礁によるものなのである。また、五m近く水位が下がると、南湖は今の琵琶湖大橋付近から瀬田川までつながる幅四～五〇〇mの河川となってしまう（図5―2）。琵琶湖の南湖は、歴史的にも堅田、坂本、大津（大津市）あるいは矢橋、山田、志那（草津市）など、重要な港が多く、南湖を航行できない船は琵琶湖では役に立たなかったといっても過言ではない。

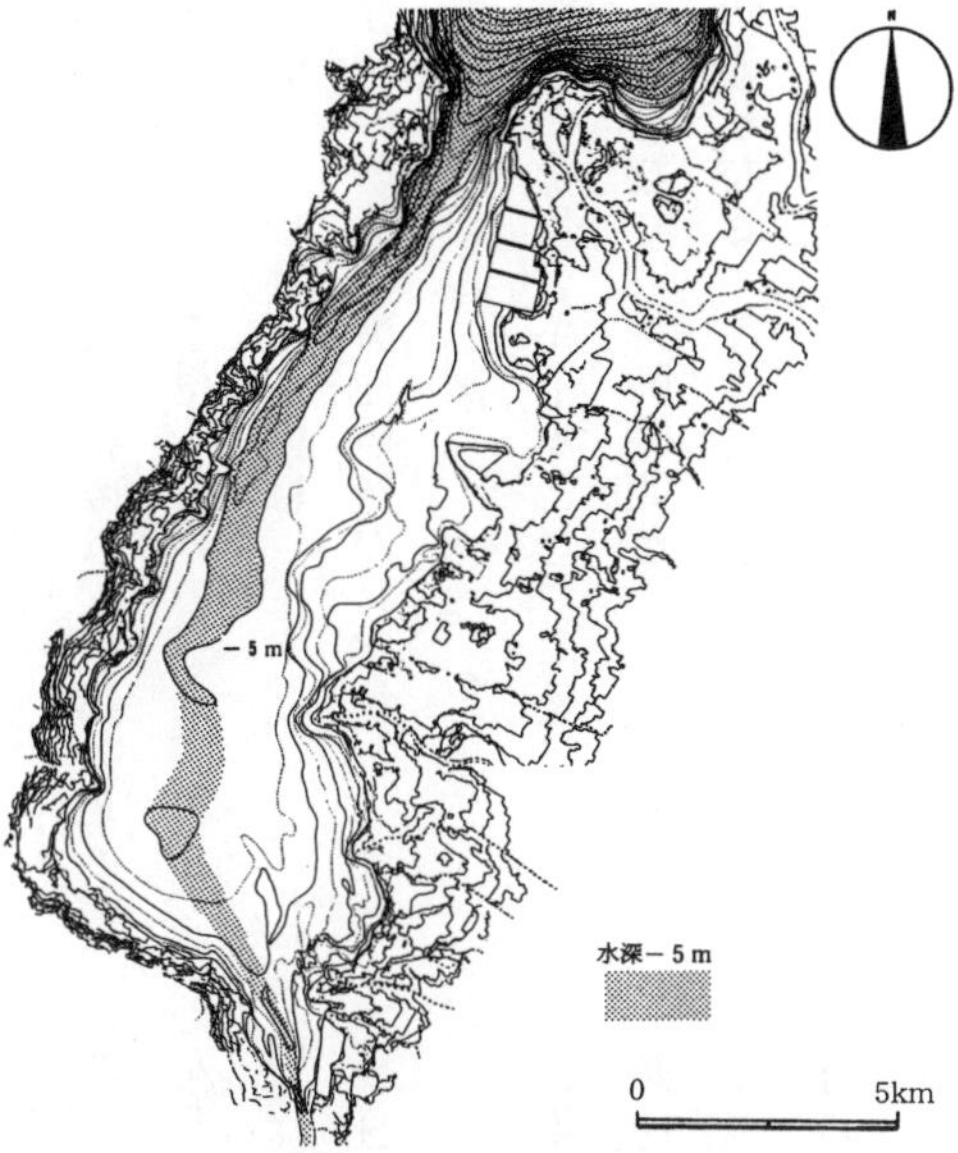

図5―2　南湖の低水位想定図

結論的にいえば、喫水が浅く浮力を稼げる船が琵琶湖の船の必要条件であった。それに加えて、目的地までは、別途、陸路でもたどれるため、ある程度の積載量と早さが要求される。こうした諸条件を満足させた究極の船の形が、近世から戦前までの琵琶湖輸送の主役であった丸子船である。

(3)　究極の丸子船形状

丸子船の最大の特徴は、舷側のオモギ、船首のヘイタ、船尾のカサギである。オモギは、船体の容積以上の浮力を得るための工夫であり、船の左右の安定を高めるためにも必要であった。

船大工松井三四郎は、「木をたくさん使うほど浮力があり、板は厚いほど荷受けがよい」と言った。琵琶湖の船の断面構造がU字状とすれば、近世日本の代表的な輸送船である弁才船など海の船はV字を呈している（図5—3）。つまりカワラおよびネダナと呼ばれる船底の突起状構造があり、これが船底の背骨、キールとしての役目を果たしている。しかし、これをそのまま琵琶湖に持ちこむと喫水が深くなり、行動範囲が限られてしまう。これをなくすと安定が悪くなる。松井いわく、「ごろつく」状態となる。このことを防ぐために、舷側にオモギを配して横揺れを防いだのである。

また、ヘイタは船首を平面的には丸く仕上げることができる。これにより船の容積を稼ぐことができ、より大きな浮力を得ることができる。加えて船首のシンの傾斜角がゆるやかなものとなり、淡水の中でも「波を蹴りやすい」（松井）という。この傾斜角が急だと波につっこみやすく危険だが、あまりに丸く仕上げると水の抵抗がきつく、船の速さ「船足」に影響する。昔から、湖全域が漁場であった堅田の漁師船は先がやや細く、近場行きの船は丸かったという。しかしいずれにしても丸子船の場合は、船体の長さに比べて幅が狭くスマートである。琵琶湖は淡水だけに「水の乗り」（松井）を求めたのである。

船尾の鳥居に似たカサギは、帆柱を立てたりする際の支えにするが、船尾の舵の上げ下げをする際の支柱にもなる。大きな舵の中ほどには滑車が組み込まれ、ここにロープを通してカサギの上を通し

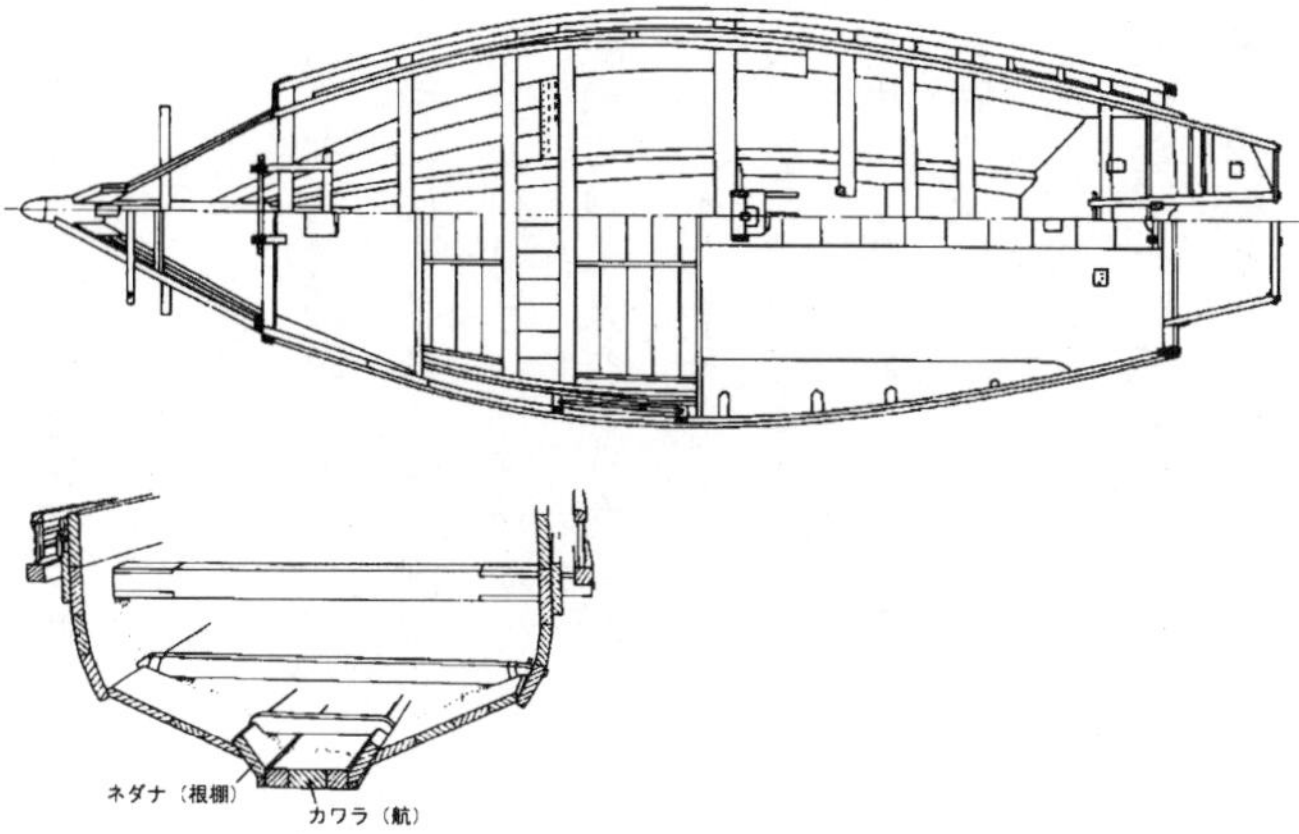

（弁才船）

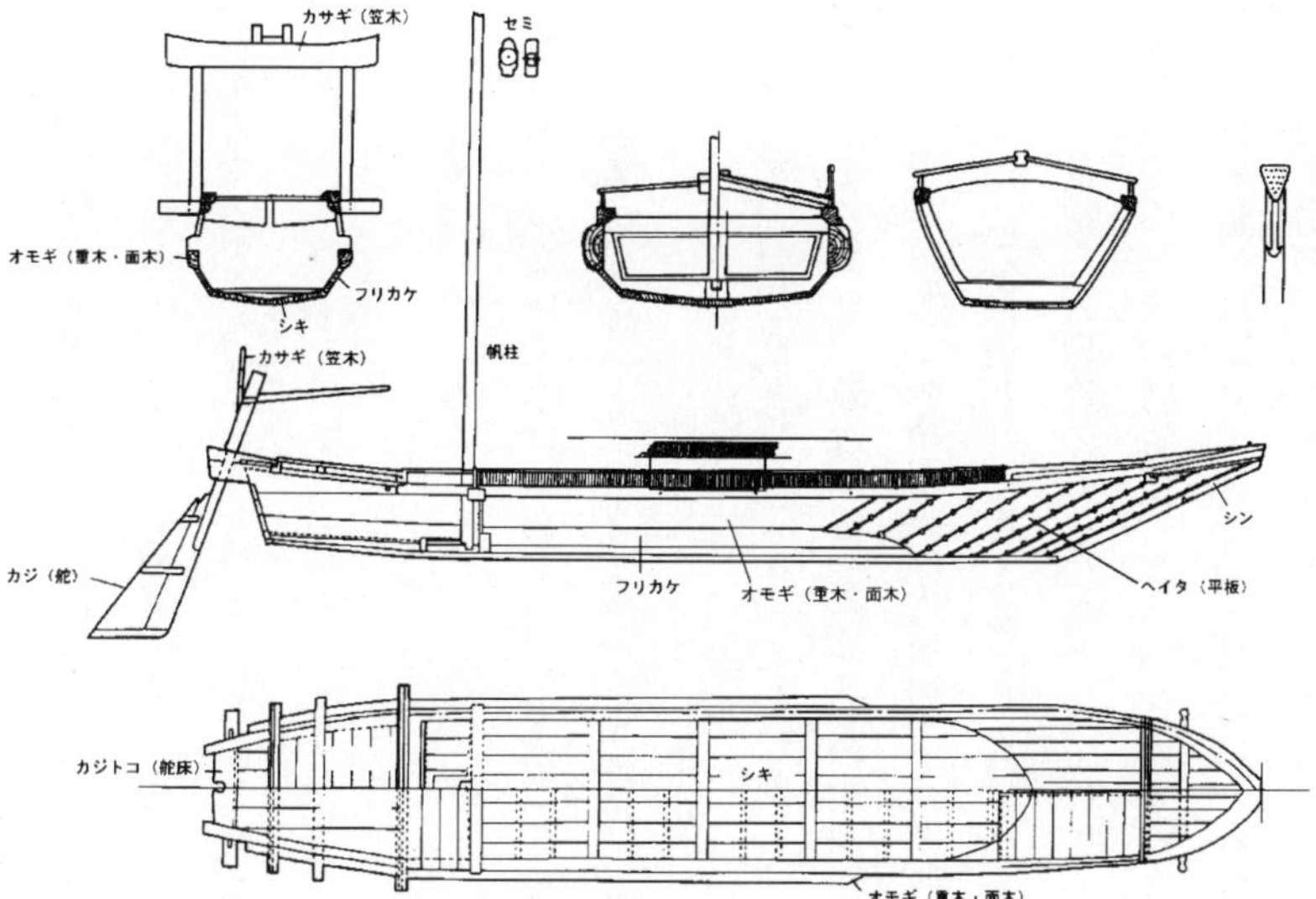

（丸子船）

図5—3　弁才船（19世紀）と丸子船（20世紀）一般構造図

て舵の上げ下げと深さ調節を容易にする。

百石積みの丸子船の場合、喫水は三尺ほどであるが、舵の下端はさらに三尺ほど深くなる。底の浅い南湖に入った時、あるいは港に入る時は、ひんぱんに舵の上げ下げを必要とした。また、風のない時は櫓を漕ぐが、舵を湖につけたままだと極端に重くなるという。カサギはそのために必要な装備であった。

(4) 生活者の交通史

丸子船に代表される琵琶湖の船は、海に比べて浮力の少ない淡水域での、しかも南湖を中心とした浅水域での利用という琵琶湖の風土を知りつくした固有で究極の姿であった。丸子船の「丸」には、浅い淡水での工夫という意味があったのである。

したがって、自ずから船の規模は限られ、丸子船は百石積みが標準であったのに対し、寛文七年(一六六七年)、加賀藩の北国船は千六百石積みのものまであり、敦賀や塩津などでの北国物資積み替えの費用と手間、および荷の傷み等を勘案すると、日本海西廻り航路開設は当然のことであった。

琵琶湖地域にとっての湖上交通は、汎列島的な規模による輸送として捉えるよりも、本来的には生業や生活と密接に結びついたものであり、日常的な重量物・大型物の輸送にあたっては中心的役割を担っていた。そして琵琶湖という内水面における交通史の最大の特質は、縄文時代から一九六〇年代半ばまで連綿と続いた中・小地域間での人の移動と物の輸送にあり、湖での生活者にとっては長く日常的な歴史でもあった。このことについて、次に民俗学者の近江観をとり上げ、近代における琵琶湖水系地域の歴史民俗的特質をみておきたい。

二　民俗学者の説く琵琶湖の評価

(1)　民俗学者橋本鉄男

一九一七年（大正六年）に今津で生まれ、高島市安曇川町北舟木の湖畔で琵琶湖の民俗と歴史を生涯、在野で研究した橋本鉄男は、「琵琶湖の諸浦の漁カセギをいくらか民俗史的に見ることを目的」として『琵琶湖の民俗誌』という大著をまとめた。その序文は、湖の生活者の視点による優れた著作の一つである(2)。

「私は、六月のはじめの、ある時化の朝に生まれた。湖西の港町今津浜の北外れ、庄垂川の川口に近い、葦屋根を合掌ツブシ（合掌部分を改修すること）にして瓦葺きに替えたと思える小さな家であった。夜通し湖鳴りが聞こえたが、朝方になってそれがやみ、東の空がようやく白みかけたころであったという。

そのころはこの辺りの使い水は、特別裕福な井戸のある家でないかぎり、ほとんどが琵琶湖の水を用いていた。私の家でも私がものごころついてからも、それからもかなり遅くまで、母は毎朝暗いうちに起き、天秤棒の両端に木の手桶を下げ、浜から水を汲んでいた。土間の勝手元の片隅に、半分ほど三和土に埋めた水甕にそれを入れ、煮炊きはもちろん、湖の荒れる日は口を漱ぎ顔を洗うのにも使っていた。おそらく、その日の私の産湯も水甕の水が沸かされたのかと思うが、それが琵琶湖の水であったことはまちがいない」。

こんな文章ではじまる七頁にもわたる「はしがき」には、食事、住居、民俗知識、人の一生にはじまり、湖西の湖岸の村における漁業、運輸、社会生活、信仰、年中行事、口頭伝承を自分史に重ね合わせながら巧みに叙述している。

(2) 湖は「ウミ」

橋本鉄男は、『琵琶湖の民俗誌』の本文冒頭で、「琵琶湖の湖辺の浦々では今でもこの湖のことをウミと呼んでいる。それが単にミズウミの約語と思えないわけは、たとえば湖東の島村（現・近江八幡市）の漁師たちが、湖の沖合に出ることを「オオウミ（大海）へ行く」といっていたからである」。古い国名の「アフミ」も「オホウミ（大水）の訛であり、ウミ（海）と同義である」といい、琵琶湖の漁民は三つの大きな環流を「シオ」と呼ぶことをあげ、「時として水平線を錯覚させることのある沖合いに、彼らは無限の水域の広がりを共同幻想したのかもしれない」とまとめた。(3) またこの数年前、橋本は近江の歴史を概観する中でこのようにも述べている。(4)

「滋賀県人の感覚では、琵琶湖はウミと呼ばれて、それはむしろ外洋のそれに近い」。「琵琶湖がそのまま、裏日本・表日本を結ぶ自然運河の観さえある。海のない国にもかかわらず、この湖がそのまま海上の道に通じていたといってもよい」。ただ一方で、近江は「四囲の地塁にとり囲まれた盆地である」が、その山垣には「おもなものだけでも五〇に近い何々越えがあって」諸国に通じていた。「これはいわば山上の道で」あり、「奈良朝末期の国司藤原武智麻呂が「この公私往来の道、東西二陸の喉なり」といったことばが意味深い」という。

また橋本は、近江の古代の郡界は川をもとに定めた一二郡に分かれ、それぞれ湖東、湖南、湖西、湖北という区分を一つの背景として近江の歴史は展開したという。「琵琶湖を中心に湖北・湖西の山地的生活と湖東・湖南の湖沼的生活の二つがあって、それぞれ異なった形で発展していた」とし、「四つの地域区分によってもたらされた民俗文化圏ともいうべきものが、またそれぞれに周縁諸府県とも対応関連している」とする。

つまり、近江の国はひとつの自己完結的なまとまりとして捉えられるものではなく、真ん中に日本海と通じる「ウミ」を持ち、諸国とあらゆるところで交わりあった湖周辺の四つの領域と一二の細分領域からなる地域であるという。この橋本による近江の理解には、柳田國男の影響が見られる。

(3) 柳田國男の近江観

柳田國男は、太田栄太郎による『滋賀県方言集』（一九三一年）の序文を書き、橋本鉄男が自書の中でこれを引用している。[5]

「近江は一県が一国で、全国中でも小さい方の行政区域に属し、且つ交通が非常に発達してゐるから、言語の状態はその一部一端を以て類推することができるやうに想像せられてゐるかもしれぬが、事実はこれと正反対である。

以前私は玉蜀黍の地方名を調べようとする際にこの現実に接し愕然と驚いたことだが、国境に大小四十二の通路を持ってゐたためか、中間に巨大な水面をひかえているためか、とにかく単に湖北湖南といはず、東も西も隅々まで、それぞれ各隣県の影響を受け、玉蜀黍でいふならば、西から近畿の「ナンバ」が来て東海道及び中仙道を伝ってやや進行してゐるのに、美濃に接した方面は尾張平野の「コウライ」を用ひてゐるし、北には北国と共通に「ハチボク」という言葉が入ってゐる。ひとりこの一語のみならず、他の形容詞、動詞にも語法にも、同じ対立状態の頗る著しいものがあるやに思はれる。

かく見て来ると、この狭い県内の何処かに必ず交叉地点、私の辺疆現象というものがある筈である（中略）。従って、近江人は単に父祖の生活が如何やうであったかを、是から窺ひ得るといふにとどまらず、更に第二の重要なる本務、即ち日本語の新たなる検討に対して豊富な資料を示すべき役割にはまってゐるのである」。

これは方言に関しての柳田の発言であるが、橋本は、これを民俗一般にあてはめても妥当と柳田は考えていたようであるといい、先に述べた橋本による近江と琵琶湖に対する歴史民俗的評価につながっていくのである。

三　古墳を通して見る琵琶湖水系

(1)　近江における古墳時代研究に向けて

船大工の見た琵琶湖環境を通じて評価した湖上交通史に加え、民俗学者のいう近江の特質がどのように形成されたのか、その歴史的背景を探るために近江の国の母胎が築かれた古墳時代に注目してみた。

今日の日本考古学は、前期・中期旧石器時代遺跡のねつ造、縄文農耕論の台頭、大幅に見直される縄文・弥生時代などの年代観、終末期古墳の壁画保存処置問題などにより学界は大きく揺れ動き、人びとの考古学そのものを見るまなざしも厳しいものになりつつある。そうした中、古墳と古墳群を通じて確かな資料に基づき地道に琵琶湖水系を振り返ってみた。

第一章では、今日の弥生時代や古墳時代の年代観のもとを追究し、濱田耕作に行きついた。濱田は、古墳の年代を西暦で表すことをはじめながら、一方では遺構や遺物による一〇項目の考古学的な年代検討をあわせて行った。それが一九二〇年代初頭、大正年間に刊行された、琵琶湖西岸の鴨稲荷山古墳の発掘調査報告書であった。新しい自然科学的方法による絶対年代に依拠して動揺している今の日本考古学は、一方で慎重な考古学的な検討をあわせて行う必要があり、これを実践していた鴨稲荷山古墳という原点に立ち返る必要がある。

また、近年の粟津貝塚などの湖底遺跡の調査により、琵琶湖周辺では縄文時代中期には、東アジアや列島の趨勢に遅れることなく、湖の幸だけに依存しない植物栽培の証拠が見つかっている。そして縄文時代後期には、拠点的な集落の展開から弥生時代における本格的農業につながる基盤が、すでに琵琶湖に注ぐ大河川の自然堤防上に成立しつつあった。そのことが、弥生時代当初の、琵琶湖から離れた内陸部での本格的な水田農耕の展開を用意したのであるし、特に湖南や湖東の広大な沖積地を流れる河川が、集落の拡大と耕地開発に伴う水利用に関わった両岸の集団間の矛盾と対立を生むことによって、後にいう集団領域の境となり、湖に対して求心的な旧郡を構成する枠組みとなった。

弥生時代終わりごろの近江では、器台と高坏の型式変化が顕著で、これを軸にすると土器編年が容易になる。近江の弥生土器は、前期末から近江独自の様相を備えているが、特に後期になると土器に現れた地域色は顕著になり、湖南の野洲川下流域を分布の中心とするいわゆる近江の甕が独自に展開する。一方で、姉川以北の伊香郡の土器は北陸、坂田郡のそれは東海との共通項も持ち、湖西の高島郡は近江の独自性に加えて北陸、畿内、それに東海の様相も混在する。このような湖や川を境とする規模や単位で、それぞれ周辺地域の影響を受けた固有の土器様相が琵琶湖周辺では認められる。しかし、その搬入品の少なさから、周辺地域の領域が近江に及んでいたとは考えられず、固有の土器の様相はあくまでそれぞれの地域で自立的であった。

こうした地域性は、生活・生業と深く関わったものであり、水陸交通路の整備と利用ともからむ。一方で、土地と水をめぐる小地域間の灌漑水田の機構の中で生じた、集団間の矛盾と対立の結果でもあり、古墳時代在地首長の擁立基盤あるいは母胎を検討する一つの材料になるものである。

(2) 列島における古墳の成立とその意味

本書第二章では、次章以降において琵琶湖水系での古墳の諸様相を見ていくための基準を列島に求めてみた。

現象論的には、墳墓の内部主体が長大化したことに古墳としての特質があり、それは副葬品をある一定の期間、おさめておくためのものと考えた。その副葬品は、下賜品・使用品・奉献品に分けられて、果たした機能と配置にも明瞭な区別があった。そしてこれらをもとにした葬送儀礼が、畿内中枢の意志により前方後円墳成立時から規定されていた。

弥生時代墳墓あるいは墳丘墓と古墳との差異は、前方後円墳として統一される画一的性格にあると考えるが、その古墳の構成要素における重要な点は、下位の諸集団からの奉献という儀礼行為とそれに付随した内部主体の長大化という現象に集約できる。

(3) 湖をめぐる首長墓の展開と地域性

弥生時代末に、琵琶湖水系地域において山上や沖積地で顕著に見られる前方後方形墳丘墓は、その一つの中心が野洲川下流域に求められるが、これらは前方後円墳の成立に先行するものである。また、ほぼ同じ頃の円形墳丘墓は、平地での前方後方形墳丘墓の分布の中心である野洲川下流域を避けるように湖北にみられる（図５—４）。

古墳時代の首長墓のあり方を墳形から見ると、琵琶湖に流れ込む河川をその境とし、湖に対して求心的な旧郡単位での地域性が存在し、それぞれ独自の歴史的展開を遂げている。特に、野洲川下流域

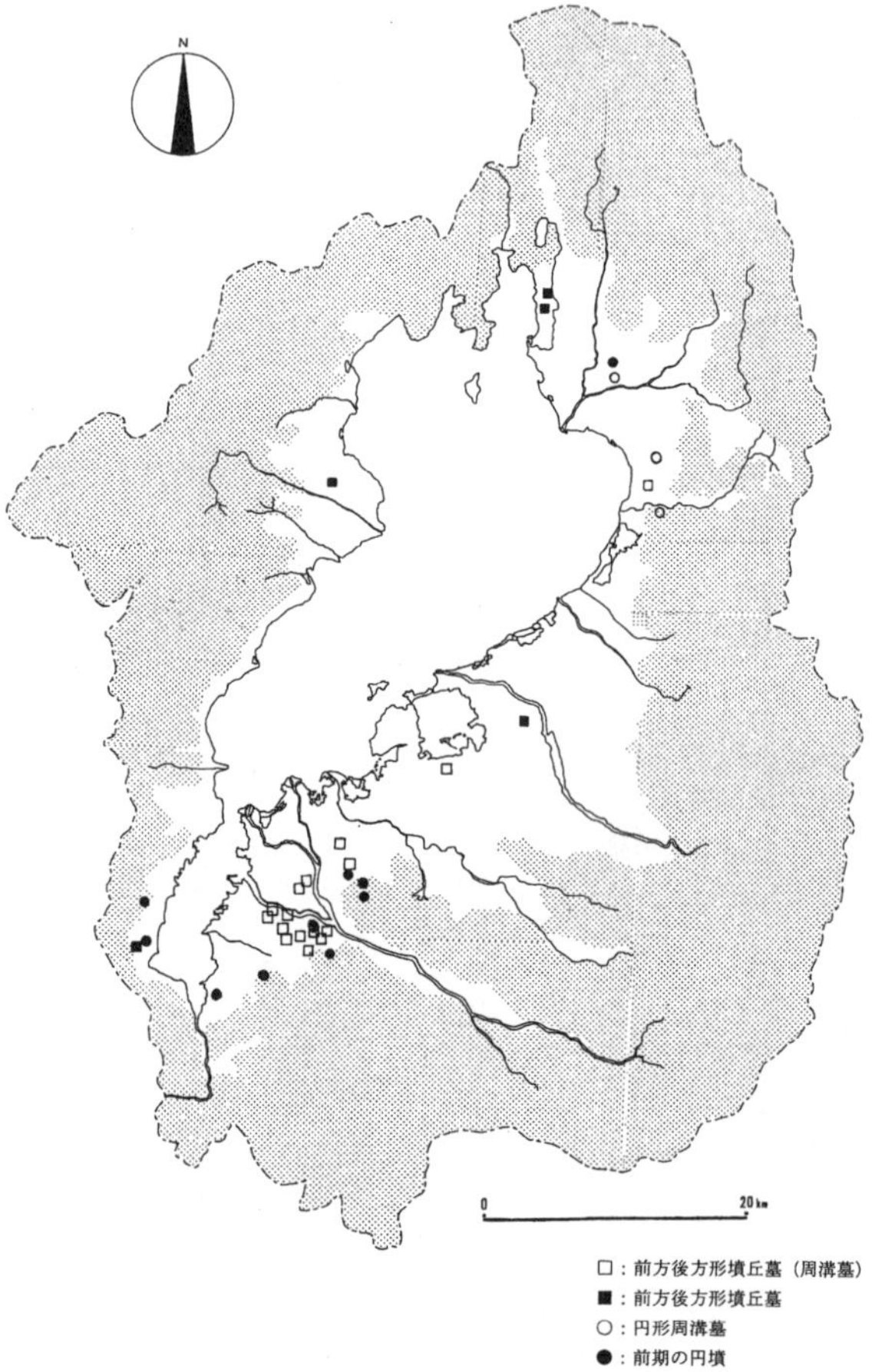

図5―4　前方後方形墳丘墓と古墳時代前期円墳の分布

は弥生時代前期末の粗いハケメ調整の甕にはじまり、後期の受口状口縁甕に至る在地系土器群の独自性を保持しながら、銅鐸祭祀、木偶を用いた葬送儀礼、大形環濠集落や独立棟持柱高床式建物、集落中心部の方形区画などに示されるように、琵琶湖水系の中核とも目される。古墳時代においても畿内中枢との関係を体現する前方後円形を採らず、伝世鏡も持たないまま前期の拠点的な円墳を築造するなど、その独自性を保った。これらの円墳は竪穴式石槨を備えず、当初は葺石も埴輪も持たなかったほど特異な首長であり、陸路を掌握する位置にあって、陸路の要衝である渡津を管理した首長であるが、これら弥生時代以来の独自の勢力に対し、畿内中枢は三角縁神獣鏡を配布するなど重視していたのである。

一方で、琵琶湖地域最古の一群の大形前方後円墳である安土瓢箪山古墳、荒神山古墳、膳所茶臼山古墳は、この野洲川下流域を避けて築かれ、古墳の周囲には沃野や母胎となる集落を備えていない。先の円墳群とは異なり湖上を視野に入れ、湖に近い安定した地盤の上に築かれ、麓には内湖や入江を利用した船津を想定することができる。これらは湖上交通を掌握するために畿内中枢の特別な意図のもとで配置された首長の墓である。また、三者とも郡境に隣接して築造されるなど、旧来の領域とは無関係な位置をとる。

この三基の大形前方後円墳に先がけて、湖上の北と南を結ぶ交通路がまず開かれ、それを機能させたのは、全長五〇m規模の若宮山古墳と春日山E—12号墳の首長である。加えて、和邇《わに》大塚山古墳、西野山古墳や雪野山古墳も全長七〇mという同じ規模で、右前方部隅角が通路状を呈するという共通項も備えている。これらは、時期的には大形前方後円墳とほぼ同時に、あるいは一歩先んじて、同様の意図を持って野洲川下流域の対岸にあたる琵琶湖のくびれ部北西岸で途中越との分岐点、琵琶湖の最北端や、野洲川下流域を通らずに鈴鹿から東国へ抜ける内陸部の要衝蒲生野の中心にあって、その陸路と琵琶湖に通じた日野川水路の管理にあたった（図5—5）。

このような前方後円墳に代表される畿内中枢の意志は、野洲川下流域をとりまいて意図的に配置され、さらには琵琶湖への三段階にわたる働きかけ、意識化がみてとれる。これが古墳時代前期の琵琶湖地域の姿である（図5—6）。

さて、野洲川下流域ではその後、左岸の栗太郡と右岸の野洲郡とは別の歴史的展開を遂げた。五世紀後半を境として前方後円墳を築きはじめ、後には大形石室と九州から運ばれた特殊な石棺、豊富な

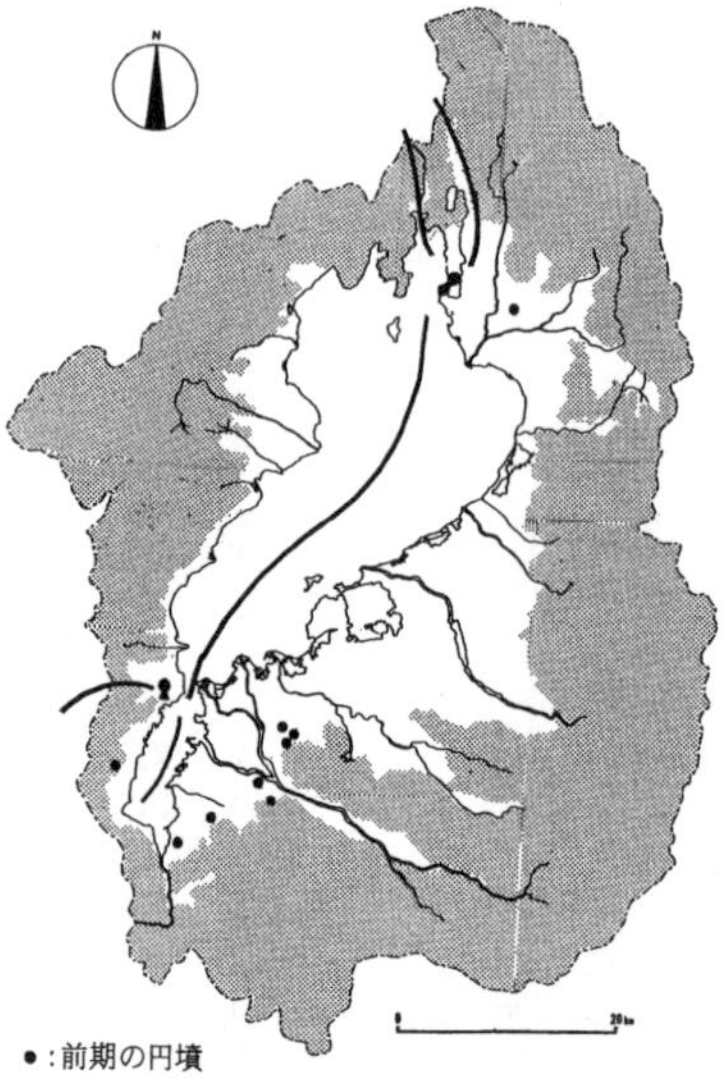

●:前期の円墳

小形　(50m級)

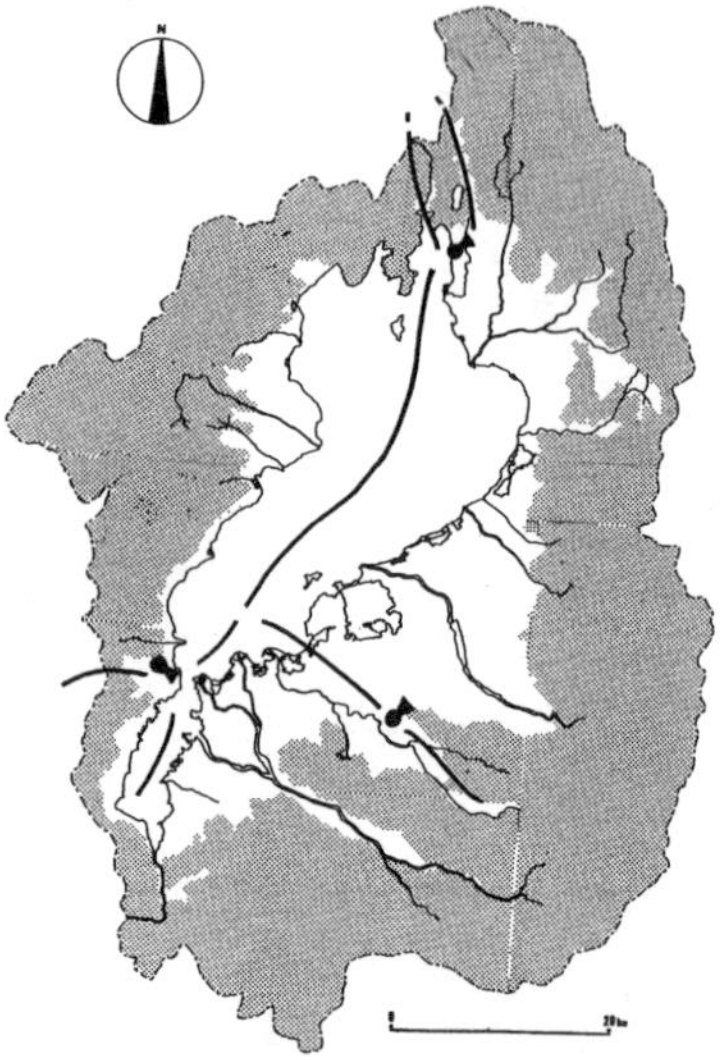

中形　(70m級)

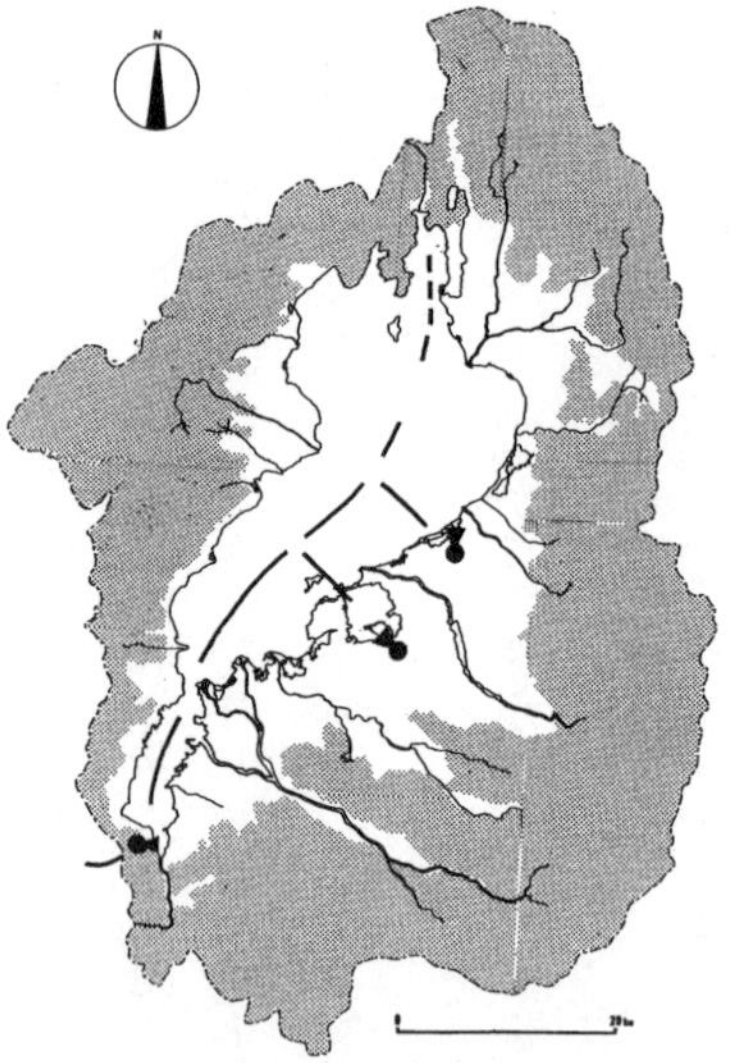

大形　(120m級)

図5―5　古墳時代前期前方後円墳の段階的配置モデル

副葬品を持つ後期古墳が展開した右岸の野洲郡に対し、左岸の栗太郡では、最後まで定型化された前方後円墳を築くことはなかった。

古墳時代前期の円墳で、粘土槨しか備えていないながら埴輪や豊富な副葬品を持つ北谷一一号墳、中期の円墳で、粘土槨に舶載の副葬品や外洋航海用の大形船を模した船形埴輪までもつ古墳を複数含んだ新開古墳群などは、古墳時代の終わりまで続いた旧栗太郡を基盤とする集団の固有性の表れであったし、しばしばこれらの古墳は複数の内部主体を備えていた。このことは、近江全体にまで広げて考えられる首長墓群の特徴の一つである。後期には、栗東市辻遺跡の陶質土器・韓式土器、和田古墳群のイモ貝装鉄製雲珠《うず》や純金・銀製の耳環、小槻大社一〇号墳の須恵器の角坏など、朝鮮半島との窓口のような様相を示すのがこの栗太郡の首長で

図5—6　野洲川下流域と大形・中形・小形前方後円墳配置の諸関係

ある。これらのことは、彼らが湖上の実質的な掌握にもつとめたことと無関係ではなく、畿内と朝鮮半島・大陸とをつなぐ経路の一つが、北からの日本海・琵琶湖ルートであって、そのことによって入手あるいは知りえた文物であった。

栗太郡と同様に野洲川上流の甲賀郡や湖西の高島郡も、畿内中枢に対して固有性をある程度貫いたといえるし、鴨稲荷山古墳では栗太郡の古墳と同様に、朝鮮半島の系譜を引く副葬品を多くみることができる。逆に湖北の伊香・浅井・坂田郡や湖西の滋賀郡はほぼ一貫して前方後円墳を築いており、琵琶湖水系最後の前方後円墳を築いたのも坂田郡と滋賀郡の首長であった。

なお、湖東の平野部においては、先の前期の大形前方後円墳以降、定型化した前方後円墳が蒲生郡では横穴式石室採用の頃まで、神崎・愛知・犬上郡では古墳時代の終わりまで築かれなかった。これらの地域も古墳時代を通じて野洲川下流域に近い姿、つまり野洲川流域をとりまく縁辺部の様相を持つ地域であったといえる。

こうした旧郡単位での地域性は、琵琶湖とその河川が地形的にも、灌漑水田の機構上からも境界となり、時には経路となって、陸路を含めて醸成された地域間の結びつきを考える基本要素となる。したがって、古墳時代の地域の構造を図式化して考えると、近江の独自性を最後まで貫いた栗太郡を中心とする同心円状ではなく、栗太郡・高島郡と滋賀郡や湖北の諸郡を対極的に表示したほぼ郡単位の地図において、畿内中枢に対しての固有性の濃度の違いで表現できるのである（図5―7）。

なお、琵琶湖水系地域全体について、古墳時代中期を中心とする時期は、特に一部地域を除いて典型的な前方後円墳が見られず、帆立貝形か短い前方部を備えた首長墓、あるいは円墳が中心となる。

このことは、伝世鏡が少なく竪穴式石槨よりも粘土槨が中心で、しかも複数の内部主体を持つことが多く、さらには埴輪を備えた古墳が古墳時代前半は少ないことと併せて、琵琶湖水系地域における古墳の特徴である。

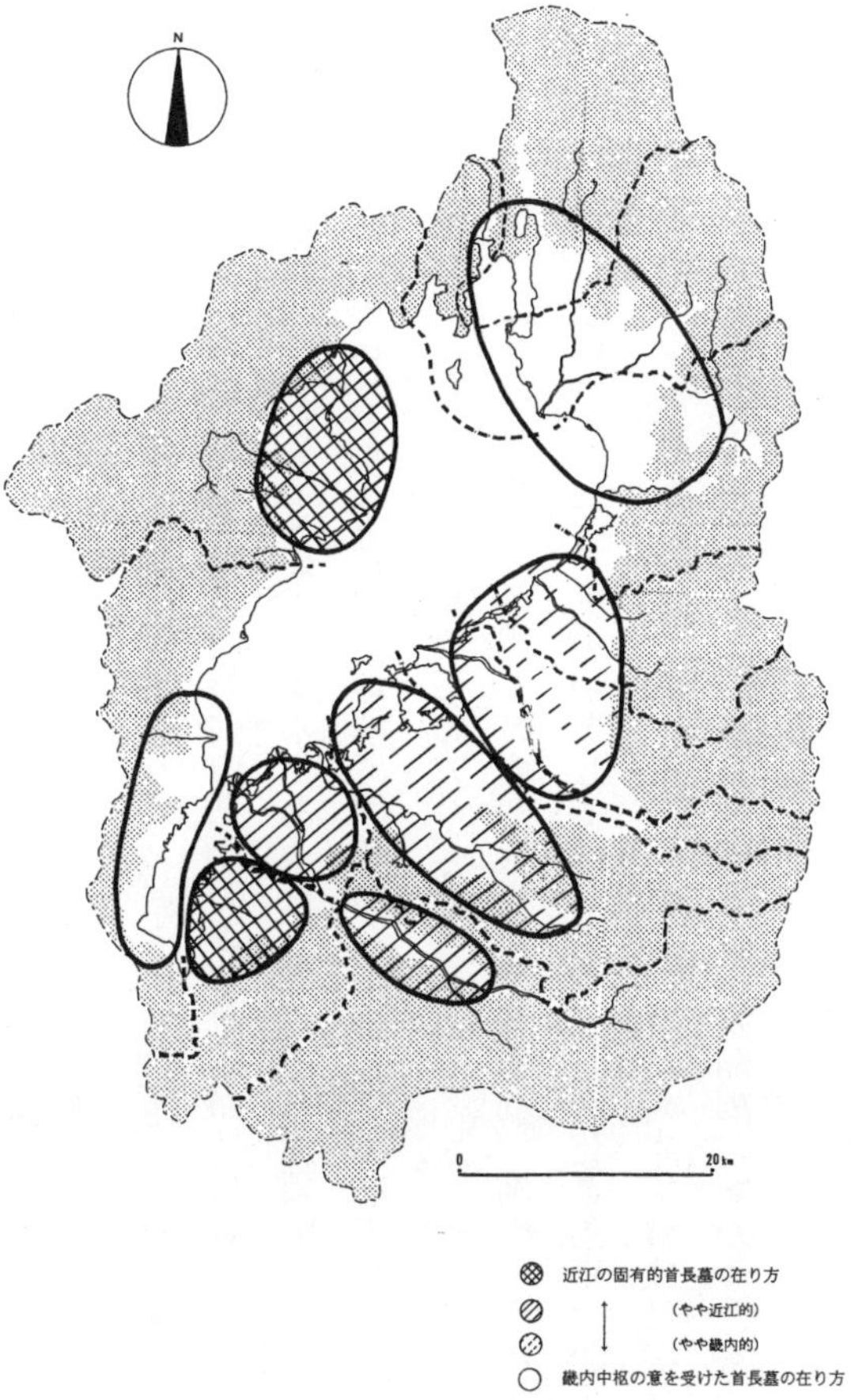

図5—7　琵琶湖水系の古墳に見る固有性モデル

(4)　琵琶湖水系における古墳時代首長の役割

琵琶湖では、縄文時代前期の丸木舟が入江内湖遺跡で発見されるなど、その出土例は列島でも最多の部類に入る。さらに弥生時代中期から古墳時代前期にかけて、波切板を立てて舷側板を備えた改良型丸木舟の出現により、積載量と航行距離が伸び、軌を一にするように大形前方後円墳三基が湖をにらんで船津という拠点に築かれた。その後、古墳時代中期から湖上の実質的な管理にあたったのは、野洲川左岸、栗太郡の芦浦古墳群や大宮若松神社古墳あるいは狭間古墳群の首長である。当初、野洲川河口や山田・矢橋の船津管理にあたったその系譜は、芦浦観音寺廃寺をはじめとする白鳳寺院や「葦浦屯倉《あしうらみやけ》」「夜須潮《やすみなと》」につながり、鎌倉時代の倉庫群まで、南湖東岸が湖上交通の中心地として機能した。

古墳時代後期には、それまで水稲農耕未開の地であった湖東の尻無川扇状地の開発に、渡来系の技術者集団が動員された。その痕跡は古墳の石室形式や朝鮮半島系譜の土器として残されているが、それを指揮したのは畿内的な横穴式石室を築いた者であった。彼らによって指揮・開削された灌漑水路網などが機能し、集落が本格的に展開するのは甲良町下之郷遺跡で典型的にみられるように七世紀になってからのことであるが、その時に築かれた井《ゆ》や灌漑水路網は、東大寺の初期荘園開発にも役立つものとなり、長い水争いの歴史を辿りながら、一九八〇年代のほ場整備着手の頃まで機能してきた。

製塩土器に見る塩の流通は古墳時代中期からみられるが、これに関わったのは野洲川下流域と湖北の高時川扇状地にみられる拠点的集落であった。それぞれ大阪湾と若狭湾の塩生産地から、小形の製塩土器に詰められたままこれらの地域で中核的な集落にまとめて運ばれた後、首長層による何らかの祭祀行為を伴って周辺集落に配布されたのである。

また、近江における鉄生産は遅くとも七世紀にはじまり、湖南や瀬田川流域の丘陵地でも七世紀中ごろから奈良時代にかけて、実験炉としてはじまり、大形化と効率化および官営組織化の中で展開していく。近年、古墳時代後期末には、瀬田川流域の特に右岸で製鉄に関与したと考えられる古墳がいくつか知られてきた。これらは先の渡来系の灌漑水路開削にあたったものと同様、首長層の墓ではなく技術者の墓と考えられる。

なお、塩はその後、古代国家が流通に関与していき、鉄生産は逆に官営炉から民営炉へと変わるなど、両者は正反対の道をたどったのである。

こうして、琵琶湖水系地域における古墳時代の在地首長は、湖と河川によって画された地域を基盤とし、畿内中枢との関係における地域の代表者であった。彼らは、当初はあくまで陸上交通の要衝である渡津の管理にあたり、後に船津も押さえて水路を加えた人と物資の移動を掌握しながら、その水資源も利用したのである。

四　琵琶湖水系の固有性および近江の完結性と開放性

琵琶湖の湖上交通と民俗知識をふまえながら、古墳を軸として古墳時代を中心とする考古学的事象を振り返ると、琵琶湖水系は弥生時代以降、野洲川下流域を中心として独自の展開を遂げることが明らかになった。畿内中枢も、当初から円墳しか築かず、銅鐸を埋めた後は弥生時代以来の伝世鏡も持たなかったこの地域の首長に対し三角縁神獣鏡を配布するなど、この地域を重視していた。そうした意味では、前方後円墳にみる統一的な祭祀形式による身分秩序の枠組みの中では異色であった。[6]

古墳時代初頭の拠点的な円墳群は、野洲川や琵琶湖南端の瀬田川近くの陸路の要衝、渡津を管理した首長の存在を表していた。

古墳の墳形と規模およびその内容から見た歴史に立つと、琵琶湖の北と南に橋頭堡のように小形前方後円墳を築いて湖上交通管理の足がかりをつかんだ畿内中枢は、後に安土瓢箪山古墳をはじめとする少なくとも三基の大形前方後円墳を、野洲川下流域を遠巻きにしながら湖を意識して配置し、内湖や入江の船津を通じて湖上の拠点とした。また、雪野山古墳など三基の中形前方後円墳もこれらの意図的な配置を結果として補うように築いた。そして、旧野洲川の左岸と右岸は、古墳時代中ごろから別の道を歩んだ。古墳時代を通じて最後まで自立性あるいは固有性を貫いたのは、野洲川左岸の旧栗太郡の首長と集団であり、古墳時代中期から、琵琶湖水系の中では湖上・陸路が集中し、その結節点だった野洲川河口部をはじめとする船津を通じて湖の管理を行ったのも、湖に直接面したこの地域の首長であった。この伝統は、古墳時代以降、古代の港や湖上管理者あるいは物資の集積場として鎌倉時代まで続いた。

このことは、織田信長が安土瓢箪山古墳と連なる膵山に築いた安土城を中心に、長浜城・大溝城・坂本城を結んで、湖管理の城郭網を作り上げ、一方で中世末から近世にかけては、野洲川河口部の、いわば琵琶湖の関所の位置にあった芦浦観音寺の住職が、一〇〇年間にわたって代々船奉行を務めたことと二重写しになる。湖をとりまく前方後円墳に代表される首長墓が大名であり、南湖東岸の船津に面した円墳は船奉行にたとえられる。その地理的背景や諸条件は、ある意味で共通していた。

このように、琵琶湖水系を管理する上での歴史的中心地は、琵琶湖と水系最大の河川・野洲川の交差地域によって醸成されたものであり、東国・北国と畿内を結ぶ陸路と水路がこの地域に集まり交わることとも無関係ではない。琵琶湖水系における古墳時代首長は、旧野洲川河口部を中心とする湖上・河川と陸上を利用した交通路の掌握に努め、水資源の利用と耕地開発、後には祭祀のための塩の流通などにも関わった。畿内中枢による東国監視体制に組み込まれた非前方後円墳首長は、琵琶湖・日本海ルートを通じて朝鮮半島・大陸をも視野に入れた、いわば近江の関所機能論の担い手であることを想定させる。またこのことは、後の三関《さんげん》の設置にも通じるものであった。

弥生時代にはじまり古墳で顕著に見える地域性は、基本的には湖を中心に放射状に伸びる河川をその境とする旧郡単位で捉えることが可能であり、その領域が近江の古墳時代社会の基本単位となる。「周辺を取り巻く山なみがそのまま国境となって境域が定められ、明快な地域的完結性をもたらし（中略）古代以来の行政区画＝国が結構まとまりのある地域として機能した」と捉えることは[7]、琵琶湖中心の自己完結的な盆地地形による一つの観点であり、伝世鏡を持つことも少なく、埴輪もあまり備えずに粘土槨による複数埋葬を指向した前期古墳、典型的な中期の前方後円墳を築かないというのも、この旧国単位での特徴である。これを旧郡領域の固有性と区別するため、この地域の完結性と呼ぶ。

一方で、「隣接した他国との交流が頻繁に行われ、近江は同じ盆地でありながら中央に広大な琵琶湖があるために、湖上交通の発達を考慮したとしても対岸との接触よりも峠を越えた隣国との交流が盛んであった」というある種の開放性が、近江の遺跡群を詳述する中で総括されている[8]。

琵琶湖は、生活と生業の場であり、人と物が行き交った街道ではあったが、生活者にとってはウミであった。ただ、外洋と同様の規模の輸送路として、最後までは機能しなかった。そのことは船大工の知恵に見るような淡水の水域によることの危険と限界、民俗学者が説く境界や陸路での代替性などから説明できる。

こうした琵琶湖水系における旧郡単位の固有性と旧国全体の完結性、そして六つの隣国への開放性という歴史的性格は、列島の中央に位置する琵琶湖水系地域という求心的な環境と、土地と水をめぐる河川をはさんだ小地域間の灌漑水田機構の矛盾と対立顕在化の流れの中にある、弥生時代から古墳時代という時代背景の中で醸成されたものである。丹波も含めて、山城へ一八、伊賀へ八、伊勢へ九、美濃へ七、越前へ六、若狭へ四の合わせて五二の峠道は[9]、四方八方どころか五十二方に延びる。また生活者にとっては、琵琶湖に流れ込む川と湖が集団間の諸矛盾の源でもあるため、時には越えがたい集団領域の境界となり、他方ではこれらが道あるいは街道となる。しかも、この地域のあらゆるところは、行き止まりでもなければ迂回していくようなところでもなかった。したがって、集団の強固なまとまりによる地域の固有性と琵琶湖水系地域全体の盆地地形による完結性が、列島の中央に位置して五二の道を備えた開放性と同居することになる。

本書では、琵琶湖の管理をめぐる古墳時代の琵琶湖水系は、野洲川下流域の首長層を軸にしており、特にその左岸の栗太郡の首長が在地集団の核となって、歴史的に展開したことを述べてきた。そのことは、後に近江国庁が地形的には近江の南に偏在する旧栗太郡に置かれたことと無関係でない。

その上で、琵琶湖を中心にし、湖と川によって形成された求心的な地域の固有性と地域全体の完結性および列島の中央における開放性という三層に重なり合った、弥生時代にはじまり古墳時代に本格化する近江の歴史的環境が形成されたことを指摘しておく。この固有性は地域からの史観によるものであり、完結性と開放性は列島単位で見た歴史的特質であった。

注

（1）用田政晴『信長　船づくりの誤算―湖上交通史の再検討―』、サンライズ出版、一九九九年。
（2）橋本鉄男「はしがき―私の自分史の中の琵琶湖」『琵琶湖の民俗誌』、文化出版局、一九八四年。
（3）橋本鉄男「木地屋と近江商人　琵琶湖論」『日本に生きる』一一、近畿編、国土社、一九七六年（「海人伝承と漁カセギ」『琵琶湖の民俗誌』、文化出版局、一九八四年所収）。
（4）橋本鉄男「総観」『日本の民俗　滋賀』、第一法規出版、一九七二年。
（5）橋本鉄男『柳田國男と近江』、サンライズ印刷出版部、一九九四年。
（6）近藤義郎『前方後円墳の時代』、岩波書店、一九八三年。
（7）村井康彦「序説―近江という地域―」『環琵琶湖地域論』、思文閣出版、二〇〇三年。
（8）林　博通「近江の地勢」『古代近江の遺跡』、サンライズ出版、一九九八年。
（9）柳田國男「峠に関する二三の考察」『太陽』、一九一〇年（「秋風帖」『定本柳田國男集』第二巻、筑摩書房、一九六二年所収）。

あとがき

本書の基礎となる私の弥生墳丘墓および古墳研究は、大学の恩師である近藤義郎先生・春成秀爾先生・小野昭先生のご指導、および岡山県史編纂室での葛原克人さん・河本清さん・高橋護さんらによる日々のご教示に依るところからはじまった。そして、楯築弥生墳丘墓や備前車塚古墳の発掘や調査が、墳丘墓や古墳とは何かを考える実践の場であり、後の『前方後円墳集成』刊行のための作業は、近江の古墳を検討するよい機会であった。

しかしながら私自身の古墳に関する研究活動は、一九九〇年から異なる分野を中心とする博物館の開設準備に関わりはじめたこともあって、そうした学恩に応えきれずにいたが、数年前から春成秀爾先生の幾度かにわたる熱心なお勧めと励ましがあり、いくつかの論文をとりまとめることになった。これには琵琶湖博物館長の川那部浩哉さんや先輩の岸本雅敏さん、仲間の牧野久実さん・瀬川拓郎らの刺激もあった。

本書は、二〇〇六年度に滋賀県立大学へ提出した学位請求論文をもとにしてとりまとめたものであり、林博通先生によるご理解とご指導によって実現できたものである。同時に、菅谷文則先生にはいつも暖かいご助言をいただいており、田中俊明先生や立命館大学の和田晴吾先生から有益なご指導を受けることもできた。

私自身の古墳観は、かつて大学の仲間との吉備での発掘調査における議論において醸成されたものであるが、近藤先生による、前方後円墳によって代表される首長霊継承祭祀の統一的な型式の創出が古墳の成立であり、その主体的条件は畿内中枢の部族連合を盟主とする同族連合の成立そのものであったという枠組み（『前方後円墳の時代』、岩波書店、一九八三年）から、私たちはなかなか抜け出せないでいる。

近江にあっては、葛野泰樹さんや木戸雅寿君らとともに破壊の危機にあった遺跡を中心にめぐり、林博通さん・田中勝弘さん・大橋信弥さん・近藤滋さんらの後や、丸山竜平さん・兼康保明さんらの影を追った。

この一〇年近くは、植田文雄とのアジア各地の遺跡踏査や極めて日常的な討論の中で、植田とは異なる私なりの古墳観や近江の地域論を持つようになり、同じ職場だった國分政子さん・辻川智代さんには、毎日のように私の議論につきあっていただいた。

今回、琵琶湖をめぐる古墳と古墳群を再検討する中で、近江の中心的な前方後円墳と円墳をはじめとする首長墓を船津や渡津と結びつけ、琵琶湖とその周辺の交通史の中で位置づけてみた。

ただ、首長墓と水上交通を関係づけて考えるには、その考古学的資料に乏しく、これまではその立地に加え、視界の範囲、前方部の方向、葺石・段築にみる正面観ぐらいしか取り上げられなかったし、船形埴輪・土製品などの存在などもそのことを暗示させる程度のものであった。そんな中で新しい視点を切り開いたのは、近藤先生による前方後円墳の前方部隅角の解釈であり、横田洋三による湖西・春日山古墳群での湖東流紋岩類石材使用説である。

琵琶湖の中ほど東岸でひときわ目立つ荒神山の山頂部は、かつての三つの郡の境にあたり、標高二七八m付近に築かれた全長一二四mの荒神山古墳の前方部隅角には山道が今も取りつく。それを下るとかつての内湖で湊があったと考える曽根沼に至る。また、横田の湖東流紋岩説は結果として否定されたが、春日山丘陵での古墳石材搬入論は、船津あるいは湖上交通との関係を考える新たな材料を得ることができた。

さらには、近江の中心は、非前方後円墳首長による東国監視・畿内防衛体制に組み込まれた地域であり、琵琶湖・日本海ルートを通じて朝鮮半島・大陸をも視野に入れた、「近江関」あるいは「栗太関」論とでもいうべきものを念頭に置きながら、前方後円墳を築かないものの畿内中枢からは尊重された首長の存在も想定してみた。そのことが後の近江国庁や国分寺の、近江南部への偏在を規定したとも考えたが、実際は想像の域をなかなか出ず、今もなおご指導いただいている近藤先生の敷いたレールの上を春成先生や高橋さんらの異なる燃料をパワーにして、林さん・田中さん・大橋さんら近江の先輩達の後ろ姿を追っただけで、結果として単なる「推論」に終わったかも知れない。

敬称等は普段の私の呼び方にならった諸先生、諸先輩と考古学仲間の学恩に、ツル基金の助成を得て刊行するこの「推論」を添えて感謝します。

二〇〇七年二月一三日

用田政晴

図表出典

（出典のないものは、用田作成）

◆第一章

図1―1　大中の湖南遺跡（大区画水田）
（水野正好『大中の湖南遺跡調査概要』（『滋賀県文化財調査概要』第五集）、滋賀県教育委員会、一九六七年を一部改変）

図1―2　服部遺跡（小区画水田）
（大橋信弥ほか『服部遺跡発掘調査概報』、滋賀県教育委員会・守山市教育委員会・財団法人滋賀県文化財保護協会、一九七九年を一部改変）

図1―3　近江の主な初期水田遺構等

図1―4　愛知川下流域の縄文時代集落と斗西遺跡・神郷亀塚墳丘墓（明治二六年（一八九三年）測図地図）

図1―5　弥生時代後期後葉を中心とした土器群
（用田政晴「近江における弥生時代後期後葉の土器群―その再検討―」『県営かんがい排水事業関連遺跡発掘調査報告書』Ⅱ―3、滋賀県教育委員会・財団法人滋賀県文化財保護協会、一九八五年）

図1―6　器台として用いられた高坏とのせた小形甕
（用田政晴「伊香郡高月町唐川遺跡」『ほ場整備関係遺跡発掘調査報告書』Ⅸ―1、滋賀県教育委員会・財団法人滋賀県文化財保護協会、一九八二年）

図1―7　庄内式併行土器群の器種別一次的形態分類概略図
（用田政晴「国友遺跡―長浜市今町所在―」『県営かんがい排水事業関連遺跡発掘調査報告書』Ⅶ―1、滋賀県教育委員会・財団法人滋賀県文化財保護協会、一九九一年）

図1―8　唐川遺跡Ⅱ区T6・T7遺物包含層出土土器
（用田政晴「伊香郡高月町唐川遺跡」『ほ場整備関係遺跡発掘調査報告書』Ⅸ―1、滋賀県教育委員会・財団法人滋賀県文化財保護協会、一九八二年）

◆第二章

図2―1　楯築遺跡
（近藤義郎ほか『倉敷市楯築弥生墳丘墓第Ⅴ次（昭和六〇年度）・第Ⅵ次（昭和六一年度）発掘調査概要報告』、楯築弥生墳丘墓発掘調査団、一九八七年を一部改変）

図2―2　女男岩遺跡と中央土壙墓
（間壁忠彦・間壁葭子「女男岩遺跡」『倉敷考古館研究集報』第一〇号、一九七四年）

図2―3　鋳物師谷一号墓竪穴式石槨
（春成秀爾ほか「備中清音村鋳物師谷一号墳墓調査報告」『古代吉備』第六集、一九六九年）

図2―4　用木古墳群配置
（神原英朗『用木古墳群』（『岡山県営山陽新住宅市街地開発事業用地内埋蔵文化財発掘調査概報』（一））、山陽団地埋蔵文化財調査事務所、一九七五年）

図2—5　用木三号墳
（神原英朗『用木古墳群』（『岡山県営山陽新住宅市街地開発事業用地内埋蔵文化財発掘調査概報』（二））、山陽団地埋蔵文化財調査事務所、一九七五年）
図2—6　殿山墳墓群・古墳群
（北條芳隆「前方後円墳と倭王権」『古墳時代像を見なおす—成立過程と社会変革—』、青木書店、二〇〇〇年）
図2—7　月の輪古墳内部主体
（近藤義郎編『月の輪古墳』、月の輪古墳刊行会、一九六〇年）
図2—8　一貴山銚子塚古墳石槨
（小林行雄『福岡県糸島郡一貴山村田中銚子塚古墳の研究』、便利堂、一九五二年を一部改変）
図2—9　安土瓢箪山古墳中央石槨
（梅原末治「安土瓢箪山古墳」『滋賀県史蹟調査報告』第七冊、滋賀県、一九三八年）
図2—10　月の輪古墳中央主体
（近藤義郎編『月の輪古墳』、月の輪古墳刊行会、一九六〇年）

◆第三章

図3—1　近江の前方後方形墳丘墓
（『シンポジウム　邪馬台国時代の近江と大和』資料集、香芝市二上山博物館、二〇〇一年をもとに一部改変）
図3—2　神郷亀塚の周辺環境
（植田文雄ほか『神郷亀塚古墳』（『能登川町埋蔵文化財調査報告書』第五五集）、能登川町教育委員会・能登川町埋蔵文化財センター、二〇〇四年）
図3—3　神郷亀塚の内部主体断面（木槨）
（植田文雄ほか『神郷亀塚古墳』（『能登川町埋蔵文化財調査報告書』第五五集）、能登川町教育委員会・能登川町埋蔵文化財センター、二〇〇四年）
図3—4　法勝寺遺跡ＳＤＸ23号墓
図3—5　法勝寺遺跡ＳＤＸ23号墓出土土器
図3—6　楯築遺跡内部主体（木槨墓）
（近藤義郎『楯築弥生墳丘墓の研究』、楯築刊行会、一九九二年）
図3—7　備前車塚古墳
（近藤義郎・鎌木義昌「備前車塚古墳」『岡山県史』第一八巻、考古資料、一九八六年）
図3—8　後円（方）部傾斜角度
図3—9　安土瓢箪山古墳測量図
（梅原末治「安土瓢箪山古墳」『滋賀県史蹟調査報告』第七冊、滋賀県、一九三八年と石橋正嗣『安土町内遺跡分布調査報告書』、安土町教育委員会、一九八七年の図を合成、一部改変）
図3—10　安土瓢箪山古墳出土土器群
（高橋克壽「近江の埴輪と畿内の埴輪」『滋賀県埋蔵文化

財センター紀要』昭和六三年度、滋賀県埋蔵文化財センター、一九八九年。

図3—11　安土瓢簞山古墳墳丘採集土器群
（用田政晴「安土瓢簞山古墳の壺と「埴輪」」『淡海文化財論叢』第一輯、二〇〇六年）

図3—12　香川県猫塚古墳出土土器
（梅原末治『讃岐高松石清尾山石塚の研究』（『京都帝国大学文学部考古学研究報告』第一二冊）、京都帝国大学、一九三三年）

図3—13　木村古墳群分布図
（田中　浩『滋賀県史跡木村古墳群―悠久の丘　あかね古墳公園整備事業報告書―』、蒲生町教育委員会、二〇〇二年）

図3—14　平が崎王塚古墳・田中王塚古墳
（葛原秀雄「王塚古墳の調査」『今津町文化財調査報告書』第七集、今津町教育委員会、一九八七年（上）、宮内庁書陵部陵墓課『陵墓地形図集成』、学生社、一九九九年（下））

図3—15　野洲川下流域の円墳と前期の前方後円墳（輯製二十万分一図（明治一九年・二一年輯製製版））

図3—16　地形図に方形で表記された泉塚越古墳（明治二五年（一八九二年）測図地図）
（上：細川修平『泉塚越古墳』（『国道一号水口道路改築工事に伴う発掘調査報告書』）、滋賀県教育委員会・財団法人滋賀県文化財保護協会、二〇〇四年）

図3—17　林ノ腰古墳
（福永清治「小篠原遺跡「林ノ腰古墳」の発掘調査―埋没していた大型前方後円墳―」『滋賀考古』第一八号、一九九七年）

図3—18　野洲川下流域を中心にした前方後方形墳丘墓と古墳時代前期の円墳

図3—19　南笠古墳群
（吉田綾子・山元祐人「西海道遺跡ほか発掘調査」『草津市文化財年報』XⅢ、草津市教育委員会、二〇〇五年）

図3—20　北谷古墳群周辺地形
（西田　弘『草津市山寺町北谷古墳群発掘調査概報』、滋賀県教育委員会、一九六一年）

図3—21　北谷一一号墳墳丘
（西田　弘『草津市山寺町北谷古墳群発掘調査概報』、滋賀県教育委員会、一九六一年の挿図に調査時測量図を合成して作成）

図3—22　椿山古墳と大塚越古墳の位置（字「大塚越」）

図3—23　椿山古墳と大塚越古墳の位置（明治二五年（一八九二年）測図）

図3—24　椿山古墳
（井上満郎・大橋信弥「豪族の世紀」『栗東の歴史』第一巻、栗東町、一九八七年）

図3—25　下戸山古墳周辺
（佐伯秀樹「下戸山古墳」『栗東町埋蔵文化財発掘調査一

九九八年度年報』、栗東町教育委員会・財団法人栗東町文化体育振興事業団、二〇〇〇年)

図3—26　鴨稲荷山古墳旧地形
(濱田耕作・梅原末治『近江国高島郡水尾村の古墳』(『京都帝国大学文学部考古学研究報告』第八冊)、京都帝国大学、一九二三年)

図3—27　鴨稲荷山古墳・京大報告墳丘復元挿図
(濱田耕作・梅原末治『近江国高島郡水尾村の古墳』(『京都帝国大学文学部考古学研究報告』第八冊)、京都帝国大学、一九二三年)

図3—28　鴨稲荷山古墳
(関西学院大学考古学研究会(文責　坂井秀弥)「高島郡高島町鴨稲荷山古墳現状実測調査報告」『滋賀文化財だより』No.22、財団法人滋賀県文化財保護協会、一九七九年を一部改変)

図3—29　野洲川下流域の前方後円墳と帆立貝形古墳
(輯製二十万分一図(明治一九年・二二年輯製製版))

◆第四章

図4—1　琵琶湖周辺の港関連遺構
(黒津遺跡：松浦俊和「奈良・平安時代の桟橋跡」『滋賀文化財だより』No.101、財団法人滋賀県文化財保護協会、一九八五年、大中の湖南遺跡：田中咲子ほか『芦刈遺跡・大中の湖南遺跡』(『ほ場整備関係遺跡発掘調査報告書』三三—二、滋賀県教育委員会・財団法人滋賀県文化財保護協会、二〇〇五年、関津遺跡：滋賀県教育委員会・財団法人滋賀県文化財保護協会『大津市関津遺跡発掘調査現地説明会資料』、二〇〇四年、松原内湖遺跡：葛野泰樹ほか『松原内湖遺跡発掘調査報告書』Ⅰ、滋賀県教育委員会・財団法人滋賀県文化財保護協会、一九九三年、矢橋港遺跡：丸山竜平「矢橋港遺跡発掘調査報告書」『びわ湖と埋蔵文化財』、水資源開発公団琵琶湖開発事業建設部、一九八四年)

図4—2　膳所茶臼山古墳周辺地形環境(明治二二年(一八八九年)測図地図)

図4—3　安土瓢箪山古墳周辺地形環境
(地形分類図：京都府農村部耕地課・滋賀県企画部土地対策課『土地分類基本調査』、京都東北部・京都東南部・水口、国土調査、滋賀県・京都府、一九八二年を一部改変)

図4—4　荒神山古墳周辺地形環境(明治二六年(一八九三年)測図地図)

図4—5　全長七〇mの前期前方後円墳三基
(西野山古墳：黒坂秀樹『古保利古墳群詳細分布調査報告書』、高月町教育委員会、一九九五年、和邇大塚山古墳：丸山竜平「近江和邇氏の考古学的研究—堅田真野春日山古墳群の歴史的背景をめぐって—」『日本史論叢』第四輯、一九七四年、雪野山古墳：都出比呂志ほか『雪野山古墳

の研究』、八日市市教育委員会、一九九六年）
図4―6　春日山古墳群周辺地形環境（明治二六年（一八九三年）（右）、明治四二年（一九〇九年）（左）測図地図）
図4―7　春日山古墳群
（横田洋三『春日山古墳群』（『春日山公園整備関連遺跡発掘調査報告書』）、滋賀県教育委員会・財団法人滋賀県文化財保護協会、二〇〇二年を一部改変）
図4―8　泉古墳群と植遺跡周辺地形環境（明治二五年（一八九二年）測図地図）
図4―9　植遺跡遺構分布図
（細川修平「倉庫建物に見る古墳時代社会の変質」『人間文化』第一四号、二〇〇三年）
図4―10　旧野洲川下流域の小字界線による地割復元図
（小林健太郎・西村進「地形と地質」『草津市史』第一巻、草津市、一九八一年を一部改変）
図4―11　南湖東岸の地形分類図
（小林健太郎・西村進「地形と地質」『草津市史』第一巻、草津市、一九八一年を一部改変）
図4―12　芦浦一号墳
（田路正幸ほか『芦浦遺跡』（『滋賀県住宅供給公社芦浦住宅団地建設工事に伴う発掘調査報告書』）、滋賀県教育委員会・財団法人滋賀県文化財保護協会、一九九八年）
図4―13　鞭崎神社古墳群と旧矢橋港
（大橋信弥ほか「草津市矢橋町鞭崎神社境内古墳群調査報告」『昭和四九年度滋賀県文化財調査年報』、滋賀県教育委員会、一九七六年）
図4―14　狭間遺跡
（小宮猛幸ほか「狭間遺跡（第四次）調査発掘調査概要報告」『草津市文化財年報』XⅡ、草津市教育委員会、二〇〇五年）
図4―15　山田城跡
（小宮猛幸「山田城跡（第三次）調査概報」『平成一二年（二〇〇〇年）度草津市文化財年報』、草津市教育委員会、二〇〇二年）
図4―16　芦浦観音寺
（『昭和五九年度滋賀県文化財調査年報』、滋賀県教育委員会、一九八一年）
図4―17　草津市芦浦・下物町周辺の古代寺院跡と古墳
図4―18　改良型丸木舟の構造
（横田洋三作成・一部改変）
図4―19　西河原森ノ内遺跡出土木簡
（山尾幸久「西河原森ノ内遺跡出土木簡」『西河原森ノ内遺跡第一・二次発掘調査報告書』Ⅰ（『中主町埋蔵文化財調査報告書』第二一一集）、中主町教育委員会、一九九〇年）
図4―20　諸川遺跡位置
（用田政晴『諸川遺跡発掘調査報告書―西浅井町菅浦所在諸川瓦窯跡の調査―』、西浅井町教育委員会・財団法人滋賀県文化財保護協会、一九八四年）

図4―21　犬上川左岸の群集墳
（用田政晴『北落古墳群』（『県営かんがい排水事業関連遺跡発掘調査報告書』Ⅶ―2）、滋賀県教育委員会・財団法人滋賀県文化財保護協会、一九九〇年）
図4―22　楢崎・正楽寺古墳群
図4―23　楢崎一号墳
（滋賀県埋蔵文化財センター「町指定楢崎古墳の確認調査多賀町・楢崎古墳」『滋賀埋文ニュース』第一二八号、一九九〇年）
図4―24　楢崎一号墳石室
（滋賀県埋蔵文化財センター「町指定楢崎古墳の確認調査多賀町・楢崎古墳」『滋賀埋文ニュース』第一二八号、一九九〇年）
図4―25　北落古墳群
（平井美典ほか『北落古墳群Ⅰ』（『ほ場整備関係遺跡発掘調査報告書』ⅩⅪ―4）、滋賀県教育委員会・財団法人滋賀県文化財保護協会、一九九四年）
図4―26　北落古墳群石室
（用田政晴『北落古墳群』（『県営かんがい排水事業関連遺跡発掘調査報告書』Ⅶ―2）、滋賀県教育委員会・財団法人滋賀県文化財保護協会、一九九〇年）
図4―27　三博・四ッ塚古墳群
図4―28　四ッ塚三号墳と三博古墳石室
（宮川哲郎『三博・四ツ塚古墳群遺跡発掘調査報告書』（『甲良町埋蔵文化財調査報告』Ⅱ）、甲良町教育委員会、一九九一年）
図4―29　東大寺領水沼庄絵図
（弥永貞三『奈良時代の貴族と農民』、至文堂、一九五六年をもとにした種村儀平「水沼荘」『多賀町史』上巻、多賀町、一九九一年）
図4―30　犬上川左岸扇状地の水利施設と群集墳
（野間晴雄・小林健太郎・高橋誠一「犬上川扇状地と芹川中流域における水利の特質の比較―条里型地割の分布との対応のための前提―」『条里縁辺地域における水利・土地利用システムの歴史地理学的研究』（『昭和六一年度科学研究費補助金（一般研究A）研究成果報告書』）、一九八七年を一部改変）
図4―31　百済系の徳利形平底土器
（『財団法人滋賀県文化財保護協会設立二五周年記念第七回埋蔵文化財調査研究会シンポジウム「近江・河内・大和の渡来人」』、財団法人滋賀県文化財保護協会・滋賀県立安土城考古博物館、一九九六年）
図4―32　下之郷遺跡A区溝
（用田政晴『下之郷遺跡・法養寺遺跡』（『ほ場整備関係発掘調査報告書』ⅩⅦ―4）、滋賀県教育委員会・財団法人滋賀県文化財保護協会、一九九〇年）
図4―33　近江の製塩土器出土地
（用田政晴「滋賀県」『日本土器製塩研究』、青木書店、一九九四年）

図4―34　近江出土の製塩土器等
（用田政晴「滋賀県」『日本土器製塩研究』、青木書店、一九九四年）
図4―35　横江遺跡第八調査区
（木戸雅寿・宮下睦夫『横江遺跡発掘調査報告書』Ⅰ、滋賀県教育委員会・財団法人滋賀県文化財保護協会、一九八六年）
図4―36　近江出土の製塩土器
（用田政晴「滋賀県」『日本土器製塩研究』、青木書店、一九九四年）
図4―37　野洲川下流域における製塩土器の配布モデル
図4―38　古代近江における製鉄遺跡の分布
図4―39　古橋遺跡炉床下部断面と一部炉復元
（丸山竜平ほか「滋賀県下における製鉄遺跡の諸問題」『考古学雑誌』第七二巻二号、一九八六年）
図4―40　古橋遺跡出土須恵器
（丸山竜平ほか「滋賀県下における製鉄遺跡の諸問題」『考古学雑誌』第七二巻二号、一九八六年）
図4―41　南郷遺跡A地区流出鉄滓出土状況
（田中勝弘・用田政晴ほか『南郷遺跡発掘調査報告書』（『一般国道一号（京滋バイパス）関係遺跡発掘調査報告書』Ⅰ）、滋賀県教育委員会・財団法人滋賀県文化財保護協会、一九八八年を一部改変）
図4―42　大蔵池南遺跡四号炉
（森田友子『糘山遺跡群』Ⅳ、久米開発事業に伴う文化財調査委員会、一九八二年）
図4―43　石生天皇遺跡
（近藤義郎『石生天皇遺跡』、和気町、一九八〇年）

◆終章

図5―1　琵琶湖をとりまく城郭網
（中井　均「城が語る湖国の中世」『湖の国の歴史を読む』、新人物往来社、一九九二年）
図5―2　南湖の低水位想定図
（濱　修『琵琶湖開発事業関連埋蔵文化財発掘調査報告書』二、赤野井湾遺跡、滋賀県教育委員会・財団法人滋賀県文化財保護協会、一九九八年）
図5―3　弁才船（一九世紀）と丸子船（二〇世紀）一般構造図
（弁才船：『写真展「和船」―今はなき千石船の姿を求めて―』、財団法人日本海事科学振興財団船の科学館、一九九〇年、丸子船：用田政晴『信長　船づくりの誤算―湖上交通史の再検討―』、サンライズ出版、一九九九年を一部改変）
図5―4　前方後方形墳丘墓と古墳時代前期円墳の分布
図5―5　古墳時代前期前方後円墳の段階的配置モデル
図5―6　野洲川下流域と大形・中形・小形前方後円墳配置の諸関係
図5―7　琵琶湖水系の古墳に見る固有性モデル

◆第一章

表1―1　小林行雄による年代入り年表
（小林行雄『女王国の出現』（『国民の歴史』一）、文英堂、一九六七年）

表1―2　肥後装飾古墳仮定年代表
（濱田耕作『肥後に於ける装飾ある古墳及横穴』（『京都帝国大学文学部考古学研究報告』第一冊）、京都帝国大学、一九一七年）

表1―3　新山古墳出土古鏡年代推定表
（梅原末治『佐味田及新山古墳研究』、岩波書店、一九二一年）

表1―4　鴨稲荷山古墳の年代検討表
（濱田耕作・梅原末治『近江国高島郡水尾村の古墳』（『京都帝国大学文学部考古学研究報告』第八冊）、京都帝国大学、一九二三年）

表1―5　粟津貝塚出土の栽培関連植物
（伊庭　功「縄文時代に栽培はあったか―粟津湖底遺跡の分析結果から―」『近江の考古と歴史』（『西田弘先生米寿記念論集』）、真陽社、二〇〇一年）

表1―6　遺構別形態分類構成表
（用田政晴「国友遺跡―長浜市今町所在―」『県営かんがい排水事業関連遺跡発掘調査報告書』Ⅶ―1、滋賀県教育委員会・財団法人滋賀県文化財保護協会、一九九一年を一部改変）

◆第二章

表2―1　月の輪古墳内部主体計測値
表2―2　松林山古墳・安土瓢箪山古墳出土刀剣長

◆第三章

表3―1　琵琶湖をめぐる首長墓の展開
表3―2　前方後円墳規模別基数
表3―3　帆立貝形古墳規模別基数

◆第四章

表4―1　近江の製塩土器出土遺跡一覧
（用田政晴「滋賀県」『日本土器製塩研究』、青木書店、一九九四年）

◆終章

表5―1　湖上交通史の画期年表
（用田政晴『信長　船づくりの誤算―湖上交通史の再検討―』、サンライズ出版、一九九九年）

◆第四章

写真4―1　かつての内湖・曽根沼と荒神山古墳
写真4―2　春日山丘陵から堅田と琵琶湖大橋を望む
写真4―3　春日山丘陵・谷水田の石材
写真4―4　かつての内湖・野田沼と若宮山古墳

初出一覧

序　章　古墳を通して見る琵琶湖水系論

新稿

第一章　近江における古墳時代研究に向けて

第一節　弥生・古墳時代年代論の学史

「弥生時代年代論・揺籃期の学史」(『立命館大学考古学論集』Ⅱ、立命館大学、二〇〇一年)を加筆・修正した。

第二節　農耕の起源と古墳築造基盤

「近江の稲作のはじまり」(『近江の飯・餅・団子』サンライズ出版、一九九九年)をもとに書き改めた。

第三節　古墳出現前後の土器群

「弥生時代後期から古墳時代前期にかけての土器の理解のために」(『紀要』第四号、滋賀県文化財保護協会、一九九〇年)、「近江における弥生時代後期後葉の土器群―その再検討―」(『県営かんがい排水事業関連遺跡発掘調査報告書』Ⅱ―3、滋賀県教育委員会・滋賀県文化財保護協会、一九八五年)、「庄内式併行の土器群とは何か―その整理作業の過程―」(『県営かんがい排水事業関連遺跡発掘調査報告書』Ⅶ―1、滋賀県教育委員会・滋賀県文化財保護協会、一九九一年)をもとに構成し、修正を加えた。

第二章　列島における古墳の成立とその意味

第一節　内部主体に見る前方後円墳の成立

「前方後円墳の成立過程」(一九七八年度岡山大学法文学専攻科修了論文)の一部分を加筆・修正した。

第二節　古墳の副葬品配置と意義

「前期古墳の副葬品配置」(『考古学研究』第二七巻第三号、一九八〇年)の後半部分を加筆・修正した。

第三章　湖をめぐる首長墓の展開と地域性

第一節　弥生墳丘墓と「前方後方墳」の出現

「近江における首長墓の特質と出現期の類型」(『滋賀考古』第四号、滋賀考古学研究会、一九九〇年)、「前方後方墳の出現と古墳時代のはじまり」(『人間文化』第一二号、滋賀県立大学人間文化学部、二〇〇二年)、「神郷亀塚古墳発掘調査事業とその意義」(『日本考古学』第一八号、二〇〇四年)、「前方後方墳と前方後方形周溝墓―法勝寺SDX二三号墓の再評価―」(『淡海文化財論叢』第二輯、二〇〇七年)をもとに構成し、書き改めた。

第二節　安土瓢箪山古墳の史的位置

「安土瓢箪山古墳の壺と「埴輪」」(『淡海文化財論叢』第一輯、二〇〇六年)に「三つの古墳の墳形と規模―近江における古墳時代首長の動向および特質メモ作成のために―」(『紀要』第三号、滋賀県文化財保護協会、一九九〇年）の一部を加えて修正した。

第三節　湖をめぐる首長墓の展開

「近江東部」（『前方後円墳集成』近畿編、山川出版社、一九九二年）をもとに書き改めた。

第四節　首長墓の地域性と特質

「近江における首長墓の特質と出現期の類型」（『滋賀考古』第四号、滋賀考古学研究会、一九九〇年）に、「三つの古墳の墳形と規模―近江における古墳時代首長の動向および特質メモ作成のために―」（『紀要』第三号、滋賀県文化財保護協会、一九九〇年）の一部を加えて書き改めた。

第四章　琵琶湖水系における古墳時代首長の役割

第一節　古墳時代首長と湖上交通

「琵琶湖南部東岸の古墳と船津」（『考古学論究』（『小笠原好彦先生退任記念論集』）小笠原好彦先生退任記念論集刊行会、二〇〇七年）をもとにして、大幅に加筆した。

第二節　湖と川による物資の輸送

「湖上交通史の再整理」（『信長　船づくりの誤算―湖上交通史の再検討―』、サンライズ出版、一九九九年）の一部を取り入れて構成した新稿。

第三節　河川開発と群集墳

「群集墳の特質と展開―犬上川左岸扇状地の場合―」（『多賀町の文化財　考古・美術工芸品』、多賀町教育委員会、一九九一年）をもとに、その後の成果を加えながら書き改めた。

第四節　塩の流通と鉄の生産

「滋賀県」（『日本土器製塩研究』青木書店、一九九四年）、「南郷遺跡の理解のために」（『南郷遺跡発掘調査報告書』、滋賀県教育委員会・滋賀県文化財保護協会、一九八八年）をもとに加筆・修正した。

終　章　琵琶湖水系の歴史的特質

「湖上交通史の画期と特質」（『信長　船づくりの誤算―湖上交通史の再検討―』、サンライズ出版、一九九九年）の一部を取り入れて構成した新稿。

■著者略歴

用田政晴（ようだ まさはる）
1955年　滋賀県彦根市生まれ。
1979年　岡山大学法文学専攻科史学専攻考古学コース修了。
岡山県総務部県史編纂室、滋賀県教育委員会文化財保護課を経て、
現在、滋賀県立琵琶湖博物館研究部総括学芸員　兼事業部長。
滋賀県立大学大学院非常勤講師（2003年～）。
考古学専攻。
博士（人間文化学）。

主な編著書・論文に、
「前期古墳の副装品配置」『考古学研究』第27巻第３号、1980年
「近江東部」『前方後円墳集成』近畿編、山川出版社、1992年
『丸子船物語』（編書）、サンライズ印刷出版部、1997年
『信長　船づくりの誤算─湖上交通史の再検討─』、サンライズ出版、1999年
『アジア基層文化の探求』（『琵琶湖博物館研究調査報告』第22号）（編書）、
2004年　など。

琵琶湖をめぐる古墳と古墳群

2007年７月１日発行

著　者／用　田　政　晴
発行者／岩　根　順　子
発行所／サンライズ出版株式会社
〒522-0004 滋賀県彦根市鳥居本町655-1
TEL 0749-22-0627　FAX 0749-23-7720
印刷・製本／P-NET信州

ISBN978-4-88325-330-2　C3021
定価はカバーに表示しております。

索引

原則として注と挿図・挿表を除き、本文中から遺跡名と人名を中心に、主要な項目について50音順に並べた。

あ

か

さ

た

な

は

ま

や